地方本科院校
应用型发展思与行
——安徽省应用型本科高校联盟论文集

主　编·陈　啸　胡善风
副主编·伍德勤　汪小飞　余国江

北京师范大学出版集团
BEIJING NORMAL UNIVERSITY PUBLISHING GROUP
安徽大学出版社

图书在版编目(CIP)数据

地方本科院校应用型发展思与行:安徽省应用型本科高校联盟论文集/陈啸,胡善风主编.
—合肥:安徽大学出版社,2015.4
ISBN 978-7-5664-0918-8

Ⅰ.①地… Ⅱ.①陈… ②胡… Ⅲ.①地方高校—发展—安徽省—文集 Ⅳ.①G649.21-53

中国版本图书馆CIP数据核字(2015)第075177号

地方本科院校应用型发展思与行
——安徽省应用型本科高校联盟论文集

陈　啸　胡善风　主　编
伍德勤　汪小飞　余国江　副主编

出版发行:	北京师范大学出版集团
	安 徽 大 学 出 版 社
	(安徽省合肥市肥西路3号 邮编230039)
	www.bnupg.com.cn
	www.ahupress.com.cn
印　　刷:	合肥远东印务有限责任公司
经　　销:	全国新华书店
开　　本:	203mm×280mm
印　　张:	26.75
字　　数:	540千字
版　　次:	2015年4月第1版
印　　次:	2015年4月第1次印刷
定　　价:	59.00元

ISBN 978-7-5664-0918-8

策划编辑:张　锐	装帧设计:李　军　金伶智
责任编辑:徐　建	美术编辑:李　军
责任校对:程中业	责任印制:陈　如

版权所有　侵权必究

反盗版、侵权举报电话:0551—65106311
外埠邮购电话:0551—65107716
本书如有印装质量问题,请与印制管理部联系调换。
印制管理部电话:0551—65106311

编写委员会

主　编　陈　啸　胡善风
副主编　伍德勤　汪小飞　余国江
编　委（按姓氏笔画排名）
　　　　　朱定秀　刘建中　刘　鑫　李庆宏
　　　　　李用普　李志远　汪志国　陈明生
　　　　　陈永红　洪增流　郭　亮　胡守信
　　　　　高天星　顾晨婴　陶龙泽　董　毅
　　　　　韩大国　蔡之让　蔡文芬　蔡正林

目 录

前言 …………………………………………………………………………………（1）

理 论 聚 焦

大力发展应用性高等教育　服务引领安徽奋力崛起………… 程　艺　储常连　方　明（3）
转型提升科学构建地方应用性高等教育体系……………… 李和平　储常连　方　明（12）
走应用型之路才能抓住发展良机……………………… 蔡敬民　余国江　合肥学院（18）
以生为本合作式应用型人才培养模式的探索与实践………… 汪建利　黄山学院（22）
地方本科院校办学特色的探讨与实践
　　——以铜陵学院为例 …………… 丁家云　吴　杨　雷勋平　张保花　铜陵学院（29）
着力强化大学内涵式发展的五个意识………………… 蒋德勤　安徽科技学院（35）
新建本科院校应用型办学定位与发展路径的选择
　　——以合肥师范学院为例……………………………… 吴先良　合肥师范学院（42）
以专业人才培养特区建设为抓手　高水平推进人才培养模式改革…… 刘学忠　皖西学院（50）
新建本科高校内涵建设与转型的实践与探索
　　——以淮南师范学院为例………………………………… 曹杰旺　淮南师范学院（56）
全面推进应用型人才培养模式改革创新…………………… 石秀和　安徽新华学院（62）
对我国应用型本科人才培养的几点思考…… 倪国爱　高天星　翁俊德　吴卫兵　铜陵学院（70）
着力转型发展　提高人才质量　努力建设合格的应用型本科高校 ……………………………
　　………………………………………………………………… 洪祥生　安徽外国语学院（77）
关于民办高校改革发展的几点思考………………… 马凤余　安徽新华学院（83）
基于校地合作的应用型本科人才培养的改革与实践……… 何根海　谭甲文　池州学院（87）

·1·

地方新建本科高校转型发展的探索与实践
　　——以安徽外国语学院为例…………… 吴汉平　张恩志　安徽外国语学院（92）
新建本科院校应用型人才培养体系的研究与实践………… 蔡之让　蔡　红　宿州学院（99）
"四位一体"：实现新建本科院校可持续发展 ……………………… 柳友荣　池州学院（104）
民办本科高校转型发展的战略思考………………… 姜发根　孙维克　安徽三联学院（110）
关于地方应用型本科高校转型发展的思考 ………………………… 朱定秀　巢湖学院（118）
地方本科院校实现应用型定位的路径探索
　　——以皖西学院为例 ……………………………………………… 王全林　皖西学院（123）
地方本科高校转型发展的五个基本问题及顾虑 …………………… 丁俊苗　巢湖学院（132）

教 学 管 理

安徽省地方应用型高水平大学发展模式的探索与实践 ……………………………………
　　………………………………………… 陈士夫　郭　亮　张宏喜　安徽科技学院（139）
应用型本科人才培养的教学法体系研究 ………………… 陈啸　刘杨　合肥学院（143）
新建地方本科院校提高教学质量的思考 …………………………… 董毅　蚌埠学院（150）
应用型人才培养的"学、习"观与教务处团队建设 ……… 李志远　安徽新华学院（156）
新建本科院校的人才培养模式与教师队伍建设研究…… 汪小飞　陈国平　汪宏健　黄山学院（162）
创新人才培养思路　全面启动"四项工程" ……………………… 刘　鑫　皖西学院（167）
强化师范办学特色　服务基础教育改革
　　——淮南师范学院教师教育改革实践与思考 … 陈永红　鲁先文　郭　磊　淮南师范学院（171）
教学质量保障体系建设探索与实践
　　——以安徽三联学院为例 ……………………… 蔡文芬　卫　玮　安徽三联学院（176）
"叠加嵌入"：地方高师院校卓越教师培养模式的创新性探索
　　——以合肥师范学院为例 ………………………………… 胡　昂　合肥师范学院（182）
新建本科院校特色发展路径选择与实践
　　——以池州学院为例 …………………………… 李铁范　何根海　汪志国　池州学院（187）
应用型信息网络人才的关键质量指标与评价 ……………… 于春燕　赵生慧　滁州学院（200）
网络安全立体防护机制实现的研究…… 王伍柒　汪　静　丁晓梅　安徽文达信息工程学院（206）
新建应用型本科高校教学自我评价及质量改进机制的探究
　　——以宿州学院为例 ………………… 李金莲　张　莉　蔡之让　方雪梅　宿州学院（211）

论高校事业发展的"七位一体"总体布局……………………………李 鸿 宿州学院(223)

专 业 建 设

地方高校产学研合作教育的路径探索…………………………………于世勋 蚌埠学院(231)
电子信息工程(2+3)国际合作专业人才培养模式研究……谭 敏 胡国华 合肥学院(238)
特需项目：专业硕士培养路径新探索………………………余国江 杨冰玉 合肥学院(241)
新建地方本科高校产学研合作育人体系的构建与实践
　　——以宿州学院为例…………方雪梅 陈国龙 张 莉 蔡之让 宿州学院(248)
统计类专业应用型人才培养的教学模式改革与实践………………赵开斌 巢湖学院(253)
新建地方本科院校经管类专业国际化办学的思考……………………张英彦 宿州学院(258)
法学专业"应用型－开放式"毕业论文教学模式改革探讨……………江 海 巢湖学院(263)
应用型本科产学研合作的探索与实践………王艳梅 彭 飞 王根杰 安徽三联学院(268)
艺术设计专业"平台＋模块"课程体系的构建与教学思考………吴道义 合肥师范学院(273)
应用型一般本科院校计算机专业双语教学研究…………………………………………………
　　………………………………史君华 郭玉堂 赵群礼 合肥师范学院(279)

实 践 教 学

地方本科院校旅游管理专业实践教学模式探索……胡善风 程静静 朱国兴 黄山学院(285)
以本科合格评估为契机，提高实验教学质量…吴诗芬 张晓玲 王雷妮 安徽三联学院(289)
应用型本科院校实践教学体系的构建………………罗 忠 易佑民 安徽三联学院(296)
新建本科高校实验室开放有效途径探析
　　——以安徽新华学院为例………………………………汪 青 吴 永 安徽新华学院(303)
基于行动导向法的食品企业标准化模拟实训教学思考……董艺凝 孙艳辉 滁州学院(307)
应用型本科院校毕业论文(设计)方式存在的问题及原因探析……江 诚 黄山学院(312)
大学生校外生产实习模式的探索与实践
　　——以铜陵学院为例………………………吴卫兵 刘 晨 张 昊 铜陵学院(317)
探索构建以培养学生应用能力为主线的小学期实践教学体系……鲁先文 淮南师范学院(322)
坚持"多元化"实践教学改革，促进经管类实验教学
　　——基于经济管理实验中心建设的经验…………白 林 杨 渊 淮南师范学院(326)

工业设计专业学生实践能力培养的途径与方法研究
　　——以安徽文达信息工程学院为例……………………………………………………
　　……………………………张亚琴　马　辉　汪士雄　安徽文达信息工程学院(331)
新建本科院校实验教学改革：目标、思路与效益
　　——以池州学院为视角的解读……陈建兵　汪志国　余丙南　方曙东　池州学院(333)
"地理信息系统概论"实验教学改革探索……王　春　李　鹏　李伟涛　顾留碗　滁州学院(340)
基于地域文学的大学语文实践教学体系的构建………………………张小明　黄山学院(344)

课 程 改 革

建立模块化课程市场　满足应用型人才培养需求………………伍德勤　合肥学院(353)
构建《电子技术》分层次实验教学，培养学生实践创新能力……………………………
　　………………………………………高天星　贡照天　谢　东　铜陵学院(360)
基于应用型人才培养视角的高等数学课程改革优化研究……董　毅　周之虎　蚌埠学院(364)
应用型本科工程专业核心课程"教学做创"一体化教学改革与实践……………………
　　……………………………郭　亮　陈　丰　张　华　张海涛　安徽科技学院(369)
"外贸单证"课证融合
　　——"外贸单证"课程教学改革浅析……………………袁敏华　安徽外国语学院(374)
民办高校体育俱乐部教学模式探索
　　——以安徽新华学院为例……………王士赵　朱亚玲　何亚梅　安徽新华学院(378)
应用型本科高校创新创业教育体系的构建……………许苗苗　方纯洁　安徽新华学院(383)
当前物联网导论在应用型本科教学中存在问题的思考与改革……………………………
　　………………………………………卫　兵　郭玉堂　刘乐群　合肥师范学院(387)
商务英语人才培养应以实际能力为核心
　　——跨文化商务交际能力的培养视阈……………孔　标　安徽文达信息工程学院(391)
德国理念指导下的教学方法改革
　　——以C语言课程为例………………………………………项响琴　合肥学院(396)
基于课程核心的大学办学特色培育研究………朱　明　巢湖学院　顾晨婴　合肥学院(403)
《动画运动规律》创新模块化教学模式的探讨……………张　昊　张　伟　铜陵学院(410)

前　言

新世纪以来,安徽高等教育随着全国大规模扩招进入高速发展的快车道,实现了从精英教育向大众化教育的转变。与此同时,安徽加速崛起、经济社会发展对高等教育多样化需求与高校趋同发展的矛盾不断凸显。对此,安徽省确立了"能够服务党委和政府决策、支撑经济发展和产业升级、引领社会进步和文化繁荣的具有安徽特色的应用性高等教育体系"的高等教育发展目标,积极引导地方高校,尤其是新建本科院校走应用型发展之路。具体做法:一是制定了"科学定位、分类指导、多元发展、特色办学"的应用性高等教育发展方针,探索"地方性、应用型、合作式、一体化"发展路径,实施"政府主导、学校主体、联盟平台、项目载体"的发展措施,在顶层设计上系统谋划应用型高等教育发展。二是服务安徽经济社会发展,优化高等教育布局,调整学科专业结构,建立动态调整机制,实施地方本科高校向应用型转变。三是努力拓展专业学位研究生教育,大力发展应用型本科教育,积极推行高职院校招生制度改革,实现高等教育体系向应用型转变。四是坚持开放合作办学,在国际合作中借鉴国际先进理念和办学经验,在校企合作中探索应用型人才培养模式改革,在校际合作中推动地方本科院校整体走应用型发展之路。五是改革评价机制,在学校、教师、学生等方面探索评价方式方法转变。六是创新教育管理体制和机制,完善应用型人才培养保障体系。

为了优化高等教育资源配置,促进优质资源共享,加快安徽省应用型本科教育发展步伐,2008年12月26日,应用型本科院校建设研讨会暨安徽省新建本科院校第五次协作会在铜陵学院召开。会议期间,在安徽省教育厅倡导和组织下,14所新建本科院校联合起来,成立安徽省应用型本科高校联盟(又称"安徽省行知联盟")。至2014年底,联盟成员已经发展至19所。六年来,在省教育厅指导下,安徽省应用型本科院校联盟开展了以下十个方面的工作:(1)共同推动联盟高校走应用型发展之路。联盟以"开放合作"为指导思想,以"服务地方经济社会发展"为目标任务,以"优势互补、资源共享、互惠互利、共同发展"为基本原则,共同推进地方本科高校培养应用型人才。(2)共同建设专业。联盟成员高校拿出各自举办历史较长、优势明显的国家级特色专业、省级特色专业与其他院校进行深入的对口交流,建立专业合作平台,推进部分课程共建共享。(3)共同探索校企合作育人机制。本着资源共享的原则,各高校通过联盟平台,以优势叠加的方式,开放实践实习基地,接纳联盟内高校学生开展相关实习实训等,共同开展校企合作育人,并交流校企合作育人经验。(4)共同推进"实践教学小学期制"改革。为提高学生实践能力,联盟成员高校全部试行实践教学小学期制改革,让学生在暑期深入校内外实习实训基地,以专业实习实训、学科竞赛培训、产学研合作和辅修专业实践性教学环节学习等为主要内容,联盟高校互派学生参与暑假小学期学习。(5)共同开展辅修专业教育。联盟高校内部试行异校辅修专业,利用联盟资源培养应用复合型人才。(6)共同申报质量工程项目。项目牵头高校与其他高校合作共同申报质量工程项目,共同建设,不仅实现资源共享,而且也提高了联盟高校的整体实力和竞争力。(7)共同开展教师培训。联盟高校结合各校特色和优势专业,利用暑假共同开展青年教师能力培训工作,有效提升了教师的实践能力和教学能力。(8)共同开展教学督查工作。联盟高校共同研讨和制订各主要教学环节质量标准,并联合开展"联盟高校教学检查互查"。(9)共同开展国际合作交流。联盟高校积极利用合肥学院与德国应用科学大学长期合作的平台开展应用型高等教育国际合作交流,如共同举办中德应用型高等教育研讨会等。(10)共同开展理论研究,合作编印《应用型高教探索》。自2012年开始,联盟秘书处开始编印内刊《应用型高教探索》,从2013年开始各校轮流协编,至今出版了23期。

几年来,联盟高校在应用型高等教育理论研究和实践探索方面做了大量的工作,撰写了一系列的文章。为便于大家总结和交流,联盟秘书处联合黄山学院,从教育厅领导、成员高校的领导、教师和管理人员发表的有关地方本科院校探索应用型发展之路文章中遴选出70篇汇集成册。所选文章既有区域高等教育和学校发展的顶层设计、应用型人才培养模式改革等宏观方面的内容,也有应用型本科课程和教学方法、实践教学等中观乃至微观方面的具体做法,既有理性的思考,又有实践经验的总结。虽然有些观点还有待商榷,有些做法还需进一步研究,有些经验还不够成熟,但有一点是肯定的:我们选择的应用型发展之路无疑是正确的,我们已经行走在路上,我们将不断地思与行!

最后还要特别感谢安徽省教育厅领导和各联盟高校领导,没有他们的智慧和坚持,就不会有安徽省应用型本科高校联盟的今天;同时也要感谢安徽大学出版社的领导和编校人员,没有他们的支持和付出,本论文集不可能在这么短时间内编印出版。本书也是安徽省教育厅重大教学改革研究项目"通过行知联盟助推地方本科高校联手开展教育教学改革"(项目编号:2014zdjy195)的阶段性成果之一。

编 者

2015年2月

理论聚焦

大力发展应用性高等教育
服务引领安徽奋力崛起

程 艺 储常连 方 明[①]

改革开放以来,特别是1998年以来,安徽省和全国一样,其高等教育经过大发展、大改革、大提升、大建设,实现了历史性跨越式发展,取得了辉煌成就。当前,安徽高等教育已站在新的历史起点上,正处于精英教育向大众化高等教育深度发展、以扩大规模为主向全面提高质量转变、努力建设高等教育强省的关键时期。面对新形势,地方高等教育和地方高校如何实现又好又快发展成为我们必须回答的现实问题。应用性高等教育概念的提出为我们提供了解决问题的答案。我们认为,大力发展应用性高等教育,努力建设具有地方特色的应用性高等教育体系,实现高等教育强省建设目标,服务、支撑和引领地方经济社会发展,促进安徽奋力崛起,成为安徽高校的共同责任。

一、应用性高等教育的内涵

应用性高等教育在国际上特别是在经济发达国家和地区,早已有之,但作为一个教育学概念提出来,还是近几年的事:20世纪中叶,美国的(EE)四年制工程教育、二年制社区学院;60年代,德国的高等专科学校和英国的多科性技术学院;70年代,日本的"专升本"的技术科学大学以及我国台湾地区的台湾工业技术学院等,都是应用性高等教育的实例。但目前对应用性高等教育的内涵界定还没有一个统一的说法。

综合有关研究文献,我们认为,应用性高等教育是相对学术性高等教育而言的一种对高等教育性质的描述,它以培养应用型人才为主,主要指以职业为背景、以服务地方经济社会发展战略需求为目标,充分利用学科知识和科学技术开展应用型人才培养、应用科学研究和社会服务的高等教育系统。必须注意的是,应用性高等教育不是应用型高等教育,它不是一种高等教育的类型,而是一个高等教育的性质的描述;它不是一个高等教育的层次,而是贯穿高等教育

[①]程艺,安徽省教育厅厅长。储常连,安徽省教育厅高教处处长。方明,安徽农业大学高等教育学教授。

不同层次的体系；它不是特指某几所高校，而是指向所有高校；它不是指某所高校的所有学科专业，而是指那些培养应用型人才的学科专业。应用性高等教育具有以下特征：

应用性与现实性。这是相对学术性、长远性而言的。应用性高等教育有"两个追求"：在基本理论知识学习的基础上，追求知识、理论、科学、技术的实际应用，侧重于对学生应用专业理论知识指导实践工作能力的培养；面向生产、生活、服务、管理一线，追求实用、实效，关注人才培养、科学研究、社会服务的实际价值和现实意义，侧重于适应能力、实践能力、创新能力和创业能力的培养。

地方性与开放性。应用性高等教育与地方经济社会紧密联系，服务于区域经济的发展。就其专业而言，是在相对稳定的学科基础上针对工程技术、应用技术、职业岗位（群）来设置专业或专业方向的，具有行业、职业或技术的定向性和地方性。同时，应用性高等教育也与社会用人部门紧密联系，其师生与实际劳动者紧密联系，要求高校全面开放办学过程，融于地方经济社会发展之中。

多样性与系统性。经济社会发展对多样化人才的需求、对解决现实生产与管理问题的需求等决定了应用性高等教育必须多元发展、培养多样性人才。应用性高等教育既包括纵向的专科教育、本科教育、研究生教育等不同层次，又包括横向的人才培养、科学研究、社会服务等不同的职能以及行业特性，而且培养人才和技术研发的多样性是有内在分工与合作的，行业间、职业间的联系越来越紧密，相互交叉。这些都决定了应用性高等教育是一个由多层次、多功能、多行业以及多专业构成的教育系统。

二、应用性高等教育与学术性高等教育的区别

应用性高等教育是一个相对独立的教育系统，是在高等教育大众化过程中针对高校类型多样化而提出来的，是在产业结构调整、升级过程中对人才多样化需求时提出来的，是在劳动力市场上出现结构性失业的背景下提出来的，也是在人民群众对高等教育的多样化需求中提出来的。究其产生的背景我们可以知道，它是不同于传统的学术性高等教育的，至少有以下的区别：

服务对象不同。学术性高等教育服务于国家战略和长远发展目标，以精英教育为主，重点培养社会需要的高尖端科技人才，其发展以提高学术质量为核心内容；应用性高等教育服务于现实的经济社会发展需要，往往与地方经济社会的发展融为一体。

任务主体和发展责任不同。学术性高等教育的任务主体是"985工程"、"211工程"等一些国家重点建设高校，发展的主要责任是中央政府。应用性高等教育的任务主体是地方高校，尤

其是近几年来的新建本科院校、改制高校、独立学院及一些民办高校,发展的主要责任是地主政府。

学历标准要求不同。学术性高等教育对人才培养的基本学历要求是博士研究生,最低是硕士研究生。应用性高等教育人才培养根据社会需求和专业特点的不同,学历可以分别是专科(技能型、操作)、本科(知识、技术应用,工程)、研究生(高级技术、高级管理等)。

人才培养模式不同。体现在人才培养的目标、内容、过程、方法等方面。培养目标方面,学术性高等教育培养的是理论性、学术型人才,理论基础比较宽厚,并在宽的基础上有所专,成为拔尖创新人才,致力于提高科技水平和生产力水平(包括管理水平);应用性高等教育的培养目标主要指向技术师、工程师、经济师、经理等,培养的是应用型和职业型技术人才,着重学好知识和技能,主要从事将高新科技转化为生产力(包括管理能力、服务能力)工作。教学内容方面,学术性高等教育不仅要向学生传授已经有定论的科学知识和专业知识,而且还要向学生介绍最新的科学成就,各种学术流派和学术观点以及学科需要进一步研究和探讨的问题,培养学生创新和探索精神;应用性高等教育教学内容以职业岗位或工程技术领域的需要为出发点,在满足某一专业的学科理论的基本要求上,以生产现场正在使用和近期有可能推广使用的技术为主要业务范围,具有应用性、针对性和实用性。教学过程与方法方面,学术性高等教育关注的是什么、为什么,强调全面、系统、科学的传授与理论基础研究,是知识本位的;应用性高等教育关注的是怎么做,强调实践、技能训练,是能力本位的,以提高学生的学习能力、就业能力、轮岗能力和创业能力为重点。

研究的方向、内容不同。学术性高等教育致力于基础研究,探索自然和人类的新知识,针对性不明确;应用性高等教育致力于应用研究和技术研发,解决现实问题,针对性强。

评价的标准不同。学术性高等教育追求学术高层人才培养、储备及科研成果的理论价值和原创性发现;应用性高等教育追求多样化的应用人才培养、科研成果的产业化、商品化及其经济价值、社会价值和现实作用。

三、大力发展应用性高等教育的必要性

应用性高等教育是随着经济社会发展,随着高等教育由"精英教育"向"大众化教育"转变应运而生的。它作为一个概念一经提出就很快地付诸实践,近几年,一批应用性本科院校强势涌现,已成为我国高等教育的一支重要力量。这说明大力发展应用性高等教育是追赶国际高等教育发展潮流的一种需要,是经济发展和社会进步的要求,更是努力建设高等教育强省的必然选择。

大力发展应用性高等教育是经济社会发展的必然要求。1998年以来,高等教育在快速发展中积累了不少问题和矛盾。其中,经济社会发展对多样化人才的需求、对解决多种多样生产、管理现实问题的需求与高校发展求大、求全、求高的趋同现象之间的矛盾,已成为高等教育发展的重大障碍,必须解决。解决办法就是打破高校发展的趋同思维,树立特色意识,实现分类指导,特色发展,构建与经济社会发展良性互动,能服务、支撑、引领经济社会发展的应用性高等教育体系。就安徽省而言,应用性高等教育由省市地方政府举办,立足安徽,服务地方。它首先能为安徽地方经济建设与社会发展需要培养量大面广的大批高级应用型人才,尤其是为生产、建设、管理、服务第一线培养下得去、留得住、用得上的大量高级应用型人才,为地方经济社会的发展提供智力支撑、人才保障和技术服务;其次能为安徽地方经济建设与社会发展解决难题,推广高新实用技术,为提升地方企业的科技含量,提高产品的附加值和市场占有率服务;第三能为安徽地方各类专业技术人才继续教育、终身教育提供教育培训基地。

大力发展应用性高等教育是高等教育大众化深度发展的必然趋势。高等教育大众化绝不仅仅是高等教育毛入学率的指标问题。其与精英教育阶段相比,在教育理念、办学模式、人才培养、功能定位等多方面会发生质的变化。目前,安徽省高校的办学模式、教学模式和管理模式单一性与大众化高等教育多样性的矛盾,已成为高教发展的瓶颈。高等教育大众化深度发展要求各高校必须坚持以应用性为宗旨实现多元发展,分类发展,只有这样才可能实现协调、可持续发展。同时,安徽省高等教育大众化的水平还不高,还处于初级阶段。应用性高等教育的发展、办学规模的扩大,将大大提高安徽省地市、县市和广大农村人口接受高等教育的比例,既有利于促进高等教育的大众化进程,也有利于缩小城乡高等教育的差别。

大力发展应用性高等教育是高等教育体制改革的必然结果。随着高等教育的快速发展,对高等教育以中央为主的办学体制实行了改革。现行的体制是以三级办学、二级管理、省级统筹为主、社会参与。改革的重点是对中央和地方发展高等教育的责任、定位进行分工。省级政府负责本辖区内高校的统筹规划和协调。建立具有地方特色并能支撑、引领本地区经济社会发展的应用性高教体系成为省里的责任。就安徽省而言,如何统筹规划和协调本辖区内高等教育的发展,重要的方面是调整布局结构。安徽省高等学校地域分布不尽合理、布局结构失衡的问题由来已久,表现为高等教育资源和普通高校过于集中在大城市,本科院校主要分布在省会城市和地级城市,有2个地市还没有本科院校。统筹规划高等教育的发展,必然会发展一批应用性本科院校,促进经济社会的协调发展。

大力发展应用性高等教育是高等教育本身发展的必然趋势。随着我国进入全面建设小康社会、加快实施社会主义现代化建设第三步战略阶段,对高等教育在量的发展和质的提高方面提出了历史性的要求,需要培养和造就数以千万计的专门人才和大批拔尖创新人才。应用性高等教育发展,有利于优化人才培养的层次结构,有利于人才培养模式的创新和多样化,有利于保持高等教育系统的生态平衡,促进高等教育的科学发展。

四、大力发展应用性高等教育的基本思路

在发展应用性高等教育的过程中,不能简单地将"应用性"、"实践性"与"学术性"、"理论性"对立起来,非此即彼;也不能盲目追求技术为先,坚持能力本位却忽视了学习主体"人"的因素。我们认为,发展应用性高等教育,应坚持的基本思路是:以科学发展观为指导,解放思想,全面开放;合理分类,科学定位;加强合作,凸显特色。

必须坚持以科学发展观为指导。就安徽省而言,应从改革开放30年,特别是近10年高等教育发展历史的角度,科学分析和研判应用性高等教育发展的历史方位;从安徽经济社会改革发展大势的角度,科学分析和研判应用性高等教育在建设工业强省、人才强省、文化强省等服务安徽奋力崛起中的现实地位;从安徽省高等教育与国家高等教育发展的现实差距角度,科学分析和研判应用性高等教育改革发展的未来走势;从应对世界金融危机,拉动内需的角度,科学分析和研判应用性高等教育改革发展的历史性机遇,根据应用性高等教育的层次、类型和实际情况,确定发展的速度、目标和重点,使其健康、持续、协调发展。

必须坚持以全面开放为前提。生产社会化、经济全球化、社会信息化要求应用性高等教育的发展必须具备很强的开放意识与开阔的胸襟。一要破除封闭思维,树立开放意识,汲取别人之所长,促进自己大力发展;二要坚持面向世界、面向未来、面向现代化,要能走出去,请进来;三要坚持向社区、向社会、向企业、向政府、向世界开放。任何因循守旧、抱残守缺、故步自封都只能束缚发展。

必须坚持以合理分类为基础。分类不是目的,分类是帮助应用性高等学校在整个高等教育系统中科学定位、彰显个性、办出特色。就安徽省而言,分类指导尤为重要。安徽省高等教育已经呈现出"五种类型、五个主体"的新特点,即研究型大学(学科任务型)、教学研究型大学(学科导向型)、应用性大学(就业导向型)、高等职业院校(就业任务型)和继续教育院校(资源建设型)。这是社会需求和高校分工发展到一定历史阶段的必然结果。对应用性高等教育而言,应结合安徽产业结构的特点和"861"发展规划,妥善处理好培养目标与办学层次的关系、学科建设与专业建设的关系、理论学习与实践训练的关系、全面发展与一专多能的关系、培养"专才"与培养"通才"的关系,重要的是以就业为导向。只有这样才能做到科学发展。

必须坚持以科学定位为根本。定位有确定空间、角色、地位的含义。科学定位就是寻找并

确定能最大限度发挥自身职能作用的角色;就是探寻矛盾的特殊性,彰显个性;就是要选择空位、坚持正位、合理错位、独占其位和适时易位;就是要填补空白点、减少重复点、凸显闪光点、占领制高点。只有定位准确,才有可能办出特色,才能在激烈的竞争中立于不败之地。科学定位必须考虑这样几个问题:一是应用性高等教育在整个社会大系统中的定位,解决应用性高校的办学方向和目标定位;二是每一所院校在整个高等教育系统的定位,解决办学类型、办学层次和办学特色定位;三是内部各要素在学校发展中的定位,确定自己的办学规模、学科布局、服务方向和管理模式等。

必须坚持以合作共赢为关键。应用性高等教育在发展过程中,必须与外部环境通力合作,搭建合作平台,建立战略联盟,创新合作模式,实现双赢或多赢。就安徽省而言,应用性高等教育的发展要在"三个互动合作"上做文章:学校发展与地方发展互动合作,发展战略要着眼于地方发展战略,着眼于地方的经济社会发展需要;学科专业建设与地方产业成长互动合作,将学科专业建设纳入地方产业和社会发展的大局之中,形成学科专业建设群与地方产业发展链的有效对接;教育教学与企业(社区)互动合作,把专业设置、课程安排、实践环节等都纳入企业(社区)的需求之中。

必须坚持特色办学的发展方向。办学特色是指一所大学在发展历程中形成的比较持久稳定的发展方式和被社会公认的、独特的、优良的办学特征,也就是人无我有,人有我优,人优我新,就是唯一。应用性高等教育在培育特色的过程中,应该注意这样几个方面:一是制订特色教学计划。中外教育改革的历史证明,制订特色教学计划是学校特色能否形成的关键。二是开设特色校本课程。校本课程能充分尊重和满足学校师生以及学校教育环境的独特性和差异性,是最能体现校本特色的课程。三是搞好特色软件建设。

必须坚持支撑引领的发展目标。高等教育已经从社会的边缘走向社会的中心,其历史使命是走在时代的前面,引领社会的发展。因此,高校不能长期习惯于做经济社会的积极适应者和对政府社会的埋怨者,只有肩负起引领社会发展的神圣使命,才能体现高等教育的独特价值,才能保持其生机和活力。就应用型高等教育学校而言,作为当地知识集中、智慧集中、人才集中、投入集中的地方,是当地的文化科学中心,在科学技术、卫生保健、文化体育等方面大多居于领先地位,扮演着科学知识创新者、创新人才培养者、知识成果转化者和社会价值维护者的角色,理应成为当地经济社会发展的重要引擎。

五、大力发展应用性高等教育的政策举措

作为高等教育的一种新形式,安徽省的应用性高等教育虽然在规模上有了迅速的发展,但

在内涵建设上基本还处于探索阶段。而这种内涵建设的相对滞后,已经在不同程度上影响了这些高校的人才培养质量和发展后劲。因此,必须采取超常规措施,推进其向前发展。

大力发展专业学位研究生教育,办学能级有突破。学术性高等教育以培养科学研究型的学术性人才为主,应用性高等教育以培养工程师型的技术人才为主,而专业学位研究生的定位又是为经济社会各行业培养从事基层专业技术工作的研究人员,专业学位是工程型学位、技术型学位、应用型学位。而国家规定,只有那些已经有硕士学位授予权、有培养学术性研究生经验的学校才可以招收培养专业学位研究生。让学术性高等教育的培养学术性、理论性、精英型人才的模式,去培养工程型、应用型、大众型的专业学位研究生,这是很不合适的,不仅是培养模式的不匹配,更是对人才目标规格的误解,是优质办学资源的浪费。所以,国家有关部门应该调整学位授予权单位和学科审批政策,允许应用性高等教育的一些优势学科优先成为专业学位硕士授予权学科。就安徽省而言,将以招收专业学位研究生为突破口,加大投入,大力加强专业学位学科或应用性学科建设,创造条件,争取试点,增列专业学位研究生培养单位,增加专业学位研究生培养种类和培养领域,扩大专业学位研究生招生规模,充分发挥专业学位研究生教育在应用性高等教育体系中的龙头作用。

加强应用性本科高校建设,办学水平有提升。以"质量工程"为抓手,立项进行示范性应用性本科高校建设。通过建设,引导学校科学定位,以提高应用型人才培养质量为宗旨,以教学为中心,以教师为本,发展先进的建设应用性大学的理念,探索应用型人才的培养模式(标准),建设适合应用型教育的师资队伍,构建比较齐全的办学层次,改善基本办学条件和环境,更好地为安徽经济建设和社会发展服务。在建设过程中,将以成立的"安徽省应用本科高校(合作)联盟"即"行知联盟"为组织依托,以《行知章程》为行动准则,定期研讨和举办中外应用性高等教育论坛,推动校际合作和校地、校企合作,加强国际合作,打造应用性本科院校战略合作联盟共同体,共享优质办学资源,提升应用型本科院校的竞争力。

加强示范性高职院校建设,教学改革有突破。以国家示范高职建设为契机,继续立项进行省级示范高职院校建设。通过建设,形成一批产业覆盖广、办学条件好、产学结合紧密、人才培养质量高的特色专业群,培养和引进一批高素质"双师型"专业带头人和骨干教师队伍,建成一批优质专业核心课程、特色教材和教学课件等优质教学资源,运用现代信息手段,搭建公共服务平台,为共享优质教学资源提供技术支撑,使安徽省高等职业教育的办学条件有较大的改善,办学实力、教学质量、管理水平、办学效益等有较大提升,使教育教学改革有实质性突破。在建设过程中,将成立省级示范高职院校合作委员会,实行示范院校对口支援薄弱学校,协调发展。并将通过人才培养工作评估来推动高等职业院校提升办学水平。通过评估工作的开展,促进高职院校加强内涵建设,建立校企合作、工学结合的人才培养模式;逐步形成以学校为核心、教育行政部门为引导、社会参与的教学质量保障体系;优化高职院校的发展环境,促进招生、培养、就业的和谐和提高师资水平、保障经费来源稳定;建立以评估为基础的高职院校办学的评价机制。

加强高素质的应用型师资队伍建设,人力资源有保障。师资队伍的结构和水平,一直都是应用性高等教育学科专业发展的瓶颈。因此,应用性高等教育应从事业发展的整体战略出发,以学科专业建设为基点,建设一支既有深厚扎实的理论知识功底,又具有精通实践,有很强的动手操作能力和解决生产实际问题能力的"双师型"教师队伍。建设应用型师资队伍,提高"双师"素质,既要提升理论水平,更要提高实践能力:加强继续教育,把专业课教师定期到企业锻炼形成制度,并作为职称晋升的主要依据;支持并鼓励教师和企业联合开发新产品、新技术,从而使教师增强解决工业技术问题的实践能力;通过产学合作,从产业部门和企业中聘任一批学有专长,实践经验丰富的专家学者和工程技术人员作为兼职教师,以形成一支具有较高教学水平、相对稳定的兼职教师队伍。同时,还必须引进和培育领军人物,主要是引进学科带头人和专业带头人,并为他们配置一个结构合理的教学科研群体,形成专兼结合的教学团队。专兼教师发挥各自优势,分工协作,形成公共基础课程及教学设计主要由专任教师完成、实践技能课程主要由具有相应高技能水平的兼职教师负责的机制。要最大程度发挥现有师资队伍的作用,要利用激励机制,通过各种途径转变他们的教育思想和教学观念,提高他们的业务素质和教学水平,特别应注意选拔中青年骨干教师,通过攻读学位或到一线参加锻炼等提高学历层次和实践能力。

加强资源共享的基地建设,"三实"教学有保证。作为教学实体,学校的经济实力有限,无法提供课堂教学以外更多的"三实"(实验、实习、实训)教学资源,但作为应用型人才培养的一个重要环节,"三实"教学又是必不可少的。作为市场主体,社会、企业或其他研究机构,因其自身的经济利益方面的原因,也不可能为广大学生提供充足的"三实"教学资源。因此,学校必须加大投入,重视校内实训中心和校外实训基地的建设以及分专业、按区域的专、本、研共享的实践教学基地体系的建设。学校要重视校企联合,使校内外资源成为承担学生"三实"教学的基地,成为学校应用科技研究和实践技术开发与技术成果转化的平台,成为进行产学研合作教育培养高技能应用型人才的基地,成为教育模式与人才培养方式改革试验的示范性基地。同时,要努力探索校内"三实"教学的新形式、新方法、新途径,诸如开展"模拟实习"、"模拟实践"等活动,以缓解实习实践资源紧张局面。

加强理论与政策研究,顶层设计有创新。虽然应用性高等教育已逐渐成为安徽高等教育体系中的新生力量,不少本科院校也相继明确了培养应用型本科人才的目标定位,但是由于受传统的"学术型"、"研究型"人才培养模式的影响以及客观环境的约束,目前,在应用性高等教育的发展中还存在不少急需解决的问题,如价值取向未体现行业性、培养目标未体现应用性、课程设置未体现复合性、培养过程未体现实践性、人才评价未体现多样性等,必须对这些问题进行理论上的探讨并进而在政策层面上提出解决方案。为此,安徽省将成立由专科、本科、研究生教育专家和企业家共同参加的课题组,立项研究应用性高等教育理论问题和相关政策,在理论上要搞清楚是什么,为什么;在政策上要搞清楚该怎么办。在操作层面上,将成立应用型人才培养专家指导委员会,按学科专业类成立若干个由校企共同参与的教学指导专家组织,以此推进教学改革,创新培养方式,开发核心课程,评估人才培养水平,为教育行政部门提供决策咨询。同时,引导和支持应用性高校教师及教学管理工作者针对教育教学改革的热点、难点问题,在人才培养模式、教学内容和课程体系、教学方法和手段、教学管理等方面开展研究,以科学研究指导改革实践,以研究成果推进教育创新。

【参考文献】

[1]徐东.工程本科人才培养模式的比较研究.焦作工学院学报:社会科学版,2001(2).

[2]刘海燕.几种典型实践教学模式对应用型本科院校的启示.理工高教研究,2005(24).

[3]陈解放.应用型人才培养的国际经验借鉴.北京联合大学学报,2005(2).

[4]夏跃平.培养下得去、上手快、能创业的复合型应用人才.中国高教研究,2006(6).

[5]袁东华.试论转型时期地方高校的学科专业建设.黑龙江教育,2007(9).

[6]李桂霞,钟建珍,工立虹.构建应用型人才培养模式的探索.教育与职业,2005(20).

(本文发表于《中国高等教育》2009年第22期)

转型提升 科学构建地方应用性高等教育体系

李和平　储常连　方　明[①]

应用性高等教育是相对学术性高等教育而言的一种对高等教育性质的描述,主要是指以职业为背景、以服务地方经济社会发展战略需求和现实需要为目标,充分利用学科知识和科学技术开展应用人才培养、应用科学研究和社会服务的高等教育系统。它是一个完整的、相对独立的教育体系,包括了培养高素质技能型人才的高职高专教育、培养应用型高级专门人才的本科教育、培养高端技术研发人才的专业学位研究生教育以及服务人的职业发展的继续教育。2010年,中共安徽省委、省人民政府联合出台了《关于建设高等教育强省的若干意见》,明确指出,到2020年,要"初步建成能够服务党委和政府决策、支撑经济发展和产业升级,引领社会进步和文化繁荣的具有安徽特色的应用性高等教育体系"。可以这样说,安徽率先在全国以省委、省政府文件的形式提出了建立"应用性高等教育体系"的发展目标。

一、转型、提升,是发展地方应用性高等教育的历史选择

总结安徽省多年来建设应用性高等教育体系在认识论和方法论上的成果,可以用四个字概括,就是"转型"和"提升"。

所谓"转型",就是转变教育思想,更新教育观念,实现从精英教育向大众化教育、从以培养学术型人才为主向以培养应用型人才为主、从基础研究向应用基础研究和应用科学技术研究、从学科学术本位向专业职业本位、从重知识传授向重能力培养转变。所谓"提升",就是提升办学层次,包括学校升格和学校间联合、合作和以项目形式等培养高层次人才的发展形式,优化学科专业结构和人才培养结构,积极适应经济社会发展和人民群众的需求。

在这方面,安徽省明确提出了应用性高等教育体系的建设目标和发展理念。建设目标,就是要提高高等教育服务经济社会发展的能力,把高校的人才和科技资源优势转化为现实生产

[①] 李和平,安徽省教育厅副厅长。储常连,安徽省教育厅高教处处长。方明,安徽农业大学高等教育学教授。

力、转换为推动经济社会又好又快发展的强大动力、转化为加速安徽崛起和全面建设小康社会的重要支撑力。发展理念,就是"科学定位、分类指导、多元发展,特色办学"。科学定位是前提,分类指导是手段,多元发展是保障,特色办学是方向。通过科学合理的高校分类,将高校定位于自己所处的"生态位"上,各安其位,各司其职,不越位,不缺位,形成良好的高等教育生态链,从而让高校在各自的"生态位"上争创一流。

关于提高高等教育质量,安徽省提出了建设"五个一批"目标,即建设一批高水平大学,支撑区域经济社会发展;建设一批高水平学科专业,服务主导产业发展;建设一批高水平创新平台,推动创新型安徽建设;建设一批高水平人文社科基地,促进文化强省建设;建设一批以高水平领军人物为核心的创新团队,落实人才强省战略。在高等教育体制改革方面,重点在人才培养体制改革、招生考试体制改革、管理体制改革、建设现代学校制度、扩大教育开放诸方面提出了明确要求。同时提出以高等教育对经济社会发展的支撑度、对人力资源强省建设的贡献度和人民群众的满意度作为建设高等教育强省、发展应用性高等教育体系的核心价值取向。

经过多年的建设,安徽省应用性高等教育体系已初具形态并已取得良好的效益。但如何深化应用性高等教育体系建设,服务安徽省委省政府提出的"科学发展、全面转型、加速崛起、兴皖富民"的十二五发展战略和"科教兴皖、人才强省"战略,仍有很多问题值得探讨。我们认为,在新的历史时期,应用性高等教育体系建设,最主要的仍然是"转型"和"提升"。

1. 经济社会发展的需求和高等教育自身发展的需求决定了"转型"和"提升"的迫切性

经济发展方式的转变,要求经济增长由主要依靠增加物质资源消耗向依靠科技进步、劳动者素质提高和鼓励创新转变,同时高等教育的大众化、社会化、多元化、终身化、国际化的趋势等,也对高等教育提出了新的更高的要求。安徽省的高等教育已经站在一个新的历史起点上,但与安徽省加速崛起的新要求、人民群众的新期待、兄弟省市高教事业的新步伐相比,仍然存在不少差距。主要表现在三个方面:一是从服务经济社会发展的视角看,高等教育的贡献率还偏低。无论是高等教育对人力资源建设的贡献率、对科技创新的贡献率,还是对经济社会发展的支撑度都偏低。二是从综合办学实力的视角看,高等教育的整体水平还不够高。无论是教育投入、师资数量和质量,还是办学条件都较弱。三是从自身发展潜力的视角看,高等教育的可持续发展能力还不够强。无论是校均规模、专业结构、人才培养结构还是学校发展、历史积淀都不够。这些都迫切要求高等教育"转型"发展,进一步转变思想观念,转变发展方式。同时,这些也要求高等教育"提升"发展,提高办学层次和水平,提高人才培养质量,提高核心竞争力和核心发展力,从而实现高等教育又好又快发展。

2. 人力资源建设和从业人员的职业素质需求决定了"转型"和"提升"的必要性

随着市场经济的深入发展特别是社会分工的日益细致和深入,对人才的专业性、特殊性、细致性要求越来越高。特别是近几年来,安徽省合芜蚌自主创新实验区、皖江城市带承接产业转移示范区、科技创新试点省、合肥经济圈、加快皖北发展、皖南国际旅游文化示范区建设等战略的实施,对人力资源供给和从业人员素质提出了新的更高的要求。但反思安徽高等教育,还存在多元化的服务面向和趋同的学校定位的矛盾、多样化的人才需求和同质的人才培养的矛盾,无论是人才培养模式、人才培养结构还是学科专业结构、院校能级结构都存在相当严重的趋同化现象。这些要求高等教育要"转型"发展,不断改革人才培养体制和人才培养模式,拓宽人才培养视野,创新人才培养理念,深化教育教学改革。同时,这些也要求高等教育"提升"发展,进一步加大投入,改善办学条件;建设双师型、双能型教师队伍。

3. 选择适合自身特点的发展之路决定了"转型"和"提升"的现实性

在高等教育大众化的进程中,多样性、多元化已成必然。在众多的发展模式之中,高等学校要选择适合自身特点的发展道路,就只有通过比较才能完成。但不同类型、不同层次的高校是没有可比性的。高职高专类学校就无法与本科类学校比较,因为他们的办学理念、办学定位、服务面向、人才素质要求都完全不一样。目前,安徽省初步形成的应用性高等教育体系,本科及以上办学形式是由传统的学术教育转型而来。只有通过适度"提升",少数高职院校探索培养应用型本科人才,少数尚无硕士学位授权的应用型本科高校探索培养专业学位研究生,让他们处在同一个层次上才可以比较。在同类学校的不同发展方式中,通过比较、甄别,才能避免单一模式、趋同发展,才能形成自己的发展道路,真正做到科学定位、错位发展、特色发展。同时,提升以后,要契合新的办学层次的要求,真正提升到新的办学层次,实现"转型"发展。

二、转型、提升,构建地方应用性高等教育体系任重道远

新的历史时期,如何实现高等教育的"转型"与提升,构建应用性高等教育体系呢?

1. 高职高专教育,"提升"的任务已经完成,"转型"的任务有待深化。

安徽省的高职高专学校,大多由原中等职业学校升格而来,基本完成了"提升"的任务。但他们大多还没有真正实现由中等职业教育向高职高专教育的转型,还没有完成从培养技术工人向培养高素质技能型人才的转变,在办学指导思想、办学定位、人才培养模式、管理模式等方面,"转型"的任务都还很艰巨。少数示范性高等职业院校,已较好地完成了高等职业教育的转型定位任务,应充分挖掘潜力,调动办学资源,提升办学水平,可以考虑选择部分重点建设专业,通过联合、合作,培养应用型本科人才;对中等职业学校而言,可以通过和其他高校与企业的合作,以"3+2"等形式,联合培养专科层次的技能型人才。

2. 本科教育,"转型"正全面进行,"提升"亟待启动

本科院校是应用性高等教育体系的主体部分,其"转型"就是要转变观念,科学定位。在本

科院校中,新建本科院校占了很大一部分,他们大多由原来的师专类学校或民办高职院校升格而来,必须实现从培养学术人才向培养应用型人才的转变,即通过"转型",将学校定位于应用型本科院校,将专业建设、课程建设、双能型教师队伍建设作为工作的重点,千万不可盲目攀比,贪大求全,去争取硕士点、博士点,否则会顾此失彼,得不偿失。其"提升"要有的放矢,分类指导。对那些在应用型办学定位准确、特色鲜明、实力较强,但没有硕士学位授予权的学校,其更重要的任务则是"提升"。他们要积极创造条件,以项目合作等形式培养专业学位研究生。

3. 研究生教育,"转型"有序推进,"提升"刻不容缓

对那些具有硕士、博士学位授予权的高校而言,其"转型"主要体现在从过去单纯培养学术型人才向培养应用型、复合型人才转型,从单纯培养学术型研究生向培养专业学位研究生为主方面。目前,安徽省专业学位研究生只占研究生总数的18%,要力争到2020年,这个比例达到50%。要积极改革研究生培养模式,通过一定的体制机制创新,加强校外指导教师队伍建设,落实双导师制、双挂制和互聘制,实现研究生培养模式的多元化。其"提升"主要是要大胆探索,创造条件,在部分高校开展博士层次的专业学位研究生教育。在"转型"与"提升"的过程中,应该注意形成风格,特色发展。这些高校要结合自身的办学条件和历史传统,坚持特色化,不搞趋同化;坚持有所为、有所不为,不搞大而全;坚持服务地方的发展战略,结合地方发展需求,加强应用科学研究。

4. 继续教育,"转型"步履维艰,"提升"任重道远

继续教育不应再以学历补偿教育为主体,要坚持以服务学习型社会建设和人的终身学习为宗旨,突出建设社会继续教育急需的专业,要从过去单纯的学历教育向服务于人的职业发展的终身教育转型。要依托高校的资源优势,开发和建设服务各类人员职业发展的学习资源中心;依托电大等远程教育系统建设省级开发大学。主动为新农村建设、农村劳动力转移、城市及职工创业、就业和再就业承担培训任务,以满足国民全面发展的需要或职业岗位迁移对再学习的需要,真正将继续教育建设成为大学后教育。其"提升"方面的任务,主要是开放办学,依托现代信息技术和远程教育平台面向全社会,提升办学层次,创办虚拟大学,建设没有围墙的大学,打破普通教育和继续教育的壁垒,构建普通教育和继续教育的立交桥,提升办学水平。

三、改革、创新,保障地方高等教育发展的不竭动力

1. 发展要有新理念

地方高等教育的发展,必须树立大众化高等教育观念,实现精英教育向大众化教育的转变;必须树立应用性高等教育观念,实现学术性教育向应用性教育的转变;必须树立国际化高

等教育观念,实现封闭办学向开放合作教育转变;必须树立以适应经济社会发展和人的全面发展为根本标准的高等教育质量观,实现由适应经济社会的发展向服务、支撑、引领经济社会发展转变。

2. 人才培养要有新体制

要大胆创新,改革人才培养体制。按照国家教育规划纲要的要求,通过改革创新,建立"体系开放、机制灵活、渠道互通、选择多样"的人才培养体制。这一体制,要以服务地方经济社会发展为宗旨,以培养应用型人才为目标,学校、政府、企业三方联手,合作办学、合作育人、合作就业三位一体,资源共享,过程共育,成果共用,责任共担。要大胆实践,实行开放办学。生产社会化、经济全球化、社会信息化,要求高校必须具有开阔的胸襟,破除封闭思维,树立开放意识,实行开放办学,向社会开放,向企业开放,向政府开放,向世界开放。加强校际之间的开放,探索学生跨校选课和选修辅修专业、授予学位的办法,开展基于网络的高校远程教育,支持校际之间联合培养研究生和开展科研合作。针对地方实际,积极与国外高水平大学开展多种形式的国际交流与合作,提高应用性高等教育的国际化水平。要改革培养体制。坚持以市场为导向,积极构建招生、就业、培养相互联动机制;改革高职招生制度,建立中高职联合培养制度;深化应用型人才培养模式改革试点工作,创新校企合作育人新体制;推进高等教育分类管理改革试点,努力形成高校抱团取暖,共同发展的新格局。

3. 教育教学改革要有新思路

要从以传授知识为主向以培养能力为主转变,以教为主向以学为主转变,以讲授为主向以实践训练为主转变,以课堂教学为主向以现场教学为主转变,以学年制为主向以学分制为主转变;积极推进主辅修制和双学位制,放开专业选择,以灵活的办学方式、有效的教学手段、先进的教学内容,激发学生学习动力;积极探索"2+1"小学期制,强力推进"各类应用型人才培养卓越计划"。要围绕解决人才培养目标同质化、方式趋同化等问题,注重学思结合,知行统一,因材施教,探索各类应用型人才培养模式。对学科专业设置,要符合安徽产业结构的调整、产业转移和升级的需要,跟得上战略性新兴产业发展的步伐;对人才培养结构,要符合各级各类人才的现实需求,科学确定招生规模,妥善处理规模、结构、质量、效益的关系;对课程体系和教学内容,要符合应用型人才和个人职业发展需要;对人才培养过程,要强化实践技能的训练,除建立校内实验实训基地外,还要分专业、按区域构建专科、本科、研究生共享的实践教学基地体系,推进校企合作和产学研结合;对人才培养制度,要灵活多样,既适应经济社会发展的需要,又适应个体全面发展的需要。大力倡导启发式、探究式、讨论式、参与式教学,注重激发学生好奇心,发挥学生主动精神,鼓励学生进行创造性思维,改变单纯灌输式的教学方法。要坚持能力本位和实践本位,重点考察实践动手能力,将行业标准引入专业规范和建设标准,将技术标准引入课程目标和课程标准,将执业资格标准引入人才规格和人才标准,以此来研究制定各类应用型人才培养标准、应用型专业标准、应用型课程标准、应用型教师队伍建设和应用型人才培养质量评价标准。

4. 省级统筹要有新突破

加强省级统筹和宏观调控,统一筹划,综合协调,通盘考虑,全面安排,科学制定高等教育发展规划,明确高校的定位;整合区域性或同类型高校资源;加强应用型高等教育联盟建设的力度,扩大联盟的范围;大力推进跨校选课、学分互认,最大限度地实现资源共享、优势互补、集约办学、抱团发展。就安徽而言,作为省级统筹综合改革试点省,安徽省政府应获得必要的学位授予权、专业设置权、院校设置权、人财物统筹权,以保证其试点的顺利实施。必须简政放权,加强省级政府对区域内高等教育的领导与管理,使其真正成为区域高等教育体系的宏观调控和指挥的中心,成为本区域的高等教育的政策引导、战略规划、立法执法、资源配置、结构调整、组织协调、信息服务、检查评估等方面的主导者。

5. 资源保障机制建设要有新举措

加大政府对高等教育的投入。建立长效的高等教育投入机制,采取措施,化解高校沉重的债务负担;结合高校人事制度改革,进一步完善高校预算制度,保证生均预算内教育事业费足额到位并逐年增长。设立专项教育改革引领资金;完善高等教育分类收费管理办法,允许实行学分制教学的高校按照规定的学分项目和标准收费,允许高校根据不同地区和专业办学成本浮动收费。坚持多渠道筹措办学经费,落实免征建设规费和税收的优惠政策。着力建设应用型教师队伍,深化人才工作机制改革,深怀爱才之心、识才之智、容才之量、用才之艺,为高水平人才充分施展才华创造好的条件。高职院校建设双师型教师、本科院校建设双能型教师,即教师必须具有培养应用型人才的能力和产学研合作的能力。研究生教育要加强校外指导教师队伍建设,落实双导师制、双挂制和互聘制。

(本文发表于《中国高等教育》2012年第1期)

走应用型之路才能抓住发展良机

合肥学院 蔡敬民 余国江[①]

发展应用型教育、办好应用型大学是我国经济社会发展和现代化建设的客观需要,新建本科院校立足于自身发展和社会需要,选择应用型发展道路恰逢其时。

经过改革开放30年,特别是近10年的发展,我国高等教育已经实现了历史性的跨越,迈入了国际公认的大众化发展阶段。在这历史跨越的进程中,新建的本科院校功不可没。高等教育大众化不仅仅是数量上的达标,更应该是质量上的提升。要提高教学质量,新建本科院校就不得不解决一个关键问题:确定发展的方向和目标定位。

目前,我国正处于工业化的中期,社会经济发展需要大量的高级应用型人才作为人力支撑。随着我国社会经济的快速发展和工业化进程的不断深入,以及地方经济和行业经济的快速发展,对应用型人才的需求大量增加,大力培养应用型人才是经济发展的迫切需要。

然而,就目前来看,应用型人才培养还存在诸多问题:应用型人才培养的政策保障机制尚未建立;一些本科院校提出要培养一线应用型人才,却受到社会、学生家长的质疑,认为学校选择了应用型,教学质量就滑坡了;用人单位感到学生应用能力不强,学校对经济社会发展、行业产业需求调研不够,培养环节上实践教学不到位;一些学校选择了应用型人才培养类型,却担心定位于应用型会自降身份,特别是一些新建本科院校信心不足。

一、作为应用型院校,培养的人才要有鲜明特征

应用型本科院校作为一种高等教育院校的类型,要有区别于其他类型高等教育院校的属性,其培养的人才要有鲜明的特征。长期以来,我国高等教育分类并不十分清楚,本科高校几乎都是以"学科建设为龙头"、"厚基础,宽口径"为办学宗旨。不少高等学校一方面提出要培养应用型人才,一方面却还是坚持建设理论型、研究型大学的宗旨,高等教育办学趋同化问题没

[①] 蔡敬民,合肥学院党委书记。余国江,合肥学院发展规划处副处长。

有得到根本解决。

在这方面,德国给我们提供了很好的范例。德国的应用型本科教育是国际上公认的一种成功的高等教育类型。在过去的40余年中,这种类型的本科教育为德国经济和社会发展发挥了积极的作用,被誉为二战之后德国经济腾飞的秘密武器,得到德国工业界的认可。

借鉴德国应用型人才培养模式,并结合我国国情,我们认为,我国应将应用型本科院校作为一种高等教育类型来加以发展。其具体特征包括:办应用型本科教育,培养具有解决生产和管理中实际问题能力的应用型人才;适度开展应用型硕士教育;开展应用科学研究和技术转化工作,服务地方经济和社会发展;教学密切联系实际,理论以适用为度,毕业生除掌握必要的专业理论知识外,更要加强实践能力培养;做好应用型本科教育必须要有一支具有实践能力较强的师资队伍,同时要有必要的社会资源作保障。

二、作为顶层设计,人才方案应体现应用型特征

要实现应用型人才培养目标,就必须做到学校性质定位、专业定位、人才培养目标定位和课程定位的准确性和一致性。人才培养方案是人才培养的目标和规划,它关系人才培养的方向和质量的高低。

以专业为导向,重构应用型课程体系。当前,我国应用型本科院校课程体系仍是18世纪以来理性主义的课程结构,它是建立在学科基础上的。这种课程注重知识的传授,知识相对独立,有较强的逻辑性和学科知识体系。但它的缺点也十分明显:过分重视知识的系统传授,课程体系的设计导致学生对现实世界认识的割裂,脱离学生生活实际;过分强调学科严密的系统性,忽视了学生能力培养;过分重视学科知识的连贯性和逻辑性,忽视学科之间的整合性、关联性;过分重视以学科为中心,忽视实践性、选择性课程,课程结构单一。我们认为,应用型课程体系建设思路应该改"学科导向型"为"专业导向型",课程设置以模块化建设为目标,基础课要适用,专业基础课要管用,专业课要实用(理论必须紧密联系实际),优化和整合课程内容,适当下调理论课时,降低课程内容的重复率。

以能力培养为核心,改革实验教学。要培养应用型人才,则增加实验教学课时比例(不少于30%)非常重要。与此同时,在实验教学中,要整合单一性实验教学内容,减少验证性实验内容,开设综合性实验,增加设计性的实验,并根据专业和课程特点,将实验分成3类:与单一课程相对应的实验课、和课程群相对应的实验课、独立开设的实验课等。在学期设置上,可以借鉴德国应用科技大学的经验,增加认知实践学期,让学生在与自己相近或相关的岗位上经过认知实习,了解本专业需要的专业知识,增强和提高本专业需要的能力、素质。在实验室建设

方面可以采取"少台套大循环"模式,这样既可增强实验效果,培养学生自主学习的能力和综合分析问题、解决问题的能力,又可节约大量的实验室建设资金。

三、作为关键环节,质量监控应体现应用型特色

目前,我国新建应用型本科院校质量监控不符合自身的办学定位。各校采用的评价标准基本上是模仿或沿袭研究型院校,将研究型大学的指标体系移植过来,过分注重内容的深度、难度;过分注重知识的系统性、完整性;过分注重教师上课的信息量、知识传授的技巧;质量监控重视理论课教学监控,忽视实践教学。从知识传授的角度来看,这些指标对于应用型本科院校不是说不重要,但如果过分强调,就会偏离应用型办学目标,混淆了研究型和应用型院校的本质差别,教学质量监控就不会达到预期的效果。

因此,应用性本科院校质量监控应从以下几方面入手:树立全面教学质量观,建立课堂教学质量监控新体系;优化人才培养模式,加大教学改革力度;改革考核方式,注重对学生学习过程的监控,引导学生自主学习;健全质量管理体制,建立实践教学评价标准;明确监控实施主体,加强教学质量监控管理。

四、作为系统工程,全方位的保障体系必不可少

作为一种新的人才培养类型,应用型人才培养是一项系统工程,它需要方方面面的配合和支持,这涉及应用型师资、实验教师队伍、社会保障机制等诸多方面。

应用型师资是根本。人才引进与培养,应立足于应用型办学定位,不能唯"高"(高学历、高职称、高学位)是举,应重视引进一批具有实践经验的教师,同时要重视加强对教师实践能力的培养。就目前而言,大部分教师都没有实际的工作经验,对企业环境不熟悉,这样的教师很难培养出高素质的应用型人才。德国应用科技大学非常重视对教师实践能力的培养,博士毕业后必须在企业工作5年,方可应聘为应用科技大学的教师。此做法值得我们思考和借鉴。

高素质实验教学队伍是关键。德国应用科学大学十分重视实验教师培养,实验教师和理论教师的比例接近0.9:1,而我国应用型本科院校实验教师配备严重不足。造成这一状况的原因是多方面的,其中一个最主要的原因就是对实验教师重视不够。为此,教育部门和学校应该在政策上给予扶持,承认实验人员的教师资格,发给高校教师资格证,对于特别优秀的高级实验师可以评聘相当于正教授的实验岗位职称。此外,学校要有计划、有针对性地提升实验教师的学历结构和业务水平,选派素质高、能力强的实验教师到国内外去进修,攻读学位,以提高他们的教学水平和能力。

政府支持是保证。政府和教育部门也应为应用性教育提供保障,把应用型院校作为一种类型加以指导、培育,在人事管理、经费预算、项目立项等方面予以支持。在教学质量评估、对学校的考核上也应体现应用型的特点,其指标体系也应有别于其他类型的高校。只有这样,应用型本科院校才能与社会经济发展互动,与企业发展共赢,与不同类型人才同发展、共生存。

(本文发表于《中国教育报》2008年12月26日)

以生为本合作式应用型人才培养模式的探索与实践

黄山学院 汪建利[①]

在高等教育大众化全面推进的背景下,国家对提高高等教育质量提出了新要求,经济转型使得地方对应用型人才的需求大大增加。为此,一些新建的地方本科院校把人才培养目标定位为培养实践能力较强的应用型人才,以此来满足经济社会发展的需要。如何进行应用型人才的培养,是地方应用型本科院校需要不断探索的问题。

黄山学院通过多年的实践与探索,初步构建了具有学校特色的"以生为本、合作式"的应用型人才培养模式。为把人才培养理念、培养目标、培养规格等全面贯彻落实到教学实践中,学院对人才培养方案进行了重构,在提高应用型本科人才培养质量上取得了一定成绩。

一、应用型本科人才培养模式的内涵

1. 应用型本科人才

应用型人才有别于传统本科培养的学术性人才,也有别于高职高专培养的技能型人才,指的是在高新技术产业的工业、工程领域一线岗位从事生产、建设、管理、服务等的高素质专门人才。应用型人才培养侧重于知识和技术的应用能力培养,强调知识的应用能力和技术创新能力。概括地说,应用型人才是指能将专业知识和所具备的能力应用于所从事的社会实践,主要从事一线生产的技术或专业人才。

应用型本科人才在知识结构、能力和素质结构上都具有其独特性。在知识结构上,应用型本科人才的培养强调的是专业素质和专业实践能力,理论知识的学习是为了更好地服务于专业实践;在能力培养上,在注重培养学生专业实践操作能力和就业能力的同时,为适应现代社会对人才多元化的要求,更注重对学生创新创业综合能力的培养;在素质结构上,应用型人才需要具有一定的职业素养。

[①]汪建利(1959—),男,黄山学院院长,教授。主要研究方向:高等教育管理。

2. 人才培养模式

1998年教育部颁布的《关于深化教学改革，培养适应21世纪需要的高质量人才的意见》指出："人才培养模式是学校为学生构建的知识、能力、素质结构，以及实现这种结构的方式，它从根本上规定了人才特征并集中地体现了教育思想和教育观念。"自此，高校的人才培养模式引发了学者们的热烈讨论。

董泽芳从不同层面和视角出发，把学者们对人才培养模式的界定划分为十大类，分别有"人才培养规范"说、"人才培养系统"说、"教育过程总和"说、"培养活动样式"说、"教育运行方式"说、"目标实现方式"说、"人才培养结构"说、"教育活动程序"说、"整体教学方式"说和"人才培养方案"说。由此可以看出，对人才模式概念的界定甚多，这说明人们对人才培养模式的概念的认识尚存在内涵不明、外延把握不准等问题。但多数学者认为，人才培养模式的基本要素应包括专业人才培养理念、人才培养目标、人才培养方案与培养途径等内容。

3. 应用型本科人才培养模式

应用型人才培养模式是以发挥应用型本科高校的知识生产和成果开发功能为基础，通过人才培养内容、手段、制度和评价的有机组合，以培养应用型人才为目标的人才培养形式。

应用型人才培养模式明确了应用型本科的人才培养目标、培养规格和基本培养方式；回答了在应用型本科专业建设中，培养目标与市场需求、学科与应用、学校与企业等涉及教育教学的若干重大基本关系问题；形成了在应用型本科人才培养模式指导下，设计人才培养方案和课程体系的方法；指导了课程与教学设计以及人才培养的教学过程等应用型本科教育和教学改革的实践。可以说，应用型人才培养模式的确定影响乃至决定了应用型本科高校的人才培养全过程。

二、黄山学院"以生为本、合作式"人才培养模式的构建

1. "以生为本、合作式"人才培养模式提出的背景

《国家中长期教育改革和发展规划纲要（2010～2020年）》明确指出："我国教育还不适应国家经济社会发展和人民群众接受良好教育的要求"，提出改革人才培养体制一定要"创新人才培养模式"、"探索多种培养方式"。这说明，高校要重视对人才培养模式的改革创新，使学校在提高自身质量的同时，以特色化的发展来适应经济社会发展的需要。

对于应用型本科而言，应用型人才培养是学校功能的首要体现。但从教育实践来看，地方应用型本科院校的毕业生往往面临着尴尬的就业局面：一方面，应用型本科院校培养出的学生在学科基础理论知识上，与传统本科培养出的学生相比有一定的差距；另一方面，在实践能力、

实践经验以及职业认同感上,又比不上高职高专的学生。这就要求应用型本科高校在人才培养模式上,要找准定位,必须将应用型人才培养目标与方法落实到教学实践的每个环节。

黄山学院地处国际旅游城市——黄山市,作为一所地方新建本科院校,2002年升本后,通过10多年的本科办学探索与实践,目前已经形成了涵盖9个学科门类、57个本科专业、近18 000名在校生的办学规模。在学校快速发展的过程中,探索适合学校自身发展的人才培养模式,更好地进行内涵发展,是学校一直探索与实践的重点。

为了更好地适应地方经济社会发展对应用型人才的需求,学校经过多次教育思想观念大讨论活动,逐步确定了"地方应用型本科"的办学定位。为了办好应用性高等教育,通过近年来的探索与实践,学校初步构建了具有特色的"以生为本合作式应用型人才培养模式",在人才培养理念、人才培养目标和专业培养规格、人才培养体系和培养过程等方面进行了整体优化和综合改革,为培养高素质的应用型人才指明了方向。

2. "以生为本合作式"人才培养模式构建原则

强调专业原则。我校人才培养模式注重在专业层面开展,以社会需求为导向,整合和优化课程体系、教学内容,主动适应地方经济社会发展对人才的需要,强化专业知识教育,以能力培养为核心,强化实践教学;尊重学生个性特长和全面发展的需要。

重在实践原则。人才培养模式改革不仅是学习、研究、思考,更重要的是集全校之力,全面推进改革。在改革实践的基础上,对人才培养模式进行再次优化、再次实践,以确保人才培养模式改革的效果。

整体优化原则。人才培养模式改革是一项系统工程,涉及人才培养过程的方方面面,仅仅对其中某个环节进行改革,难以取得实质性的效果。应在顶层设计、全面统筹的基础上,确立人才培养理念和人才培养目标,系统设计人才培养体系,规范人才培养过程,从而提高培养的人才的质量。

3. "以生为本合作式"人才培养模式内涵

(1)以生为本的培养理念。

"以生为本",体现了学校的人才培养理念。学校历来重视因材施教,在教育实践中重视学生的全面发展。如建立三个中心(即教师发展中心、大学生事务中心、大学生应用能力发展中心),有效地提高了教师的教学能力、科研能力、应用实践能力;为学生各种事务的办理提供一站式服务,为大学生应用能力提升搭建多样化平台。

(2)合作育人的培养途径。

学校为培养"基础扎实、知识面宽、专业能力强、综合素质高"的应用型人才,积极构建校内、校企、校校、国际合作等合作式人才培养模式。校内合作打破了二级学院的壁垒,有助于学校资源的优化与整合。校企合作使学校与市场接轨,培养适应地方经济社会发展需要的应用型人才。校校合作加强了学校在人才培养、学科建设、学术交流、学校管理等方面与省内外高校的合作交流。同时,通过国际合作,为教师和学生了解国外先进的教学理念、教学模式和自身的专业发展提供了平台。

三、黄山学院人才培养方案设计模式探索

1. 构建"333"模块化课程体系和"123"模块化实践教学体系

人才培养方案是学校实施人才培养工作、保证教育教学质量、实现人才培养目标的纲领性文件,是学校人才培养的蓝图和开展教育教学活动的基本依据,集中体现了学校的办学思想和育人理念,决定着人才培养的质量、规格、水平,对规范教学工作、稳定教学秩序、提高教学质量有着极其重要的意义。黄山学院根据"以生为本合作式应用型人才培养模式",构建了"333"模块化课程体系和"123"模块化实践教学体系,于2013年对全校各本科专业的培养方案进行了重构。

(1)"333"的模块化课程体系。第一个"3",即"三分",专业能力分解、专业方向分流、课程模块分组;第二个"3",即"三强",重视学科基础、强化专业能力、突出创新精神和实践能力的培养;第三个"3",即通识基础平台、学科基础平台、专业教育平台"三平台";模块化课程体系是指根据专业特点和专业能力分解情况,将若干个课程合并为一个模块,对应培养一种能力。

(2)"123"模块化实践教学体系。即"一个核心":以专业能力培养为核心;"两条主线":实践教学环节分为课内和课外两条线;"三个层次":公共基础实践层次、学科专业实践层次、研究创新实践层次。每个层次包含若干个模块,见下图:

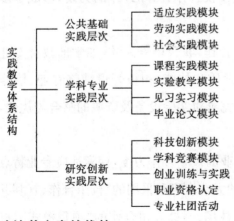

2. 人才培养方案的优势

黄山学院在升本以后,不断进行教育教学改革,探索出符合国情校情的应用型人才培养方

式,在应用型人才培养方面取得了一定的成绩。但是,在培养方案的制订上,依然存在一些问题。所以,在制订新的2013版培养方案时,学校组织各专业就培养目标、培养规格、课程体系等内容进行了充分学习和广泛调研,尤其是调研行业企业和用人单位的意见,用于指导培养方案的制订。新的人才培养方案初步体现了以生为本的理念和合作育人的思路,大大强化了实践教学环节,为进一步提高应用型人才培养质量奠定了基础。

(1) 贯彻以生为本理念。

为贯彻因材施教、以生为本的教育理念,学校组织全校各本科专业进行了广泛的学习和调查研究,征求各方面(尤其是用人单位)的反馈意见,按照知识、能力、素质协调发展的原则确定人才培养目标;积极推行大学英语、计算机文化基础、高等数学等课程教学改革,实行分级、分类、分层次教学;推进公共基础课选课制度,开设部分选修课及公共基础课的视频课程,满足不同层次学生的学习需求;实施辅修专业制度,开阔学生的视野,为学生就业增加竞争砝码;相近专业之间的加强合作,为培养复合型人才的培养提供了保障;实施暑期实践教学小学期制度,为学生提供更加弹性的学习空间,发挥学生学习的主动性与积极性;建立健全导师制,为学生在学习、职业生涯规划、就业指导等方面提供个性化服务;部分专业开设不同专业方向,学生可在"专业教育课程平台"中的"专业方向限选课程模块"选择符合未来就业方向的课程,进行专业知识教育和专业能力培养。这一系列措施,在一定程度上保证了学生个性的发展,为学生拓展就业渠道、提高就业能力提供了更大的空间。

(2) 搭建合作育人平台。

为培养"基础扎实、知识面宽、专业能力强、综合素质高"的应用型人才,更好地服务地方经济社会发展,学校加大了校内合作、校企合作、校校合作、国际合作的力度,形成了多元合作式育人平台。

在校内合作方面,学校积极在专业间尝试合作,联合培养人才,如学前教育专业与艺术学院合作,培养幼儿教师的音乐、美术等方面的素质和技能;积极开设辅修专业,培养复合型人才;鼓励教师间进行合作,开发校本课程;不断完善对实验设备及资源的整合与优化,实现实践教学平台的提升与资源共享。

在校企合作方面,学校着力加强应用型专业的校企合作力度,探索适应专业特点和行业特点的校企合作模式。如化学化工类专业开设的大北农班和采用的"校企合作、互利共赢"模式,旅游类专业的"211"模式,林学、园林等专业与林场、园林公司合作的"项目模式",机械电子类专业的"顶岗"模式等。学校以"互动式"、"订单式"、"引入式"、"嵌入式"等多种形式与企业合作,为学生发展提供实践平台和就业保障。

在校校合作上,一方面,学校积极与省内外应用型高校合作,加强联合申报,加强对口合作,加强相互交流。另一方面,学校也不断加强与省内外其他类型高校合作,为下一步申报专业学位硕士点、提升应用型人才培养层次奠定基础。

在国际合作方面,首先是专业建设的国际化,以中法合作"4+0"酒店管理专业为品牌引领,拓宽合作领域,深化合作内涵,打造高质量的中外合作项目。其次是人才培养的国际化,拓展与海外高校的校际交流、科研合作、短期进修、国际竞赛、学术交流等各类项目,为学生创造和提供更多出国游学的机会,同时大力推进来华留学生教育。最后是师资队伍的国际化,通过实施青年教师海外长期研修计划、短期海外交流计划、学科带头人支持计划,提升青年教师的学术水平和科研能力。

(3)强化实践教学环节。

应用型人才的培养,重在是加强实践能力的培养。学校在新版人才培养方案中,进一步加强了实践教学环节,本科专业实践学分占总学分的平均比例由原来的28%上升到38.5%。同时,学校还加大了实验实训中心和校外实践基地的建设,加强了对实践教学的管理,着力提高教师的实践应用能力,为提高实践教学质量提供坚实保障。

四、结语

在应用性高等教育大发展的时代背景下,黄山学院抓住机遇,努力探索应用性高等教育人才培养模式,创造性地提出"以生为本、合作式"应用型人才培养模式,并重构了人才培养方案,在人才培养目标、培养规格、课程体系、课程教学等方面进行了全面改革。应用型人才培养没有固定模式可循,应用型本科高校要结合学校实际和当地经济社会发展需求,探索适应市场需求、符合自身特点、具有本校特色的人才培养模式。

【参考文献】

[1]陈德文.把以人为本理念内化为大学办学理念.中国高等教育,2009(15、16).12—14.

[2]高林,吴智泉.发展应用性高等教育若干基本问题的研究.中国高教研究,2008(05).44—47.

[3]鲍洁,梁燕.应用性本科教育人才培养模式的探索与研究.中国高教研究,2008(05).47—49.

[4]王钟箐,胡强,陈琳.应用型本科人才培养方案的探索与构建.教育与教学研究2009,(10):56—58.

[5]吴开腾,胡玲,范雪刚,张建华.新建地方本科院校应用型人才培养方案探析——基于内江师范学院人才培养方案修订的思考.内江师范学院学报 2012,(7):33-35.

[6]蒋胜永,杨慧瑛,刘世荣.地方院校应用型人才培养方案构建的实践探索——以绍兴文理学院为例.中国大学教学 2010,(10):30-32.

[7]王青林.关于创新应用型本科人才培养模式的若干思考.中国大学教育 2013,(6):20-23.

[8]李儒寿.应用型本科人才培养模式改革探索以湖北文理学院 211 人才培养模式为例.高等教育研究,2012,(8):65-70.

[9]董泽芳.高校人才培养模式的概念界定与要素解析.大学教育科学 2012,(3):30-36.

(本文发表于《应用型高教探索》2014 年第 6 期)

地方本科院校办学特色的探讨与实践

——以铜陵学院为例

铜陵学院 丁家云 吴 杨 雷勋平 张保花[①]

培育高校办学特色既是时代的需要,也是高校自身发展的需要。办学特色是地方本科院校实现全面协调和可持续发展的重要保证,更是提升竞争力的重要手段。如何在激烈的竞争中立于不败之地,快速提升学校办学实力,是新建地方本科院校紧迫而又现实的任务,也是亟待解决的重要课题。

一、办学特色的基本内涵

特色,是事物所表现出的独特的色彩、风格等。苏联当代著名教育家苏霍姆林斯基在他的著作《教育论》中对办学特色是这样阐述的:"办学特色是在长期办学过程中积淀形成的,本校特有的,优于其他学校的独特优质风貌。办学特色应当对优化人才培养过程、提高教学质量作用大,效果显著;并且有一定的稳定性,在社会上有一定影响,得到公认。""办学特色可能体现在不同层面:①体现在总体上的治学方略、办学观念、办学思路;②体现在教育上的特色——教育模式,人才特色;③体现在教学上的特色——课程体系、教学方法,以及解决教改中的重点问题;④体现在教学管理上的特色——科学先进的教学管理制度、运行机制等。"同时,《普通高等学校本科教学水平评估方案》(试行)的指标体系中有一项指标是完全独立于七个一级指标之外的,这就是"特色项目"。在指标体系中它既没有权重系数,也没有等级标准。但在对指标体系相关注释中作了明确说明:"特色可体现在不同方面:如治学方略、办学观念、办学思路;科学先进的教学管理制度、运行机制;教育模式、人才特点;课程体系、教学方法以及解决教改中的重点问题等方面。"

由此可见,高校办学特色的内涵十分丰富,表现在办学理念、学科建设、科学研究、人才培养模式、师资队伍、管理模式、校园文化、社会服务等诸多方面,高校承担着人才培养、科学研

---

① 丁家云(1961—),男,安徽庐江人,铜陵学院院长,教授,硕士生导师。研究方向:国际经济与贸易。吴杨(1963—),男,安徽巢湖人,铜陵学院经济学院院长,教授。研究方向:经济统计学。

究、社会服务、引领社会文化四大社会功能。因此,本文认为高校办学特色主要体现在以下方面:一是为社会培养和输送各类人才;二是为社会经济、文化、科技发展提供智力支持和文化、科技成果;三是拥有独特的校园文化。

地方本科院校注重办学特色意义重大。形成办学特色是高等教育大众化的客观要求,是地方本科院校生存的必由之路,更是地方本科院校实现跨越式发展的必由之路。

二、地方本科院校形成办学特色的优势和劣势分析——以铜陵学院为例

在高等教育大众化的浪潮中,新建地方本科院校紧紧抓住了发展机遇,办学规模迅速扩大,办学层次得到提升,办学水平也进一步提高。但同时也存在着许多不容忽视的问题。下面以铜陵学院为例,对地方本科院校形成办学特色的现状进行分析。

1. 优势分析

(1)办学定位准确。铜陵学院从成立之时就有明确的定位,即以经济学、管理学为主,工学、理学、法学、文学、教育学等协调发展的学科体系。

(2)专业特色鲜明,分布合理。铜陵学院前身为铜陵财经高等专科学校,始建于1978年,隶属于安徽省财政厅。铜陵学院和原安徽财贸学院(安徽财经大学)、马鞍山商业高等专科学校(合并于安徽工业大学)、安徽省商业学校(安徽商业职业技术学院)等老财经院校在安徽省齐名,多年来为社会培养了大批的栋梁之材,在皖中南享有盛誉。新世纪伊始,我院又趁全国高校改革发展之春风,在2002年合并原铜陵师范学校、安徽省冶金工业学校后,升格为本科院校,更名为铜陵学院。因此,我校老品牌的财经专业,在专业延续、发展和建设上具有明显的优势,特色较为鲜明。

(3)师资队伍梯队合理。我院专任教师从2002年的273人增加到2007年的515人,其中新增教授、副教授高级职称90多人,新增博士、硕士210余人。目前,学校拥有博士、硕士学位教师212人,占专任教师的41.2%;有教授、副教授等高级职称人员达140多人,占专任教师的30%。师资队伍结构合理,实力较为雄厚。

2. 劣势分析

(1)办学资源紧张。地方本科院校办学经费是以地方筹集为主,近年来随着规模扩张的加速,资源需求大,出现了教学经费短缺,校舍、图书资料、实验设备仪器不能满足正常教学需要等情况。从我院目前的情况来看,宿舍和教学楼问题已基本解决,能满足正常的生活和教学秩序。但是资源还是相对紧张,图书馆大楼虽然基本完工,但是图书资料特别是电子资料还相对匮乏。在现代化教学手段上,多媒体教室相对短缺;在实验实训建设方面,应用软件有待进一

步建设和完善。

（2）教育教学质量有待提高。地方本科院校由于举办本科教育的时间较短，从专科教育迅速向合格本科教育转变需要一个发展的过程。我院近年来引进了不少教授、副教授、博士和硕士研究生，壮大了师资队伍。但是博士和硕士研究生，虽然有学历，有一定的科研基础和能力，但教学经验、方式和方法还要进一步加强，对于如何开展合格本科教育的认识有待进一步深化；本科教学的基本过程有待进一步规范，教学质量监控体系有待进一步完善，本科教育教学质量有待进一步提高。

（3）办学特色尚未真正形成。在计划经济体制下的地方本科院校的前身一般都有明显的行业特色，形成了优良的办学传统。我院前身铜陵财经高等专科学校，在财经类院校中可谓首屈一指。但在升格为本科院校后，为了追求新的发展目标，可能难以为继原有的办学传统；有时甚至违背教育规律贪大求全，出现与其他院校办学定位趋同、学科和专业趋同、人才培养目标趋同，以致出现"千校一面"的现象；有时可能会陷入"为特色而特色"的误区，特别是在本科教学评估过程中为了取得好成绩，可能临时总结甚至编造办学特色项目，导致缺乏长远的特色发展战略规划。

（4）竞争激烈。安徽省新建地方院校有铜陵学院、黄山学院、巢湖学院、合肥学院、皖西学院、蚌埠学院等。而安徽财经大学是老牌的财经院校，建设和发展都很迅速，它既是铜陵学院发展过程中的强有力的竞争对手，当然也是合作伙伴。

三、地方本科院校形成办学特色的对策和建议——以铜陵学院为例

目前，铜陵学院已经拥有了34个本科专业，正在把建设高质量有特色的应用型本科院校作为发展目标。

1. 树立特色立校，特色强校的办学理念

办学理念作为大学文化的重要内容，体现着一种大学精神，蕴藏着一种无形的力量，对大学的发展起着导向、激励和规范的作用。

实现学院又好又快发展，形成办学特色，离不开正确的特色立校、特色强校的办学理念。为此，我院紧紧围绕这一目标，认真贯彻党的教育方针，全面落实科学发展观，审时度势，认真分析高教发展的形势和学院自身的发展实际，准确把握发展机遇，确立了有利于形成办学特色的办学理念，即"六个第一"："发展是第一要务、人才是第一资源、特色是第一支柱、质量是第一生命、改革是第一动力、人气是第一保证"，并以此作为我院今后的办学指导思想。同时，《铜陵学院"十一五"事业发展规划》确立了"把学院建成一所财经特色鲜明、整体水平较高的教学型、

多科性本科院校"的奋斗目标,提出了"人才强校、质量兴校、特色立校"的发展战略,并在全校范围内开展教职工教育思想教育观念大讨论,切实让"特色立校、特色强校"的理念植根于全院广大师生员工心中,让全院教职员工从思想上真正认识办学理念的重要性,认识到要充分发挥新建院校的后发优势,结合自身实际,认真吸取国内外名校和同类院校发展的经验,不断加强创新教育、管理创新和教学改革,力争实现学校又好又快发展。

2. 强化服务地方经济社会发展的办学定位

地方本科院校各方面基础都相对薄弱,只有正确地分析校内外形势,实事求是地找准自己在高校系统中的位置,认清自身的层次、服务面向、优势与劣势,明确自己的使命,才能制定出切实可行的办学目标,从而为科学地制定发展战略、有效地配置资源和培育办学特色奠定基础。因而,合理的办学定位是地方本科院校办出特色的前提。进行科学准确定位,明确目标,统一思想,必须考虑三个问题:一是国内外高等教育改革与发展的趋势;二是地方经济社会的发展水平与需求;三是自身的条件与潜力。

铜陵学院作为一所由地方政府出资兴办的教学型地方本科院校,学院把服务地方经济与社会发展作为办学的重要目标,以致力于成为地方人才培养基地、科学研究和科技服务中心、科研成果转化的苗圃为奋斗目标;以培养适应地方经济与社会发展需要的,具有创新精神和实践能力的高素质应用型人才为根本任务;以服务求发展,以贡献求支持。2002年升本以来,学校的服务辐射面和社会影响力不断扩大,连续多年学校生源充足,第一志愿录取率、录取分数、毕业生就业率等与同类地方院校相比优势十分明显。我院今年的招生录取工作圆满完成了3 000名招生计划,本科的招生数和生源质量均再度刷新历史纪录。今年填报我院的考生大大超过了我院招生计划数,生源质量也大大高于往年,文、理科考生最低录取线分别为522分、514分,分别超出安徽省二本线9分、7分。

与此同时,学校主动为地方现代化建设服务,积极配合安徽省和铜陵市经济社会转型的发展战略,与地方知名企业联合,与徽商银行铜陵分行签订校企合作协议、与市毅远电光源公司举行共建"光电子应用安徽省工程技术研究中心"等,积极搭建产学研结合的平台。为进一步加快我院科技成果转化,推进地方经济建设和社会发展,我院在认真总结以往开展产学研合作活动的成效和经验的基础上,由科研处牵头组织,分别参加了在巢湖、淮南两地由省教育厅、省科技厅、省经委和8市政府联合举办的第二届皖北区域大规模产学研合作活动,我院共成功签约4项。我院还承担了省部级项目和市厅级项目共100多项,近3年每年到账科研经费均超过50万元,有多项科研项目获得安徽省和铜陵市的奖励。

3. 以"质量工程"突出发展学科优势和专业特色建设

学科建设是衡量学院办学水平的重要标志,是办学特色和优势的主要体现,是学院各项工作的龙头。要按照突出重点、整体推进的工作思路,加大学科专业整合、调整与建设力度,优化学科专业结构,凝聚学科专业特色。对目前已有一定特色的学科在经费投入、师资配备等方面给予有力的支持,重点建设一批体现学院特色和其师范作用的学科和专业。

为了切实抓好课堂教学质量,我院组织领导深入课堂听课,促进"质量工程"建设,全面提高教师特别是青年教师的教育教学水平。我院以分层次、分类型的随堂听课形式在全院范围内开展教学质量检查活动,根据学科分类,检查活动分组同时进行。同时,认真贯彻落实省高教研讨会精神,稳步推进我校"质量工程"建设,按照《省教育厅财政厅关于实施高等学校教学质量与教学改革工程的意见》(征求意见稿)与《关于做好2008年度高校省级教学质量与教学改革工程项目申报工作的通知》(征求意见稿)等,部署了铜陵学院第一批校级重点课程验收和第二批校级重点课程遴选工作、2008年度校级教研项目申报和校级教学团队申报等工作,以及实践教学方面的具体工作,包括对2008届本科学生毕业论文(设计)进展情况的检查、制定本科课程实验教学大纲等工作。学院强调:我们要一手抓稳定,一手抓发展,在搞好安全稳定工作的同时,要稳步推进"质量工程"建设。各院系积极传达贯彻这次省高教研讨会的会议精神,组织教师认真学习讨论两份"征求意见稿",认真落实《铜陵学院关于实施本科教学质量与教学改革工程的若干意见》,并结合院系实际,合理地制定出自己的院系建设规划,分年度拟定出项目申报类别及数量。真正做到以"质量工程"发展学科优势和专业特色建设。

4. 创新办学体制,培养创新人才

"创新是一个民族的灵魂,是一个国家兴旺发达的不竭动力"。地方本科院校是高校中的一股新鲜力量,要想在高校中拥有一席立足之地,必须创新办学体制,培养创新人才。几年来,铜陵学院在全院范围内推进了人事制度改革和校内津贴分配制度改革,教职工的福利待遇有了提高;推进了后勤社会化改革,后勤服务质量和水平逐渐得到改进;坚持从严治校,规范管理,推进和加强管理制度建设,做到以制度管人、以制度管事。

在学生培养方面,我院积极拓展大学生素质教育,成立大学生社团,鼓励学生积极参加"数学建模大赛"、"挑战杯"比赛以及学校的各种社团活动。学生除了学好本专业课程之外,还可以根据个人兴趣爱好选修全院的公共选修课,这有助于拓宽学生的知识面,扩大学生的视野,让学生真正做到"宽口径,厚基础,精专业"。自2007年以来,我院开始试行推广学分制,目前已在全院2008级学生中正式实施。这是我院办学体制和人才培养制度的一项重大举措,也是培养创新型人才的有效途径。在干部聘用方面,我院采取了以下措施:一是科学设岗,全员聘任。根据不同岗位的性质、特点和要求,确定学校各科室岗位编制,分级分类确定不同岗位的上岗条件,明确上岗后应履行的职责。以公平竞争、双向选择的原则对全体教职工全面实施聘任制,打破了聘用人员只限在册教职工的限制。二是竞争上岗,择优录用。我院按照公开岗位、自由报名、组织审核、竞岗演说,公开聘任中层干部,建立了"能者上、庸者下"的干部竞争机制;在教学特别是实验教学方面,我院实验室硬件建设已具规模,目前正在着手抓好软件建设。主要包括以下四个方面:①实验室制度建设。实验室公共管理制度由教务处制定,实验室功能、专业管理规程由各系制定。②实验室文化建设。各个实验室要搞好环境的综合治理,其中包括实验室的标牌、环境卫生、资料归档、图片及展览等。③制定实验课程教学大纲。各系要根据教务处提供的统一格式尽快完成实验课程教学大纲的拟定和印制工作。④加强实验队伍建设,提高实验教师的实验水平和技能。

四、结语

诚然,要形成地方本科院校的办学特色,不是一朝一夕之事,需要在长期办学过程中积累形成。这是一个复杂的系统工程,涉及校长的教育思想、学校的办学理念、学科建设、教师的专业化发展和课堂教学改革与课程建设等方方面面。

"每一滴露水在太阳的照耀下都闪耀着无穷无尽的色彩"。办学特色是地方本科院校实现可持续发展的重要保证,是提升竞争力的重要手段。在多样化的开放世界,高校,特别是地方本科高校必须创造特色、强化特色,要坚持科学发展观,根据本地区、本院校的实际,树立特色立校、特色办学的思想,科学准确定位。地方本科院校可以在教育模式、办学模式或人才培养模式的某一方面进行全新的探索,以点的辐射来带动全局特色的形成;也可以进行全面的制度创新,以全新的面貌、全新的机制来体现学校的办学优势,实现学校的可持续健康发展。

【参考文献】

[1]孙健.新建地方本科院校办学特色探析.惠州学院学报(社会科学版),2007,(8).

[2]伯顿·克拉克.高等教育系统.北京:人民教育出版社,1983.

[3]杨晓西,李忠红,陈想平.新建地方本科院校特色办学的思考与实践.中国高等教育,2008,(2).

[4]马克思恩格斯全集(第1卷).北京:人民出版社,1956.

[5]黄金珠,杨丽娜.关于新建地方本科院校办学特色的思考.嘉兴学院学报,2008,(1).

(本文发表于《铜陵学院学报》2009年第3期)

着力强化大学内涵式发展的五个意识

安徽科技学院 蒋德勤

党的十八大报告明确提出要"推动高等教育内涵式发展"。高等学校认真贯彻落实十八大精神,就要坚定不移地走以科学发展观为指导,以创新为驱动,以质量提升为目标的内涵式发展道路。当前,促进大学内涵式发展要着力强化前瞻意识、问题意识、服务意识、质量意识和使命意识,让理念始终走在行动的前面,不断提高我国高等学校办学的科学化、现代化水平。

一、前瞻意识:大学的力量之源

历史和现实已经证明,制定和实施发展规划,有效开展工作,推进事业发展,要具备前瞻意识,真正把是否有利于教育事业的长远发展、是否有利于学校办学水平的持续提高、是否有利于全体师生员工的和谐进步等作为思考问题、实施决策、开展工作的出发点和落脚点。前瞻意识是学校发展的牵引力的来源,外显为学校的发展规划即顶层设计。在大学的内涵式发展上,首要的是着力做好以下三个方面顶层设计。

战略性顶层设计。做好战略性顶层设计,就是要正确处理好长远发展和当前发展之间的关系,确保大学长远发展目标和当前发展目标保持协调和同步。《国家中长期教育改革和发展规划纲要(2010—2020年)》的颁布,标志着我国教育发展开始由规模发展向内涵发展转变,这就需要大学找准自己的办学定位,明确发展目标和发展思路,制定符合国家或地方经济社会发展趋势、切合学校实际的中长期发展规划。一所大学内涵式发展必须要明确如何发展和优先发展的问题,从实践来看,如何发展和优先发展更多的是把精力放在当前发展方面,做好科学规划,做好顶层设计。凡事预则立,不预则废,方能牢牢掌握大学办学的话语权和主动权。

全局性顶层设计。做好全局性顶层设计,就要正确处理好整体发展和局部发展之间的关系,确保大学在发展的过程中能够抓住主要矛盾和矛盾的主要方面。大学承担着人才培养、科学研究、社会服务和文化传承创新的职能,在学科建设、人才培养模式、科学研究方向、国际化进程、人才队伍建设、物质条件保障、大学文化建设、现代大学制度建设、党建和思想政治工作方面既要着眼全局,又要立足校情、突出重点。人才培养在我国一直受到高度重视,但人民群众对大学人才培养的满意度不高,凸显出人才培养工作存在着特殊的复杂性和长期的艰巨性,因此,大学应该把人才培养列入整体发展的重中之重。现阶段,我国高等教育体制改革已进入"深水区",面对许多前所未有的新情况、新问题和新任务,需要我们在实践中认真遵循教育规律,大胆改革人才培养模式,不断提高人才培养质量,一步一步让人民群众得到满意。

生态性顶层设计。做好生态性顶层设计,就是要正确处理好大学"以自主发展为基础"和"以社会需求为导向"之间的关系,确保大学在自主性和社会性之间达成生态性平衡。为什么要强调生态性平衡?就是"自主发展"和"社会需求"这两者之间相互协调、适应和统一的动态平衡关系有利于大学始终保持良性发展和可持续发展,不会因为大学的自主发展而被社会边缘化,也不会因为满足社会需求而失去大学的坚守。强调自主发展能够有效破除大学传统教育体制与模式存在的雷同,培养的学生如同"百花齐放、万紫千红"一样,面对社会的不同需求形成强大的核心竞争力,这也是国家、社会和家长最希望看到的;强调社会需求就是要明确大学的根本任务是培养社会主义事业的合格建设者和可靠接班人,这是国家发展的百年大计。当前,大学实施内涵式发展需要突出自主发展,没有自主发展作保障,就没有条件和能力去满足来自社会的不同需求,"以社会需求为导向"就会成为一句空话。

二、问题意识:大学的创新之源

爱因斯坦曾指出:"提出一个问题往往比解决一个问题更重要,因为解决一个问题也许仅是一个数学上的或是实验上的技能而已,而提出新的问题、新的可能性,从新的角度去看旧的问题,却需要有创造性的想象力,而且标志着科学的真正进步。"就大学而言,树立问题意识还有以下三个重要作用。

问题意识是理性思考的需要。"钱学森之问"和"钱理群之忧"引发学术界和教育界的深刻讨论和强烈反思,这一问一忧恰恰揭示的是我们问题意识的缺失,"钱学森之问"为什么会引发大家的共鸣,就是因为钱学森带着对"中国为什么培养不出大师"这一问题,进行了长时间的理性思考,问题意识已深深扎根在钱老的心中。大学内涵式发展是一个宏观概念,但在办学者心中,要始终带着问题意识去理性思考,我的办学定位是什么?我的人才培养目标是什么?我的核心竞争力在哪里?要把内涵式发展落实到办学的每一个环节,形成微观思维,不断提出问题,研究问题,解决问题,并对日渐模糊的大学根本任务进行理性思考,切实保证大学教育回归到人才培养的职能本位上来。

问题意识是实践创新的需要。创造始于问题,强化问题意识,是培育创新的着力点和关键点。实践创新在我国很多高校的大学精神里面都可以找到,为什么实践创新如此重要,正是因为它在人类进步和社会发展中起着不可替代的推动作用。目前,大学里论文转抄、成果剽窃现象较为严重,看似是急功近利和浮躁的表现,实质是缺少问题意识的集中体现,平时没有问题意识,就不会带着问题去实践,没有大量的实践,就不会有深层次、高质量的创新。纵容论文转抄和成果剽窃现象发生,就是对实践创新的亵渎,让学术生态和校风学风建设面临巨大的挑战。从社会学角度来说,问题意识能够帮助我们检点行为,确立正确的价值信仰,有效抵制论文转抄、成果剽窃行为,切实还原实践创新的本来面目。

问题意识是科学研究的需要。科学研究的过程就是反映真理、揭示真理和追求真理的过程,它从发现问题、提出问题开始,围绕直接经验和间接经验之间的矛盾运动,不断探索自然界和人类社会尚未揭示的内容。在这一矛盾运动过程中,强烈的问题意识能够作为思维的动力,确保科研人员去发现问题、提出问题并解决问题,没有问题的意识是肤浅的意识,没有问题的意识是被动的意识。针对这一情况,在科学研究中,我们要敢于自我质疑,面对真理,追求真理;在科学研究中,我们要带着问题正确处理好批判与继承、历史与现实、相对与绝对等关系,积极推进理论创新和实践创新;在科学研究中,我们还要带着问题主动融入以横跨性、交叉性和互渗性为主要特征的学术研究当中,大力推进基础研究成为重大创新的发掘点和人才培养的制高点,大力推进应用研究成为服务社会的支撑点和新兴产业的延伸点,切实把问题意识带入科学研究的整体方案中。

三、服务意识:大学的活力之源

从服务角度把大学内涵式发展可概括为三个几何维度:服务国家和服务人民就是内涵式发展的高度,服务社会和服务时代就是内涵式发展的长度,服务学校和服务师生就是内涵式发展的宽度,这一高度、长度和宽度构成极具中国特色的相互影响、相互支持的内涵式发展体系。

盘活存量,立足服务国家和人民。服务国家是大学办学之本,服务人民是大学办学之根。大学作为科技第一生产力和人才第一资源的重要阵地,理应服务于国家重大需求,服务于国家重大发展战略,结合科研优势解释和解惑我国改革发展中的重大问题,发现并研究制约我国未来经济发展中的瓶颈问题。鉴于我国高等教育发展的特殊的历史性和现实性,服务国家战略绝不是大学的"权宜之作"和"应景之作",特别是在我国处于转型发展的关键时期,还需要更多的大学站出来关注国家发展,着力发挥思想库和智力库的核心作用。人民群众是教育改革发展的受益者,更是教育改革发展的推动者。随着高等教育改革的逐步深入,人民群众对教育质量的关注和对优质教育的关心更加强烈,在这种情况下,大学立足服务人民首要的是认识到位,真正从心里接受人民群众监督,认真倾听来自人民群众的声音,正确看待人民群众的合理诉求。服务人民首先是大学的"认识之作"、"态度之作",然后才是大学的"方法之作"、"措施之作"。大学要办出尊严,核心是有担当,在实践中就是勇于服务国家,乐于服务人民。

用活现量,立足服务社会和时代。建设和繁荣大学,必须增强社会责任感和区域服务感,把服务社会和时代作为一项长期的战略任务,切实抓紧抓好。大学拥有思想最活跃的氛围、强劲的创新能力和高度集中的人才及智力资源,这些宝贵财富只有在服务社会和时代的潮流中,在推动经济增长和社会进步的进程中,才能彰显大学独特的地位和作用。目前,我国经济社会生活正在发生深刻变化,特别需要更多的大学走出象牙塔积极参与地方咨政议政,服务地方经济建设。值得注意的是,大学在自身独立发展和服务社会之间保持适度张力的同时,既要仰望星空,瞄准国民经济和社会发展迫切需要解决的重大问题开展决策研究,更要紧接地气关注身边、关注脚下这片土地,潜心致力于开展区域科技推广和技术进步应用研究;特别是在服务社会过程中,要不断将自身充满活力的价值文化和健康向上的人文情怀,带给所在的服务区域,直至影响人民群众的精神生活,创造出不负时代的文明成果,努力实现物质文明和精神文明双丰收。

激活增量,立足服务学校和师生。从大服务观角度来讲,服务学校和师生就是确保学校持续发展和师生和谐发展。第一,学校持续发展包括事业发展与民生改善、办学实力与资源分配、发展规划与制度设计等方面,只有事业获得发展,才能更好地惠及师生;只有民生问题得到良好解决,才会推动学校持续发展。要辨析办学实力与资源分配的轻重,只有增强办学实力,才有更多的资源用于教育教学分配,资源的投入又相应地提升大学的办学实力。要明确制度设计的主要职能,不仅需要遵从教育教学规律和学术活动规律,还要遵从大学发展规划。第二,师生和谐发展包括学科间的协调发展、教学与科研的和谐发展、教师进步和学生成才的和谐发展等方面。学科交叉融合是科研发展的趋势,是教师专业发展的平台,也是保持和提升学校核心竞争力的关键。为此,学科建设要瞄准学科前沿问题或者国家经济社会发展和国计民生重大需求,突出协同创新。教学与科研是大学办学的两大支柱,二者要有机统一于人才培养。就持续发展和和谐发展而言,必须正确处理好学校发展和社会需求、重点发展和兼顾平衡、机制改革和稳妥推进、规模结构和质量效益之间的关系,促进内涵式发展,稳妥推进学校事业上台阶、上层次和上水平。

四、质量意识:大学的生存之源

强化质量意识,就需要在观念更新、模式构建和策略实施上取得突破,提高办学质量的动力来自办学者对质量管理的不懈追求,特别是要注重实现以下四个方面的逐步转变。

实现由过程管理向目标管理转变。过程管理和目标管理是两种不同的管理方式,实现由过程管理向目标管理转变,其优越性主要体现在以下三点:一是目标管理符合权责对等、分权与授权适度的管理原则,有利于真正调动师生员工的积极性,创造出让师生员工更多地参与管理的机会;二是目标管理能够有效消除管理环节和信息流动的障碍,实现管理层次和管理幅度的优化,确保部门和二级院系更好地面向基层,服务基层,能够彻底把管理者从繁杂的具体事务中解放出来;三是目标管理能够提高管理效率,推进民主管理,充分调动各方面、各层次的积极性,使大学的整体管理更具有全局性和前瞻性,增强大学管理直至驾驭全局的能力。

实现由千校一面发展向独具特色发展转变。实现由千校一面发展向独具特色发展转变,关键是特色,如同谈到两弹一星就想起"三钱"、谈到杂交水稻就想起袁隆平一样,只要谈到某一做法,人们立刻就知道来自某某大学。实现特色发展需要注意以下四点:一是包括指标体系、考核体系和工程建设体系等在内的宏观政策和宏观管理,一定要因校而分,因行业而分,因区域而分,注重遵循教育规律,主动引导高校差异办学。二是不同的大学应采取不同的发展路径。譬如研究型大学要将科研过程、经验和成果紧紧融入教学之中,特别注重研究能力、反思能力和探究能力教育。应用型大学则是要将动手能力和实践能力纳入人才培养的核心环节,培养的学生就要能下去,能留住,能干好,能用上。三是学生这一人才"产品",不需要像企业生产线生产产品一样,具有相同模式和共同特征,恰恰相反,我们培养出来的学生更应该有特点。这要求大学在学科建设上一定要结合自身的办学定位和办学优势,不盲目"攀高求全",要追求特色,办出特色就是提高办学质量。四是大学在顶层设计上可以采取"人无我有、人有我精、人精我弃、人弃我选"的办学思路,在错位和选位上多做文章,多做谋划,努力实现错位发展和选位发展。

实现由资源使用型管理向资源效益型管理转变。大学资源是有限资源,也是大学办学的宝贵财富。从目前来看,人力和物力资源配置不合理深深制约着大学的发展,突出表现在资源重复、资源闲置和资源不均三个方面。这种不合理的资源配置可以通过建立以下四个机制来解决:一是建立资源配置倾斜机制。资源安排要向符合学校办学定位和办学要求的教育教学倾斜,向符合和引领经济社会发展需求的学科专业倾斜。二是建立资源配置发展机制。学校办学、学生成长和教师发展资源要优先安排,确保办学资源充足,切实改善学生学习条件和教师工作条件。三是建立资源配置决策机制。实施集约化管理,通过机构调整、机制改革和人员整合,把有限的资源放在办学刀刃上。四是建立资源配置评价机制。对使用效益差的院系或项目要控制资源配置,对使用效益好的院系或项目要给予政策倾斜,特别是对不愿意共享、抓住资源不放造成人力和物力资源浪费的现象,要坚决杜绝。

实现由制度管理向文化管理转变。走内涵式发展道路,必须始终把大学文化建设贯穿于教育改革发展和教书育人的全过程。当前,实现由制度管理向文化管理转变,可以采取以下三个路径:一是既要通过有形的方式和途径培养人才,更要通过无形的氛围培育人才,充分发挥精神文化的铸魂功能、环境文化的浸润功能、制度文化的规范功能和行为文化的引领功能;二是在日常制度管理上多做文章,让隐形管理显性化,显形管理制度化,制度管理文化化,逐步做到由制度管理向文化管理转变;三是以开放、宽容、理性和创新的胸襟,秉承学术自由和民主办学宗旨,切实落实教授治学和民主治校方略,在推进中国特色现代大学制度建设进程中,逐步形成大学文化建设健康向上的正能量。

五、使命意识:大学的前进之源

党的十八大报告要求全党面对宏图伟业,面对人民的信任和重托,面对新的历史条件的考验,必须增强使命意识。大学要为国家实现"两个百年目标"提供强有力的人才支撑和智力支持,这是大学的奋斗目标,更是大学的历史使命。

在解决为什么要办大学的进程中,坚持大学自觉。为什么要办大学,这是自觉大学的需要。就高校而言,大学教育就是自觉培养建设者和接班人,传承文化血脉,推动文明进程;就教育工作者而言,大学教育就是自觉坚持教育面向现代化,面向世界,面向未来,着力把工作重点、资源配置和制度导向汇聚到提高办学质量上来;就大学生而言,大学教育就是不断激发兴趣,主动挖掘潜能,使自己成为中国特色社会主义事业的合格建设者和可靠接班人。要办成一个自觉的大学,办学者就要注重营造优良的学术生态、政治生态和人文生态环境,使大学在内涵式发展的过程中形成历史积淀、人文品格和价值理念,永葆大学追求真理、坚持真理的骨气和勇气;更需要办学者主动关心国家政治、经济、社会和文化,主动提出、讨论并有效解决现实问题,除了回应精神危机所涉及的精神问题,还要为社会提供新的价值观念、理想道德标准和文明理念,在为国家和人民做出精神贡献的同时不断形成新的社会道德风尚,真正确保自觉的大学朝着更有目标的方向发展。

在解决办成什么样大学的进程中,坚定大学自信。办成什么样的大学,这是自信大学的需要。大学应坚信能够培养出全面发展、具有创新精神和实践能力的高素质人才,坚信能够为社会创造大量的物质财富和精神财富,坚信在推动社会进步和人类发展中能够取得成就并有所作为,彻底明晰大学的责任、职责和职能的本质内涵,一句话,我们有能力办好大学。要把大学办成一个自信的大学,就需要办学者能够根据自身办学要求和社会需求,确定符合社会发展的办学体系,大力推进人才培养模式改革,健全教学质量保障机制,建立科学的激励和约束机制;研究加强思想政治教育的针对性和实效性,增强学生的历史使命感和社会责任感,营造有利于学生成长成才的学习和文化氛围,努力实现全员育人、全过程育人、全方位育人的培养目标。

在解决如何办成人民满意大学的进程中,坚守大学自立。大学是社会的,也是自己的,不能单纯依靠社会,单纯依靠政府,更不能有"等、靠、要"思想,要在"调动大学内部一切积极因素"方面下足工夫,着力办出特色鲜明、人才辈出的高水平大学,着力办出人民满意的大学,只有这样,才能无愧于社会,无愧于人民,无愧于时代。要把大学办成一个自立的大学,更需要办学者独立依据自身的文化积淀、学术传统、学科特色以及地区和行业的特点,结合自身的办学条件和当地经济社会发展对大学发展的要求,形成符合自身发展的指导思想、办学理念、基本思路和工作重点,逐步建立独具特色的学科专业、独具一体的教育模式和独具风格的大学文化,努力为社会做出更大的贡献,在不断凝练和彰显特色中打造学校独特品牌,真正确保自立的大学朝着更有作为的方向发展。

(本文发表于《中国高等教育》2014年第6期)

新建本科院校应用型办学定位与发展路径的选择
——以合肥师范学院为例

合肥师范学院 吴先良[①]

高等院校的办学定位,体现了学校的办学指导思想、治校理念和策略,是学校发展的顶层设计和根本指针。科学的办学定位,对学校的办学行为、学校未来发展等具有极为重要的引领作用,将有力促进学校全面、协调、可持续发展。

明确办学定位并以此作为学校长远发展的基本依据,对于新建本科院校来说意义尤为重大。同时,确立科学的办学定位也是作为高校校长职业成长的需要,通过一系列前瞻性战略思考和规划,有效地促使校长本人把握角色和使命,进而提升校长的领导力与执行力。在学习贯彻《关于提高高等教育教学质量的若干意见》中,笔者开展了以"合肥师范学校办学定位、发展思路的调查与思考"为课题的调查研究,以此解放思想,改革创新,努力提升领导学校科学发展的能力,进而科学谋划学校办学定位与发展思路。

一、科学确定应用型办学定位的出发点和依据

1. 高校办学定位必须顺应高等教育快速发展的新形势

高等教育的目的是培养人才,培养的人才结构必须和社会发展对人才需求的结构相对接。然而,有些高校在发展过程中定位不明,方向不清,发展趋向一个模式、一个方向、一种目标,出现"千校一面"的现象,无法适应社会发展的需要。高校办学定位要遵循教育外部有关规律:教育必须与社会发展相适应;高等教育结构,必须主动适应现代经济与社会发展的人才结构。

特别是新建本科院校,一定要在高等教育分类体系中确定自己的位置,明确自己的发展方向,制定自己的发展战略。以培养应用型人才为主的新建本科院校,不能与重点高校盲目攀比,寻求学科全、研究型的办学定位。而应以应用型本科教育为平台,把人才培养目标定位于应用型专门人才,满足社会和地方经济发展的需要,满足学生的职业需要,在多类型、多层次的

[①] 吴先良,男,合肥师范学院院长,教授。

高教系统中办出水平和特色。既不能办成学科型和研究型的本科,也不能因为突出应用而削弱基础理论的教学,而应该互为补充,扬长避短,要特别注重学生应用能力的培养和训练,加强基础课程教学内容的应用性部分,把应用性环节渗透到教学的全过程。

2. 高校办学定位必须顺应经济社会发展和人才培养的需要

党的十八大提出了"实施重大人才工程,加大创新创业人才培养支持力度,重视实用人才培养,引导人才向科研生产一线流动"的任务,国家建设正需要大量的应用型人才。培养实用人才和创新人才,主要由培养应用型人才的高校来承担。

20世纪60年代前后,由于科学技术的发展,使应用型技术人才的需求不断增加和细化。世界上许多经济发达国家在技术转型和产业结构调整时期,都确定了对应用型人才培养的定位。以德国为代表的经济发达国家打破原有较单一的学术型高等教育格局,普遍在原有的高等教育体系中分化出"技术应用型教育"的新的教育类型,由此一大批应用型本科院校得以涌现。应用型人才培养向本科层次甚至更高层次的延伸是主动适应时代发展的要求,培养大量的、社会急需的本科层次应用型人才,是适应了社会发展的需要。

在国际竞争日益加剧、产业结构急需调整的关键时期,不论是师范生还是非师范生,都要具有更坚实、更宽广、更合理的知识结构,具有更强的分析和解决实际问题的能力,具有创新意识和创新精神,具有较强的组织协调能力。新建本科院校应当按照社会经济和科学技术发展的要求,树立起与之相适应的质量观和人才观,以社会和职业市场为导向,培养既符合社会需要也符合学生利益的应用型人才。

3. 高校办学定位必须立足学校的办学实际和彰显学校的个性特征

2008年3月15日,胡锦涛同志在中国人民大学视察时指出:"办大学不要都办成一个样子,要办出特色,办出水平;办出特色和办出水平是统一的,办出特色才能有高水平,办出水平才能有特色。"学校办学特色是学校的竞争力,更是学校发展的生命力。

学校办学定位就是确定发展的目标,而特色是发展的支撑点和生长点,只有依据定位和特色的发展,学校才能做到内涵和外延的有机统一,才能为实现可持续发展奠定良好基础。每所高校在发展定位时,必须实事求是地剖析自身,研究其所处的客观环境,基于经济、文化、区域、社会需求和生源等因素,充分考虑学校办学类型、层次、专业以及文化积淀、社会声誉等;在办学特色上,切忌随大流或急功近利,必须坚持"不求全能,只求特色"的理念,做到"人无我有,人有我优,人优我精",通过找出独具的比较优势,办出自身的特色,确定自己的发展方向。

合肥师范学院的办学传统、优势、资源和社会期望等因素促成了"师范性"、"应用型"办学定位的确立,并着力培育以"举行知旗,走应用路,创师范牌"为内涵的应用型办学特色。作为省会城市及皖中地区唯一一所师范院校,在众多高校中,学校具有独特的功能和发展空间。由于合肥地区高等院校大多属理工、农医院校,因此,我校与其他院校"错位发展,形成互补",是适应省会城市人才培养深度发展的需要的,也是省会经济圈建设中一个不可或缺的组成部分。

二、合肥师范学院科学发展定位的主要内涵

2007年改建以来,合肥师范学院积极适应国家、安徽省和合肥市重大发展战略需求和实施"高教强省"等战略需要,坚持以服务地方基础教育和经济社会发展为根本任务,坚定应用型办学方向,目标是建成一所人才培养质量高、社会服务能力强、应用特色明显,具有一定综合竞争力,在省内外有影响的应用型本科院校。

一所学校的办学定位既要尊重人才成长规律,满足经济与社会发展对高等教育的一般要求,也要体现每所学校的办学优势、特色和文化积淀。所以,办学定位的确立既要传承历史,又要立足当前,面向未来。合肥师范学院办学类型定位为师范性、应用型。这是因为,从历史角度看,合肥师范学院有着半个多世纪的师范生培养历史,今天在安徽省基础教育的舞台上活跃着大批的优秀教师和教育管理干部都是该校的毕业生,他们身上不仅有合肥师范学院教给他们的"技",更渗透着合肥师范学院校园文化熏陶出的精神品质、形成的行业特色和珍贵的历史文化资源,因此"师范性"是办学定位之一。从现实和未来发展的角度看,学校的人才培养必须支持地方经济社会的发展,社会需求是新建本科院校办学的最重要的源泉和动力。《安徽省国民经济和社会发展第十二个五年规划纲要》中已提出加快新型工业化进程,构建现代产业体系的任务,对培育壮大战略性新型产业、做大做强优势产业和加快服务业的发展都提出了明确要求和具体目标。近两年,合肥师范学院申报的新专业都是针对安徽省的经济社会发展、重点产业和新兴产业的需求来定位和设置的。新建本科院校就是培养面向生产、建设、管理和服务一线的应用型本科人才,这是时代赋予的使命,更是我们当下的责任。

在学科专业定位上,合肥师范学院突出加强文学、理学、教育学等基础学科建设,重点发展工学、艺术学等应用学科,促进多学科协调发展;重点打造教师教育类、电气信息类、文化产业类应用专业群。在人才培养规格定位上,强调面向教学和生产一线,培养具有"新理念、新知识、新技能","会备课、会上课、会当班主任"的基础教育师资和"会设计、会操作、会管理"应用人才。在服务面向定位上,注重立足合肥,面向全省,辐射区域,服务地方基础教育和经济社会发展。

应用型办学定位的确立,随即引领着学校的发展方向。学校一方面重视培养社会急需的专门人才,主动进入地方经济社会建设的主战场,同科技产业密切结合,促进区域发展;另一方

面,进一步处理好"服务"与"依托"的关系,充分依托和利用地方的经济、文化和教育等方面的丰富资源和优势,努力从地方经济社会的快速发展中不断获得更多的扶持和资助,进而扩大自身生存与发展的空间。

三、应用型本科院校科学发展的实施路径与策略

1. 坚持质量立校,着力推进应用型教育教学改革

(1)进一步树立质量是生命线的办学理念。通过对"高教30条"等文件的深入学习,促使全校教职工深刻认识高等教育发展的趋势,理清学校在培养人才、服务社会上的功能定位,树立危机意识和责任意识。特别是强化全校教职工的质量意识,把学校发展和教育教学统一到提高人才培养质量和提升办学声誉上来,专业发展与学生培养要符合社会经济、教育、文化发展所需,育人活动要注重学生的知识、能力和素质的全面协调发展,培养学生的科学思维能力、实践能力、创新能力和就业能力,使学生具有较强的职业岗位适应和胜任能力。

(2)强化本科教学意识,构建应用型人才培养体系。高等教育大众化发展,使得本科毕业生就业去向逐渐下移,学生的学习需求显现出多元化变动趋势。本科教育既要满足学生继续深造的要求,也要满足学生对职业教育与就业的要求。现今的本科教育就是要为行业或部门培养高级专门人才,这是经济社会发展的现实要求,也是本科学生对将要担当的社会角色的合理预期。

应用型高校的人才培养,在突出专业应用性特色的同时,应突出应用型人才对复合能力培养的要求,特别强调实践动手能力的培养。在培养过程中,要坚持基础知识教育与实践训练并重的原则,使学生既掌握某一技术学科的基本理论与基本技能,又掌握包含在技术应用中不可缺少的非技术知识;既具有较强的技术思维能力,擅长技术的应用,又能够解决生产和社会实际中的具体技术问题。因此,学校要将人才培养定位为贴近市场、服务社会,为地方经济建设和社会发展服务;要以"应用"为特征,构建课程结构和教学内容体系,围绕生产的实际需要和学生的知识、能力、素质结构,构建综合化课程;要以理论与实际紧密结合为特征,重视生产实习、毕业实习等各类实践教学环节,在能力培养中突出对基本知识的熟练掌握和灵活应用,强化实践与创新能力的培养。

(3)完善人才培养质量机制,突出应用型人才市场的导向作用。要使人才培养能够适应社会需求,首先要做到了解和熟知市场需求,要瞄准市场发展态势,密切与社会用人单位的联系,及时进行专业调整,加快和增强对人才市场的感知和反应度。当前,应迅速跟进安徽省文化产业和行业发展,整合学校已有人文学科、工学等的基础优势,加快应用专业群建设力度,提高学

校专业设置和人才培养的适应性。应用型人才培养还应做到贴近市场,服务社会,积极鼓励针对专业人才培养规格的研究,加快应用型专业人才质量的资格认证和职业鉴定建设,争取在五年内,建成8~10个职业考核与鉴定机构。实行双证制度,即学位证书和专业证书,师范类学生需要获取《教师资格证》,非师范类要取得相应的职业技能证书。

2. 加强学科专业建设,提升学校办学核心竞争力

(1)清晰认识学科建设的重要性。学科建设水平是学校办学质量和水平的标志,是学校发展的核心竞争力。新建本科院校要强化对学科建设重要性的认识,使学科建设理念深入人心;并以学科建设为先导,以深化改革为动力,发展品牌学科和特色专业。

合肥师范学院从事普通本科教育的时间不长,学校在教学水平、科研能力、师资力量以及实验设施等方面显得相对薄弱。如何在较短的时间内提高办学水平,形成自己的办学特色,实现学校的跨越式发展,这是学校面临的重要问题。通过此次调研,我们认为,破解难题的关键是加强内涵建设,而内涵建设的着力点是抓学科建设。

应用型本科学校与传统本科高校处于相对不同的文化环境,在学科建设中一定要形成清晰的思路,不能照搬传统本科大学的一些做法。合肥师范学院前身为安徽教育学院,它是由成人院校改建的。过去大部分教师都把主要精力放在教学上,学校学术氛围不浓,科技创新能力不强,学科建设的基础薄弱,没有凝练出具有特色的优势研究方向,没有汇聚成结构合理的学科梯队,更谈不上形成具有较强科研能力的科研基地与平台。

学科建设、质量和状态决定了学校的办学类型、层次和特色。因此,围绕师范性、应用型的办学定位,着力凝练学科方向,打造学术团队,培育特色,将是学校未来几年的重要任务。

(2)正确把握学科建设与专业建设的关系,牢固确立学科建设的龙头地位。任何一所大学人才培养的质量,都取决于大学的学科水平,因此学科建设是专业建设的基础。以学科建设为龙头,能够带动学校教学、科研、管理工作的全面展开,促进学校向高层次发展。学科建设为专业建设提供的基础包括高水平的师资队伍、教学与研究基地、学科发展最新成果的课程教学内容等;专业建设则还要在学科建设的基础上,制定专业培养目标和规格,确定专业设置口径,制定专业教学计划等。正确处理学科建设和专业建设之间的关系,扭转新建本科院校传统上注重专业建设和课程建设而忽视学科建设的观念,以抓学科建设发展来促进专业建设的质量,从而提高学校的办学质量和水平。

(3)加快专业结构调整步伐,确保人才"适销对路"。专业布局不能拘泥于原有的学科专业,要围绕社会需求和应用型专业建设,以及长期发展规划进行综合考虑。合肥师范学院可以进行理工结合,文理渗透,多学科集成更新和改造传统学科,使其在新的学科方向上形成发展新学科的思路。一是突出"师范做强、非师范做大",构建一个既适应社会经济发展需要、又符合学校自身发展条件的学科专业建设构架。二是改变传统师范院校专业设置的思路,改善专业结构,尤其要注重处理好长线专业与短线专业、传统专业与新兴专业的关系,保证专业设置的适应性和专业结构的合理性。未来几年,专业建设的主要着力点应是加快专业结构调整,积极申报应用型专业,扩大应用型专业的招生规模。三是努力改变目前学科布局比较单一、专业分布比较狭窄的现象。"专业跟着市场走",大胆增设一些社会急需的新专业,敢于淘汰一些不适应社会需要或相对老化的专业,举全校之力办好最具特色和有较强适应性的品牌专业。同时,通过学科的交叉集成,培育新兴学科的生长点,或更新和改造传统专业,使其在新的学科专业方向上不断增添活力。

3. 优化人才培养方案,构建适应应用型本科人才的培养模式

作为一所新建本科院校,要实现学校的高起点、快发展,就必须深刻把握普通本科教育的特点和规律,把普通本科教育的人才观念、质量观念和教学观念内化到指导教学和管理工作的自觉行动当中。全校上下都要增强育人意识,高度重视应用型人才培养质量,要把人才培养作为办学根本任务,建立起适应新时期大学生综合素质培养需要的教学模式,逐步完善成应用型人才培养机制,加强对学生学习能力、实践能力、创新能力和就业能力的培养,促进学生的知识、能力和素质协调发展。

(1)改革课程体系设置,适时调整教学计划。在课程体系改革中突出三个重点,即良好的专业理论基础、熟练的工具性技能、必备的专业知识和广泛的非专业兴趣。依照"毕业后干什么和10年后干什么"的设计思路建立"主干课程+选修课程"的课程体系。课程充分体现出应用型人才所应具备的知识结构,突出和强化专业技术课程模块,注重对应用与实务和实践能力的培育。形式上,要把集中实习和课内实习相结合,具体包括市场调研、认识实习、专业模拟操作、毕业实习、毕业论文写作等,基本形成相对完整的实践教学体系。教学内容上,突出对应用能力的培养,并根据形势发展需要和学生特点对教学内容进行适当调整和补充,增加实践教学环节的课时比例。

(2)优化人才培养方案,切实推动产学研合作育人事业的发展。办好应用型本科,要求以体现时代精神和社会发展要求的人才观、质量观和教育观为先导,在新的高教形势下构建满足和适应经济与社会发展需要的新的学科方向、专业结构、课程体系,更新教学内容、教学环节、教学方法和教学手段,提高人才培养和服务社会发展的"符合度"。优化人才培养方案不是仅仅写在纸上,关键要落实在课堂教学和课程上。要以课程改革为抓手,突出培养学生实践能力和创新能力的实践教学,提升学生社会职业素养和就业竞争力。各学科专业紧密结合地方特色,通过实践教学核心环节体现"应用"二字,提升学生的实践能力。

(3)创新人才培养模式。一是探索"3+1模式"或"1+2+1模式"。按照学生的学习需求和发展需求,积极探索分阶段培养模式,夯实基础理论,设置不同的专业方向,分方向培养。同时,加快构筑实践教学平台,大力加强实验、实习、实践和毕业设计(论文)等实践环节的教学,做到学生专业实习、实习实践不少于一年,推进实验内容和实验模式改革和创新,培养学生的实践动手能力、分析问题和解决问题能力,确保学生专业实习和毕业实习的时间和质量。二是加快推进学分制管理。试行学分制,构建人才培养的灵活机制,增加学生自主学习的时间和空间,拓宽学生知识面,促进学生个性发展,为学生的就业和发展提供更宽阔的平台。同时鼓励各专业开设第二专业,利用专业辅修增强学生的就业能力。利用安徽省高校联盟的平台,采取学分互认的形式,建立学生跨校选修课程机制。三是吸引和鼓励学生参与科学研究。优化课程内容,减少必修理论课程教学时间,留出更多的时间让学生有机会参与科学研究和科技创新活动。鼓励教师采用导师制吸收有条件的学生参与教师承担的课题研究,培养学生的科研意识和科学思维能力。

4. 加强教师队伍建设,提升学校发展内在动力

师资队伍建设是学校发展的关键因素。要以教学为中心,体现教师在办学中的主体地位,通过导向和激励机制,使教师把主要精力集中在教书育人上,并使教师在办学中拥有更多的发言权和决策权。

首先,要处理好培养与引进、专职与兼职的关系。引进人才是为解决当前问题,主要是作为学科带头人;培养人才是为今后作储备,是长远发展问题。结合学校学科、专业建设规划,引进和培养重点建设学科方向的学科带头人,创造有利于学科带头人不断涌现和创新团队成长的环境和运行机制。鼓励在职教师进修深造,进一步优化教师的学历和知识结构;引导教师根据学科专业建设的需要,尽快"明方向、进梯队",构建结构合理、有团队优势的学术团队及创新团队。

其次,作为应用型学校必须要逐步形成一支"双师型"的教师队伍。一方面在区域内聘请有关高校教师、科研机构专家和企业中经验丰富的高级专业技术人员为兼职教授,弥补创新团队建设的不足;另一方面是让教师融入社会,师范类教师要把握中学教学实际,深入中小学参与新课程改革,以增强教学的针对性;工科类教师要与社会紧密联系,前往厂矿、车间蹲点挂职,深度掌握生产或科研应用情况。

5. 加强科学研究,以产学研结合推进应用型人才培养创新

科学研究是高等院校的重要职能。应用型学校教师同样要重视科研,且要清楚地认识到科研工作与本科教学不能隔离,科研是教师发展的动力之源。当然,基于学校应用型的办学特征,教师进行科研一定先要寻准自己定位,不能"高不成,低不就"。产学研结合是当前应用型学校发展的优势,教师的科研要侧重从产学研方向切入,主动融入社会,甚至走学科交叉道路,走出校门,服务当地经济社会发展。

合肥师范学院的办学以应用型为主,但不排除个别学科领域在国内取得领先地位,甚至在国际上产生一定的影响。学校通过论证,对个别优势学科专业或研究领域,可以给予特殊的支持、扶植,但不应互相攀比,一哄而上。"有所为,有所不为",根据学科的发展基础和发展需要,建立一批重点学科和重点平台,并在资金投入、人才引进和设备建设等方面给予倾斜,促进其快速发展。同时,要积极推进高校人文社科重点研究基地、协同创新中心、重点实验室、工程技术研究中心和实验教学示范中心的申报与建设工作。

6. 深入推进校地共建,构筑应用型人才培养基地

新建本科院校的自身办学资源是有限的,要积极拓宽对外合作办学的渠道,与地方政府、科研院所、企业等开展合作教育。加快与合肥及周边地区甚至国内相应企业、学校、社会组织合作共赢的建设速度及力度,建设一批教学研究合作基地,寻求更多的产学研结合途径、方式;完善"订单式"、"点对点"等合作培养的机制,实现协同创新,提高教学、研究、人才培养的实效性。建立校外实践教学基地,与企业联合成立研发中心,把学科建设与"应用技术"为特征的企业需求紧密结合起来。通过基地合作教育,促进对学生的创新能力和综合协调能力的培养,突出学生实践操作能力,把学生培育成"广视野、重技能、会学习、善交往、能合作、守信用"的应用型人才。

(本文发表于《合肥师范学院学报》2013年第9卷第20期)

以专业人才培养特区建设为抓手
高水平推进人才培养模式改革

皖西学院 刘学忠[①]

一、转型发展取得的成效

近年来,在省委教育工委、省教育厅的正确指导下,皖西学院审时度势,确立了"地方性、应用型"的办学定位,面向行业产业设置学科专业,通过产学合作,校企、校地、校校合作,全面提高了人才培养质量,初步实现了向应用型本科高校的转型,具备了建设地方应用型高水平大学的基础。

1. 适应区域经济社会发展需求的学科专业结构逐步形成

学校主动对接安徽省战略性新兴产业和六安市支柱产业,招生规模与科类设置优先满足地方亟需的应用型人才需求。一大批对接地方行业产业发展需求的本科应用型新专业得以发展壮大,目前 54 个本科专业隶属 9 大学科门类。从专业的学科构成与学生生源分布情况看,学校专业可总体分为工程技术、应用文科、应用理科、教师教育四大类型,其中,工程技术类、应用文科类、应用理科类专业占总数的 82.4%。工科与应用文科专业在校生比例接近 80%,近几年新增专业均为应用型专业。专业结构的调整与六安市"十二五"期间大力发展的新材料、生物制药、电子信息、文化创意、汽车及零部件、新型建材、农产品精深加工等产业是高度一致的。学科专业结构设置适应区域经济社会发展需求,奠定了学校转型发展的坚实基础。

2. 应用型人才培养质量不断提高

按照以加强教学各环节的规范管理为重点、以构建教学质量保障体系为主线、以提高人才培养质量为目标的工作思路,全面修订了人才培养方案,进一步深化了人才培养模式改革,全面加强了教学基本建设,教学管理更加规范,使人才培养质量不断提高。主要表现为:皖西学

[①] 刘学忠,皖西学院院长,教授。

院学生参加省级以上学科专业技能竞赛每年获得 200 多项奖项;皖西学院培养的学生深受用人单位好评,毕业生就业率连续保持在 94% 以上。应用型人才培养质量的不断提高、人才培养规格适应经济社会发展的需求,是学校转型发展的出发点和落脚点。

3. 服务地方经济社会发展能力不断增强

皖西学院鼓励教师开展应用研究、技术开发和推广,建立了较为完善的产学研合作机制,提升了服务大别山区域经济建设和社会发展的能力。一是搭建合作平台,加强大别山珍稀植物资源开发、皖西红色文化资源开发等科技创新平台建设。在石斛产业、农林废弃物综合利用、盐肤木资源开发、物联网技术开发等领域积极培育打造协同创新平台,签订一系列校地、校企全面合作协议。二是承担产学研合作项目,转化成果。2009 年以来,皖西学院共签订各类产学研合作项目 200 多项,这些项目产生的成果有 26 项通过了省级鉴定,已成功转化 12 项,并获批专利 30 项。与企业共建 12 个市级创新平台。"霍山石斛产业化栽培关键技术"等系列成果已转化应用于生产实践,并申报了国家林业行业标准;"太子参规范化栽培与示范"项目,获得中央财政林业科技推广示范资金 100 万元资助。"盐肤木新品种选育与示范"项目,获得 210 万元国家林业公益性行业科研立项和专项资金资助。皖西学院与中国中医科学院联合申报的国家科技进步二等奖"中药材生产立地条件与土壤微生态环境修复技术的研究与应用"目前已顺利通过初评,2014 年度国家科技进步奖通过初评的安徽省属高校仅皖西学院一家。三是引领地方文化传承创新,为六安文化强市建设提供智力支撑。服务地方经济社会发展是学校转型发展的必由之路,也为学校发展不断注入生机和活力。

4. "双能型"师资队伍建设成效明显

新建本科高校的可持续发展,需要不断提高师资队伍的水平。当前,皖西学院师资队伍建设的重点,从抓学历学位的提高转到抓教学科研能力的提高。应用型本科高校需要一支教学能力和产学研结合、资政咨询、服务社会等应用型人才培养能力都比较强的"双能型"师资队伍。学校启动了以"'双能型'师资队伍建设工程"为核心的师资队伍建设工作,着力改善教师知识结构,更新专业知识,提高教学水平和科研能力。一是启动"123"专项计划,即每批次 1 年脱产期,围绕"双能型"教师的 2 个能力定位,选派 30 名教师赴企(事)业单位挂职锻炼。二是要求挂职锻炼的教师,与企业加强科技创新平台的共建,通过科学研究、技术服务、技术开发等方式带动其他教师参与产品研发与工程实践。三是鼓励这些教师参加国家组织的各级各类与本专业实践技能相关的培训考试。2012 年,选派 28 名教师下企业进修,选派 16 名教师到各区县挂职锻炼,联合六安市科技局立项科技创新平台 18 个。2013 年,选派 16 名教师下企业进修,选派 13 名教师到各区县挂职锻炼。2014 年,选派 34 名教师进修、挂职锻炼。目前获得"双能型"认证的教师共有260多名，教师教学科研能力与服务地方能力有了明显提升。"双能型"师资队伍建设取得的成效，为学校转型发展提供了队伍保障。

5. 学校社会声誉和影响力不断提高

2006年，在我省新建本科院校中，我院率先通过了教育部本科教学工作水平评估；2009年，获批省级示范应用型本科高校立项建设单位和省硕士学位立项建设规划单位；2013年作为全国新建本科唯一试点院校，通过教育部新一轮审核评估。今年6月，在申报地方应用型高水平大学立项建设单位中，皖西学院以优异成绩跻身安徽省地方应用型高水平大学行列，目前学校已经拟定了地方应用型高水平大学建设方案报教育厅审批。同时，学校招生录取工作态势良好，在没有区位优势和行业背景的条件下，招生提档线、录取平均分与新生报到率逐年提高，学校的考生报考率、新生报到率逐年攀升。学校社会声誉和影响力的不断提高，体现了社会对学校转型发展的高度认可。

二、存在的不足

皖西学院转型发展起步早，动手快，在应用型高校建设上做了大量的探索实践，也取得了一些成绩和经验。但我们清醒地认识到，要进一步完善应用型人才培养体系，促进皖西学院转型向纵深推进仍存在诸多制约因素。一是认识问题。对建设高水平应用型大学的认识还不到位，思想观念要进一步更新，要破除封闭思维、依赖思维、自我思维、习惯思维，强化开放意识、竞争意识、合作意识、创新意识。二是体制机制问题。尤其是人才培养体制改革，校企合作不全面、不深入。学校的热情和积极性很高，企业和用人单位响应程度低，导致学生实习难，开展实践活动难。三是师资队伍问题。教师大多从学校到学校，缺乏实践工作经历，"双能型"师资队伍比例偏低；教师专业结构不合理，部分发展势头、就业前景好的专业教师队伍紧缺。如何进一步解决这些问题，全面完善应用型大学教育体系，将是下一阶段的工作重点和内容。

当前，我国、我省高等教育正处在转型发展的关键期，需要我们冷静思考，进一步明晰应用性高等教育的发展方向，理性应对转型发展中存在的相关问题，正确处理人才培养、科学研究、社会服务、文化传承创新四大功能间的互动与支撑关系，探索转型发展的多样化路径。

三、建立专业人才培养特区，高水平推进人才培养模式改革

2014年，皖西学院获批为安徽省地方应用型高水平大学立项建设单位，在新一轮的高等教育竞争中再次抢占了先机，拓展了学校的发展空间。站在新的历史起点上，皖西学院面临着新的机遇与挑战，必须明确新的发展思路与目标。

在当前和今后一个较长时期,建设"地方应用型高水平大学"是学校的总体目标,"高水平"也是衡量建设过程中一切工作的标杆。应用型高水平大学建设任务体现在学校工作的方方面面,既要按照地方应用型高水平大学进行科学定位,也要做好顶层设计,对地方应用型高水平大学建设工作进行总体规划,同时要以改革创新的精神统筹处理好学术与应用、服务社会与人才培养、全面推进与重点突破等方方面面的关系。转型发展的"高水平"是应用型高水平大学建设的一个重要方面,也是本次教学工作会议将要重点研讨的问题。如何实现转型发展的"高水平",就皖西学院来说,主要是学科专业结构调整和人才培养模式改革。目前,皖西学院的学科专业结构整体上已经能够适应区域经济社会发展的需要,下一步关键是要做好人才培养模式改革,要紧密围绕人才培养目标,整体优化人才培养方案,持续创新人才培养过程,使皖西学院培养的应用型人才能深度对接经济社会发展需求,实现人才培养模式改革的"高水平"。如何实现人才培养模式改革的"高水平",需要皖西学院人不断探索和实践。建设"专业人才培养特区"(以下简称"专业特区"),激发办学活力和学生学习动力将是一个很好的工作抓手和重要突破口。

1. 建设"专业特区"的基本思路

对皖西学院现有本科专业中遴选产学研基础良好、教学改革成效明显的专业,在招生计划、人才培养方案制订、教师评聘、教研与科研课题申报等方面给予政策优惠和倾斜,鼓励二级学院在这些专业人才培养中,自主探索,大胆改革和创新,促进该专业建成"高水平",并示范、辐射其他专业建设,在全校本科教学质量与教学改革中起到示范和引领作用,实现应用型人才培养模式改革和人才培养质量的"高水平"。

2. 建设"专业特区"的目标

以培养与企业或行业无缝对接的高素质应用型人才为目标。具有准确的人才培养定位;探索出一套新的人才培养模式;有一支高素质的"双能型"师资队伍;构建起完备的课程体系和实践教学体系;以人才培养目标为导向,改革教学内容、教学方法、评价标准和评价方法;经过三到五年的建设,成为皖西学院人才培养模式改革的排头兵,在专业建设上成为其他应用型专业的榜样和标杆。

3. 建设"专业特区"的主要任务

(1)准确定位人才培养目标。树立面向应用、重视能力、全面发展的人才培养理念,根据地方经济社会发展需求,结合学科专业优势,明确人才培养目标;引入国家标准、行业标准或企业标准,细化人才培养规格,使专业人才培养与区域产业发展需求更加吻合。

(2)推进人才培养模式创新。深化产教融合、校企合作、工学结合,强化教学、学习、实训相融合的教育教学活动；探索项目教学、案例教学、工作过程和职业技能竞赛导向教学等教学模式；实施学历证书和职业资格证书"双证书"制度；尝试开展校企联合招生、培养的现代学徒制试点，推进校企一体化育人。

(3)建设高素质"双能型"师资队伍。建立起支持教师和学科专业发展需要，积极参与面向生产一线的技术攻关或产品研发等应用研究的机制；优化师资队伍结构，建立和完善与行业、企业优秀人员互聘及教师到生产一线挂职锻炼等制度，着力打造一支理论水平高、实践能力强、综合素质高的"双能型"教师队伍。

(4)改革专业课程体系。根据专业建设目标，以应用型人才知识、能力与素质结构要求为导向，科学设计各类课程的课时比例；与行业、企业合作开展相关课程的设计与研究，有效对接职业标准和行业需求，突出课程体系设置的应用性，提高课程设置与产业结构的匹配度；打破学科专业领域界限，灵活构建课程模块；强化专业核心能力培养，形成结构合理、特色鲜明的新型专业课程体系。

(5)改革课程教学内容。坚持"依托专业、面向应用"的课程开发思路，打破理论知识全面、系统、科学、严谨的传统课程理念，以专业应用能力的培养为导向，精选出适用、实用的专业理论知识，按照知识领域、知识单元和知识点进行综合性的重组和优化，形成独具特色的应用型专业人才培养课程内容体系。

(6)创新教育教学方法。改革以书本、课堂为中心的传统教学方法，鼓励教师积极尝试翻转课堂、在线教育等新型教学方式，提高课堂教学质量；注重学生在做中学，学中做，"教学做合一"；鼓励教师更多地采用问答教学法、案例教学法、项目教学法、技能模拟训练教学法和企业现场教学法等进行教学。

(7)创新评价标准和方法。根据应用型人才培养的知识、能力、素质等目标定位的要求，建立新的评价标准，构建多元化的考试体系，根据课程特点灵活设计考试形式，对不同类型的考试，制定详细的考试步骤、考试方法和评分标准，尤其注重对学生应用能力的考核，并由此形成一套有别于传统学术型人才的应用型人才评价标准和考核方法。

(8)完善实践教学体系。以提高学生实践能力、创新创业能力和职业素质为目标，修订实践教学计划，制定实践课程标准，加大实践教学比例；加强实验室、实习实训基地、实践教学平台建设，以产学研项目和校企合作项目为抓手，吸引企业参与人才培养过程，与企业合作共建校企一体、产学研一体的实验实习实训中心，实现教学过程与生产过程的有效衔接，把所有实践环节的教学落到实处；配齐配强实践教学人员，提高实践教学各环节的质量和水平。

4. 建设"专业特区"的保障措施

(1)学校将以立项建设的形式每年提供专项建设经费，用于上述各项建设任务的完成。

(2)学校鼓励进入专业特区的建设专业,在构建应用型人才培养体系过程中,在学校宏观指导下进行自主探索,大胆创新,在人才培养模式改革上闯出一条新路。

(3)学校对专业特区的建设,将在教学运行的方方面面给予一定的优惠政策,如在教学岗位设立、人才引进、教师职称评聘、教师能力培养、招生计划安排、教学业务经费划拨,以及各类本科教学质量工程项目评审等方面给予优先考虑和政策倾斜。

(本文发表于《应用型高教探索》2014 年第 4 期)

新建本科高校内涵建设与转型的实践与探索
——以淮南师范学院为例

淮南师范学院 曹杰旺[①]

一、研究背景

自1998年以来,我国有一大批专科院校以合并、重组、转制等方式升格为本科院校,这些院校通常被称为"新建本科院校"。经过10多年的发展,新建本科院校完成了从专科教育向本科教育的转型,实现了办学层次的提升和办学规模的扩张。

至2011年5月,全国有普通高校2 101所,其中新建本科院校317所,约占普通本科高校(820所)的38%。新建本科院校既满足了地方经济发展对人才的需要,也改变了我国高等教育制度的格局。但是,无论是从办学层次还是从办学水平、学校知名度看,新建本科院校都远远落后于传统大学。据统计,在317所新建本科院校中,有博士授予权的院校只有1所,占0.3%;硕士授予权的有13所、硕士建设单位10所,硕士单位和硕士建设单位占7.3%。据武书连"中国大学评价课题组"公布的2011年中国大学排名,超过90%的新建本科院校的排名在全国820所本科院校中位居后列。

统计数据表明,新建本科院校虽然在升格筹备期间经过多方努力,各项办学指标都达到了国家高校设置标准,但这种规模的扩张和办学层次的提升是在高等教育大发展背景下催生的"早产儿",它们还没有完全具备地方综合本科院校特征,实际上它们正处在由层次转型向内涵转型的过渡期,要想实现华丽转身,就急需解决如何加强新建本科院校的内涵建设,提升教学质量,增强服务社会的能力等。因此,唯有内涵转型,才能在办学层次、办学性质、服务功能上实质性转轨,学校才能够在同类院校竞争中不落伍。内涵转型是新建本科学院建设发展的关键,也是必经之路。

[①]曹杰旺,男,淮南师范学院院长,教授。

二、新建本科院校内涵转型的动因和目标

1. 新建本科高校的社会认可度不高

经过多年的扩招,我国高等教育已进入大众化阶段,广大考生面临的不再是能不能上大学,而是选择什么样的高校问题。社会对高等教育的期望值不断提高,享受优质高等教育资源、接受良好教育成为民众愈发强烈的愿望。新建本科院校建校时间较短、学校知名度不大,社会公众对其认可度不高,一些学生宁愿复读也不愿进一般新建本科院校学习。在具有选择性的教育市场中,高等教育应建立在信任机制上,在信任、认可中运行,这对新建本科院校的进一步发展无疑造成了较大压力。

2. 高等教育竞争日趋激烈

十二五期间高等教育将发生新一轮变革、竞争和发展,不同层次的高校都在有限的空间里努力争取资源、谋求发展先机,新建本科院校的生存和发展面临前堵后追的严峻态势:一是来自重点大学的"压";二是来自同类院校的"挤";三是各类高职院校和国外高校的"顶"。相对于省部属重点院校而言,新建本科院校很难获取国家的大力支持,处于资源竞争的劣势地位;尤其突出的是办学经费不足,许多院校因一再贷款而举债过重、疲于还息。另外,新建本科院校具有的政策允许空间比较小,尤其是分布在各地市级或中小城市的新建本科院校,其办学自主权受到诸多限制。要赶超办学水平较高的省部属重点院校,新建本科院校任重道远。

3. 新建本科高校还不能完全满足经济社会发展的需求

地方经济社会发展,对本科层次的应用型人才培养提出了新的要求。新建本科院校作为区域性大学,其特点就是办学区域定位和服务面向定位的"地方性",即区域高校与区域社会结合,区域高校主动为区域社会服务,区域社会依靠区域高校支撑,从而实现区域高校与区域社会的互动发展。但是,多数学校的学科专业结构及人才培养模式,还不能适应这种需求。

因此,要想在竞争中取得优势,新建本科院校必须放弃过去单一规模扩张发展的方式,走内涵发展之路。

三、新建本科院校内涵转型的基本策略

1. 调整学科专业结构,推动学科专业建设转型

新建本科院校在发展过程中虽然受到区域经济与社会发展程度的制约,但从另一方面看,地级城市一般具有深厚的文化积淀,具有一定的区域经济竞争力,这能为新建本科院校提供良好的社会文化基础和对外发展空间。所以,新建本科院校应当紧紧结合地方经济建设和社会

发展的需要,尤其是要针对本地区特有行业的特殊需要,调整学科布局和专业设置,确定某些方向重点突破,把重点放在一个特定的目标市场上,为特定的区域或特定的行业提供特定的科技服务和人才培养,重点发展具有特定区域优势的学科、专业等,形成"人无我有、人有我优"的特色。

2. 优化培养方案,推动人才培养定位转型

人才培养定位是指对高校人才培养目标、规格等方面的要求。应将新建本科院校转型发展的思路、办学定位的特色贯彻到应用型人才培养的全过程之中,落实在应用型人才培养的各个环节之中。人才培养方案是实现人才培养目标和基本规格要求的总体设计蓝图和实施方案,也是新建本科院校推动人才培养模式转型的重要前提和培养合格的应用型人才的制度保障。转型期的人才培养方案应该在符合本科教育规律的大前提下,从突出教学型学校的教学特点、应用型人才的培养特点和为地方服务的适用特点出发,形成自己人才培养的特色和优势。具体来说,一方面应当体现"本科"和"应用"这两个特点,处理好专业与基础的关系,体现本科与专科层次的区别;处理好理论与实践的关系,体现学术型和应用型类型的区别;处理好技能与能力的关系,体现"技术员"和"工程师"指向的区别;另一方面还应当体现出课程设置的灵活性和适应性、课程体系的基础性和多元性、实践教学内容体系的应用性和开放性等特点。

3. 加强课程建设,优化课程结构

课程建设是专业建设的核心内容,它集中体现了培养目标的要求、培养规格的标准、培养模式的实施以及培养效果的质量,直接影响着教学水平的提高和人才培养的质量,因此,课程建设是学校最基础、最核心的教学工作之一。它包括制定培养方案,优化课程结构,研制教学大纲;选用优秀教材,更新教学内容,改进教学方法;改革考试方法等。

4. 加强实验室和实训基地建设

实验、实训是教学体系的重要组成部分,是课堂教学的延伸,是理论联系实际的重要手段。而实验室是保障实验、实训教学顺利进行的物质基础;是提高学生解决实际问题能力,培养创新精神、创新能力的主要实践基地;是进行教学、科学研究和技术开发的重要基地。因此,实验室建设是专业建设的重要组成部分。必须转变传统观念,高度重视这项工作,明确职责,合理配备资源,配备人员,加大经费投入力度,提高实验室、实训基地的建设数量与水平。

四、淮南师范学院内涵转型的实践与效果

10年来,通过项目的实施,我校在学校转型,特别是内涵转型上进行了积极的探索,学科专业结构、人才培养模式、课程体系结构在动态调整中不断得到完善,学校的竞争力也不断得

到加强。主要表现在：

1. 选方向、调结构，提升专业适应性

(1)大力发展适应地方产业结构调整和优化升级需要的专业。围绕我省提出"培育壮大战略性新兴产业，做大做强优势产业，改造提升传统产业"的战略部署，针对我省支柱产业、主导产业、优势产业和特色产业，积极发展与之相适应的学科专业，特别是应用性专业。

(2)针对性地发展高新技术类专业。瞄准科学技术进步和我省高新技术产业发展的需求，增设电子信息、化工医药、生物工程、新材料技术领域的新专业。

(3)加大与经济全球化、市场一体化相适应的专业人才的培养力度。主动适应我省对外开放和国际竞争与合作的需要，加快外贸、金融、法律、制造等专业的建设与发展，培养高素质国际化人才。

(4)积极创建新兴、边缘、交叉学科专业。根据现代科学技术综合化发展趋势及自身的优势，强化学科专业的融合和文、理科专业的交叉、渗透，有效整合教育资源，培育交叉、边缘学科，寻找新的专业增长点，努力为社会培养更多的复合型高素质人才。

2. 抓改革、促内涵，拓展就业竞争力

(1)优化完善人才培养方案，加大对专业课程体系和教学内容的适应性调整力度，增强各学科专业之间的内在联系和相互支撑，构建"宽口径、大专业、多方向"的学科专业群和融"专业、技术、职业"为一体的课程体系，提高学生的就业竞争力。

(2)对现有专业进行全面梳理，着力解决部分专业之间跨度过大、缺乏支撑的问题，合并重组相近专业，压缩过时专业。对那些需求不大、前景不佳、就业艰难、办学条件薄弱、专业口径窄的专业，通过"撤、并、停、转"实行存量淘汰。2008年以来，我校对生源不足、就业不畅的3个专业停止招生，增设了适应经济社会发展需要的新专业7个。

(3)积极推进人才培养模式改革，构建完善"双纲导教"(理论、实践教学大纲)、"双元施教"(学校课堂、社会企业)、"双向考核"(教师评学、学生评教)、"双证就业"(学历证书、技能证书)的人才培养模式，不断提高人才培养质量。

(4)完善实践教学体系，强化实践教学环节。鼓励实验(实训)课程单独设置；相关专业所在院系积极"踩点"，主动与企业"联姻"，根据"优势互补、产权明晰、利益共享、互惠互利"的原则共建共享一批跨学科、多专业、多功能的综合性实习实训基地，将企业正在应用的技术成果转化成仿真实验，或者将实践教学在实习实训基地内进行，将实习实训基地由单纯的实习实训，发展成为集学生实习与就业、教师教学、科研、科技开发以及产品加工为一体的综合性产学研基地。推行顶岗实习制度，顶岗实习总时间累计原则上不少于1学期。

为顺利实施学分制管理,帮助学生了解学科专业的性质和知识结构,设计人生目标,学校支持实施本科生导师制,各院系聘请有经验的教师通过师生双向选择担任本科生的指导教师,指导学生进行人生职业规划、专业选择、课程选修、学业辅导、生活指导、心理疏导等,全方位帮助学生成长成才。顶岗实习期间,鼓励实行"双导师制",建立校外指导教师聘任、培训、考核、评价与激励机制,形成体系开放、机制灵活的实践教学管理体系。

(5)整合优化教学内容,构建模块化教学体系。模块是以应用能力为出发点围绕特定主题或内容设计的教学活动的组合,它可以由不同的教学活动组合而成。教学体系模块确立后,课程教学将从以知识输入为导向的教学理念(哪些内容我要讲授)转变成以知识输出为导向的教学理念(哪些能力学生通过学习应该获得),改变了传统意义上的理论课、实验课、实践课的划分,更加体现能力培养和应用导向。把应用能力培养有目的的体现在教学中,可激发学生的学习兴趣,充分发挥学生的主体作用,调动其求学成才的主观能动性,引导学生学知识、学做人、学技能、学做事,使潜能得到开发,个性得到发展,优势得到发挥,知识能力素质得到全面提高。

(6)深入推进联盟高校之间的合作与交流,继续实行并扩大实践教学小学期制规模。主动与有关高校接洽,逐步建立我校与兄弟高校之间的学分互认制度,鼓励学生跨专业、跨学科、跨学校修读有关课程。同时,继续大力开展"辅修专业"、"辅修双学位"教育。采取切实有效措施,增开系列实用课程,切实提高就业指导课的针对性和有效性。

3. 多方参与,全程监控,完善专业结构动态调整机制

(1)成立专业设置评议委员会,聘用有关部门、行业、企业的专家学者和学科专业建设带头人,充分发挥他们在专业设置与改造方面的咨询、论证和审议作用,提高专业建设的前瞻性、科学性和可行性。

(2)成立由专业负责人、校内专业教师、校外专家、毕业生代表共同组成的专业建设指导委员会,研究论证专业发展规划、办学定位、办学特色、人才培养方案,监督考核专业教育教学管理和人才培养的质量。

(3)构建用人单位、教师、学生共同参与的专业人才培养质量保障与评价机制,完善社会和企业对课程体系与教学内容的评价制度、课堂教学评估制度、实践教学评估制度、领导听课制度、同行评议制度、学生定期反馈制度及教学督导制度等,加强对人才培养质量过程的监控。

4. 加强"双能型"师资队伍建设,实施人才强校战略

(1)采取"引进人才、培养名师、聘请专才、优化环境"等措施,吸引、遴选一批在教学和技术创新等方面有较强潜质的专业带头人,努力为他们创造良好的工作和生活条件,逐步形成一支理论功底强、懂开发、会教学、稳定的教师队伍。

(2)通过实施名师专家引领、课题项目支撑、校企合作推动等措施,促进应用型教师队伍成长。进一步加强专业骨干教师的选拔和培养力度,有计划地选送教师攻读高层次学位,提升学科研究能力。鼓励教师参加新观念、新知识、新技术的培训,加快知识更新。

(3)中青年教师是构成"双能型"教师队伍的主力军,对我校人才培养模式改革工作的成败起着至关重要的作用。学校通过制度创新,采取"双挂"的合作方式,着力打造一支科研能力强、教学水平高、懂开发、会管理的"双能型"师资队伍。一方面聘请企事业单位的高级工程师、高级经济师、高级会计师等技术人员到我校担任兼职教师或客座教授,指导实践教学和实践基地建设;另一方面,选派中青年教师到企事业单位挂职锻炼、共同开展新产品研发或技术改造。各院系加强对新进教师实验教学能力的培训和考核,鼓励教师参加相关职业资格认证考试,同时要求40岁以下的中青年教师,在晋升高一级岗位时,必须有半年以上的与企事业合作的经历。

5. 积极探索人才培养模式改革的实施途径

(1)改革教学方法,倡导探究式学习。

教学过程是师生双方的交流互动过程,学校要求教师在教学中应确立新型的师生关系,以学生为主体,在打开学生思路、传授学习方法、培养学生自学与团队协作精神,提高学生分析问题和解决问题能力上下工夫;采用启发式、讨论式、案例教学、研究性教学等多种教学方法,调动学生学习的主动性、积极性和参与意识,使学生尽快掌握概念并形成技能。学校还鼓励教师加强与社会和企事业单位进行联系,以问题为导向、以项目为载体,使学生接受全面的应用实践技能培养,将课程设计、毕业论文(设计)做到社会组织和企事业之中去,真题真做,达到在实施专业教学环节培养学生综合能力的同时,解决企事业单位实际问题的目的。

(2)多证并举,课证融通,增强学生就业竞争力。

建立以学习能力、职业能力和综合素质为导向的科学化、社会化的评价体系,围绕"专业、技术、职业"三位一体的目标取向,引导学生在校期间参加国家举办的相关职业培训和任职资格证书考试,争取获得相应资格证书,这既是对学生学习能力的考核,也是对课程体系设置的科学合理性及实用性的检测。参照职业岗位任职要求及相关职业资格标准,改革课程体系和教学内容,深化"课证融通"工作,努力使学生在学期间既学习必要的理论知识,又掌握未来岗位所需要的职业能力,增强毕业生的就业竞争力。

(本文发表于《应用型高教探索》2013年第4期)

全面推进应用型人才培养模式改革创新

安徽新华学院 石秀和[①]

人才培养是高校的根本任务,推进应用型人才培养模式改革和创新是民办本科高校提高人才培养质量的必经之路,也是实现错位发展、特色发展的必然之举。

一、"建设应用型高校,培养应用型人才"是民办本科高校当前及今后很长一段时期内发展的必然选择

1."应用型高校、应用型人才"的内涵

应用型高校是相对于学术型高校而言的,是以应用性占主导,集学术性于一体的高校。在学术型高校,"术"为"学"服务;而在应用型高校,"学"为"术"服务。应用型高校的主要特征是应用性、地方性、现实性,主要任务是坚持培养应用型复合人才,开展产学研合作和应用性科学研究,为地方经济社会发展服务。应用型高校与学术型高校相比,在培养目标、教育教学内容、教学方法、科研方向、服务面向、承担的责任等方面都存在着很大的不同。

高素质应用型专门人才不同于拔尖创新人才。拔尖创新人才在培养过程中注重学科导向、知识本位,应具有深厚的理论功底、系统的知识体系,较强的研究能力和创新能力;而应用型人才培养则是以市场为导向、能力为本位,应在具有扎实的理论基础上,掌握应用一定的能力和创新能力。同时,高素质应用型专门人才不同于技能型人才。技能型人才强调理论够用,应用型人才则强调基础扎实,有发展后劲;技能型人才在应用能力上强调的是"会做",而应用型人才不仅要"会做",而且知道"为什么这么做",还能够"怎样更好地做",具有一定的应用创新能力。应用型人才在掌握了某项技能后,因环境、条件等变化,可以通过自己掌握的一些基础知识,继续学习,形成新的能力,具有一定再创造的能力。

2."建设应用型高校,培养应用型人才"是民办本科高校发展的必然选择

第一,是当代中国经济社会发展的必然要求。知识经济和市场经济是当今影响社会发展

[①]石秀和(1949—),男,江苏无锡人,安徽新华学院院长,教授。

的两大经济力量。知识经济的崛起从根本上改变了人们对知识和智力的看法,经济增长日益取决于对知识和技术的创造、传播和应用。知识经济的发展为高等教育大众化发展的可行性提供了有力的支持,进而推动高等教育从社会边缘趋向社会中心。市场经济的发展强调市场作为资源配置的基础地位,市场经济条件下的资源配置势必转向有效的社会需求;与此相关,市场经济的多样性,即经济成分的多样性、利益主体的多样性、消费需求的多样性等,从根本上决定了高等教育的多样性。高素质应用型人才恰恰处于这两大经济力量的共振点而成为当今社会对高等教育的最大需求。

当前,我国正处在重要的战略机遇期,产业结构加快调整、全面小康社会建设如火如荼、已从人口大国向人力资源大国和人力资源强国迈进,社会各行各业需要大量有系统理论知识、实践能力强的高素质应用型人才。另一方面,居民生活水平提高导致消费结构升级、消费观念和生活方式转变,教育需求高涨且出现分化,促使高等教育呈现多样化发展。

第二,是高等教育大众化发展的必然结果。国外的实践经验表明,与高等教育大众化相伴而行的是高等教育的机构、任务、过程、内容、方法的多样化。在高等教育大众化进程中,诸如美国的社区学院、德国的应用科技大学、英国的多科技术学院、日本的短期大学等新生力量异军突起,传统的高校也开始调整和分化,形成了多层次、多类型、多规格的高等教育体系。

高等教育的发展,在精英教育阶段,不论大学、学院、专科学校,都按传统模式培养高级专门人才。进入大众化阶段,数量的剧增要求模式的多样化,以适应经济与社会发展所需要的不同类型的专门人才。我国自1999年起,高等教育大众化进入加速阶段,高等教育毛入学率从1998年的9.8%提高到2002年的15%,再到2010年的24.2%,短短几年时间,在校生规模增加4倍多。一方面,传统的高校无法容纳新增的受教育群体;另一方面,民办本科高校也没有条件模仿传统高校开展精英教育,只有顺应高等教育大众化的趋势,走多元发展、错位发展的路子。

第三,是民办本科高校自身发展的必然选择。一方面,民办本科高校大多为新建地方院校,同其他新建院校一样,因受办学历史短、经验少、师资及办学条件相对薄弱等条件限制,无法套用一流大学的精英教育模式,也不能套用。另一方面,民办本科高校在应用型人才培养中具有比较优势。民办本科院校属于"新中之民"(即新建院校中的民办院校)、"民中之新"(即民办院校中的本科院校)。与公办院校相比,民办本科高校在老模式不适应、新模式没形成的情况下,没有"耗力转型"的包袱,其灵活的民办机制有利于实现与地方经济的良性互动;与民办高职院校相比,民办本科高校属于本科教育,应区别于技能型人才培养。

而且,民办本科高校选择应用型这一定位,并不意味着低人一等。《规划纲要》明确指出:

"促进高校办出特色,建立高校的分类体系,实行分类管理,发挥政策指导和资源配置的作用,引导高校合理定位,克服同质化倾向,形成各自的办学理念和风格,在不同层次、不同领域办出特色,争创一流。"在应用型的定位下,民办高校同样可以办出特色,办出高水平,甚至能创国际品牌。

二、转变观念,深化应用型人才培养模式改革创新

进一步转变教育教学思想观念,充分发挥民办高校体制机制灵活的优势,紧紧围绕应用型本科高校的发展定位,以社会责任感强,基础扎实、实践能力强,具有国际视野和创新精神;以较高职业素养和发展潜力的应用型高级专门人才培养为目标,瞄准国家和地方经济建设、社会发展的战略重点进行专业布局,优化专业结构,进一步增强学科专业与社会发展和经济建设的符合度。在此基础上,应着重做好以下几个方面的工作:

1. 全面修订应用型人才培养方案

人才培养方案是各专业人才培养的顶层设计。在应用型人才培养方案修订过程中,要注意:

(1)突出"三性",体现模式创新。即突出专业及专业方向设置与地方社会发展特别是区域发展要求的适应性,突出教学目标的应用性和培养过程的实践性。将学年学分制、小学期制、3+1、3+X、专业+技能、"三三制"、"零距离"等模式通过教学计划的编排,体现在培养方案中。

(2)开展"三个调查"。即开展用人单位需求调查,了解所教与所需的差距;开展毕业生追踪调查,了解所学和所用的差距;开展地方行业咨询调查,了解学科知识结构与行业实际要求的差距。使人才培养跳出传统的以学科为主的圈子,从地方经济发展、用人单位需求、学科建设和学生职业发展多个视角来审视和考虑问题。

(3)把握"三个关键"。一是构建应用型人才课程体系。适当降低传统本科教育中的基础理论和学科性课程的比例,增加应用性知识课程和实践教学的比例,改变基础性过强而实践应用性偏弱的状况,以突出应用性和实践性、针对性和有效性。二是推进学历教育和职业教育的有机结合。在知识层面,不仅要传递"是什么",更重要的是解决在未来岗位中"怎么干"的问题;在能力方面,将通用能力、职业能力和拓展能力有机结合,实现人才培养方案的应用性价值取向,实现本科教育基本规格、职业教育和素质要求之间的协调。三是促进学科专业间的交叉融合。摒弃传统的单一学科体系的培养模式,打破割裂分离的学科专业状态,促进学科专业间的交叉复合。通过"专业+专业方向"、"专业课+任选课"、"专业课+职业资格课"等形式,拓

展应用型人才的专业口径、专业知识,增强能力素质,在高年级实现人才的分流培养。

2. 构建应用型课程体系,推进课程模块化改革

课程是向学生传授知识的主要载体。课程建设是落实培养高级应用型人才的关键环节,也是学校生存、发展,办出特色的一个突破口与着力点。将传统的学科型课程转变为应用型课程,是一项攻关的工作,也是应用型人才培养模式改革创新的核心。

传统的课程体系是以学科为导向,以知识为本位。应用型课程体系则应以"学科－应用"为导向,以能力为本位,包括理论教学体系、实践教学体系和综合素能培养体系。建设应用型课程体系,要以"基础扎实,综合素质高,实践能力强"为基本要求,遵循"优化整合、注重实践和科学编排、循序渐进"的原则。在这个原则基础上,各个专业可以根据自己特点形成各具特色的课程体系。

要注意防止出现两种极端倾向:一是片面强调应用技能培训,忽视基本理论和基本知识教学,因而降低了人才培养的层次要求,使学校混同于高职高专,甚至是一般的职业培训学校。二是片面强调本科院校的层次要求,在课程教学体系改革中不舍得删减原有内容,只是修修补补,最终搞成了一个原有模式的翻版。

3. 编撰具有特色的应用型教材

教材是体现教学内容的基本载体,教材的质量直接影响教学的质量。目前在各高校中出现了一种"重科研,轻教材"的现象,认为教材与教师职称、与教师科研水平不挂钩,可以忽视。

应用型高校不能忽视教材建设。目前市场上的教材大多按照学科体系进行编撰,且很难与本校课程体系相吻合。因此,自编符合培养方案要求,具有自身特色的系列教材,是弥补这一空缺的重要途径。

教材的编写和选用要紧紧围绕人才培养目标,符合教学计划和课程教学大纲的要求,防止和纠正片面强调教材自成体系而偏离培养目标的倾向。另外,通过构建"学习包"等形式,形成文字教材、电子教材、辅助教材和参考资料相配套的系列教学用书和教学软件,以适应多样化的教学需要。

4. 整合实践教学环节,形成完善的实践教学体系

应用型人才培养的核心是多实践、强化应用。实践教学在应用型人才培养过程中起着不可替代的作用。

首先,要切实转变思想观念,认识实践教学在应用型人才培养过程中的地位,大大提高实验、实践教学在学生、教师以及管理人员思想中和实际行动中的地位,推动实践教学内容、方法、手段、队伍、管理及实践教学模式的改革与创新。

其次,树立"实践教学一条线、实践能力培养不断线"的实践教学改革新思路,构建"全过程、四层次、八模块"的实践教学体系。

第三,在实践教学体系中,遵循分类设计、分层施教、分步实施、独立设置的选修与必修相结合的原则,体现个性化教学,满足多样化需求。围绕社会对专业人才实践能力的要求,整合实验内容,确定相应的基础实验(实践)系列、专业实验(实践)系列和模块实验(实践)系列等内容,减少验证性实验比重,增加设计性、综合性实验内容的比例。形成验证性实验培养学生的实验基本操作能力、综合性实验培养学生的综合能力、设计性实验培养学生创新意识与能力的实验教学体系。

另外,可以通过指导学生参与教师的科研项目构思、设计与实施,提高学生的知识运用能力和初步的科研能力;可以通过参与数学建模竞赛、电子设计竞赛、多媒体制作竞赛、英语竞赛等综合性竞赛,通过各类专业证书教育、各类专项培训,提高学生的专业应用能力和技术开发能力,使学生在学术科技活动的实践中提高素质、获得技能;可以与学生社团工作相结合,通过组织学生参加各类科技、文化活动,提高学生的社会交往能力、团结协作精神等等。

第四,各个专业要在"全过程、四层次、八模块"的实践教学体系框架下,构建各具特色的具体实践教学体系和运行模式。

5. 改革教学方法和手段

教学方法作为一种方法体系既包括教师教的方法,也包括学生学的方法,是教的方法和学的方法的和谐统一。施动者既包括教师,也包括学生。使用教学方法的目的是为了达成一定的教学目标及教学任务。也就是教学方法是完成教学目标的手段,采用什么样的教学方法要依据教学的目标和内容而定。

具体来说,就是要树立现代的教学观,以学生为本、尊重学生选择、尊重学生个性,注重对学生综合素质的养成和创新精神、实践能力的培养。加大对教师的培训力度,引导教师注重探究式学习,采用情景式教学、现场教学、体验式教学、案例教学、项目教学等多样化的教学方法。鼓励教师在不违背教学基本规律的基础上,积极探索个性化教学,加强教学的多样化和个性化;鼓励教师创造性地运用信息技术改革教学手段。

6. 培养"双能"师资队伍

教育事业的最大特点是依靠人、培养人、服务人。"人力资源是第一资源"。常言道:"名师出高徒",教师的素质决定教学质量,教师的水平决定教育水平。因此,建设一支高素质、高水平的"双能型"师资队伍是培养合格应用型人才的前提。

第一,本着"不为所有,但为所用"的原则,把具有较强实践经验的人才作为引进教师的重点,充分利用合肥行业分布和科教名城的区位优势,积极从企业、行业、科研机构以及高校中大力引进高层次人才,尤其是紧缺的"双能型"人才。以产学合作为桥梁,建立一支实力雄厚、相对稳定的企业兼职教师队伍,发挥优质社会资源对队伍建设的带动作用。优化专、兼职教师结构,优化师资队伍的"双能"素质结构。

第二,落实导师帮教制,继续实施"双能师资培养工程"和"861工程"。鼓励校内教师利用假期到专业对口的企业挂职锻炼,鼓励教师参与地方经济服务和企事业科技攻关,加大教学名师、教坛新秀及教学团队的建设和支持力度,充分发挥教学名师和中青年骨干教师的示范引领作用。

第三,建立师资队伍的分级培养体系,建立跟踪培养机制,采取限时培养的措施,把专业实践能力的培养作为教师队伍建设的重点;加大师资队伍培养经费投入;进一步推进人事分配和管理制度改革等,建立有利于教师队伍建设的激励机制。

7. 改革人才培养质量评价体系

人才培养本身是一项长远规划的历史工程,是一项难以一时测评效果如何的细致工程,更是一项关系各类环节的综合工程,因此如何评价高校人才培养质量,是关系大学人才培养工作实际,对以后工作开展具有深刻影响的重要课题。构建科学可行并能真切反映大学人才培养质量的评价体系,是现代大学尤其需要关注和探讨的课题

第一,在充分认识应用型人才培养的特殊性的基础上,转变评价方式和评价体系。不能拿传统的对精英人才的要求或是对技能型人才的要求来评价应用型人才。

第二,树立富有时代特色的科学的人才观和多元化的质量观,构建符合应用型人才培养的质量评价体系。

第三,要大胆试验改革考试考核方法,建立以能力为中心的考核体系。改变"期末一张试卷"定成绩的传统做法,变单一的课程考试为依据教学计划和教学质量标准,对学生的必备知识、应用能力、综合素质等进行综合考核和评价。

第四,要提倡用多种形式开展评教评学活动。采取网络评教评学、学生对教学质量满意度调查、学生信息员反馈、座谈会等多种方式,促使教师总结经验,努力提高自身教学水平和质量;督促学生自觉学习,主动参与学校教学的教学改革与建设。保证学校全面掌握教与学的基本情况,加强教学管理,推动教风、学风建设。

8. 大力开展教学研究活动

教学研究活动是教育工作者有目的、有计划地对教学过程进行优化,以期形成良好的育人环境,有效推进教学活动的开展,更好地实现人才培养目标的活动。从其研究对象来看,包括

关于教学内容与教学方法等微观层面的研究；关于教学管理制度改革、专业设置与建设、实验室建设、师资队伍建设等中观层面的研究和关于大学办学理念、办学定位、发展规划等宏观层面的研究。

民办本科院校在组织力量研究宏观层面的同时，应着重引导教师加大对微观和中观层面的研究，加强教学研究项目的过程管理，形成人人研究教学、人人关注教学的良好氛围，有力支撑应用型人才培养的目标。

三、统一认识，确保应用型人才培养改革顺利进行

1. 全员转变观念，提高思想认识，保证应用型人才培养模式改革创新工作不断向前推动

《高等教育法》明确规定"高等学校应当以培养人才为中心，开展教学、科学研究和社会服务，保证教育教学质量达到国家规定的标准"。对于一所大学而言，人才培养是一项永不竣工的工程，它体现的是学校的基本办学理念，必须毫不动摇、常抓不懈；人才培养也是一项良心工程，事关国家未来，寄托着许多家庭对美好未来的期盼，关涉学生个人的前途和发展，必须提高认识，铭记责任；人才培养又是一项长期工程，不能一蹴而就、一劳永逸，必须不断探索、不断改革，一步一个脚印地扎扎实实地推进；人才培养更是一项系统工程，涉及上上下下，方方面面，必须形成"联动"机制。

人才培养工作的基础和关键在二级学院，各学院最熟悉本院的学科规律、专业特点和发展趋势，最清楚本学院学生的情况。所以，二级学院要主动学习，坚持改革创新，结合本学院学科专业特点和学生潜力等因素，落实好创新人才培养方案。要发挥能动性，努力把人才培养做成"精品工程"、"满意工程"和"民心工程"。

要坚持"全员育人、全方位育人、全过程育人"。每个部门、每个学院、每个教职员工都有育人的责任和义务，全校上下一条心、一股劲、一盘棋，不遗余力、不留遗憾地做好工作。每个单位、每位教职员工都应转变观念，学习了解应用型人才培养的一般规律和途径，紧紧围绕应用型人才培养这一中心，做好本职工作，从而保证应用型人才培养模式改革创新总体工作取得成功。

2. 在师资培养、实验室建设和教学活动组织等方面提供足够的人、财、物支持

设立"高层次人才引进基金"、"高层次人才科研启动基金"、"中青年学科带头人、骨干教师进修培训专项基金"和"访问学者专项资助基金"，进一步加大人才队伍的引进和培养力度。

在实验室建设方面，积极推进实验实训硬件条件建设，更好地满足应用型人才培养和科研工作的需要。

在校园基础设施建设上,积极推进"校园四化工程"。实现数字化、园林式大学校园的建设任务。

3. 各职能部门应主动适应、积极配合做好应用型人才培养工作

人事处要主动分析应用型人才培养对教师队伍、管理队伍提出的新要求,引进符合需要的"双能型"教师,配合相关部门做好校内教师的培训转型工作。

学生处要积极思考应用型人才培养模式下的学生管理模式,丰富校园文化和社会实践活动,积极开展创新创业活动,为大学生的综合素质养成创造良好的氛围。

总务、资产等后勤部门也应该转变观念,转变管理模式,制定相应的规章制度,提高工作效率,积极配合相关部门做好人才培养的保障工作。

招生就业办公室应该积极开展生源市场和就业市场调研,定期举办毕业生校友会议;收集市场人才需求信息,分析发展动向,掌握用人单位对毕业生的评价,从而反馈给相关部门,与校内质量监控系统相结合,形成一个闭合的培养质量监控环节,有效促进人才培养质量的提高。

4. 以创新的思路,改革工作评价标准

要树立质量意识、改革意识和特色意识。积极做好相关配套制度建设。教务部门、学生部门要制定符合应用型人才培养需要的教学评价制度、学生综合素质评价制度,拿出具体的评价指标体系和可操作的评价方式与流程,引导教师教学和学生发展;督查督导等部门也应确立科学的工作评价标准,在加大督查力度的同时,充分发挥督导的作用,体现导向性、操作性和实效性。

5. 加强研究和宣传,营造适合应用型人才培养的良好氛围

加强宣传力度。充分利用学报、校报、网站等媒介,广泛宣传应用型人才培养模式改革活动及其成果,并结合教学成果奖等项目遴选予以表彰。营造一个人人讲应用、人人关注应用和人人实践应用的良好氛围。

加大研究力度。在学报设立专栏,开辟研究阵地;设立专项课题,开展招标研究。高教研究所要牵头加强对应用型本科高校定位、应用型内涵、应用型人才培养途径方面的研究;各单位也应结合实际,积极开展相关研究,推进并深化人才培养模式的改革创新。

【参考文献】

[1]汪梅臻.高校应用型人才培养模式探索.理论界.2008(7):174—176.

[2]李桂霞,钟建珍,王立虹.构建应用型人才培养模式的探索.教育与职业.2005(20):4—6.

[3]卢宁,陈雪梅,丁小明.普通本科应用型人才培养模式改革初探.高教论坛.2007(2):21—23.

(本文发表于《安徽新华学院学报》2011年6月第8卷第2期)

对我国应用型本科人才培养的几点思考

铜陵学院　倪国爱　高天星　翁俊德　吴卫兵[①]

随着科技、经济及高等教育的发展,应用性高等教育也随之得到了大力发展。我们将高等教育大致分为学术性高等教育和应用性高等教育两类。"应用性高等教育"是相对学术性高等教育而言的,它以培养应用型人才为主要任务。应用性高等教育的出现大致以美国1862年《莫里尔法案》的颁布为标志,随即诞生的"赠地学院"便是一种雏形,这是一种适应地方经济社会发展,直接服务地方需求的应用性高等教育。其中,威斯康星大学的办学理念推进了高等教育社会职能的扩展,在其原先的"培养人才"和"科学研究"两大职能上增加了"服务社会",成为现在大家公认的三大职能,并由此引领了应用性高等教育的发展。而随着二战结束后各国经济社会发展的需要,许多国家高职高专的大力发展,又进一步推进了应用性高等教育的发展。

一、应用型本科的发展是时代发展的必然与必需

随着我国高等教育由精英教育向大众化教育的发展,应用型本科得到了前所未有的发展,这体现了高等教育与社会需求的相适应,是高校人才培养目标的定位与社会需用人才层次结构的相适应、与中国经济现实国情的相适应、与科技水平发展的相适应,是一种必然与必需。

1. 应用型本科的特点

其一是两个追求、两个侧重。"即在基本理论知识学习的基础上,追求知识、理论、科学、技术的实际应用,侧重对学生应用专业理论知识指导实践工作能力的培养;面向生产、生活、服务、管理一线,追求实用、实效,关注人才培养、科学研究、社会服务的实际价值和现实意义,侧重于适应能力、实践能力、创新能力和创业能力的培养"。其二是定向性、地方性和开放性。即"就其专业而言,是在相对稳定的学科基础上,针对工程技术、应用技术、职业岗位(群)来设置专业或专业方向的,具有行业、职业或技术的定向性和地方性"。同时因服务区域经济的发展,

---

[①]倪国爱(1964—),男,安徽庐江人,铜陵学院副院长,教授,博士。研究方向:审计学、高等教育管理。高天星(1964—),男,安徽阜阳人,铜陵学院教务处处长,教授。研究方向:矿山工程、高等教育管理。

与社会用人部门紧密联系,开放办学过程,融于地方经济社会的发展之中。应用型本科与研究型、教学研究型大学及高职高专也有不同的个性特点。与研究型、教学研究型大学的不同之处是强调能力本位,即更强调"两个追求、两个侧重",更加体现"定向性、地方性和开放性"。与高职高专相比,能力本位的层次要求更高一些,它不局限于停留在职业技术一般操作技能的层面上,它要求学生掌握更多相关能用的理论知识、先进的高级技术,能将高新科技转化为现实生产力,并具备能承担高级管理的技能和知识。即理论知识层次和能力层次要高于高职高专。

2. 应用型本科的发展是一种必然与必需

第一,应用型本科的发展是与社会需用人才层次结构的相适应。

社会对人才的需求其本身就有个层次结构,尖端、高层、中层、低层等各级各类人才的层次结构呈金字塔型。为社会培养人才的高校其培养目标的定位必须与社会需用人才的层次结构相适应,否则就难以满足社会对人才的需求。目前社会上出现的结构性就业难,在一定程度上反映了高等教育在人才培养目标定位上与社会需用人才层次结构的不适应;尤其是随着大众化高等教育的发展、高校的扩招,进一步加大了这种不适应。这既加剧了大学毕业生就业难的现状,也使有限的教育资源不能充分地产生相应效益,同时还使社会需用人才的某些层次产生短缺。因此大众化高等教育培养目标的定位必须是多样化的,必须要与社会需用人才的层次结构相适应。社会既需要一大批拔尖创新的高端人才,但更需要数以千万计的高、中层次的能与地方经济社会发展融为一体的,既掌握一定的科学理论知识又能实际动手解决现实问题的,能在近期产生效益、具备长远发展潜力的应用型高级专门人才。因此应用型本科的发展是一种必然与必需。

第二,应用型本科的发展是与中国经济现实国情的相适应。

目前中国是一个大的世界制造工厂,这是一个不争的事实,也是中国经济现实的国情。只有具备了庞大的能从事将高新科技转化为现实生产力的应用型高级人才队伍,才能支撑一大批拔尖高端的创新人才的涌现,才能由中国制造上升到中国创造的质的飞跃。就现实而言,走出校门走上工作岗位,能在短期内就产生效益的应用型高级人才的数量离社会的需求还有一定的差距,还难以适应中国经济现实的国情。因此中国经济现实国情决定了应用型本科的发展是一种必然与必需。

第三,应用型本科的发展是与科技水平迅速提升的相适应。

科技的迅猛发展使许多行业的不少具体工作增添了更多的科技含量,同时也出现了不少新的科技企业与新的工种,这种变化对劳动者的科技文化素质提出了更高的要求,尤其是科技成果的转化与高新科技的应用更需要具备高素质的应用型高级人才。虽说高职高专和应用型本科同属应用性高等教育的范畴,都强调能力本位,但在能力的层次上毕竟是有区别的。高职高专是培养了解基本理论的操作技能型人才,但科技水平的迅速提升使不少具体的工作和工种,不仅需要熟练的操作技能,同时还需要掌握相应的专业理论知识及了解更为先进的技术,只有这样的人才,才能使一些高新科技更好更快地转化为现实的生产力。而培养这样的人才已不是高职高专所能达到的。因此发展应用型本科是一种必然与必需。

二、以思想观念的更新促进应用型本科建设的健康发展

应用型本科的建设并非是以旧有的教学计划加实践教学或是课程比例的略微增减即可建成的。形式上的变化并不代表本质的改变,我们应从20世纪80年代初期,一些失掉专科特色的所谓"压缩本科式的专科"建设中吸取一些教训。因此应用型本科的健康发展至少要在以下三个方面进行一定的思想观念更新。

第一是以什么样的标准评价大众化高等教育。

目前不同程度地存在着以精英教育的标准来评价大众化高等教育的倾向。这固然是因为缺乏一个科学客观的并为大多数人所认同的大众化高等教育评价的标准,同时也是因为大众化高等教育发展势头迅猛,不少人还停留在精英教育的思想认识阶段的缘故。我们并不是说大众化高等教育的评价标准要低于精英教育,可以降低对大众化高等教育的要求,但是精英教育与大众化高等教育无论是投资、办学硬软件条件,还是培养目标乃至生源质量、学生人数等,在客观上都是有着很大的不同,因此在评价标准上应该有相应的区别,应该建立一个科学客观的大众化高等教育的评价标准。正因为有些人的思想观念依然停留在精英教育阶段,不少新建本科院校在硬软件建设上的盲目攀比,在办学模式、学校定位上的模糊不清;同时一些人产生了对高校扩招引发高教质量下滑的幻觉评价,以及对大众化高等教育发展的质疑。因此在以什么样的标准评价大众化高等教育上应进行一定的思想观念更新。

第二是以什么样的办学模式建设应用型本科。

目前在一定程度上存在着以研究型、教学研究型高校的办学模式指导应用型本科建设的现象。研究型、教学研究型高校与应用型本科院校在培养目标、教学模式和学生学习考评体系上都有所不同,因而其办学模式也应该有所区别。而现在一些具有导向性的评估、检查往往是以研究型、教学研究型高校的一些模式或标准来评估、检查应用型本科院校的办学水平的,其评估、检查组成员的构成也大多是从一些知名的研究型、教学研究型高校中挑选的一些学术造诣高深的专家学者,以此提高评估检查的权威性。而这种评估检查的结果,往往有形无形地引导或影响应用型本科院校偏离应用型而趋向教学研究型、研究型高校的方向发展,有形无形地

引导或影响学校和教师潜心于论文或课题的级别与多少,忽略或放松了课堂教学和实践教学及教学水平的不断提高,忽视或放松了培养学生能力的要求。同时还引导或影响到在应用型本科院校的师资队伍建设,不恰当地盲目追求高学历高职称的比例,忽视教师的实践背景,甚至不屑挤压"双师型"师资、教辅队伍的合理比例。另外,这种现象还影响了一些应用型本科院校盲目使用研究型、教学研究型高校的教学计划、教学大纲和教材。上述种种如果不在思想观念上进行更新,必将影响应用型本科的健康发展。

第三是以什么样的考评标准考评应用型本科生的学习。

应用型本科教育强调的是能力本位,应以什么样的考评标准来考评应用型本科生的学习。目前不少应用型本科学校对学生的考评大多沿袭了旧有的考评体系,基本上是以闭卷的理论知识考试为主,以实践教学的学习成绩为辅。理论知识的考试不及格必须补考,而鲜有实践教学不及格的补考事例。作为理论知识的考试当然是必不可少的,但是对于以能力培养为主的应用型本科学生来说,能力的考评应该如何进行?尽管目前我们有一些对能力的考评,比如实验实训课成绩、毕业论文(设计)成绩以及一些考证考级等,但这些考评与闭卷的理论知识考试简单相加是否就构成了应用型本科学生学习的考评体系?是否就客观地反映出应用型本科学生的学习状况?是否就体现了应用型本科的能力本位?考评毕竟是具有极强的导向性的,它既引导和影响着学生的学,也引导和影响着教师的教,并由此决定着培养目标的实现。

综上所述,在一些思想观念上不予以一定的更新,就难以保证应用型本科学校的健康发展。

三、以教学模式的改革推动应用型本科的建设

应用型本科的建设不仅应该有一种全新的思想观念来指导,同时还应该有自己的教学模式。而教学模式的具体载体主要就是应用型人才的培养方案。人才培养方案包括了对培养目标、培养规格要求、能力素质分析、课程结构及教学计划等内容的总体设计,它的具体实施决定着教什么、怎么教,制约和影响着教学模式的形成。一个好的具备了应用型本科特点的人才培养方案,并非仅仅表现在培养目标的定位科学上,还表现在培养目标与培养规格要求、能力素质、职业资职证书、课程体系、各课程的教学大纲、拓展学分,以及学生考评的方式方法等等之上。要特别注意以下几个方面的关系:

一是培养要求中业务规格的要求与培养目标的相一致。

培养目标的基本内容包括培养方向——指明该专业培养的人才所应对的职业种类;使用规格——指明同一类专业中不同人才层次上的差异;培养要求——人才所应具备的基本素质

和业务规格,业务规格包括基本理论、专业知识和技能等等。这些内容尤其是业务规格的具体要求,正是应用型本科的培养目标与研究型、教学研究型高校及高职高专相区别的关键之处。因此在确定具体的业务规格时,必须与职业种类、人才层次相符合,与培养目标相一致。

二是课程体系与能力素质的相一致。

课程体系是课程与课程之间的有机组合,是所开课程的类型及其比例关系、开设顺序的总体规划。它既是为实现培养目标的任务分解和具体计划,也是制约和影响教学模式的决定因素;同时还是专业特色的重要体现之一,中外一些教学改革成功的事例证明,制定有特色的课程体系是专业特色形成的关键。课程体系的设置是否科学合理直接关系培养目标的实现和人才的质量,因此必须高度关注课程体系的制定。这里要注意以下几点:其一是培养目标中所提出的各种能力素质是通过哪些具体的课程实施来培养的。其二是与培养目标紧密相关的最主要的专业知识技能的课程与基础能力素质的课程比例是否合理。其三是理论课程与实践课程的比例是否恰当,是否体现了能力本位。其四是为有利于学生就业列出的一些职业资职证书,有哪些课程为此提供了支撑,开设的比例是否恰当合理。有些课程可以突破先理论后实践的模式,改为实践——理论——实践的模式;也可以突破基础课、专业基础课、专业课的框架,减少一些与中学相同的基础课内容,以增加必要的实践教学时数。能否形成有特色的应用型本科的教学模式,能否实现预定的培养目标,能否保证应用型人才的质量,能否体现应用型本科的能力本位,能否形成专业的特色,关键就是要科学制定课程体系。

三是课程教学大纲与培养目标的相一致。

如果说课程体系是对培养目标的任务分解,明确了知识与技能、教学与实践的比例,那么课程的教学大纲则进一步规定了教学与实践的具体内容,进一步体现了各课程在课程体系或在培养目标中的具体地位、作用以及与培养目标的关系。教学大纲是课程教学的指导性文件,既是教师教学的指南,也是考评学生学习、检查教学质量和评价课程建设水平的依据。它的编制既要符合学科知识结构的内在逻辑,遵循学生认知的规律,又要体现课程教学明确的目的性,即与培养目标的关系。这里特别要注意的是不能就教材而教材地过分强调学科的系统性、完整性和统一性,孤立机械地编写教学大纲,必须通盘考虑该课程与其他课程的关系、在培养目标中的作用及由此应承担的具体任务,有所为有所不为地来确定学生在该课程中必须掌握的理论知识、基本技能等,明确课程内容的重点、难点和基本要点。同一课程在多个不同专业开设,因其作用、地位以及与其他课程关系的不同,就应该有不同的教学大纲。这就犹如乐器在不同的交响乐中,必须严格地按照总谱的需要,分别演奏出不同的和谐之声,由此达到交响乐的演奏完美一样。

四是拓展学分与培养目标的相一致。

为了拓宽和提高学生的知识面与能力,使学生的知识能力结构更趋完善,设定一些拓展学分是十分必要的。拓展内容大体可分为两大类,其一是理工类与人文类之间的相互拓展,这是属于素质教育范畴的通识性拓展;其二是与本专业相关知识技能的拓展,这是属于一专多能或有利于今后进一步发展的专业性拓展。这两类拓展都是必需的,但是这两种拓展的学分比例及难易程度应该有个合理的把握,否则不但不利于培养目标的实现,相反还可能有一定的负面影响,因此怎样使拓展学分与培养目标相一致,这是我们在设定拓展学分时应该注意的。

五是推动学生社团活动与培养目标的相一致。

学生社团大致可分为三大类,其一是思想素质类,其二是专业学科类,其三是文体类,这三类学生社团对学生的成才都起着积极的促进作用。学生社团是学生依据个人兴趣爱好自愿参加,由学生自主开展各种活动的群体组织。相对于课堂教学着重于学生的共性培养和普遍性要求而言,学生社团能更好地有利于学生个性特长的发展和多种能力的培养,体现学生自主学习的主动性、自觉性。尤其是建立在学科专业基础上的学生社团,如果进一步调动和发挥这类社团指导老师的作用,引导学生围绕培养目标有针对性地开展活动,推动活动目的与培养目标的相一致,以课堂教育加学生社团的模式,搭建成规范的学生课外科技活动平台,既有利于培养学生专业方面的个性特长锻炼学生的能力,也有助于人才培养模式创新实验区的构建,起到一加一大于二的积极作用。

六是对学生学习考评的方式方法与培养目标的相一致。

在前面思想观念的更新中已谈到了我们必须对旧有的考评进行创新,因为考评具有极强的导向性,它影响着教师的教和学生的学,如果不对旧有的考评方式进行创新,教学的改革可能难以奏效,甚至功亏一篑。应用型本科教育强调的是能力本位,因此不能仅仅考评学生掌握了多少理论知识,而更应该考评学生是否达到了培养目标中规定的能力要求。因此在理论试卷中应加大理论应用能力的考题,增加一些现实经济社会中活的案例分析题和主观题的比重,改变学生定向的求同思维,而培养、鼓励学生的求异思维、发散性思维等等,这些对学生的理论应用能力、应变能力、创新思维的培养都是有一定好处的。同时对培养目标中所要求的最主要专业知识技能,除了有实践教学课的日常学习成绩之外,还应增加一些必要的实验、实践、技能的考试,在可能的情况下邀请社会用人单位、行业等技术力量进行一些专业技能的考核,这既是应用型本科办学开放性的要求,也是使学生的能力更趋于适应社会的需要。应适当地加大这些能力考试分数的比重,引导学生在能力培养与提高上下工夫,以此达到以能力为本位的应用型人才培养目标的要求。

【参考文献】

[1]程艺,储常连,方明.大力发展应用性高等教育服务引领安徽奋力崛起.中国高等教育,2009(22).

[2]吴晓义,唐晓鸣.应用型本科高校的发展定位、指导思想与校本特色.高教探索,2008(4).

[3]高林.应用性本科教育导论.北京:科技出版社,2006.

[4]钟玉海.高等教育学.安徽:合肥工业大学出版社,2009.

[5]杨德广.高等教育学概论.上海:华东师范大学出版社,2008.

(本文发表于《应用型高教探索》2014年第5期)

着力转型发展　提高人才质量
努力建设合格的应用型本科高校

安徽外国语学院　洪祥生[①]

2011年,安徽外国语学院成功升本,随着首届本科生的进校,本科教育教学全面启动,转型发展全面展开。办什么样的本科、如何办好本科成为校领导层思考的首要问题。作为新建本科院校,应坚持以本科人才培养为核心,转型发展为主线,全面加强本科教学建设,完善本科教学体系,更新教学观念,深化教学改革,推进制度建设,创新培养模式,走以提高质量为核心的内涵式发展道路,全面提升本科教学水平。

一、以观念更新为先导,认清形势,科学定位,准确把握教学建设改革发展方向

首先,要正确认识高等教育发展的新形势。国家《教育规划纲要》的颁布,"全面提高高等教育质量工作会议"的召开,《教育部关于全面提高高等教育质量的若干意见》和我省一系列提高高等教育质量、培养应用型人才等文件的发布实施,标志着我国我省高等教育已健步进入以提高质量为核心的内涵式发展新阶段。学院在确立本科办学目标、发展思路,规划实施本科教学建设、教学改革过程中,必须紧紧把握时代脉搏,紧紧围绕人才培养质量走内涵式发展道路。

二是要不断转变思想观念,树立新的高等教育发展观、质量观、人才观、教学观。学校办学要主动服务经济社会发展,要不断提高办学发展与社会需求的适应度、对安徽社会经济发展的支撑度,要坚持以质量提升为核心,规模、质量、结构、效益协调发展;要坚持把提高人才培养质量作为学校工作的首要任务,把促进人的全面发展、适应社会需要作为衡量教育质量的根本标准;要坚持以能力为重,加强应用型人才培养,优化知识结构,丰富社会实践内容,强化应用能力。要着力提高学生的学习能力、实践能力、创新能力,要强化教学过程中学生的主体地位,为学而教,以教促学。

三是科学确定学校的办学定位。学院始终坚持质量立校,特色发展,致力于培养外语基础

[①] 洪祥生,男,安徽外国语学院院长,副教授。研究方向:高等教育管理。

扎实、专业特长明显、综合素质较高，具有高度社会责任感和开阔的国际视野的应用型复合型涉外专业人才。坚持"高水平，有特色，国际化，应用型"的办学定位，立足安徽，辐射长三角和中部地区，面向全国，主动服务经济社会，勇于改革创新，形成了鲜明的优势和特色。目前已初步构建以外国语言文学学科专业为主体，文学、经济、管理、商贸、旅游、人文艺术等学科专业相互支撑、协调发展的学科专业体系。

　　四是进一步明确学校教学改革发展，加强教学建设的指导思想和工作思路。以人才培养为根本任务，以提高教学质量为主线，坚持教学工作的中心地位和特色发展理念，紧紧围绕应用型本科办学定位，进一步转变教育教学思想，完善教学质量监控和保障体系，推进"外语＋专业＋综合素质"人才培养模式改革，大力加强学科专业和课程建设、师资队伍建设。

二、以提高人才培养质量为核心，基本制度建设为基础，着力构建完整高效的教学质量保障和监控体系

　　通过建立各项教学基本制度，形成完整的本科教学体系、教学质量保障体系和教学质量监控体系。

　　一是加快建立和完善本科教学体系。要明晰学校的各级教学组织机构及其职责，明确教学人员的工作规程和教学管理人员的工作规范，明确各个教学环节的基本要求和运行程序，明确教学检查、教学评估的内容要求和组织实施等等，以制度保障和促进教学。

　　二是建立和完善教学质量保障体系。首先，要按照应用型本科要求建立本科教学质量标准，制定与培养目标相符合的各主要教学环节的教学质量标准和实施方法；其次，要建立规范、完备的教学管理制度，保证教学运行的平稳有序；再次是切实提供条件保障，特别是针对培养应用型人才所需要的教学条件；第四是广泛收集教学质量信息，形成多渠道科学收集教学信息的体系和方法；第五是建立完备的教学评估制度，采取多种方式实施质量评价；第六是建立教学工作的分析研判、信息反馈和改进机制等。

　　三是构建完善的教学质量监控和评价体系。要按照专业人才培养目标、各主要教学环节质量标准，通过定期教学检查、听课、学生教师座谈会、教学督导组检查、学生评教等渠道收集分析各种教学信息，利用领导讲话、教学例会、督导沟通等方式进行反馈和调控；要发挥校外及社会评价对改进教学工作和提升应用型人才培养质量的指导作用，把毕业生和用人单位的评价引入教学质量评价指标体系，制定切实可行的操作办法；调查毕业生和用人单位对教学质量的满意度和对学校人才培养工作的具体建议和意见，并对反馈信息进行统计、梳理，作出全面总结分析，为改进应用型人才培养工作提供客观依据，使培养的学生素质更符合就业单位的用

人标准,更适合社会和市场特别是涉外岗位职业人的特定需求。

三、以建立特色人才培养模式为重心,加强教学建设,深化教学改革

紧紧围绕人才培养,不断加强教学建设,深化教学改革,积极探索行之有效、富有特色的人才培养模式,不断提高人才培养质量。

一是在本科层面继续深入探索和实践"外语＋专业＋综合素质"人才培养模式。在认真总结专科教学经验的基础上,充分借鉴省内外成功做法,丰富专业内涵,将语言技能的训练、专业知识的学习和综合素质的培养有机地结合起来。在培养目标上,要坚持着力培养应用型、复合型专门人才不动摇。要特别重视对学生的实践能力、适应能力和创新能力的培养,实现学生"知识、能力、素质"全面协调发展。在课程设置上,要根据本科层次应用型人才培养的要求,优化课程模块,坚持应用型外语课程模块比例不降低,适当减少理论课程比例,加大实践课程比例,真正实现外语与专业结合、理论教学和实践教学结合、素质与能力结合。在教育方法上,要充分发挥学生的主体作用和教师的主导作用。引导学生学知识,学做人,学技能,学做事,使潜能得到开发,个性得到发展,优势得到发挥,知识、能力、素质得到全面提高。

二是不断完善应用型人才培养方案。应用型人才培养方案要以社会需求、市场需求和就业需求为导向,将课程体系整体优化,使知识、能力、素质协调发展,突出培养学生的创新精神和实践能力,坚持共同培养与因材施教相结合的原则,完善人才培养方案。

三是以课程建设为人才培养的基石,深化教学内容改革。明确应用型课程要求,修订教学大纲,编写、选用适用教材。以培养学生应用能力所需的专业知识来架构课程体系,积极开展模块化教学改革,增强教学内容的针对性和实用性。公共课程应注意应用型人才培养的特点,注重教学内容的更新,提高学生综合素质;专业课应根据专业主干学科的发展和实际应用的需要进行设置,紧扣专业核心课程,做到少而精、有重点,培养学生的创新精神和实践能力。

四是积极推进教学方式方法和技术手段改革。围绕应用型人才培养目标,创新教育教学方法,探索多样化应用型人才培养方式。在外语教学方面,增加交际外语、应用性外语内容,加强实践教学,大力拓展双语教学,继续推进英语分层教学;围绕外语口语教学开展教学模式与方法改革,积极创设良好的外语语言学习环境,着力培养学生的跨文化交际能力和外语综合应用能力。在课堂教学方面,注重学思结合,大力倡导启发式、探究式、讨论式、参与式等教学方法,转变学生的学习方式。积极推进现代教育技术、教学手段的学习与运用。

四、大力推进开放办学,全面提升学校国际化办学水平,培育国际化教育特色

一是继续推进与国外高校的合作办学。在现有英语、日语等合作办学联合培养的基础上

尽快实现 7 个外语语种与其母语国高校的合作交流、联合办学。同时积极探索实施多种形式的人才合作培养模式等。

二是通过人才互访、项目共建等方式加强与各相关语种所在国的教育合作与学术交流。邀请更多的国外知名学者和专家来校访问、讲学，提高学术研究层次，提升多元文化氛围；积极支持学校教师、管理干部赴国外进修，拓展视野，增长见识。

三是提高课程国际化的水平。积极引进部分外文原版教材；引进吸收国际先进的教学方法和手段，结合学校实际进行创新，探索有自身特色的国际化课程教学模式；继续推进部分非外语类专业实行双语教学。

四是加强与国外大学和科研院所的合作交流，不断拓宽科研合作领域。

五、以专业建设为龙头，学科建设为支撑，统领各项教学基本建设

一是加大本科新专业的发展力度，夯实本科学科专业体系基础。以学校现有专科专业为基础，紧密结合地方经济社会发展需要，在进行充分市场调研和科学论证的基础上，尽可能多地申报本科专业。力争到"十二五"末，使以外国语言文学学科专业为主体，涉外经济、管理等学科专业相互支撑、协调发展的本科学科专业体系基本形成。

二是组织实施特色和重点专业建设工程。按照彰显优势，错位发展原则，加快外国语言文学类专业和新兴专业建设进程，根据已有基础和发展前景，建设一批院级重点专业。对经过遴选确认的学院重点专业、特色专业，学院在人才引进、资金投入、项目申报、教学条件改善等方面给予优先地位，把外语类专业，尤其是部分优势小语种专业建成省内特色专业；对有发展潜力的新专业，学院将在资金、人才方面保证其优先发展。

三是要加强专业内涵建设。围绕社会和市场需求及时修订人才培养方案，围绕能力培养设置课程体系，加强专业核心课程、主干课程的师资队伍、实验条件、图书资料建设。同时要通过校地合作、校企合作、校际合作等方式，积极利用和借助社会资源，努力解决新设应用型专业的教师队伍待遇、实习实训条件问题，努力提高专业的教学质量。

四是加强基础性专业和公共课程建设，为学校本科学科专业体系的形成提供支撑。加强公共英语教学，加强现代信息技术类专业建设，为经济类、管理类专业发展和应用型人才培养提供有力支撑。

五是适度调整学科专业结构和院系专业布局，有效整合教学资源，增强专业集约度。强化英语和以英语为基础的应用型专业建设，组建相应专业群；根据社会需求、生源和毕业生就业状况调整和优化专业结构，发展新兴专业；逐步停止部分专科专业，提升专业层次和人才培养水平。

六、以提升人才培养能力为主导，造就一支高素质的师资队伍

提高人才培养质量，教师是根本。学院按照"师德为先、教学为要、科研为基"的要求，着力建设一支师德高尚、业务精湛、结构合理、充满活力的高素质专业化师资队伍。

一是加速实施骨干教师培养工程。积极出台配套政策，采取有效措施引进学科领军人物、高素质小语种教师和外籍教师、管理骨干和部分专业骨干教师；遴选一批有潜力的骨干，鼓励在职攻读博士学位、赴国内外高校和研究机构访学；支持参加专业社会实践活动，加快"双能型"教师培养；创新教师管理机制，完善考核激励机制，以调动教师的积极性。

二是加大教学科研团队建设的力度。以重点学科、特色专业、重点实验室、重大科研课题等为依托，大力推进优秀教学科研团队建设。以精品课程、教学名师等优质教学资源为依托，在公共基础课程、专业主干课程中建设一批优秀教学团队。

三是加大教师实践能力的培养力度。组织相关课程教师进行实践教学方式方法的研讨，加强教师专业技能培训，鼓励教师参加相关职业资格认证考试。学校每年利用暑假期间选送部分专业教师到企业进行挂职锻炼或参加实践培训。设立专项基金，支持教师参加职业技能培训和职业资格认证，进一步提高教师的应用型人才培养能力和产学研合作能力。

四是坚持师德为先，加强师德师风建设。加强教师职业理想和职业道德教育，增强教师学为人师、行为世范的责任感和使命感。健全师德考评制度，将师德表现作为教师绩效考核、聘用和奖惩的首要内容，实行师德一票否决制。坚持正确导向，采取有效措施，形成良好的学术道德和学术风气。

五是切实加强兼职教师队伍建设。根据学校学科专业发展和教学需要，充分利用合肥地区高校教师资源丰富的优势，积极聘请、组织一支相对稳定、高素质的兼职教师队伍。

七、以加强学生实践能力的培养为重点，进一步强化实践教学体系建设

一是加大各类专业实验室建设。进一步完善现有实验室软、硬件配套设施，加强基础良好、建设效果明显的专业实验室的整合与特色培育，发挥其引领和示范作用，精心打造实践（实验、实训）教学示范中心。要充分利用社会资源，以校地共建、校企共建等方式，共建共享实验室，实现互惠互利。

二是加强实习实训基地建设。采取依托、联合、共享等方式，建设一批多专业、跨学科、多功能的综合性实习实训基地，进而将实习实训基地由单纯的学生实习实训，发展成为集学生实习与就业、教师教学与科研、科技开发与应用为一体的综合性产学研基地。每个本科专业要建

立3~5个联系紧密的实习实训基地。

加强图书资料建设。加大本科专业类图书、外语小语种图书的购书力度,加快电子图书和网络信息资源的引进,主动为教学科研提供支持服务。

八、坚持统筹兼顾、协调发展,正确处理好几个关系

一是正确处理规模与质量的关系,更加注重提高质量。要坚持规模与质量并举,更加注重质量的方针,同时兼顾效益。抓住机遇,用好国家政策,积极发展本科专业,千方百计迅速扩大本科招生规模,谨慎控制和压缩专科招生,保持总规模得到适度扩大;同时,通过优化专业结构,强化师资队伍,增加资金投入等措施,不断提高学院办学质量。

二是统筹兼顾外语和非外语类专业发展的关系,彰显外语特色。要努力把外语类专业特别是小语种做精做强,形成品牌,彰显特色。不仅要逐步形成语种数量优势,而且要着力打造独具特色的人才培养模式;涉外经济管理类专业要做大做强,既要形成规模优势,又要彰显以应用外语为背景的人才培养特色,为社会提供高质量涉外经济类管理类实用人才。

三是统筹兼顾本科与专科的关系,促进本科教育与高职教育协调发展。要依据普通高教和高职教育的不同规律,促进本专科教育协调发展。在学校转型发展过程中,要全力办好本科教育,全面加强本科基本建设,提高本科人才培养质量,但也绝不丝毫放松对高职人才的培养,降低培养要求。要优化现有专科专业结构,保留原有的优势专业和特色专业,加强建设,适时将其提升或拓展为本科专业;还要适度发展社会急需的新专业,注重打造品牌、特色专业。

四是统筹兼顾科研与教学的关系,实现以教学带科研、科研促教学、科研服务社会的目标。健全科研机构,完善各项科研管理制度,采取积极有效措施,鼓励支持教职工积极开展为经济社会发展服务的各类科学研究,努力在复合型外语人才培养模式探索、外语口语教学改革等方面取得新突破。

关于民办高校改革发展的几点思考

安徽新华学院 马凤余[①]

改革开放以来,尤其是《民办教育促进法》实施以来,我国民办高等教育取得了令人瞩目的成就,在增加教育资源、扩大教育服务、满足群众的教育需求、促进高等教育大众化等方面发挥了重要作用。第四次全国教育工作会议提出大力支持和发展民办教育,《国家中长期教育改革和发展规划纲要(2010'—2020年)》(以下简称《教育规划纲要》)提出了一系列鼓励和发展民办高等教育的重要举措,提出要办好一批高水平的民办学校。这些都为民办高等教育的发展提供了新的机遇。

但当前,民办高校、公办高校协调发展的格局尚未形成,民办高等教育的发展依然面临着不少困难。《民办教育促进法》赋予民办高校的办学自主权以及鼓励和支持民办教育发展的一些政策和优惠措施至今仍未得到充分的落实。这些都给民办高校进一步扩大办学投入、改善办学条件、筹集优质教育资源、完成发展目标带来了诸多不利因素。以下笔者就当前民办高校发展面临的一些问题,提几点思考与建议。

一、关于民办高校管理体制改革的问题

落后的管理体制已经阻碍了我国民办高校的可持续发展。一方面,从发展规模上看,年年增长,欣欣向荣;另一方面,从发展过程来看,困难重重,缺乏后劲,危机四伏,风险剧增。管理体制是民办高校内部管理的核心问题,而改革尚未深入。

民办高校内部管理体制改革的几个关键问题有:一是民办高校的产权问题;二是民办高校的决策机构问题;三是民办高校校长和执行机构问题;四是民办高校的监督机构问题;五是民办高校的内部管理制度问题。如何实现管办分离?如何完善董事会领导下的校长负责制?如何实现决策权、执行权和监督权的科学划分和有机统一,保障科学决策、民主决策、依法治校、

[①]马凤余(1979—),男,安徽蒙城人,安徽新华学院副院长,教授。

民主治校?这可借鉴西方高校经验,结合我国国情,逐步建立党委、董事会、校务委员会、监事会四位一体的组织运行机制。党委发挥政治核心和政治保障作用,董事会对重大问题进行决策,校务委员会负责有效执行与治校管理,监事会负责监督审计。这种机制的构建与完善,既有利于民办高校在管理和运行过程中保持战略统一、制度统一和机制统一,又牢固树立了教学工作的中心地位,有利于实现专家治校和教授治学。

二、关于民办高校享有政府财政扶持的问题

民办高校应该享有政府财政扶持。从学校的角度讲,民办高校和公办高校一样都是为国家培养人才,为国家的教育事业做贡献。从学生的角度讲,如果只有公办学校的学生才能享受政府掌管的公共教育经费,显然不符合公共财政的理念,也未体现教育公平。因此,建议相关部门尽快落实《教育规划纲要》中关于"健全公共财政对民办教育的扶持政策",为民办高校拨付相应的教育经费,同时通过设立民办教育发展专项资金资助民办高校发展。

三、关于招生计划问题

制订和分配招生计划指标来控制每一所高校的招生,本是计划经济的产物,不利于高校根据经济社会的发展和人民群众对教育的需求来自主办学,其弊端已日益凸显。当前,高校的适龄生源人口正趋减少,按照现在的招生政策,生源减少的压力将很大程度上由民办高校来承担。这显然不符合国家鼓励和支持发展民办高等教育的政策导向。我国本科院校实行三个批次招生,在第三批次招生的大多是民办性质的本科高校,包括独立学院。从近几年各省的情况来看,大多数三本批次招生的院校生源都不足,不得不重新征集志愿。这一方面使得民办高校很难顺利完成招生计划,另一方面也使得民办高校的生源质量很难保证和提高。为此,笔者提出如下建议:

第一,下放本科招生计划管理权限,由各省市根据本区域经济社会发展和高等教育发展的需要来制订本科招生计划。同时扩大民办高校的招生自主权。

第二,取消专科计划的控制,由各高校根据自身的办学条件进行招生录取。促进专科层次的招生与人才培养更加贴近经济社会发展的需求。

第三,改革目前多批次招生录取的形式,打破部分高校对优质生源的垄断,优化各高校竞争发展的政策环境。

四、关于教师身份问题

当前,我国民办高校被界定为"民办非企业单位",民办高校的教师不能和公办高校的教师

享受同等待遇,依然存在身份上的差别。这一方面不利于民办高校教师队伍的建设与稳定,造成民办高校教师流失;另一方面也限制了教师在公办高校与民办高校之间的合理流动。实际上,不管是公办高校的教师,还是民办高校的教师,都是为国家的教育事业服务,为国家的教育事业作贡献,都是人民教师。他们之间本不应该有身份的差别。因此,建议:第一,统一教师身份,取消公办、民办教师的身份差别,统一纳入国家教师编制,享受同等的社保政策。第二,允许和促进教师在公办高校和民办高校之间合理流动。这对于民办高校优化师资队伍建设、提高师资队伍整体水平和教育教学质量等都有着十分重要的意义。

五、关于分类指导、分类管理、分类评估,促进民办高校办出特色的问题

民办高校自身具有明显的特点,并以其灵活、高效的机制特性,促进了教育思想观念的更新,推进了办学体制、管理体制、教育模式和学校内部运行机制等教育改革的深化,创新了人才培养模式,形成了自身的办学特点和办学特色,影响和推动了我国高等教育的改革和发展。但由于民办教育发展的时间还不长,加上其他主、客观条件的限制,当前,在对民办高校的管理上多按照对公办学校实施的管理形式、内容、方法、手段来进行管理,缺乏针对性,难以达到很好的效果,限制了民办高校体制机制优势的进一步发挥。因此,落实《国家中长期教育改革和发展规划纲要(2010—2020年)》关于"分类管理"的精神,对民办高校进行分类指导、分类管理、分类评估具有十分重要的现实意义。

第一,改革新专业审批办法,鼓励和支持民办高校根据办学实际自行设置专业。《民办教育促进法实施条例》第二十二条规定:"实施高等教育和中等职业技术学历教育的民办学校,可以按照办学宗旨和培养目标,自行设置专业、开设课程,自主选用教材。"虽然,当前教育主管部门在专业申报和审批管理上,按照指定的专业目录对高校申报的专业进行目录内和目录外区别审批。但实际上民办高校在专业设置上所受到的约束远远大于公办高校。目前已有很多公办高校获得了开设目录外专业的资格,但迄今为止,还没有民办高校获得开设目录外本科专业的资格。对于公办高校尚未开设的新本科专业而言,民办高校更没有获准开设的可能性。建议改革新专业审批办法,扩大民办高校办学自主权,鼓励和支持民办高校根据自身办学定位和办学实际,自主设置新专业,更好地发挥民办学校的体制机制灵活的优势,促进民办高校的专业设置与社会经济需要及新兴产业发展相适应,促进民办高校办出特色。

第二,加强评估工作的分类指导,促进民办高校准确定位,创建特色。在近20年的高等教育评估工作中,国家曾经出台了几套针对公办高校的评估标准,对高等学校的教学工作和办学水平进行了有效评估,取得了较好的效果。其成功的原因就在于根据学校特点制订针对性强

的评估办法。但对民办学校进行的教育教学评估、评价,依然按照公办学校的体系和标准进行,缺少对民办学校的分类指导,对民办学校的特点考虑不足,针对性不强。相关部门应贯彻落实分类管理的精神,加强评估工作分类指导,尽快研究建立具有民办教育特点的评估、评价机制,更好的发挥评估、评价机制对民办高校发展的指导作用,以促进各民办高校准确定位,创建特色,为社会培养出多规格、多层次的多样化人才。另外,政府还应采取措施引导和完善社会对民办学校进行监督评价的机制,规范那些缺乏权威性的民间中介评估机构,特别要严格管理社会上一些以营利为目的的民间中介评价网站或组织,尽快建立健康的民办学校评估评价机制。

(本文发表于《大学》(学术版)2011 年第 55 期)

基于校地合作的应用型本科
人才培养的改革与实践

池州学院 何根海 谭甲文[①]

"校地合作指的是院校与院校地理位置所处区域或相关区域范围内的地方政府等部门的合作。校地合作既是学校开放办学的一种新的教育理念,也是一种办学模式,目的是为了处理好学校发展与地方政府、学校与市场的关系,从而为自己赢得更大的生存和发展空间"。地方应用型本科院校大多由地方上的师范专科学校、教育学院、广播电视大学、教师进修学校、中等师范学校、职业学校等合并组建而成。位于省会城市以外的地市级城市的学校,往往是区域内唯一的高等院校,一般都实行省市共管的管理体制,具有很强的区域性特点。校地合作共建有助于地方高校牢固树立服务地方社会经济发展的意识,对办学特色与发展方向准确定位,面向地方经济,培育特色和优势学科,培养创新和应用型人才,以促进地方经济的发展。

一、校地合作与应用型本科人才培养的关系分析

"应用型本科教育"是近年来才在我国高等教育领域提出的一个新概念,它是相对于理论型本科教育而言的。简单地讲,应用型本科教育就是培养高层次应用型人才的本科教育。作为地方类院校,地方性是学校的第一特征,地方特有的历史文化、社会环境、产业特色是地方院校生存和发展的基础。校地合作办学模式要求地方院校用"立足地方、融入地方、服务地方、回报地方"的办学理念积极探索"以生为本,以用为先"的新型应用型人才培养模式。在学科专业建设上,加强应用型专业的调整和建设,为地方经济建设输送各类应用型人才;在产学研合作上,强调科研技术服务的应用性,为地方支柱产业、高新技术产业、服务业等提供直接的科技文化服务。

地方应用型本科院校的发展,离不开当地政府的支持,为地方政府培养应用型人才是校地合作的基础。"毫无疑问,地方院校的办学特色应该体现区域经济支柱产业发展的需要、体现

[①] 何根海,安徽池州学院院长、教授。谭甲文,池州学院教育系讲师。

区域经济新兴产业的发展方向、体现地方社会经济发展对人才素质的综合要求。地方高等学校的定位既是学校内部发展战略的内容,更是国家和区域高等教育发展战略的内容。在所有的定位中,人才培养类型与层次定位、服务区域定位(即高校服务区域范围)是急需解决的问题"。地方应用型本科院校一般由高等专科学校、中等职业技术学校等重组、合并、升格而来,其前身有着培养技术型人才的办学传统。但是升格后,与国内、省内等老牌本科大学相比,此类院校不但有办学历史短、文化积淀浅、区域位置偏等先天条件不足,而且受学科建设、师资力量、生源层次、管理模式、教学水平、办学传统等方面的局限,因此难以培养出高层次、高水平的理论型人才。因此,地方应用型本科院校要从自身条件出发,扬长避短,本着发展自身特色、做大自身优势的思路,运用与老牌本科院校"错位经营"的策略,走校地合作的新型办学模式,培养"地方用得上、留得住的具有创新精神和创业能力的高素质人才"。

二、基于校地合作的应用性本科人才培养的改革

应用型本科人才是介于学术型人才和技术型人才之间的复合型人才。具体而言,是面向生产、建设、管理、服务等第一线岗位,直接从事解决实际问题,维持工作正常运行的高级技术型人才。这类人才具有形成技术应用能力所必需的基础理论知识和专业知识,具有较强的综合应用各种知识和技能解决现场实际问题的能力。在人类社会劳动的链环中,他们处于工程型人才和技能型人才之间,所以国外也有称之为"中间人才"(Middle Man)的。培养应用型本科人才,是当前高等教育改革的核心目标,是促进地方本科院校发展的核心要素,也是校地合作的核心基础。

校地合作办学的最大特色在于突破了高校在内部管理方面形成的封闭特征,引入竞争意识和危机意识,促使高校教学管理、科研管理、后勤保障的考核和评估机制与市场经济接轨,与地方社会接轨,推动了高等教育的市场化。校地合作办学使地方政府真正认识到依靠科技发展社会生产力,依靠人才促进经济社会发展的重要性和紧迫性。在校地合作办学的理念下,地方政府积极参与高效发展战略规划的制定过程,并成为重要的决策参与者,配合高校对其发展定位、校园建设、学科建设、专业建设、人才建设、办学特色等问题进行统筹规划,使人才培养与地方经济社会发展战略规划相适应。校地合作有利于增强高校办学、教学的应用性和地方性,也有利于高校人才培养质量的提升。

在培养目标上,要求培养职业道德优良、知识面宽、专业能力强、综合素质高、具有较高创新素质和可持续发展能力,能胜任某一专业岗位、适应某一岗位群、面向地方经济建设一线需要的高素质应用型专门人才。逐步建立和深化"校企一体"的人才培养模式,建立、深化和完善

"产学结合、订单培养"和"半期理论、半期实践"工学交替等多种模式。

在培养规格上,强调知识、能力和素质的协调发展,积极推行"双证书"制度。第一,在知识结构上,具备一定的人文社会科学和自然技术科学基本知识;具有计算机和网络方面的基本知识;具有一定的英语听说读写方面的能力;具有一定的管理和人际关系能力;系统掌握必需的专业基础理论知识。第二,在能力结构上,具备较强的基本能力(人际交往能力、社会适应能力、计算机应用能力、外语应用能力);系统掌握专业的基本技能;具备初步的创业能力、较强的就业能力和职业能力。第三,在素质结构上,注意培养学生爱岗敬业、勤奋工作的职业道德素质;健康的身体素质和心理素质;良好的人文社会科学素养;从事本专业领域所应具备的专业素质。第四,将国家职业标准与专业教学计划和课程教学有机结合,积极推行"双证书"制度。

在课程教学上,以"两个满意度"为指导。"以学生满意度"优化课程结构,广泛听取学生意见和建议,突出专长课模块的设置;以就业为导向,开设以研究为主的研究性课程和以实现与企事业单位无缝对接的创业性课程,让学生根据自身的兴趣和特长来选修。以"行业、企业满意度"调整课程设置,向用人单位调查、了解专业的知识结构、各方面知识的合理比例、各门课程开设的先后与衔接,构建以工作过程要求为导向,以职业能力培养为本位的课程体系。

三、基于校地合作的应用性本科人才培养实践

根据党中央国务院"鼓励高等学校适应就业和经济社会发展需要,调整专业和课程设置,推动高等学校人才培养"的指示精神,地方应用型本科院校必须抓住区域经济发展的契机,转变人才培养模式,提高办学效率。应用型本科人才的培养应结合"立足地方、融入地方、服务地方、回报地方"的办学理念,努力做到融通识教育与专业教育、课内教育与课外教育、理论教学与实践教学、知识传授与能力培养为一体,文理通融、因材施教,坚持专博结合,培养应用型人才。

(1)"校企合作,以生为本"——人才培养新目标。地方应用型本科院校,担负着为地方经济建设和社会发展培养人才的重任,人才培养的总目标必须以服务地方经济建设和社会发展为主要方向。校企合作要求高校做到专业设置与企业需求对接、技能训练与岗位要求对接、培养目标与用人标准对接。学校可成立由地方政府领导、校领导及校内外专家组成的"学科专业建设小组",研究学校学科建设和地方产业的发展,引导学校拓展学科方向,打造特色专业,为地方经济发展搭建人才支撑平台。

学校必须与行业、企业密切合作。学校与社会相结合、师生与生产劳动相结合、理论与实践相结合是技术应用型人才培养的基本途径。地方院校要进一步贯彻"完善以企业为主体、职

业院校为基础、学校教育与企业培养紧密联系、政府推动与社会支持相结合的高技能人才培养培训体系"的指导思想,根据地方经济建设、企业发展的需要调整课程设置,培养当地企业急需的中高级人才。

地方应用型本科院校在"校企合作中"应以企业需求为导向,按企业生产的自身规律研究学校的专业设置和教学模块,树立"以生为本"的教育理念。根据学生的智能结构和智能类型,采用适合的培养模式,去发现学生的价值、发挥学生的潜能、发展学生的个性,竭尽全力为学生成才创造条件、搭建平台,帮助学生成长、成才和全面发展。

(2)"注重实践、复合培养"——人才培养新机制。"深化教育体制改革,关键是更新教育观念,核心是改革人才培养体制"。《国家中长期教育改革和发展规划纲要(2010—2020年)》明确指出,应"加强学校之间、校企之间、学校与科研机构之间合作以及中外合作等多种联合培养方式,形成体系开放、机制灵活、渠道互通、选择多样的人才培养体制"。地方院校可根据"产学研合作"的需要,积极参与地方政府的相关规划的制定,主动承担一些产业尤其是新兴产业的重大项目和课题,把"注重实践、复合培养"作为创新人才培养机制的突破口。根据"产业+企业+专业"的方式创新人才培养模式,按照"与产业对接、与职场一体"的思路,走"以学为主,工学结合"的发展之路,形成以学生职业能力培养为核心,以项目和任务为载体,以企业生产工艺流程为主线的工学结合的专业人才培养模式。

(3)"产学合作、工学交替"——人才培养新途径。产学合作的核心是教育,目的是增强学生的实践能力和对社会与生产的适应能力。工学交替顾名思义就是课堂学习和在生产岗位做工交替进行,通过工学交替模式进行教学,不仅能够培养学生的实践动手能力,还能够培养学生企业文化、职业道德等方面的素质。"工学交替"的人才培养模式的主要特征有两个方面:一是学生就业有针对性,顺利实现从"学生"到"员工"的角色转变,缩短了就业链条,节约了就业成本,真正实现"零距离"上岗。二是用人单位能找到真正符合岗位需求的人才,解决了新进人员因"水土"不服,往往需要较长时间适应的问题。

学校专业要对接地方产业,必须及时地掌握地方政府在想什么,要准确把握政府的产业规划,依此在办学中主动调整专业结构,以适应政府的产业发展对人才的需求。学校专业要对接行业企业,必须实施"走出去"和"请进来"策略,主管校领导和一线教师要走进企业单位,感知市场动态,因时施教,摆脱人才培养的滞后痼疾;学校在专业建设、人才培养等方面应多向地方行业企业"借脑",引入企业的参与和监控,一"出"一"进"为校企合作找到保障机制。

(4)"注重质量,以用为先"——人才培养模式新评价。应用性是应用型本科院校的本质属性,培养应用型人才是应用型本科院校人才培养模式改革的核心。高等学校的人才培养质量,有两个评价尺度:一个是学校内部的评价尺度,另一个是社会的评价尺度。学校内部的评价标准主要衡量学校培养的学生在整体上是否达到学校规定的专业培养目标的要求,而较少关注学生能力的发展;社会评价则主要以毕业生的质量作为评价依据,同样不太关注学生素质的发展。地方院校应根据应用型人才培养模式的变革要求,"开展由政府、学校、社会各方面共同参与的教育质量评价活动",通过注重实践环节教学、加强校企无缝对接、开设与地方经济社会发展相适应的应用型专业等措施初步建立科学的、多样的、应用型人才的质量评价标准。

根据"以用为先"的要求,学校应建立更加紧密的校企联合办学机制——共同进行专业建设、共同开发实践课程、共同建设实训基地,深化与地方企业的"订单培养"合作,力求培养的人才上手快,动手能力强,具有较好的工程意识,善于解决一线生产和管理中的实际问题,在企业中用得上、靠得住、留得下。

地方应用型本科院校应秉承着"把知识传授给广大的民众,使他们能运用这些知识解决经济、生产、社会、政治及生活方面的问题"的教育理念,通过走校地合作之路,积极探索、改革和实践应用型本科人才培养模式的新目标、新规划、新途径和新评价。

【参考文献】

[1]何根海,刘国庆.池州学院实施校地合作共建模式的实践与研究.池州学院学报.2009(04).

[2]鲍道苏.教育专家谈地方高等院校改革发展.中国教育报.2004—11—02.

[3]麦茂生,吕力.新建本科院校应用型本科人才培养模式的构建.广西大学学报:哲学社会科学版,2008(01):138.

[4]温家宝.2010年政府工作报告.人民日报,2010—03—16.

[5]国家中长期人才发展规划纲要(2010—2020年).人民日报,2010—06—07.

[6]国家中长期教育改革和发展规划纲要(2010—2020年)[EB/OL].http://news.xinhuanet.com/politics/2010—02/28/content_13069032_12.htm.

[7]庄华洁,等.创新产学合作教育的思考与实践.教育发展研究,2006(09):75,76.

[8]教育部中外大学校长论坛领导小组.中外大学校长论坛文集:第二辑.北京:中国人民大学出版社,2004:9,55.

(本文发表于《中国高教研究》2011年第4期)

地方新建本科高校转型发展的探索与实践
——以安徽外国语学院为例

安徽外国语学院 吴汉平 张恩志[①]

当前,我国正处在加快转变发展方式、推动产业结构调整升级的关键时期,推动地方高校向培养应用技术和技能人才的应用技术类型高校转型发展,对我国教育改革发展和现代化建设全局具有重要的意义。

《国家中长期教育改革和发展规划纲要(2010—2020年)》和2014年2月26日国务院常务会议做出关于加快发展现代职业教育的部署,为高等教育转型发展和各高校找到自己的使命、明确自己的定位,指明了方向。

作为地方新建本科院校,我院自办学以来秉承"高水平,有特色,国际化,应用型"的办学定位,坚持错位发展的理念,依法办学、诚信办学;坚持"学兼中外,知行合一"的校训,立足安徽,辐射长三角和中部地区,面向全国,主动服务经济社会,开放办学;积极探索"外语+专业+综合素质"模式,勇于改革创新,培养应用型外语人才,形成了较为鲜明的特色。

一、学院"二次创业,转型发展"的多方探索

1. 以学科专业建设为核心,初步形成服务区域经济发展的独具特色的学科专业群

学科专业是高等学校赖以生存的基础,也是衡量一所高校办学质量和水平的重要指标。"高校的办学特色很大程度上取决于学科专业特色,转型发展的关键之一就是要形成服务地方(行业)独具特色的学科专业群"。

随着经济全球化快速推进和我国改革开放不断深入,涉外应用型人才的需求急剧增加。学院在学科建设过程中,能够瞄准市场就业导向,根据自身发展的需要和实际情况,立足安徽地方经济发展的特殊需求而展开。在高等教育和区域经济社会发展中找准自己的坐标,客观分析学科专业实际,坚持有所为和有所不为,努力发展优势专业,形成品牌和特色。因此,在确

[①] 吴汉平,男,安徽外国语学院院长助理兼教务处长,教授。研究方向:外国语言文学、高等教育管理。张恩志,男,安徽外国语学院教务处和科研处讲师。研究方向:教育教学管理、思想政治教育。

立办学定位的过程中,学院领导层坚持把学科专业定位作为工作的重点和核心来抓,紧紧围绕外语、外经、外贸、涉外旅游、服务、文化产业人才培养,由点带面,发散发展,形成学科专业群;密切面向就业市场、面向生产实践,突出应用性和技能性。

根据经济社会发展的需求,学校一方面加快发展小语种专业,开设的英、德、法、俄、西班牙、日、韩等7个语种,为安徽高校外语语种数量之最。另一方面,大力发展涉外经济、管理类专业,目前已形成以国际经济与贸易、市场营销、电子商务、物流管理、国际商务、报关与国际货运等专业组成的涉外商贸专业群;以会计学、财务管理、经济与金融、国际金融等专业组成的涉外经济管理专业群;以旅游管理、酒店管理、涉外旅游、导游、空中乘务等专业组成的旅游管理服务专业群。

(1)学科专业建设协调发展。根据学校办学定位,重点围绕文学、经济学、管理学三个学科门类建设相关本科专业,努力将外国语言文学学科建成省级重点学科,凸显学校特色,使英语、日语、德语等本科专业进入省级特色专业行列;强化外语和现代信息技术对相关学科专业的支撑作用,基本形成以外国语言文学为主体,涉外经济、管理等学科专业协调发展的应用型本科学科专业体系。

以学校现有专科专业为基础,紧密结合地方经济社会发展需要,在对市场进行充分调研和科学论证基础上,尽可能多地申报本科专业,把握好条件建设与专业建设的进度,处理好人才培养方案与师资队伍建设关系。此外,按照彰显优势,错位发展原则,加快外国语言文学类专业和新兴专业建设的进程,从资金、人才等方面保证其优先发展,把日语、德语等小语种专业建成省级特色专业;根据已有基础和发展前景,遴选、建设一批院级重点专业;加强基础性专业和课程建设,为学校本科学科专业体系的形成提供支撑;加强现代信息技术类专业建设,为经济类、管理学类专业发展和应用型人才培养提供有力支撑。

(2)人才培养目标合理定位。学院能够紧密结合市场需求,适度调整学科专业结构和院系专业布局,有效整合教学资源,增强专业集约度。强化英语和以英语为基础的应用型专业建设,组建相应专业群;瞄准就业导向,大力发展新兴专业;根据社会需求、生源和毕业生就业状况调整和优化专业结构;对部分专业作必要的院系间调整;逐步停止部分专科专业招生,提升专业层次和人才培养水平。

学院坚持做到因时、因地、因势地谋求人才培养目标的"高移"与"低就"。在谋求人才培养目标的"高移"时,能够充分考虑地方乃至全国高等教育结构体系的动态性平衡状况,科学评估本校的办学实力、优势项目及发展潜力,以前瞻性的眼光预测区域经济社会发展的前景及对高层次人才的潜在需求量,以对学校的相关学科专业做出相应调整。在谋求人才培养目标的"低就"时,坚持立足本校优势学科和特色专业,认真调研安徽省乃至长三角地区区域经济态势和产业状况,分析就业潜力大、发展前景良好的产业,并以此为参考对我校的相关学科专业进行适当调整。坚持培养大批技能型、职业型专业人才,以使人才培养工作更加"接地气",实现专业培育、学生就业与区域产业发展的和谐统一。

2. 依托地方特色优势,不断坚持人才培养模式创新

学院始终坚持质量立校,特色发展,致力于培养外语基础扎实、专业特长明显、综合素质较高,具有高度社会责任感和宽广国际视野的应用型、复合型涉外专业人才。

应用型人才培养模式由以"知识传授为主"转向以"能力培养为主",重在培养学生的知识应用能力、实践能力和创新能力,鼓励学生尽早参与科研全过程,以培养学生的创新意识、科学精神、科学态度与科研能力。经过多年探索实践,我校逐渐形成了一套富有特色的人才培养模式,即"外语+专业+综合素质"。一方面,在外语类专业增加应用型专业方向和语言技能培养课程,强化实践环节教学,学生在学习外语的基础上,同时学习定向专业课程,提高专业实践能力;另一方面,对涉外经济、贸易、管理类专业的学生,则在主修本专业的同时,强化外语基础及行业外语的应用。学校还通过综合课程、社会实践和校园文化培养学生的综合素质,让学生在独具特色的欧式建筑风格的校园里练习口语或进行社团活动,在潜移默化中提高学生的综合素质。

(1)教学建设与改革。坚持教学工作的中心地位,以提高教学质量为核心,以建立和完善本科教学体系为主导,以学士学位授予权和普通本科合格评估标准为引领,强化本科办学理念,加强本科基本教学制度建设和教学过程管理,加强课程和教学团队建设,倡导教学改革创新,积极探索应用型本科人才培养模式,不断提高本科教学水平和质量。

①加强教学制度建设。建立覆盖本科教学各主要环节的基本教学制度,形成以分管院长为领导、教务处统筹、二级学院为重心的本科教学实施体系;完善督导制度,加强本科教学基本状态数据库建设,构建本科教学质量保障系统和教学评价体系。

②推进人才培养模式改革。继续坚持错位发展理念,更新人才培养观念,从单一的人才培养模式向宽口径、应用性、复合型人才的培养模式转变。在本科层面深入探索和实践"外语+专业+综合素质"人才培养模式。在认真总结自身经验,充分借鉴省内外成功的做法的基础上,提出新要求,丰富新内涵,将语言技能的训练、专业知识的学习和综合素质的培养有机地结合起来,使学生具有扎实的外语基本功、相关的学科知识、一定的复合专业知识、较强的能力和较高的素质。

③以质量工程促进教学质量提高。积极组织实施以提升本科教学质量为重点的振兴计

划,从新建应用型本科院校实际出发,认真设计方案,明确建设目标,遴选建设项目,扎实组织实施。加强本科课程改革和精品课程建设。着眼于应用型人才培养和课程的整体优化,以及各专业基础和特色专业建设,积极探索创新应用型本科课程体系。

④积极推进教学内容和教学方法改革。围绕应用型人才培养目标改革教学内容,增加交际外语、应用性外语内容教学,加强实践教学,大力拓展双语教学,继续推进英语分层教学;围绕外语口语教学开展教学模式与方法改革,积极创设良好的语言学习环境,着力培养学生的跨文化交际能力和外语综合应用能力。

⑤充分发挥教学团队在教学建设和改革中的作用。紧紧围绕本科专业,特别是小语种专业、特色和重点建设专业,加强教学团队建设,在教学团队建设过程中推进教学改革,寻求教学创新,形成安外的教学特色和优势。

(2)教研、科研工作。坚持以教学带科研、科研促教学、科研服务社会、科研教研并重的基本方针。通过组建科研团队、完善科研制度、强化激励机制、加大经费投入等措施,使我院科研教研整体实力得到较大提升。

①发挥本校特长和优势。积极开展为经济社会发展服务的各类科学研究。继续强化翻译、外国语言与文化、安徽涉外经济、安徽历史文化旅游等重点研究方向,积极开展特色科研,大力推进产学研结合,特别是加强与地方企业、行业的人才培养与研究合作。

②加强教学研究工作。围绕学校人才培养模式和教学内容、方法等方面的改革开展有关研究,争取更多地获得主管部门或社会支持的教学改革立项,用好项目研究资金,努力在复合型外语人才培养模式探索、外语口语教学改革等方面取得新突破。

③拓展学校服务社会范围。坚定不移地走"产学研结合"、"校企合作"发展之路,与上级主管部门和服务外包企业、旅游类企业等建立广泛的合作关系,不断提升为地方经济社会服务的能力。

教学是高校发展的生命,科研是高校发展的动力。新建本科高校只有依扎地方特色的优势,着眼高等教育发展大势,在探索中思考定位,在实践中凝练特色,走出一条服务地方经济社会发展,培养应用型、地方性、复合型人才的特色发展之路,才能顺利实现向应用技术型大学的转型发展。

3. 以育人为本、德育为先,强化思想政治教育为主导,形成完善的学生教育与管理体系

(1)学生教育管理工作。以立德树人、建设和谐校园为根本任务,以构建大学生工作大格局为目标,以思想政治理论课建设和辅导员队伍建设为重要抓手,学院建立健全了大学生思想政治教育工作体系、心理健康教育体系、就业指导工作体系和大学生资助工作体系。

①构建全员育人、全过程育人、全方位育人工作体系。建立制度、强化机制,落实具体职责、推进全员育人;狠抓纵向培养环节,从招生宣传、入学教育,到在校四年、三年学习全过程指导,再到创新创业教育、就业指导、应聘培训、毕业后的跟踪服务等,实现全程育人;拓展培养领域,抓住教室、公寓、校园、校外等关键阵地,构建"责任到人,纵向到底,横向到边"的教育体系,实现全方位育人。

②继续深化思想政治理论课教学改革。加强思政教师队伍建设和教学改革,将"中国梦"和社会主义核心价值观融入课堂教学,引导学生关心时事、厚德明理、立足国情、放眼全球,增强学生报效祖国、服务人民的社会责任感。

③系统构建学生素质教育体系。根据学校人才培养目标定位,系统整合各类教育活动,形成综合素质教育体系;加强学生成长设计,激发其内在发展动力;根据学生实际,突出学习引导教育、心理健康教育、生活生存教育、安全教育、感恩教育、社会实践教育等,把专业知识教育、操作技能培养、基本职业能力训练和学校精神塑造有机结合起来,着力提高学生的综合素养。

(2)校园文化建设。全面加强校园文化建设,着力培育大学精神,构建以社会主义核心价值体系为指导的校园文化,为学校改革发展提供强有力的思想保证、精神动力和智力支持,促进学校精神文明、物质文明的协调发展。

①全面加强思想文化宣传工作。加强网络、广播、报刊、宣传栏等新闻宣传阵地建设,加强与主流媒体的合作,围绕学校中心工作及重大活动、典型人物、重要事件、特色和亮点,积极主动地开展对内对外的新闻宣传工作,增强舆论宣传的影响力和实效性;加强网络文化建设,塑造学校品牌形象,提升学校的美誉度和影响力。

②加快校园文化体系构建。完善体现学校特色,涵盖精神文化、制度文化、环境文化等内容的学校文化体系,丰富品牌文化的内涵,形成标志性成果。

③凝练安外精神,提升校风、教风、学风内涵。形成独具特色的大学文化。

④创新校园文化活动的内容和形式。建立融创新性、趣味性、职业性为一体的校园文化活动体系,打造社团活动精品,丰富教职员工文化生活,提升学生的人文素质、创业素质和职业素养。

4. 以市场就业为导向,服务经济社会,努力培养应用型、复合型人才

学院立足安徽,辐射长三角和中部地区,面向全国,主动服务经济社会,勇于改革创新,形成了鲜明的涉外型、应用型人才培养的优势和特色。学院在办学思想上突出"地方性"这一鲜明特征,在人才培养目标、学科专业设置和办学体制机制上都体现出为地方经济社会发展服务的针对性,以促进地方经济发展、文化繁荣、社会进步。为此,学院充分整合和科学优化人才培养、科学研究和社会服务功能，为地方经济社会发展培养大批"下得去、用得上、留得住"的高素质应用型人才。

以生源市场为基础、毕业生就业市场为导向，创新工作思路和工作方式，不断提高学生素质水平和毕业生就业质量。着力加强学生就业创业能力培养。完善课程体系设置，为学生提供系统的职业生涯规划教育；进一步建立健全就业工作指导体系，健全各项工作制度，规范就业工作流程，建立毕业生动态管理系统和实训就业信息平台；加强实习、就业基地建设；深入开展大学生创新创业教育，培养学生创新意识和创业能力，提高学生就业竞争力。

近年来，毕业生一次性就业率始终保持在98%以上，学院连续多年被授予"安徽省高校毕业生就业工作先进集体"称号。

二、应用型高校转型发展的主要保障机制

学院在转型发展中，能够主动适应安徽经济社会发展，切实转变发展方式，牢牢把握科学发展的主题和"转型发展、二次创业"的主线，坚定不移地发挥民办体制优势，建立可靠的规划实施保障机制，既能够不断总结经验、坚持优良传统，又能够做到统筹兼顾，促进发展。

1. 坚持人才强校战略，不断提升核心竞争力

继续坚持人才强校战略，坚持人才队伍优先发展原则。牢固树立"以人才为本、以教师为主体"办好学院的理念，把建设高水平师资队伍摆在全局重中之重的位置；加强领导，构建大人才工作新格局，形成上下联动、相互配合，齐抓共管的工作机制；着眼长远，高度重视制定人才队伍建设规划；定期召开人才工作会议，总结经验，部署任务，表彰先进；加大资金投入，确保骨干人才进得来、用得上、留得住，确保教职员工工资水平不断提高。

2. 统筹好规模与质量的关系，更加注重提高质量

坚持规模与质量并举，更加注重提高质量的方针，同时兼顾效益。从本院实际出发，用好国家对民办和新建本科院校的政策，积极发展本科专业，努力扩大本科招生规模，适当控制和合理调整专科招生规模，以保持总规模得到适度扩大；更加注重全面提高办学质量，更加注重深化教学改革，通过优化专业结构，强化师资队伍建设，强化实践环节，切实提高办学质量。

3. 统筹好人才培养、科学研究、社会服务、文化传承的关系，突出人才培养核心地位

把人才培养作为学院工作的核心，做好生源质量、师资队伍、教学设施设备、实习实训条件等工作，千方百计提高人才培养质量；同时，着眼于长远发展、学科建设和提高师资水平，高度重视科研工作；从学校实际出发打开为社会服务的局面，逐步扩大服务范围，提高知名度；走文化立校之路，以社会主义核心价值体系引领学院文化建设，着力培育独具特色的安徽外国语学院文化。

三、关于应用型高校转型发展的思考

作为地方新建本科院校,我院由于办学时间短,经验积累少,如何适应社会的需求,顺利实现向应用型职业技术高校转型,还有一段较长的探索之路要走。笔者认为应用型高校在转型发展的过程中,应把握以下几个问题:

坚持产学研深度合作,走合作办学之路,使学院成为服务区域内应用型人才的重要供给地、主要的科技支撑地;

主动融入地方经济发展格局,走地方化之路,使学院成为服务区域内文化传承与创新的重要阵地、区域经济社会发展引智的有效服务地;

瞄准市场就业导向,走学历教育和职业教育一体化之路,使学院成为服务区域内专业人才的储备地、社会建设的积极参加者。

【参考文献】

[1]陈阳,王永刚.试论经济转型时期的地方高校发展定位.教育与职业,2014(14):34.

[2]李琪.应用型科研是新建本科高校转型发展的纽带——以武夷学院为例.武夷学院学报,2014(3):94.

(本文发表于《应用型高教探索》2014 年第 4 期)

新建本科院校应用型人才培养体系的研究与实践

宿州学院　蔡之让[①]　蔡　红

一、深化对应用型人才培养的认识,明确新建本科院校的办学定位

伴随着经济社会和高等教育大众化的快速发展,国家在重点推进一批高水平大学建设的同时,也新建了一大批普通本科高等学校,至 2010 年 3 月,全国新建普通本科高校有 261 所,占全国同期 792 所普通本科高校的 1/3。这些普通本科高等学校已经成为我国高等教育体系的重要组成部分。与此同时,经济社会的转型,对能够深入生产、经营、管理一线工作的本科人才的需求量越来越大,迫切要求高等学校培养出在素质、能力、知识等诸方面都适应工作需要的应用型本科教育层次的人才。而这类人才的培养任务,无论是从世界高等教育的发展规律看,还是从我国高等教育发展的现状来看,都应该主要由新建本科院校来承担。因此,新建本科院校在人才培养体系的构建上,不能走精英教育、办综合性大学的道路,应该积极适应经济社会双重转型,确定"厚基础、强技能、高素质"的应用型人才培养目标,走"地方性、应用型"的发展道路,围绕"工程性、技术性、生产性、应用性"的要求,设计应用型创新人才的培养模式,将学生培养成为高层次的应用型人才。

二、突破专业结构、"双能型"教师队伍、实习实训条件等制约应用型人才培养的瓶颈

1. 专业结构与区域经济社会不适应问题

不少本科院校由于长期受办学条件的制约,办学思维束缚,治学理念禁锢,教学视野局限。在解决专业结构与区域经济社会相适应这一问题上,新建本科院校应积极转变由资源→专业→学生的常规条件的约束型办学思维,努力探索需求→专业→资源的"专业跟着市场走,条件

[①]蔡之让,宿州学院副院长。

跟着专业走,资源跟着条件走"的开放性办学思路。同时,学校的培养目标、教师队伍建设、社会服务能力、科研水平、大学文化,以及人才培养模式改革、课程体系改革、实习实训基地建设等要依靠一批特色学科专业的平台反映出来。新建本科院校要下大工夫培育"势头好,队伍强,手段新,模式活,就业旺"的特色学科专业,进一步确立与区域经济社会相适应的特色学科专业在学校的优先发展地位(包括资金安排,高层次人才引进等),进一步加强特色学科专业带头人和骨干教师的国内外培养工作,切实体现出明显的办学成效。

2. "双能型"教师队伍不足问题

要想培养出"应用能力、实践能力"强的学生,就必须先有"应用能力、实践能力"强的先生。目前,在新建本科院校的专任教师队伍中,大多接受的都是学历教育,新进的具有博士、硕士学历的教师的产学研能力较差。用"企业没进过,设备没用过"的师资队伍来培养学生,很难培养出应用型、创新型人才。因此,既能胜任理论教学,又能指导学生实践的"双能型"教师奇缺,成为制约新建本科院校发展的瓶颈。建设数量充足、水平高的"双能型"教师队伍成为培养应用型人才的关键。

对于这一问题的解决,一方面可以以兼职的形式聘请校外应用型名师和来自企业与生产一线的管理人才及高级技术人员、拔尖工程师充实学校的教师队伍。另一方面要大力加强对校内"双能型"教师的培养。对"双能型"教师的培养举措主要有以下几点:加强产学研合作,实行教师到企业实习制度;支持教师参加行业培训,取得具有行业权威性的职业资格认证;鼓励教师从事工程技术研究和工程项目设计,使教师直接参与企业的设计、生产、经营、管理等工作;加强与国内外大企业的合作办学,特别是对专业带头人的国内外培训工作;在待遇、职称晋升、评优评先、出国培训等方面要向"双能型"教师倾斜,建立"双能型"教师培养和服务社会的激励机制,引导教师走出学校,更多地关注区域经济和社会发展,从区域经济和社会发展中寻找研究课题。在突出"双能型"教师培养的同时,还要打造一支高水平带头人队伍,引领学校发展;建设一支教学科研骨干队伍,支撑学校发展;培育一支青年教师队伍,以确保学校的可持续发展。

3. 实习实训条件制约问题

培养应用型人才的关键在于实习实训,而大多新建本科院校都存在着实习实训条件薄弱的问题。只有深刻认识实习实训的内涵和特征,正视实习实训中的实际问题,才能突破应用型人才培养的瓶颈。

(1)校内实习实训基地建设。新建本科院校在资金紧张的情况下,要把学校有限的资金重点建设一批基础性实验实训中心,建设一批多专业共用、有实效的高水平实习实训和工程训练中心,同时要特别注意兼顾教师的科研工作。

(2)校外实习实训基地建设。针对当前新建本科院校校内实习实训紧张的情况,加强校地、校企合作,特别是加强与知名企业联合办学,创造条件将企业生产线引入校园,是解决实习实训条件不足的根本途经。创建校企融合的教育模式,是培养"优秀应用型人才"的必由之路。

(3)鼓励"创业带动专业"。创办"专业实体,实现校企合一",大力开展学生的创业教育,鼓励学生把专业知识、技能和素养运用到社会创业中去。

(4)以项目带动,训练学生实践和创新能力。大力组织学生参与传统赛事,如电子设计、数学建模等学科竞赛,各二级学院要自办特色学科竞赛和大学生科研立项等活动,鼓励和支持学生参与与专业相结合的科技创新活动,激发学生的专业学习兴趣,充实学生的教学内容、课余活动和精神生活。

三、以应用能力和创新能力培养为重心改革教学体系的关键环节

1. 改革人才培养模式

人才培养模式目前主要有"3+1"和"2+2"培养模式、订单式培养模式、大类招生分流培养模式、"工学结合"培养模式、"产学研一体化"培养模式、双证书和主辅修培养模式等。

对于新建本科院校,要重点围绕"工程性、技术性、生产性、应用性"的人才培养思路,设计应用性创新人才的培养模式;加强"产学研"合作办学,开展教学科技创新;建立工程训练中心,培养学生知识的工程背景;建立生产线或工艺流程,使学生得到职业训练;以校企、校地合作为抓手,通过校企、校地合作了解企业、社会对人才培养规格和质量的要求,及时调整人才培养模式。

2. 改革课程体系

课程体系是人才培养模式改革中的核心环节。因此,构建合理的课程体系,是应用型本科教育发展的重要战略举措。要坚持"先进、有用、有效"的原则,着力构建与地方经济、产业发展相适应的,以实践能力、创新能力培养为核心的课程体系。应用型人才培养的重点和落脚点是教师和课程,只有深入进行教师团队和课程层面的改革与建设,应用型人才培养才能真正取得实效。

3. 改革教学方式和公共课教学

(1)通过教学方式的改革促进学生学习方式的转变。

(2)广泛采用探究教学、案例教学、模拟教学、项目教学、现场教学、专题讲座、讨论和辩论及自主学习等多样化的教学方式,以调动学生学习的积极性。

(3)优化公共课课程体系,精选教学内容,增加公选课的时效性。

4. 改革课程考核

(1)改革课程考核要以提高教学质量为目的,不管改革的是考核的方式手段,还是内容形式,说到底都是为了促进教风、学风建设,提高教学质量和教学水平。

(2)改革课程考核方式要向多元化方向转变,把日常考核、实训考核、技能与创新竞赛和期末考核相结合起来。

(3)改革课程考核要坚持重点考核实践能力和应用能力的导向,把培养学生的"自学能力"、"技术工具应用能力"、"综合技术应用能力",以及团队协作、语言文字表达等"软能力"有效地融进考核的内容之中。

(4)改革课程考核要以促进就业为导向,用灵活多样的考核方式和新颖的考核手段,培养有个性特征、有创造性、动手能力强的应用型人才,努力争取实现新建本科院校与用人单位之间的零距离就业。

(5)改革课程考核要鼓励部分学院、教师先行一步,建立一套符合应用型人才培养要求和各专业特点的考核体系。

5. 改革毕业论文(设计)

毕业论文(设计)改革要以有利于培养学生综合实践能力和应用创新能力为目标,突破单一的学术论文写作模式,进行以"多样化"为方向的改革。不同专业,毕业论文(设计)的模式、要求和标准应有所不同。占50%以上的毕业论文(设计)应在实验、实习、工程实践和社会调查中完成,真题真做。要想办法克服学生毕业实习与所学习专业不相符、毕业实习与毕业论文相脱节的现象。实行工学结合,交叉培养。如汇报演出总结、作品展示、社会调查报告、工程项目等都可以代替毕业论文。

四、结束语

新建本科院校应该走出一条与老牌本科大学不同的新的发展之路,创新应用型人才培养模式,建立自己的发展理念和战略,彰显办学特色、专业特点、学生特长。

目前高等学校的发展已由规模、结构、质量、效益协调发展转变为质量、结构、特色和成效协调发展,新建本科院校在应用型人才培养体系的构建问题上,服务面向要突出地方性;师资队伍要突出"双能型";培养模式要突出"校企合作";课程体系要突出体现以能力培养为核心;教学环节要突出强化实践教学;科学研究要突出成果的应用性。在此基础上,逐步摸索出一套符合教育规律和自身实际发展的有利于培养应用型人才的体制、机制。

【参考文献】

[1]朱振国.新建本科院校入本科序列却面临困局.光明日报,2011-04-13(4).

[2]桂和荣.适应经济社会转型,打造培养"优秀工程师"的摇篮[EB/OL].[2011-04-13].http://www.ahsztc.edu.cn/Article/Show Article.asp? ArticleID=6896.

[3]桂和荣.对师范类新升格本科高校学科专业建设的思考.合肥工业大学学报:社会科学版,2007,21(6):105-109.

[4]程艺,储常连,方明.大力发展应用性高等教育服务引领安徽奋力崛起.中国高等教育,2009(22):7-10.

[5]许志才.高素质应用型人才培养路径研究.国家教育行政学院学报,2010(6):63-66.

[6]吴岩.提高应用型人才培养质量:中国高等教育改革发展的战略任务.合肥:第三届中德应用型高等教育论坛,2010.

(本文发表于《宿州学院学报》2011年第26卷第10期)

"四位一体":实现新建本科院校可持续发展

池州学院 柳友荣[①]

《国家中长期教育改革与发展规划纲要(2010—2020年)》提出:"促进高校办出特色。建立高校分类体系,实行分类管理。发挥政策指导和资源配置的作用,引导高校合理定位,克服同质化倾向,形成各自的办学理念和风格,在不同层次,不同领域办出特色,争创一流。"新建本科院校要想实现持续发展,就必须避免复制传统大学的"精英教育"发展模式,避免学科与专业建设的低水平重复,应形成各自的办学理念和风格。近年来,池州学院从高等教育多样化、人才培养个性化的角度,谋求"错位发展",探索形成了"四位一体"的发展路径。

一、校地协同,互为渗透,进行应用型本科院校发展的顶层设计

新建应用型本科高校由于办学定位和地理位置的原因,必然与其自身所在区域有着更紧密的联系,积极落实"2011计划"是应用型本科高校实现协同创新发展的内在要求,也是区域发展的社会需要。应用型本科院校应立足地方、融入地方、服务地方,注重加强校地合作,实现校企双赢。通过与地方政府、行业企业开展产学研合作,积极帮助地方产业升级和技术攻关,以特色科研打造参与区域协同创新的特色,以地方产业特色来调整和建设学校专业特色。瞄准地方行业、产业发展需求,研究学校学科建设和地方产业发展的联动关系,贴近企业和市场的人才需要,培育协同创新方向,组建协同创新体,选择协同创新模式,通过协同创新体系的建设进一步提升学科特色。

校地协同,互为渗透,催生应用型本科院校发展成为区域经济社会发展的"动力源",成为区域内科技创新、技术转移和成果转化的重要载体与平台;成为区域人才培养、知识创造和积累传播的重要基地;成为区域传播科学精神、精神文明和文化建设的主要阵地;成为区域协同创新体系建设和产学研协同合作的主体力量。

[①]柳友荣,男,池州学院院长。

二、以用为先,素养为上,树立以需求为导向的本科应用型人才的培养理念

"需求导向"是本科应用型人才培养模式的核心理念,"需求"就是国家人才强国的战略需求、社会职业岗位的竞争需求、学校特色驱动的发展需求、学生能力素质的生成需求。在以需求为导向的应用型本科人才培养模式的构建过程中,我们围绕"知识为基、应用为先、素养为魂"的指导思想,确定了应用技术本科人才的培养目标,制定了培养应用型本科人才的能力体系。

增设"课内实践"课和"校外课堂"。很长时间以来,我国高等院校普遍存在理论教学和实践教学"两张皮"的现象。我们在人才培养方案设计时提出明确要求:在教学计划规定的每门课教学时数内,必须安排不少于20%的"课内实践"课时。在理论教学中渗透实践教学的成分,设计一个完整的实践教育过程,实现学与用兼容并进,结合应用型人才培养规格的定位,将更多的理论课程融合、改造成综合性课程、探究型课程、案例分析课程、合作讨论课程、项目式课程等,课内实践教学环节包括独立设置的实验、课堂讨论、案例分析、课程小论文、专业技法、体育训练等,让学生更多地"亲力亲为",而不是"袖手旁观"。课程改革设计不仅改变了传统的、典型的大学课程讲授式的传授方式,还很好地改变了学生"课堂出耳听,课后没事做"的学习精力投入问题,学生为了参与课内实践课程,不得不在课前做相应的准备。课内实践教学与课外实践教学构成了实践教学的整体,两者间相辅相成,相互影响,共同服务于应用型本科院校的人才培养。课内实践教学具有目标性、系统性、专业性、时限性、拓展性等特点,实践教学活动并不要求一定要在教室里进行,其活动空间可以拓展到课外、校外。与此同时,开设"校外课堂",把应用性较强的课程开设到企业、实践教学基地、社区等,这样的"校外课堂"的主讲教师通常是在校外聘请的"专业技能型"教师。如"学前教育"专业的"舞蹈"、"剪纸"、"工笔画"等实践性课程,就可以走进幼儿园,开设"校外课堂"。对学生来说,课内实践教学将彻底改变传统的理论教学模式的不足,有助于培养学生的职业核心能力和自主创业能力,充分展现课堂教学的生命活力,让学生在"做"与"行动"中成长。对教师而言,课内实践教学能优化教师的知识结构,巩固条件性知识,丰富本体性知识,获取实践性知识,促进其专业成长。

课程设置中体现"职业元素",突出应用性。应用型本科教育是为学生未来职业生涯做准备,是实用主义教育理念在现实中的弘扬和发展。传统的学科本位和学术本位的人才培养方案无法适应应用型大学办学定位的要求,应用型人才的培养方案更加强调培养学生的自主学习能力和岗位适应性,强调具备胜任某种职业岗位的技能,培养的是现代技术的应用者、实施者和实现者。着力改变精英教育人才培养方案中强调学科逻辑和学科本位的"专业方向课程

模块"为大众化背景下的"专长课程模块"。这种改变基于一种基本考虑:"专业方向课程"是在传统的精英教育环境下,在本科生学习完专业基础课程之后,为培养他们的研究能力而设的"准研究生阶段"的研究能力课,这样的课程显然不适合应用型本科院校人才培养定位。因而,在设置专业和课程体系时,要充分调查分析不断变化的市场、结合现代企业人才的"职业元素"需求,确立学校人才培养目标、规格,尽可能考虑选择综合性强的"模块化"课程。专长课是为进一步扩充和强化学生专业知识和岗位职业技能,适应学生个性化学习需要而设置的课程。我们要求课程设置要充分结合地方经济建设与社会发展对人才的需求的实际,充分结合本专业学生学习能力、就业能力和未来发展前景的实际,合理进行课程优化设置,开设以研究为主的研究型课程和以实现与企事业等单位无缝对接的实践性、创业性课程等。专长课只限于本专业学生修读,每个专业原则上至少应设立2个课程模块,学生须选择某一模块进行修读。专长课开设的时间一般在本科教育的6、7学期。

加强专业柔性机制,突出个性化。要扩大课程理念,打破传统的、刻板的课程体系,就要少一些专门化的学习,多一些综合性的学习。因此,制定柔性的培养方案是有必要的。减少核心课程、改变课程内容交叉重复的现象,注重课程内容编排的模块化、问题化。专业课程体系的修订与完善注重融入职业元素和岗位要求,从市场和社会需求、学生需求的实际出发,建立起人才培养与学生就业"无缝对接"的动态更新机制;减少必修课,加大选修课;在教学体系安排上,明晰专业就业岗位(群)职业能力要求及真实工作内容,并据此设计课程体系,合理设置专业核心课程、主干课程和专长课程,突出核心职业能力培养,全面提高学生的实践能力、创造能力、就业能力和创业能力。进一步减少课堂讲授的时间,为学生的主动发展提供更多独立思考的时间和实践机会。

提升学生基本素养,为后续职业发展提供潜能。曾任哈佛校长的德雷克·博克在《回归大学之道》一书中把大学教育目标描述为培养学生具有表达能力、批判性思维能力、道德推理能力、公民意识、适应多元文化的素养、全球化素养。事实上,大学教育目标不是预设的,也不是永恒不变的。在很大程度上,教育现实问题就是大学的教育目标。目前,无论是社会需求,还是企业用人标准,都呼唤着我们去反思急功近利式的人才培养方式,强调基本素养教育。池州学院在新一轮人才培养方案改革中,牢固确立"首先是人,再是人才;先培养人,再培养人才"的理念,坚持开设了"大学生传统文化素养"、"大学生健康素养"、"大学生德行素养"、"大学生文学素养"、"大学生艺术素养"、"大学生科学素养"、"大学生就业与创业素养"、"大学生生涯规划素养"等通识类课程,深受学生和用人单位欢迎。

三、校本为基,"双能"并重,创立应用型教师能力发展的基本模式

新建应用型本科院校升格初期的规模快速膨胀,使得师资总量捉襟见肘。师资队伍年龄、职称结构不合理,青年教师、低职称教师偏多,师资总量不足与结构性短缺现象同时存在,已经成为此类院校提升质量的掣肘。可以这么说,当前提高本科教学质量的关键就是提高教师教学能力和教学水平。这一点已经在教育部第二轮教学质量工程—"本科教学工程"的设计理念中得到了充分体现。坚持"师德为先,教学为要,科研为基,分类管理"的原则,强调团队建设和教师队伍活力。现状是98%以上的教师都是从校门到校门,没有实践工作经历,作为主体的青年教师在教学规范、课堂驾驭、教学反思、专业成长等等方面均处于探索、适应、提升阶段。而学生数量的骤增,教学压力的加大,使得他们难以获得专业成长的"时空":没有一定的进修、提升的机会;少有走出校园,观摩访学的机会。客观地说,青年教师的成长就只能更多地依赖于校本教育和教学团队建设。同时,新建应用型本科院校还可以创造性地开展教师队伍建设工作。

开设"双进讲堂",注重柔性吸纳人才。所谓"双进讲堂",就是学校的教授、博士进企业授课,企业的工程师、高管进学校讲学。在校企、校地、校校的合作中培养教师,提升教学能力和实践能力。结合学校学科与专业发展的需要,本着"不求所有,但求所用"的选人、聘人原则,注重在区域内柔性吸纳人才。引进一批区域专业技术人才来充实教师队伍,带动编制内教师的专业成长;同时,提升学生的实践技能,实现人才培养目标。

打造"双能型"教师队伍。"双能型"教师的内涵是指在应用型本科院校中那些既能从事理论课程和实践课程的教学,又能从事产、学、研合作开发的教师。"双能型"教师的再教育培训可以有三种培训方式,即自主培训、校本培训和校外培训。同时,为了弥补专业教师实践经验缺失,根据专业设置和课程结构的需要,可以聘请相关企事业单位中具有丰富实践经验的高级专业技术人员来校做兼职教师。

建立"适需、适用"的师资队伍,要算经济账。新建应用型本科院校在本科建设的道路上刚刚起步,积累单薄,发展需求急迫。在师资队伍培养和人才引进上更是如此,底子薄,需求旺。即便如此,也不能急于求成,囫囵吞枣,应该本着"适需、适用"的选人用人原则打造师资队伍。一些新建应用型本科院校的领导者,常常简单地问人事部门学校已经有了多少个教授,多少个博士,数据不满意就要求人事部门加大引进力度。其实,这是个误区:"应用型"本科教育教学的发展与教授、博士的多少没有绝对的对应关系;应用型教育教学活动的有效组织和准确实施与教授、博士的多少也没有绝对的对应关系;应用型人才培养的目标实现、规格达成与教授、博

士的多少更没有绝对的对应关系。即使是教授、博士,很多人(特别是新建应用型本科院校)有没有以教授与博士应该持有的方式对学生进行课堂教学,我们不得而知。因此,引进人才应有经济学概念,要建立成本意识。若新建应用型本科院校的大多数教师是工程类的硕士就已经是很好的结构了。在人才引进上应做到"有所为,有所不为",避免平均用力,齐头并进,应该围绕重点学科的发展,量力而行,突出重点,把有限的财力用到"刀刃"上。

四、不求所有,为我所用,开辟应用型院校改善办学条件的现实路径

加强"合作教育",推动学校与机关、企事业单位进行合作,实现"产学研"一体化。一方面,通过"外置式"的方式,依托区域内行业、企业和事业单位的资源,推进校外实验室和实践教学基地建设,设计实践教学项目。另一方面,通过"嵌入式"方式,利用学校的场地和人才智力优势,吸引区域内行业、企事业单位把实验室建在校内,校企共建实验室、实践教学基地和技能培训基地。

1. 多渠道筹措资金,增强学校发展后劲

在我国现行财政拨款体制下,新建应用型本科院校在公共高等教育资源的分配中处于弱势,公共高等教育资源的分配偏向于优势学校("211"、"985"工程等重点大学)。新建应用型本科院校建设负担重,要争取政府更多的资金支持。政府应适时调整财政政策,及时给这类院校"输血"。地方政府也要落实"依法保障教育经费的'三个增长',坚持教育规划和资源配置优先,切实把教育发展作为重点列入当地经济和社会发展规划,在用地上优先保证,在资金上优先投入",就是要加大财政投资力度,不断提高生均拨款经费。

2. 不求所有,但求所用,保障基本教学条件的供给

建立"为我所用"与区域内"资源共享"的机制是新建应用型本科院校实验室建设的一个重要策略。

"嵌入式实验室"和"外置式实验室"建立策略。所谓"嵌入式实验室"并非IT行业的专业实验室,它是高校利用区域内设备资源,引入区域内那些企事业单位使用效益不高,维护保养负担较重的仪器设备,为我所用。既满足师生教学、科研要求,又能服务于区域经济社会的发展。池州学院的"池州市非金属矿研究院"为市政府的经济开发研究机构,管理编制、人员工资由政府支付,设备由政府购置,研究人员为学院教师;"食品检验实验室"为市质量检验监督局的食品检验所的检验室,将其建在学校,场地、设备维护由学校提供,几百万元设备的所有权归市质量检验监督局,使用权为学校和质监局共同所有。"外置式实验室"是学校利用临近企业和市劳动部门的劳动力培训场所作为学校的实验室,做到为我所用,资源共享。

"产学研"专业实验室建设策略。从新建应用型本科院校的办学定位和人才培养目标看，基本一致的取向是服务地方经济社会发展和培养应用型人才，建立"产学研"结合的专业实验室是落实这一办学理念和人才培养目标的有效途径。"产学研"结合的专业实验室不仅培养学生的应用能力，而且吸引社会资金和区域研究项目，既能够有效地实现专业实验室建设的目标，又能够很好地调动地方社会投资高校实验室的热情。

引入社会公共场馆为我所用。新建应用型本科院校要获得快速的发展，就必须充分融入区域社会，主动为区域经济社会发展做贡献。积极加强与地方政府的联系，将地方政府将要新建的公共场所（如图书馆、体育馆、游泳馆等）建进学校，由学校负责日常维护已满足教学需求。

【参考文献】

[1]何根海.应用型本科院校参与区域协调创新的思考及策略.中国高等教育,2013(3).

[2]刘振天.新建本科院校人才培养面临的主要矛盾及解决之策.学术交流,2012(8).

(本文发表于《中国高等教育》2013年第5期)

民办本科高校转型发展的战略思考

安徽三联学院　姜发根　孙维克[①]

我国高等教育大众化的快速推进使得高校毕业生逐年增加,2014年高校毕业生数量已达727万人,就业形势日益严峻。高校毕业生的结构性失业客观上促使了国家加快提出实施推动地方本科高校转型发展战略,引导一批地方普通本科高校向应用技术型高校转型,这不仅是推动中国高等教育结构调整的一项重大举措,也是建设现代职业教育体系的重点任务之一。

一、民办本科高校转型发展的必要性

1. 民办本科高校的转型发展是经济发展方式转变的需要

我国的经济发展主要依靠低成本、低附加值和高耗能的经济增长模式,这种增长方式难以实现经济的可持续发展,再加上土地、劳动力资源的紧张和物流成本等的快速上升,使得我国在低端制造业上的成本优势逐渐丧失,要实现经济的良性可持续发展需要走出一条依靠科技进步和自主创新来实现产业结构优化升级的道路,不仅要加快推进传统产业技术改造,还要加快培育和发展战略性新兴产业,增强自主发展能力。而产业结构的升级和新兴产业的发展需要高层次应用技术型人才的支撑,如信息化和工业化的深度融合,客观上需要培养具备新知识和应用新技术的应用技术型人才;文化创意和设计产业的迅猛发展需要兼有创业能力、创意能力和动手能力的技术技能人才;高技能高附加值制造业的发展则需要既能掌握现代科学技术又接受过系统技能训练的应用技术型人才。这一切都需要高等教育提供强有力的应用型人才支撑。民办本科高校是高等教育的重要组成部分,承担着为地方经济发展转型培养应用技术技能型人才的重任,因此,民办本科高校的此次转型发展是经济发展方式转型的必然要求。

2. 民办本科高校的转型发展是高等教育结构调整的需要

近年来,高校毕业生就业难成为社会关注的热点,企业用工荒和毕业生就业难的结构性矛

[①] 姜发根(1972—),男,安徽安庆人,安徽三联学院教学副校长,在读博士。研究方向:高等教育管理。孙维克(1985—),女,山东威海人,安徽三联学院教务处科员,硕士。研究方向:高等教育管理。

盾日益突出，而矛盾的根源在于高校培养的人才难以适应经济社会发展的需要。就我国内地高等教育体系的大框架来看，现代职业教育体系并不完整，高等教育未能承担起培养本科及以上层次应用技术和技能人才的责任，单一传统的学术型人才层次结构已经无法满足我国产业转型升级和新型工业化道路对技术技能型人才的旺盛需求。高等教育结构的不断完善需要在传统层次结构之外不断完善职业教育结构。推进地方民办本科高校转型发展，建立应用技术大学，加快应用技术技能型人才的培养步伐，建立完善的现代职业教育体系，就成为高等教育结构完善的必然要求；在传统学术型人才培养体系之外建立完整的应用型人才培养体系，进而建立传统学术型和现代应用型人才培养的"双元结构"，既是经济社会发展的要求，也是高等教育结构的不断完善对民办本科高校转型发展提出的要求。

3. 民办本科高校的转型发展是高等教育分类体系建设的需要

20世纪90年代以来，我国高等教育大众化的进程不断加快，高等学校的数量和规模都实现了较快增长，其类型、层次、规模和特色等也越来越多样化。高等教育的大众化发展使高等教育模式由精英教育阶段单一的学术型逐步分化成学术型和应用型两大高等教育体系。学术型高等教育侧重基础科学研究；应用型高等教育主要培养从事应用科学研究和技术研发的高级专门人才，侧重在应用科学研究中创造与发明，不断解决社会生产实际问题。不同类型的科学研究必然要求高等教育分成相应的学术型和应用型高等教育体系，如果对不同的科学研究采用统一的评价体系和分类标准，势必阻碍高等教育的进一步发展。因而无论是从高等教育发展类型的多样性还是从不同科学研究的客观要求看，都需要不断完善高等教育分类体系，而高等教育分类体系的构建则有赖于各高校对自身所属类型及办学的清晰定位。民办本科高校只有抓住此次转型机遇，明确自身的转型目标，才能在高等教育分类体系中找到自己的合适位置，自身的发展也会在相应体系的评价指标和标准范围内运行，这有利于其长远可持续发展。

4. 民办本科高校的转型发展是民办高校自身发展的需要

民办高校已经成为高等教育的一支重要力量。2011年至2013年，全国高校数量分别为2 762所、2 790所、2 788所，其中民办高校占全国高校数量的比重分别为25.27%、25.34%和25.75%。除数量不断增长之外，民办本科高校的招生人数和在校生数也大致呈逐年增长的态势。民办本科高校近三年的发展概况如下表所示：

表1 2011—2013年民办本科高校的数量、招生人数、在校生数统计表

指标\时间	2011年	2012年	2013年
所数（含独立学院）	698(309)	707(303)	718(292)
招生人数（万人）	153.73	160.28	160.19
在校生数（万人）	505.07	533.18	557.52

从以上数据不难发现，民办高校正呈现不断发展的上升趋势。当前如何寻求转型发展之路是民办本科高校实现跨越发展的关键。但是民办本科高校在发展过程中还面临着一系列突出的问题，具体表现为：专业结构不够合理、与地方产业结构脱节；师资队伍实力不强，教师专业实践能力低；人才培养模式单一且培养体系不完善；产学研合作教育不够深入。如果仍遵循传统的思维方式和办学模式发展，必将与社会经济发展渐行渐远。因此，民办本科高校只有在主动、深入为地方经济社会发展的服务中，合理定位，才能赢得并拓展学校自身的发展空间，这也是民办本科院校获得持续发展的条件和机遇所在。

二、民办本科高校转型发展的目标定位

1. 地方性

民办本科高校根植于地方发展需要，其成长和发展壮大本身就有很强的地方性特点，在地方经济社会发展中具有十分重要的地位。民办本科高校的转型发展要以服务地方为目标，要牢固树立以地方发展为中心的办学理念，首先要围绕地方经济社会发展的需求，为地方经济建设与社会发展培养大批下得去、留得住、用得上的高层次应用型人才；其次要为地方经济建设与社会发展提供高新实用技术，提升地方企业的科技含量，通过科研成果的转移和技术服务的提升更好地服务于地方；最后，民办本科高校在转型过程中还要根据自身历史、科技实力、教育资源和发展前景等做好战略性和前瞻性的评估，找准自己在地方经济社会发展中的位置，为自身的发展和地方发展把好脉，这样才能既有利于自身的科学发展，也能更好地服务于地方经济社会发展。

2. 应用型

实践能力是应用型人才培养的关键，它要求学生在教师指导下掌握胜任职业岗位（群）的基本能力所必需的基本经验技术和动作技能，要求应用型人才具备相应领域的综合职业能力和素质，具有较强的创新意识和创新能力。此外，应用型的目标定位还体现在应用项目研究能力的培养上，主要强调运用有关的知识、技术、技能，创造性地完成符合生产实际要求的相关任务，并在研究过程中能够在理论知识指导下综合运用相关职业技能和实际材料解决实际过程中遇到的问题。

3. 合作式

民办本科高校转型发展的合作，其目标定位主要涵盖以下三个层面：宏观层面上，民办本科院校在办学层面要深度融入区域社会经济发展，行业组织要为民办本科院校的应用型人才培养提供产业人才需求信息；中观层面上，职业院校专业群要对接产业群（链），行业要搭建好

产业及其企业与职业院校交流合作的平台;微观层面上,学校专业建设要根据行业规范、技术标准和准入资格等实施专业建设,让行业参与职业院校的专业建设和人才培养模式改革。民办本科院校应着力加强与企事业单位在人才培养、科学研究和社会服务等方面的合作,将企事业单位作为教学和科研工作的课堂和实习基地,密切合作关系,拓展合作领域,细化合作内容。通过合作,可以实现理论学习和实践能力培养之间的互补互生,为学校培养适应经济社会发展需要的人才,使学生的职业能力得到不断提高,并逐步形成学校应用型本科教育的比较优势和自身独特的竞争力。

4. 职业化

民办本科高校的教学标准要集中体现其职业性的本质属性,人才培养目标、课程体系设计、实践教学平台、师资队伍建设、教学质量监控和教学改进等要定型化,从教学大纲、教材、自主学习和课外实践等方面对应用本科教学内容体系进行重组和优化,使人、财、物、信息都为人才职业化培养而互相配合,并在实施过程中不断改进完善。人才职业化培养既不能忽视通用性职业能力的培养,又要突出特定职业资质,重视学生的专业技能培养。在课程设计上应与职业能力相对接,可开设职业概况方面的课程,使学生能够了解和明确今后的职业指向;可安排学生学习基础类课程和工具类课程,奠定其职业理论基础;可以探索个性化的培养方式来拓展学生的知识面;也可以以研讨式、案例式等教学方式,努力探索职业实践教学方法,提高课堂教学效果,强化培养学生的实际动手能力。

三、民办本科高校转型发展的路径选择

1. 立足地方发展需求

立足地方发展需求要求民办本科高校深化教育改革,优化学科结构,在专业设置和学科建设方面有针对性地加强与地方经济社会发展相关的内容,根据地方经济社会的发展战略调整学科专业设置,建立动态的教学计划机制;立足地方发展需求还要求民办本科高校利用自己的办学资源,通过培养区域社会发展的各类人才、转化科研成果、促进产学研合作等途径为地方经济发展输送人才;立足地方发展需求也需要民办本科高校结合学校的自身发展现实对接地方经济社会发展,把校内专业技术人员的科研攻关项目及发明成果及时推向社会和企业,使科技成果能较快地转化为现实生产力,以提高地方科技创新层次,促进科技成果转化,为地方经济的发展提供科研和技术支撑。

2. 实现独具特色的错位发展

民办高校在转型发展的过程中,一定要结合学校的实际,找准自己的定位,打造自己的特

色和品牌,以特色立校、特色强校、特色取胜,实行错位发展,要坚持在学科建设过程中"有所先为,有所后为"的策略和思想。公办高校一般实力雄厚,在科技创新能力和学校教育实力方面具有明显的优势,因而民办本科高校要寻求不同于老牌的研究型、学术型公办本科高校的培养目标,应根据社会人才需求和自身的优势,科学定位,重点培养具有较强职业适应能力的应用型人才,把职业技术教育融于本科学历教育中,培养出既具有理论基础又具有较强实践能力和创新精神的实用型、复合型人才,从而实现与传统教学型或教育研究型公办高校的精英型培养目标的"错位"。此外还要坚持"有所为,有所不为"的策略和思想,民办本科高校可以在公办高校不愿做和高职院校做不到的空白地带,确定自身独具特色的培养目标和人才培养规格,培养具有较强职业适应性和就业竞争力的人才。

3. 构建与产业发展相适应的专业体系

战略性新兴产业是知识密集型产业,对知识条件具有高度的敏感性,有强烈的人才资源依赖性,客观上需要高校培养出具有思维清晰、独立分析和创新能力强的人才,还要求人才具有良好的教育背景与知识储备。近年来,在国家产业政策带动下,战略性新兴产业的数量与规模不断发展,其发展意味着产业结构的变化,这从外部促进了专业结构的重组与改革,而专业结构的改革又反过来促进了产业结构的发展与优化,在这两者之间,平衡的根本在于人才市场供求规律的调节。这客观上要求民办本科高校以市场为导向,调整高校专业设置,且要在专业设置时进行必要的人才需求评估,找准自身与战略性新兴产业的切入点,充分整合原有专业课程条件,进而构建本校的品牌特色专业。

4. 改革创新应用型人才培养模式

民办本科高校在转型发展过程中,应不断优化人才培养方案,以产学研合作平台为载体,改革创新应用型人才培养模式,探索人才培养新途径。首先,学校和企业共同制订人才培养方案。学校成立由教授和企业人士组成的专业指导委员会,共同参与人才培养方案的制订。其次,校企共建实验室。学校要积极为企业提供场地,出台优惠政策,吸引企业来学校。再次,要建立校企合作伙伴关系。建立校企合作规划和合作培养机制,探索学校和企业互建实训基地机制,尝试引校进厂、引厂进校、前店后校等校企一体化的合作形式,使学生在企业一线经验丰富的技术人员指导下,参与生产或技术项目,培养学生的实践能力。最后,可以充分依托职教集团平台,加强与成员单位的深度合作,形成"共建共赢、共通共享、共管共育"的人才培养机制,实现人才共育的立体化办学体系,推进地方本科院校向应用技术大学的快速转型。

5. 建立"双师型"师资队伍

应用型人才的培养,要求教师不仅要善于给学生讲授学科理论和专业知识,还要善于指导学生如何运用这些理论知识去解决实际问题。民办本科高校要实现长久的可持续发展就必须加大人力资源的投入,建立"双师型"师资队伍。一方面要培养自身双师型师资,可以建立专任教师到相关行业和领域学习交流、接受培训的长效机制,选派中青年教师到企业挂职锻炼、调研、参与项目研究开发,让教师了解生产技术,熟悉岗位技能,在实际工作中锻炼提高实践能力,进而改变教师队伍中存在的"重理论、轻实践"的现象。另一方面要聘任企业界"双师型"师资,"柔性"聘用企业界人士充实学校教师队伍,加强对应用型学科专业高层次人才的引进,积极从企业引进富有实践经验和高水平的专兼职教师。同时也可以聘请校外实习基地的优秀专业技术人员和专家工程师作为兼职教师,指导学生的生产实习,强化学生的工程实际意识,培养学生的实践动手能力。

6. 理顺内部管理体制

如何理顺民办高校内部的权力关系,对促进民办高校的健康、稳定和可持续发展具有十分重要的意义。民办本科高校应从高校的管理规律和育人规律出发,不断完善董事会、监事会、学术委员会和教职工代表大会四位一体的内部治理结构。在民办本科高校的内部治理结构中,董事会主要负责决策,落实办学经费,构架组织领导体制,不断加强和健全董事会组织建设,制定完善的章程、议事规则和回避制度。监事会负责对董事会成员及学校其他高级管理人员进行监督,防止其滥用职权,侵犯学校和教职工的合法权益,保证学校内部稳定和教学质量的提高。学术委员会是学校最高的学术审议、评定和咨询机构,民办本科高校可以建立兼有教学指导委员会职能的学术委员会。此外还应建立和完善以教师为主体的教职工代表大会制度,促进学校内部管理和谐,依法规范学校政治权力、行政管理权力、民主管理权力和学术权力之间的关系,实现各种权力的相互支持、合理配置和相互协调。

四、安徽三联学院转型发展的战略思考

1. 改革创新内部管理体制

高校内部管理体制与运行机制的改革,首先要从学校的实际出发,根据学校规模、教区设置、管理队伍素质、信息化程度等实际需要,确定合理的管理层级和管理幅度,实行分层分级管理,同时兼顾管理层级和管理幅度,合理调整权力配置。其次要建立精简高效的行政管理制度,以精简高效为目标,深化高校内部机构改革,建立扁平化的高校内部行政管理组织。最后通过理顺校内管理组织的关系,形成科学决策、规范管理、有效监督的机制,提高学校教学科研组织的规模效益和整体管理水平。

2. 深化应用型人才培养模式改革

产学合作教育,可以使人才培养方案、教学内容和实践环节更加贴近社会发展的需求,促

进学生实践能力和整体素质的提高,达到培养应用型人才目的。民办本科院校应坚持产学研合作培养应用型人才,探索建立学校和企业零距离对接的新模式。构建并实践地方本科院校"产学研"合作人才培养模式,首先要找准"产学研"合作切入点,深入了解"产学研"合作单位,通过多种途径形成灵活多样的合作方式。其次要充分发挥企业办学的优势,建立多形式和多渠道的立体办学模式。最后要建立专业建设指导委员会,结合地方经济发展和产业需要,建立特色专业和品牌专业,突出自身优势,从而带动学校相关专业建设,为地方产业发展培养人才。

3. 加强专业建设

民办本科高校专业布局结构的优化,要根据本校的办学目标定位和区域发展的实际需要,突出重点,不断优化专业结构。对于新本科专业的设置要进行论证和规划,其专业设置既要适应市场需求,又要充分考虑自身的现实条件,注重效益和效率;对于不具备办学条件和比较优势的专业,可以考虑精简。在加强专业建设的过程中,民办本科院校还应充分认识到课程体系建设在人才培养中的重要地位,通过课程的整合和重组,不断深化教学内容革新,建立与经济社会发展和与应用型本科教育相适应的课程体系。

4. 持续加强师资队伍建设

民办本科高校师资队伍的培养,必须瞄准本科性和应用型两个方面,一是引进一些既有深厚理论功底,又有丰富实践经验的一线人员到学校从事教学工作;二是有计划地开展教师教学技能培训、教师教学经验交流、教师教学效果评价等活动,引导教师到企业等社会一线去提升实践教学能力;三是打造以应用性学科为核心的人才小高地,加强对教师实践技能的培养和开发,依托重点学科、重点项目、重点实验室,吸引、聚集和培养一批高层次拔尖的科研与教学创新人才,推进学校应用型学科教师资源的培养和开发。加强应用型师资队伍建设,学科和专业带头人的引进培养是重中之重,可以紧密围绕学校办学目标,加强学科带头人的引进培养。

5. 完善质量保障体系建设

民办本科高校在转型发展的过程中应高度重视质量保障体系的建设,形成既有外部监督,又有学校内部保障,职责权限相互协调、相互促进的质量管理有机整体。一方面要建立健全内部质量监控的相关制度和管理体系,发挥学术(教学)委员会和教学督导组的质量监督作用;另一方面要建立健全外部质量监控体系,重视学校外部的政府、社会公众、用人单位等组织结构在保障教学质量方面的重要作用。在完善质量保障体系建设的过程中,其质量标准应与应用型本科人才培养定位切实相符,要考虑专业设置是否与地方经济发展对人才需求相契合;课程设置是否体现人才培养的学术性与应用性知识体系相协调;实践教学体系是否对学生的实践能力培养进行了系统的整体设计;是否形成稳定而有效的校外产学研合作教育基地等。

【参考文献】

[1]应用技术大大学(学院)联盟.地方本科院校转型发展实践与政策研究报告.天津职业技术师范大学地方高校转型发展研究中心,2013(11).

[2]李璐.融合之惑如何破解.中国教育报,2014年4月18日.

[3]白景永.构建与行业标准相衔接的教学内容与课程体系研究.山东外语教学,2011年第3期.

[4]刘萌,薛兵旺.组建职业教育集团实现校企深度合作与校企双赢——以武汉商学院牵头组建酒店职业教育集团为例.驻马店产教融合发展战略国际论坛,2014.

[5]李翠芬,苏瑞琨.地方高校应用型人才培养师资队伍建设研究——以梧州学院为例.梧州学院学报,2013年第1期.

(本文发表于《黄河科技大学学报》2015年第1期)

关于地方应用型本科高校转型发展的思考

巢湖学院　朱定秀[①]

目前,一些新建本科院校已经积极行动起来,他们把转型看作学校发展难得的时机和动力。当然,多数地方高校还在怀疑、迟疑、担心、观望、徘徊。转型发展势在必行,巢湖学院作为600多所地方本科高校一员,大势之下该如何把握时机,抢抓机遇,下面略谈几点不成熟的看法。

一、认清形势,明晰目标

教育部之所以力推地方本科院校向应用技术型高校转型,是为了使高等教育适应服务区域经济发展、促进产业转型升级的迫切要求,以及建立和完善现代职业教育体系和高等教育结构调整的现实需要。当前,一方面,随着经济的转型升级,我国经济社会发展的现实需要,产业转型升级由劳动密集型转向技术密集型,迫切需要大批量的高素质技术技能人才。但目前高层次技术技能人才的数量和结构远不能满足市场需求,"高级技工荒"难题凸显。另一方面,高等教育的同质化发展,造成高校毕业生就业困难。新建本科高校学科专业趋同、人才培养同质化、服务区域经济能力弱、学生就业能力差等态势,导致"一大一少"(毕业生规模大、行业企业可用之才少)的应用人才需求危机,因此,调整高等教育结构,推动高等教育多样化发展,完善人才培养结构与市场需求的匹配度,已成为当务之急。

二、克服恐惧,正视困难

我国是一个教育理念和评价标准较为单一的国家,长期以来重学轻术、重理论轻实用的传统根深蒂固。高校都愿意往学术、理论、研究方向靠拢,办学中都强调宽口径、厚基础、强能力,注重基本素质;教学过程中侧重知识完整性、系统性和学术性,专业、课程、师资、资源、评价等,

---

[①]朱定秀(1964—),女,汉族,安徽无为人。巢湖学院教务处处长,教授。主要研究方向:世界近现代史、高等教育管理。

都是按照学术型要求配置的。地方高校基本上都是按照传统学术型模式配置教育资源和开展相应教学活动的，这种模式已经固化。转型发展，就意味着打破这样的传统。再加上长期对高职院校职业教育的偏见与不了解，很多人担心地方本科高校转向应用型或职业型，难免会降低其地位和影响。

从心理学角度看，打破一种习惯不仅困难，还会带来不适应，由不适应而导致痛苦，甚至是恐惧。其实地方院校转型发展并不可怕，远非人们想象的那么复杂。首先，高等教育的职能、结构及培养模式本身一直处于不断变化中，当今世界各国，完全意义上的传统学术型大学很少，绝大多数高校都是应用科技型或者技术职业型。高校切不可死抱传统学术精英教育理念不放。其次，要树立有为才能有位的观念。国家需要培养科学家、政治家和各行各业领军人才的研究型大学，但国家更多需要的则是那些务实高效，掌握生产、建设、管理和服务本领的实用型人才，需要大批培养这类人才的应用类高等学校。只要能够满足经济社会发展需要，使学生学有所教和学有所用，高校就能体现和实现自身价值，也就因此能获得生存和发展的空间。无视社会和市场要求，闭门办学，唯学术和学科教育是从，则迟早会被市场淘汰。

对于地方本科院校来说，转型发展的确存在很多困难，这些困难既有外部制度因素，也有学校内部原因。

外部因素主要有：一是我国教育体系顶层设计的欠缺，主要是指职业教育与普通教育的贯通机制、高职与中职之间的衔接机制还没有建立起来；二是现行评价机制的制约，新建本科学校评估采用的是普通高校评估标准，与研究型大学的评价标准区别不显著；三是现行政策制度的制约，如招生制度、教师聘任制度、专业设置制度等；四是国家各部委之间缺乏信息联动，学校缺乏清晰的市场劳动力需求信息，无法根据市场需求及时调整办学方向。

学校内部原因主要有：一是办学理念上，对应用型办学的探索只停留在理论上，没有走出去与经济社会相融合，更没有明确往应用技术类型高校发展才是学校的出路；二是学科与专业设置趋同性过高；三是学校课程体系改革力度不大，与传统的"学术型"课程体系没什么差别，也与市场需求不相匹配；四是教师队伍结构不合理，"双师型"结构教师比例普遍比较低，实践创新能力不足，为企业、行业服务能力弱；五是校企合作难以深入，学校与企业签订合作协议框架较多，但实质性合作不多，不少还停留在表面上。

除此之外，我们还面临更多的困惑与困难。从外部来看，多数省份的新建本科院校都是实行省市共管、以市为主的管理体制。区划调整后，巢湖学院面临的境地很尴尬，与其他新建本科院校在获得这方面资源上存在着较大的差距。从内部来看，办本科时间短、底子薄，特色正在凝练形成过程中，学科专业结构不够合理、教师队伍实力不强、人才培养模式单一、科研服务能力不强、对经济社会发展的贡献不大等问题都存在。尤其是师资问题和办学条件与设备问题，一些应用型的专业需要大量的实验设备，而目前我们的基础较薄弱，学校往应用型和技术性方向转型，对教师的素质要求更高。

三、克服困难，推动转型

建设独具特色的应用技术大学，是一个持续、艰苦、充满激情的探索与实践过程，也是一个蝶变、超越、脱胎换骨的转型与提升过程，需要很大的勇气、信心与决心。目前学校的当务之急是先打"观念仗"，切实转变思想观念。要通过理论学习、调查研究、思想大讨论进一步统一思想认识，坚决破除制约学校转型发展的认识误区和观念障碍。全校上下要统一思想、凝心聚力，用转变观念开启转型的动力之门。通过思想观念的转变，进一步提升全校师生对创办应用型本科高校的定位自信、发展自信和前景自信，进而增强办好应用型高校的自觉性。

如何转型，欧洲的应用型大学给我们提供了很好的示范。结合欧洲经验，立足我国现实，地方本科院校的转型必须依靠政府和学校双方的共同努力。

希望各级政府要为学校转型创造良好的条件：一是加强顶层设计，完善立法，明确新建本科院校在我国现代职业教育体系中的地位，建立健全政府主导、行业指导、企业参与的办学机制，扩大招生自主权，提高地方院校的生源质量，加快"双师型"队伍建设；二是以经费保障转型，研究应用技术类高校生均经费基本标准、生均财政拨款基本标准，中央财政和地方财政应该共同设立转型示范学校专项资金；三是以信息促进转型，收集社会经济发展信息，及时发布国家产业结构调整目录，加强人才需求预测，建立就业预警机制，为高校转型提供信息支持；四是以评估引导转型，建立符合应用技术类高校特点的评估标准。

学校自身也要积极响应转型发展，要制定一个好的转型方案，并构建一套科学的考核指标体系。要打破"有什么就设什么"、"设什么就教什么"、"教什么就学什么"的"以教为导向"的思维定势，坚定走"产教融合、校企合作"之路，真正按照产业转型升级的目标、要求和进程，及时调整办学定位、优化专业结构、完善课程体系、创造实训条件。

一些已在试点的高校提倡"五个吻合"很有借鉴意义。一是学校办学规模、专业布局结构与产业调整升级的需求相吻合；二是学校人才培养规格与职业岗位标准相吻合；三是学校实验实习实训条件与生产一线装备水平相吻合；四是专业课程体系及内容与生产劳动流程相吻合；五是教法训法与行业企业项目、案例相吻合。

四、坚定信心，积极探索应用技术大学办学之路

巢湖学院该如何转型，是转为应用技术型本科院校，还是转为职业教育学院？近几年，围

绕应用型办学，我们也进行了一些探索，根据我校现有的应用型办学基础，应该是进一步加强应用性和技术性，形成有特色的为地方经济发展服务的应用性和技术性本科院校。

要转型发展就必须坚持差异化发展，不盲目攀比，不简单盲从，不等待观望，在明确办学定位的基础上，要积极探索适合自身发展的特色办学之路。

1. 创新体制机制，建立行业企业参与的治理结构

要加快学校章程建设，将产教融合、校企合作作为重要内容纳入其中，努力建立符合应用技术大学办学定位的现代大学治理结构。将融入大合肥区域经济社会发展作为转型发展的重要突破口，积极争取合肥市政府在人才队伍建设、经费投入、校地合作、基础设施改善等方面的支持；要主动让渡一部分"主权"或"领地"去交换外部优质办学资源，探索建立由政府、行业企业全方位参与学校管理、专业建设、课程设置和人才培养的新型内部治理结构；以管理重心下移为重点，以管理部门转变职能为关键，以收入分配制度改革为突破，鼓励各二级院系大胆改革、创新实践、特色发展。可以尝试与行业企业共建共管二级院系或专业集群，建立有行业和用人单位参与的院系理事会和专业指导委员会，明确院系根据产业链的发展方向、行业企业合作伙伴的要求设置专业课程、制定人才培养方案、聘用兼职教师的职权。

2. 优化专业结构，建立紧密对接产业链的专业体系

紧跟行业科技进步改造老专业，使专业向特色化、应用性方向发展；紧扣地方主导产业和战略新兴产业增设新专业，切实改变专业设置盲目追求数量的倾向，集中学校资源建设好社会有需求、办学有基础的专业（集群），逐步提高特色优势专业集中度。

根据区域经济社会发展需求通过专业与地方产业集群对接，建立起符合教育与地方互动发展的新型战略合作关系；通过校企合作、协同创新加强产业技术积累，促进新技术转化应用，参与企业技术创新，使学校成为区域特色产业和行业共性技术的研发中心和服务平台。

探索建立专业教育与职业资格的对接认证机构，按照产业链对高层次技术技能人才的需求和国家职业资格要求加强专业内涵建设，并将服务同一产业链的关联专业组织为专业集群统筹管理。

3. 创新人才培养模式，突出应用导向的教学改革

要制定符合应用技术人才成长特点的培养方案，重构基于工作过程系统化的课程体系，统筹校内培养与校企双主体校外培养模式，提高学生职业素养与岗位工作能力，构建"产学研相结合、教学做一体化"的应用型人才培养模式。积极推进教学内容更新，引入行业企业的新知识、新技术、新工艺、新标准，做到"学校教的要适应市场要的"。邀请用人单位直接参与课程设计和评价，引进国际先进课程；积极推行基于实际应用的案例教学、项目教学，专业课程运用真实任务、真实案例教学的几率要达到100%，主干专业课程用人单位的参与率达到100%。在学习评价与考核方式上，推行多样化的考核方式，变末端考核为过程考核，变封闭考核为开放考核，变学校考核为校企共同考核。

4. 实施双师双聘制度，打造教学科研创新团队

将打造"双师型"教师与科研团队作为学校转型发展的重要着力点。积极推进"双聘"制度，将聘用优秀企业技术人员和管理人员担任专兼职教师作为校企合作的重要内容，参与学校专业建设与人才培养；学校每年选派专业教师到联盟单位企业生产一线和相关政府机构参加顶岗实践或者挂职锻炼。要改革教师聘任制度和评价办法，改革学校和教师的科研绩效考核机制，建立以成果转化情况和技术成果突破性、带动性为导向的评价体系。逐步使大多数教师既具有较高的理论水平又具有较强的实践能力，使"双师型"教师占专任教师的比例逐步达到50%以上。另外在教师绩效考核、职务（职称）评聘等方面要向"双师型"教师倾斜。

5. 搭建实践平台，产教融合、合作育人

学校与企业联手，共同搭建实践育人平台。引进企业科研、生产基地，建立校企一体、产学研一体的综合性实验实习实训中心。通过校企合作、产教融合的方式，鼓励学生在做中学、学中研、研中创，提升实践创新能力。完善学生校内实验实训、企业实训实习和假期实践教学小学期制。推进学校与地方政府、行业企业合作建设大学生创业基地，开展大学生创业培训、成果孵化等实践教学。由联盟企业承接相关专业学生的操作训练、顶岗生产、企业管理、市场调研、毕业设计等，有效推进校企合作育人、合作就业工作。

6. 加快考试招生制度改革，与中高等职业教育有机衔接

要依托国家考试招生制度改革的总体方案，积极探索有利于应用技术人才选拔的考试招生制度。要根据各专业（集群）人才培养的特点，制定基于统一高考和高中学业水平考试成绩的综合评价多元录取机制，可安排一定比例的招生指标经过统一测试招收高等职业院校优秀应届毕业生，或免试招收经认定的各类技术、技能大赛获奖学生，同时积极探索招收优秀在职技术技能人才和校企订单式联合培养形式。适度扩大现有普通"专升本"招生规模，并与示范性高职院校的特色专业开展"3+2"一体化培养技术技能人才试点工作，努力建立"应用技术本科－专业学位研究生"一体化人才培养体系。

转型是一个艰巨的过程，不可能一蹴而就，势必要经历转型的阵痛，其变革之深，影响之大，意义之深远，没有坚定的信念是不可能实现目标的。既然转型不可避免，符合经济社会发展的长远利益，我们就不能再犹豫，不能再徘徊，而要勇敢迎接新的机遇和挑战，大胆走出一条面向经济社会需要、依托产业行业、以应用为根本、以就业为导向的转型发展之路，谱写学校发展的新篇章。

（本文发表于《应用型高教探索》2014年第5期）

地方本科院校实现应用型定位的路径探索
——以皖西学院为例

皖西学院 王全林[①]

在我国目前的高等学校系统中,以"985院校"、"211院校"为核心代表的国家和省重点建设大学,其研究型、教学研究型办学定位及其学术型人才培养的路径选择甚为清晰;广大高职高专院校立足职业教育,培养就业对口技能人才的定位运行通畅。唯独相当一批普通地方本科院校,尤其是那些1999年以后的近650所新建本科院校,他们在模仿老牌大学发展模式的加速发展进程中,因为"高大全"(攀高、做大、求全)心理的影响,发展定位趋同化现象较为常见。

我国著名高等教育学家潘懋元先生将我国的高校分为三大基本类型:第一阵营为学术性大学,主要以"985工程"大学和部分"211工程"大学为主体;第二阵营为应用型本科高校,这一群体相当庞杂,包括一部分"211工程"大学、一般部委属院校、地方高校、民办本科院校以及独立学院,"如何引导这一类型的高校正确定位,培养应用型专门人才,是当前分类指导的重点和值得进一步研究的难点";第三大阵营为职业技术高校,其学生主要以学习各行各业职业技能为主。

皖西学院作为众多新建本科院校中的一员,自升本之初就面临着办什么样的本科,如何办本科的艰难抉择。在如何尽快实现由概念模糊的"新建本科"向定位清晰的"新型本科"转型发展道路上,学校将"走应用性发展定位,培养应用型人才"锁定为自身的科学发展道路。自升本以来,在历届校领导班子与广大师生员工努力下,学校始终秉承"厚德尚能,博学创新"校训精神,以"踏石留印、抓铁有痕"的工作作风,高举建设高水平应用型本科高校大旗,咬定应用型发展理念,坚持内涵发展和服务地方双轮驱动,坚持"质量立校"、"人才强校"、"科研兴校"、"和谐荣校"战略,一步一个脚印地推进应用型本科高校建设,办学水平不断提升,办学特色日益凸显。

[①]王全林(1968—),男,安徽望江人,教授,博士。研究方向:高等教育学、高等教育管理。

一、科学确立皖西学院"地方性、应用型、教学型"办学定位,引领学校转型发展

新建地方本科院校转型发展的前提是进行科学的办学定位,只有办学定位科学合理、清晰明确,才能引领学校成功推进转型发展。

1. 办学定位的确立依据

办学定位属于学校的顶层设计,是办好高水平应用型本科高校的基础和前提。学校历届领导班子、中层管理人员以及广大教职员工依据高等教育发展规律,立足国情、省情、市情、校情,通过深入调研论证,凝聚集体智慧,科学地确立了"地方性、应用型、教学型"的办学定位和发展目标。

(1)是国家、省及区域地方经济建设与社会发展对高等教育的客观要求。

新时期随着新型工业化、信息化、城镇化、农业现代化的同步推进,中国正在加快经济社会发展方式的转型,产业结构的优化调整与转型升级,使社会职业岗位需求对技术应用型、创新应用型人才更为紧迫。尤其是对接地方支柱产业、战略性新兴产业、中心城市首位产业一线需求的人才,迫切要求地方本科院校能够培养出在知识、能力、素质诸方面适应职业岗位需要的应用型本科人才。因此,学校根据国家、安徽省和六安市经济社会发展需求,审时度势地确立了"应用型"办学定位和发展目标。

(2)是安徽省应用性高等教育体系建设的内在要求。

自"十一五"以来,安徽省立足安徽中部崛起发展对高等教育发展的需求,立足安徽高等教育省情,创造性地制定了省级应用性高等教育体系建设规划,2010年中共安徽省委、省人民政府联合出台的《关于建设高等教育强省的若干意见》(皖发[2010]9号),提出到2020年"初步建成能够服务党委和政府决策、支撑经济发展和产业升级、引领社会进步和文化繁荣的具有安徽特色的应用性高等教育体系"。为加快推进应用性高等教育体系建设,安徽省于2008年在全国率先组建了应用型本科高校联盟(简称"行知"联盟,发起时有14所本科院校,目前已有18所本科院校),2009年在全国率先立项建设五所省级示范应用型本科高校。皖西学院立足高等教育省情,进一步坚定了走"应用型本科"发展道路的决心。

(3)学校自身发展现状和特点内在决定了"地方性"办学定位。

皖西学院是由同一地区两所专科、一所中专学校合并组建而成的。学校学科门类相对较为齐全,经过多年的学科专业结构调整,实现了从传统师范专科向多科性应用型本科院校的总体转型。学校地处六安市,区域地方特征明显;学校的发展依赖于省、市级地方政府的大力支持,而学校则为地方经济社会发展提供人才保障和智力支撑。学校在认清自身办学历史、办学

环境、办学基础条件和现有发展水平基础上,确立了立足皖西、服务大别山老区振兴发展的"地方性"办学定位和发展目标。

(4)新建本科院校属性内在决定了"教学型"办学定位。

自2000年三校合并升本以来,经过历届校领导班子的励精图治和全校上下的共同努力,学校发展取得了长足的进步,本科教育教学内涵也日益充实。但是学校上下清醒地认识到,我们还是属于新建本科院校阵营。以本科教育为本、以本科教育为主既是现实的选择更是必然的抉择,"教学型"定位是我们理性而务实的模式选择。

2. 学校办学定位的基本内涵

(1)办学定位。

发展目标定位:地方性、应用型本科院校。

办学类型定位:教学型。

办学层次定位:以本科教育为主。

学科专业定位:文理为基础,应用为重点,坚持文理渗透,理工结合,注重应用,多学科协调发展;以社会需求为导向,构建面向地方主导产业、高新技术产业、现代服务业和基础教育的应用型学科专业体系。

人才培养目标定位:面向基层,服务一线,德智体美全面发展,地方用得上、留得住、有后劲;以能力为核心,知识、能力、素质协调发展,培养具有创新精神和实践能力的应用型高级专门人才。

服务面向定位:立足皖西,面向全省,服务于地方经济社会发展与基础教育改革。

(2)总体目标。

到"十二五"末,高标准、高质量地建成示范应用型本科高校,使办学规模适度发展、办学层次多元发展、学科专业结构更趋合理、应用型人才培养质量稳步提高、科学研究水平不断提升、社会服务能力不断增强、文化传承与创新能力有新发展、办学条件不断改善、办学特色更加鲜明,成为在安徽省高等教育界具有重要影响的应用型本科院校。

到2020年,把学校建设成为应用型人才培养质量高、办学特色鲜明、服务大别山区域发展能力突出,立足皖西、服务安徽,省内一流、全国有重要影响的高水平地方应用型大学。

二、皖西学院实现应用型办学定位,推进转型发展的七个路径探索

路径一:坚持发挥省级示范应用型本科高校建设在落实办学定位中的龙头作用。

为推进省级"应用性高等教育体系"建设,2009年安徽省启动省级示范应用型本科高校建

设立项,当年安徽科技学院、合肥学院、皖西学院、铜陵学院、宿州学院等五校入选。

皖西学院在成功获批安徽省省级示范应用型本科高校立项建设单位后,学校以此为契机,坚持发挥省级示范应用型本科高校建设在落实学校应用型发展定位中的龙头作用。近五年来,学校对照省教育厅批准的建设方案,在示范性应用型本科专业建设、应用型人才培养模式改革、专兼结合的教学及科研和管理团队建设、开放合作的校内外实训基地建设、服务区域经济及辐射能力建设等五大领域,科学谋划,精心实施,统筹推进,重点出击,使应用型本科高校的综合实力与发展内涵明显提升,2013年学校顺利通过省级示范校验收。

今后,学校将主动对接国家地方本科高校转型发展新需要,全面贯彻学校《关于加强内涵建设的实施意见》及其系列配套举措,力争跻身国家转型发展示范学校与新一轮省级应用型示范本科高校建设项目,发挥高水平应用型大学建设在落实办学定位中的龙头作用,全面促进应用型本科教育提升内涵,上水平,争一流。

路径二:坚持发挥两轮本科教学评估工作在落实办学定位中的杠杆作用。

新建本科院校科学发展的首要前提是本科教学的达标。对于皖西学院来说,校领导班子审时度势,变评估压力为发展动力,巧借教学评估"东风"促学校转型发展。为以评促建,在升本后的第四年(2004年),学校就主动迎接教育部本科教学工作水平评估,确定了"逐步把学校建设成为以文理为基础,应用型学科专业建设为重点,文、理、工、管、教、经、法、农多学科协调发展;人才培养质量高、科学研究有特色、服务地方有成效、有一定综合实力的多科性本科院校"的发展定位,通过三年的励精图治,于2006年12月在全省新建本科院校中首家、全国新建本科院校中较早一批通过教育部本科教学工作水平评估。在顺利通过第一轮评估的同时,学校也成功实现了由师范专科向合格本科、从以师范教育为主向多科性、应用型本科的初步转型发展。

2012年,学校作为安徽省两所、全国七所试点院校之一参加新一轮本科教学工作审核评估,2013年4月在全国新建本科院校中首家通过审核评估试点。通过第二轮评估,学校将省级示范应用型本科高校验收与迎评工作有机融合,全面加强"五个度"建设:高校办学定位与社会需求的符合度,高校人才培养、科学研究、社会服务、文化传承创新四大职能对办学定位的支撑度,高校人才培养目标、方案、教学运行、质量保障等人才培养各环节之间的吻合度,高校师资、教学科研设施、实践教学基地、图书资料等教学资源对人才培养的保障度,学生、社会和政府对人才培养质量的满意度。学校进一步提升了应用型本科的发展内涵。

路径三:坚持发挥校院两级管理体制改革在落实办学定位中的体制机制保障作用。

办学定位的落实离不开现代大学治理结构的保驾护航。办学定位的顶层设计与全面规划实施在学校层面,但是具体落实到人才培养、科学研究、服务地方、文化传承创新的实处与深处,则要依靠广大二级院系实体地位与主体作用的发挥。为此,2010年,学校全面启动二级学院建设,根据学科建制与专业大类布局,组建了13个本科二级学院,搭建校院两级科学发展平台;在此基础上,2012年,学校全面推进校院两级管理体制改革,在教学、学科建设、科研、实验室与设备管理、财务与审计、学生管理和党建工作等七大方面明确界定校院两级管理权限与职责,着力打造校院两级科学发展的体制机制。

目前,根据教育部的有关规划部署,地方本科院校转型发展在即,学校下一步将按照十八届三中全会关于深化教育领域综合改革的精神,进一步深化体制机制改革,以进一步完善现代大学治理结构,为转型发展保驾护航。

一方面,学校将积极推进以大学章程建设为核心的现代大学制度体系建设,进一步建立健全"党委领导、校长负责、教授治学、民主办学"的现代大学治理结构;另一方面,学校将进一步扩大二级学院的管理自主权,全面深化、细化校院两级管理体制机制改革,研究制定绩效分配方案和与校院两级管理相适应的量化考核实施办法,以真正发挥好二级学院在转型发展中的办学实体地位和管理主体作用。同时,对照地方院校转型发展指导意见(征求意见稿),在条件允许时,争取设立二级学院转型发展特区,以试点推进方式推进二级学院转型发展,如建立学院理事会、专业指导委员会,扩大试点学院在专业设置、招生编制、人才培养方案制订、兼职教师聘用、学院经费使用等方面的自主权。

路径四:坚持在优化学科专业结构调整进程中彰显办学定位。

学科专业布局结构是地方性、应用型高校办学定位能否落到实处的关键。"高等学校学科专业规模和结构是否合理,最终的检验尺度是市场",地方本科院校进行学科专业调整尤其要引入市场机制。为此,学校紧扣地方发展需求,紧跟地方经济社会发展脉络,在优化学科专业结构调整中不断完善办学定位。

1. 进行院系结构调整,从建制源头上搭建打造学科专业调整平台

近十年来,为深化推进学科专业结构调整工作,学校先后进行了两次大规模的二级院系建制调整工作。2004年,将三校合并之初的16个系(部)整合为12个教学系,初步促进了学科渗透与交叉融合,为机械类、土建类、经管类等新兴应用型专业的成长搭建了平台;2010年,学校全面推进二级学院建设,以应用学科大类为平台,组建了生物与制药工程学院、材料与化工学院、文化与传媒学院等13个本科二级学院,新发展了材料科学与工程、高分子材料与工程、汽车服务工程、金融工程等一大批对接地方产业、行业发展需求的应用型新专业。

"表1"比较了第一次建制调整前(2003年)、第二次建制调整前(2009年)与目前(2014年)

三个时间段本科专业学科门类分布的发展变化情况。十年来,我校新增专业主要以工学类、管理学类和艺术学类专业为主,与2003年相比,工学类专业由3个增加到22个,管理学类专业由1个增加到7个,艺术学类专业由2个增加到6个,三者占专业总数的比例从30%增加到64.8%。

表1 近十年来本科专业学科门类分布情况

年度	经济学	法学	教育学	文学	理学	工学	农学	管理学	艺术学	合计
2003	—	2	1	2	8	3	1	1	2	20
%	—	10.0	5.0	10.0	40.0	15.0	5.0	5.0	10.0	100
2009	1	2	4	4	9	12	1	4	3	40
%	2.5	5.0	10.0	10.0	22.5	30.0	2.5	10.0	7.5	100
2014	3	1	2	5	7	22	1	7	6	54
%	5.6	1.8	3.7	9.3	13.0	40.7	1.8	13.0	11.1	100

注:2012年前艺术学类专业从文学学科门类析出。

2. 近年来新增本科专业全部为对接地方优势、支柱产业发展需求的应用型专业

新材料、新能源、节能环保、生物制药、电子信息、文化创意和高端装备制造业等产业是六安市"十二五"期间大力发展和培育的战略性新兴产业,汽车及零部件产业、机电和家电产业、新型建材产业、农产品精深加工产业、现代服务业等是六安市"十二五"期间运用高新技术改造提升的传统优势产业。近五年来我校新发展的材料科学与工程、光源与照明、光电信息科学与工程、高分子材料与工程、电子信息工程、网络工程、材料成型及控制工程、汽车服务工程、建筑电气与智能化、旅游管理、物流管理、资产评估、金融工程、服饰与服装设计、播音与主持艺术等十多个工学、管理学、经济学、艺术学类新专业,全部对接了国家与地方战略性新兴产业、地方优势支柱产业与待改造提升的传统优势产业。

3. 动态调整招生科类设置,主动顺应地方产业结构布局调整需求

升本以来,学校在加大学科专业调整力度的同时,在招生科类设置与规模编制上优先满足地方产业结构布局调整需求,增招社会需求量大、就业前景好、志愿报考人数多的应用型专业,如工学类专业招生比例从2009年的34%增加到2013年的49%。限招、停招社会需求量小、就业困难的部分专业,如基础理科类与传统师范类专业,总体形成了社会需求与专业招生的良性互动。招生科类结构的调整,主动满足了社会各界对应用型人才的需求,在学校所处的六安市区位并不占优势条件下,近年来考生志愿报考率、报到率、提档线超录取批次分数线、录取平均分超批次分数线都呈逐年提高态势(见"表2")。

表2 2010—2013年度本科录取情况一览表

年度	二本批次最低控制线（分）		当年提档线超出二本批次分数线		当年录取平均分超出二本批次分数线		报到率（%）
	理工类	文史类	理工类	文史类	理工类	文史类	
2010	507	534	+1	+1	+7.50	+4.11	96.3
2011	477	510	+4	+2	+10.84	+5.92	97.7
2012	478	541	+7	+3	+15.23	+7.37	98.0
2013	429	498	+11	+7	+16.27	+9.29	98.0

路径五：坚持在深化应用型人才培养模式改革进程中落实人才定位。

应用型高校的定位最终的落点是培养地方经济建设与社会发展急需的一线应用型人才，并且地方经济建设与社会发展需要的是多元化的应用型本科人才。为此，学校立足省情、市情，积极探索多样化的人才培养模式改革，努力构建适应多元社会需求的"多样＋特色"的应用型本科人才培养模式。

一是确立"能力本位、行业需求"的应用型人才培养理念和"具有全面职业素质"的人才培养规格，顶层设计人才培养方案，并根据社会发展变化定期组织修订；二是建立健全行业企业参与制定人才培养方案、深度参与培养过程的制度；三是以学分制改革和"主辅修制"为龙头推动对多样化人才培养模式的探索，"弹性学制"、"主辅修制"、"国际合作教育"、"校企合作培养"、"创业教育"、学生"四自主"学习等多样化培养模式，促进了应用型人才的成长与成才。以辅修专业为例，2008以来，共审批1709人报名辅修，2011年至2013年，491人获辅修结业证书，427人获得辅修二学位。四是搭建"平台＋模块"的应用型课程体系，建立通识教育、大类培养、专业课程三大教育平台，以及通识课程模块、大类培养课程模块、专业课程模块、教师教育课程模块、实践课程模块等五大模块，以知识领域、知识单元、知识点形成的"网状"专业教学知识体系，一举突破了传统学术性本科教育课程框架，以应用能力为核心的人才培养之路越走越宽。

路径六：坚持以锻造"双能型"师资队伍为突破口落实师资队伍定位。

师资队伍建设是学校发展的永恒主题。与学术型人才培养所需师资相比，推进应用型本科院校转型发展，培养造就应用型人才，对师资队伍的教学科研能力与服务地方发展能力的"双能"素质人才的需求更为紧迫。对此国内一般多用"双师型"师资表述，官方最早的文献见于原国家教委1998年2月《面向二十一世纪深化职业教育教学改革的原则意见》（教职[1998]1号）中，即"要重视教学骨干、专业带头人和'双师型'教师的培养"。安徽省在推进应用性高等教育体系建设进程中，各校不约而同地都提出建设"双能型"师资队伍。为全面加强"双能型"师资队伍建设,学校出台《关于实施"双能型"师资队伍建设工程的意见》(院人〔2012〕44号),以"双能型"师资队伍建设为突破口,引领师资队伍转型发展。学校八大措施并举:一是源头把关,在人才引进、培养工作中注重对"双能"素质的考核与培养;二是注重规范,严格对照认定标准与认定程序,成熟一个,发展认证一个,目前约有250名教师通过认证;三是提供专项经费支持,专款专用;四是选派干部教师赴一线企事业单位定期挂职锻炼,且制度化、常态化;五是创新体制机制,在实践教学中培育"双能"素质;六是鼓励教师参加政府与行业组织的资格认证培训工作;七是选派中青年骨干教师至欧洲应用技术大学定期交流研修,在国际交流合作中按照国际标准打造应用型师资;八是进一步加强企事业单位一线兼职教师队伍建设。

路径七:坚持走政产学研合作道路深化拓展"大别山道路"办学特色。

在大别山革命老区长期办学实践中,学校创造性地提出了"深化拓展大别山道路,服务老区又好又快发展"的发展思路,在科技创新与科技扶贫开发中推进转型发展,凝练办学特色。

一是全面加强校市、校县(区)、校企合作,围绕大别山革命老区主导产业和区域经济社会发展对技术和人才的需求,签订并实施了一揽子校地、校企、校校之间的合作协议,扎实推进多领域、全方位"协同创新",建立了较为完善的政产学研合作机制;二是积极促进成果转化,推出了一批以霍山石斛产业化开发为典型代表的标志性成果;三是校地校企共建科技创新平台,打造省、市、校三级科技创新平台,安徽省石斛产业化开发协同创新中心成功跻身首批省级协同创新中心;四是深入推进校企、校地科技对接,教授博士企业行,解决行业企业技术升级难题;五是发挥人文社科综合优势,在服务"五色六安"建设中引领地方文化传承创新;六是结合"双能型"师资队伍建设,让教师在大别山革命老区挂职锻炼中实现增进才干与服务地方的双赢。

该思路与"化优秀地方文化为教育资源"作为学校应用型本科两大办学特色,赢得了本科教学审核评估专家与上级领导的好评。为进一步培育弘扬此办学特色,在深度服务地方中推进转型发展,今后学校将主动出击:主动对接国家即将出台的大别山革命老区振兴发展规划以及国家与省大别山扶贫开发战略,瞄准大别山革命老区主导产业、战略性新兴产业和区域经济社会发展对技术和人才的需求,力争在深度服务大别山区域振兴发展中不断发展壮大应用型本科学校的综合实力。学校将重点出击:在大别山自然资源开发、地方新兴与支柱产业开发、皖西文化资源开发、大别山老区转型发展等领域重点发力,如在霍山石斛产业化开发、大别山道地药材研发、太阳能光伏材料研发、农林废弃物综合利用、红色文化开发、大别山发展智库建设等重点领域,全面加强校地校企产学研合作,推进协同创新,推进科技成果向产业转化,推进科技成果向实践育人转化。

【参考文献】

[1]潘懋元,董立平.关于高等学校分类、定位、特色发展的探讨.教育研究,2009(2):33—38.

[2]王新华.地方大学科学发展的若干思考.皖西学院学报,2008(1):28—31.

[3]李和平,储常连,方明.转型提升,科学构建地方应用性高等教育体系.中国高等教育,2012(1):12—14.

[4]皖西学院.皖西学院"十二五"事业发展规划(2011—2015).2011.

[5]皖西学院.皖西学院高等教育振兴计划总体实施规划(2014—2020).2014.

[6]王全林.中国高等学校分类中的应用型本科及其形象思考.皖西学院学报,2009(3):31—37,74.

[7]皖西学院.皖西学院本科教学工作水平评估自评报告.2006.

[8]林蕙青.高等学校学科专业结构调整研究.厦门:厦门大学教育研究院(博士学位论文),2006.

[9]皖西学院.皖西学院本科教学审核评估自评报告.2013.

(本文发表于《应用型高教探索》2014年第3期)

地方本科高校转型发展的五个基本问题及顾虑

巢湖学院 丁俊苗[①]

今年2月26日,李克强总理主持召开国务院常务会议,部署加快发展现代职业教育,提出要引导一批普通本科高校向应用技术型高校转型。教育部《关于地方本科高校转型发展的指导意见》(征求意见稿)也提出,"引导和推动部分地方本科高校向应用技术类型高校转型发展"。4月25日,由应用技术大学(学院)联盟等主办的首届"产教融合发展战略国际论坛"在河南驻马店召开,论坛就引导、推动一批地方本科高校向应用技术型高校转型发展,"建设中国特色应用技术大学"展开讨论。5月8日,《人民日报》刊发了《教育部:地方本科高校转型发展势在必行》的文章,进一步指出地方本科高校转型发展的必要性和迫切性。自1999年高校扩招,很多专科层次的高校升本以来,地方本科高校的转型发展问题就一直是一个热点问题,但把地方高校转型发展问题上升到国家战略的层面,引起全社会的关注,这还是首次。

当前关于地方本科高校转型发展的讨论很多,各个角度和层面都有论述,头绪纷繁,其间也有一些疑惑。仔细分析一下,地方高校转型发展的问题可以归结为五个基本问题,与之相应,也有五个方面的顾虑。

一、地方本科高校转型发展的五个基本问题

地方本科高校转型发展的五个基本问题是:①原因,为什么要转型发展;②目标,朝什么方向转型发展;③途径,怎样实现转型发展;④条件,能不能实现转型发展;⑤结果,不转型发展会怎样。

1. 为什么要转型发展

关于地方本科高校为什么要转型发展,原因很多,其中最主要也是最急迫的原因就是人才需求和供给的结构性矛盾。一方面经济发展方式转变、产业结构转型升级,对人才提出了更高

[①] 丁俊苗(1974—),男,安徽枞阳人。巢湖学院教务处副处长,副教授、博士,湖南师范大学在读博士后。主要研究方向:汉语言文字学、高等教育学。

的要求，需要人才既具有扎实的理论知识，又具有实际应用能力，即高素质的技术技能型人才；另一方面，每年的毕业生不断增加，2014年毕业生将达到727万，但这些人才的素质结构又不符合企业对高素质技术技能型人才的要求，结果就是一方面大量毕业生找不到合适的工作，一方面是许多企业找不到适合的人才，形成高校人才培养的供给和社会需求之间的结构性矛盾。这种人才供需的结构性矛盾就要求地方本科高校要转型发展，以服务区域经济社会发展为导向，培养企业用得上的高素质技术技能型人才，因而"地方本科高校转型发展势在必行"。

2. 朝什么方向转型发展

关于地方本科高校朝什么方向转型发展，国家的导向很明确，那就是"引导一批普通本科高校向应用技术型高校转型"，应用技术大学（学院）联盟及驻马店"产教融合发展战略国际论坛"等即是向此方向转型的实践者和倡导者。目前的职业教育体系是"断桥"，桥的一边是中职到高职的职业教育，另一边是培养应用型科研人才的专业硕士学位教育，而中间缺失了本科层次的职业教育，因此，引导一批普通本科高校向应用技术型高校转型，可以弥补这中间断裂的环节，从而贯通中职、高职和专业硕士甚至专业博士学位教育，建成通畅的现代职业教育体系"大桥"。最后，职业教育体系和学术性教育体系并行，形成类似德国的双元制现代高等教育体系。因此，地方本科高校向应用技术型高校的转型，实质上就是向职业教育这一高校类型转型。与之相应，地方本科高校的人才培养目标也就得重新定位，要向高素质技术技能型人才培养目标转变。

3. 怎样实现转型发展

目标确立之后，下一步就是路径的选择，即怎样实现转型发展。走什么样的路实现地方高校向应用技术型高校转型发展，目前的路径也很清晰，即走"产教融合、校企合作"之路。"产"是生产、是产业，"企"是企业、是行业，产教融合，就是地方本科高校人才培养要以服务社会生产、服务区域产业升级转型为导向，将社会生产内容和产业发展技术融入教育教学体系，教育和产业深度融合；校企合作，是地方本科高校人才培养的具体模式，学校和企业合作，共同开展产学研教育，工学结合，在做中学，在学中做，共同培养技术技能型人才。产和教、校和企是两个主体，谁主谁次，谁先谁后？"产教融合、校企合作"不仅指明了地方本科高校转型发展的路径，而且明确了产和教、校和企两个主体之间的关系：产在先，教在后，两者互为主体。"产教融合、校企合作"解开了两个模糊的结：一是以学校为主的结，二是起点为学校的结，这从观念上确实是一个很大的变化，也在一定程度进一步明确了行进的路线。

4. 能不能实现转型发展

高等教育改革是一项系统工程，地方本科高校向应用技术型大学转型发展，关涉多个主体,需要政府、教育行政部门、高校、行业企业、学生及其家长乃至全社会的共同努力,单靠高校这一主体是断难成就的,德国应用科技大学几十年的发展历程充分证明了这一点。正因为此,目前对地方本科高校是否具备适宜的环境和必要的条件以保证其向应用技术型大学转型发展,客观地说是有一些疑虑的。在推进地方本科高校转型发展的多个主体中,政府是最主要的,能否使内外条件具足,创新体制机制,促成转型发展,关键在政府。国家和教育行政部门的态度也很明确,就是要通过政策引导、资源配置等手段,引导、推动一批地方本科高校向应用技术型高校转型发展。这让人相信,现在或不久的将来,国家是能够具足条件,成就地方本科高校转型发展的。

5. 不转型发展会怎样

在地方本科高校转型发展势在必行的大背景下,摆在地方本科高校面前的只有两种选择——转或不转。按照目前的政策导向和改革思路,不转将会面临"出局"的危险,因而,相信绝大部分高校都会选择"转型",也就是朝应用技术型大学转型发展,朝职业教育转型发展,朝培养高素质技术技能型人才方向转型发展。

以上对地方本科高校转型发展涉及的五个基本问题进行了分析,可以得出这样的基本结论:地方本科高校转型发展势在必行,转型发展的图景基本绘就。

但是,问题也有另一面,地方本科高校要真正实现转型发展,实现像大家所说的"华丽转身",则还有一些问题是需要直面和认真思考的。

二、地方高校转型发展的五个顾虑

与上述地方高校转型发展的五个基本问题对应,地方本科高校在转型发展中有五方面的顾虑:①适应社会,担忧丧失大学的独立性;②职业教育,担忧丧失大学的学术性;③产教融合,担忧丧失大学的自主性;④强化技术,担忧丧失大学的人文性;⑤方向一致,担忧丧失大学的多样性。

1. 担忧丧失大学的独立性

高等教育是整个社会大系统的一个子系统,人才供需的结构性矛盾驱动或者说倒逼地方本科高校向应用技术型高校转型发展,这是源于现实的需要和推动。为了应对和化解这一矛盾,地方本科高校就要进行自身的结构调整和优化,这本是高等教育子系统和社会大系统之间正常的交流和互动。但问题是高等教育这个子系统有其特殊性,这个特殊性就是高等教育之现代大学精神。现代大学精神崇尚大学的独立和自由,希望独立于政治,独立于社会生活,自由思考,自由探索实践。现代大学精神,是人类的崇高社会理想,不仅仅追求实然,更追求应然,植根于社会现实,但又超越社会现实。为了适应经济社会的发展,地方本科高校就需要亲近甚至屈从于经济社会现实,如此一来,大学的高度和独立性还能保持吗?高等教育之灵魂——现代大学精神会不会丧失?如果没有了独立之精神,象牙塔也垮落了,大学还依然是大学吗?

2. 担忧丧失大学的学术性

地方本科高校向职业教育转型,向培养技术技能型人才转型,大学的学术研究就会必然被逐渐冷落,或者至少窄化为应用研究。科学研究是大学的功能之一,学术是大学的立身之本,科研和学术,是任何一所大学都不敢轻言放弃的。地方本科高校对科研和学术,虽说是爱你不容易,但也是非常重视的,希望以之坚守本科高校的品位,希望以之提升教师的水平,希望以之提高教学的层次,也希望以之促进学科和专业的建设。一所本科院校,如果没有了学术研究,或者只有应用技术研究,那还是本科高校吗?随技术变革而不断变革,发展壮大的根基又何在?因而,地方高校的转型发展,担忧丧失大学的学术性也就在情理之中了。

3. 担忧丧失大学的自主性

以前谈应用型办学,要走校企合作的道路,学校在前,企业在后,学校的主体性很明显。现在要转型发展,走"产教融合、校企合作"的道路,产在前,教在后,一定意义上也就是企业在前,学校在后,顺序一变,观念上确实是一个更新,也就像用友软件公司副总裁郭延生说的:"这表明政府和高校更加重视企业、产业的角色和需求了。"但是,"产教融合"观念这一更新,学校就要适应行业企业的需求,紧紧跟随经济社会发展,产业不断转型升级,学校就要不断调整自己的学科专业和人才培养目标,跟着产业转。这样一来,地方本科高校与曾经的行业院校或企业技校的区别又何在呢?如果高校以追随者的身份存在,那高校的自主性又何在?更重要的是,高校自主性的丧失,可能随之丧失的就是大学的独立性品格。

4. 担忧丧失大学的人文性

现代大学有人才培养、科学研究、社会服务和文化传承创新四大使命,其中人才培养是根本性的。关于什么是人才,标准很多,但有一条是铁定的,人才,首先必须是人,因而人才培养,就不仅仅是职业教育和技术的教育,还必须是人的教育。人的教育,就要把人当作目的,而不是手段,人是主体,而不是客体,人除了职业能力和技术能力之外,应该还具有自由的思想、高贵的理性、丰富的情感等等特质,或者用一个词"人文性"来概括。如今,经济发展了,物质丰富了,但人文性的缺失、道德的滑坡也是不争的事实。国家通过行政的力量引导、推动地方本科高校以相同的步伐向应用技术型高校转型,会不会导致人才培养中出现技术性和工具性的强化,而弱化人文性现象?更重要的是,向应用技术型转型,随之出现的必然是理工类专业的强化和招生数的增加,那么一些人文社会学科的专业又将何去何从?立德树人是教育的根本宗旨,高等教育如果人文性旁落了,还依然是高等教育吗?人才如果缺失了人文性,还依然是人才吗?

5. 担忧丧失大学的多样性

长期以来,地方本科高校在办学定位、人才培养目标定位以及学科专业布局方面存在很大的趋同性,个性不突出,特色不明显。趋同性一直是困扰地方本科高校特色发展的一个重要问题,如何破解趋同性是地方本科高校需要认真思考并努力解决的问题。实践中,很多地方本科高校在依托地方、服务地方的指导思想下,在突破趋同性方面也取得了一定的成绩,形成了一定的特色。现在,地方本科高校要向职业教育转型,人才培养要向技术技能型人才转型,培养的路径主要是"产交融和、校企合作",大家都沿着同一条路向同一方向行进,如此一来,会不会重新造成另一种形式的趋同性。生态系统的生命力或者说生态系统之所是生态系统,其特质就是生物的多样性。地方本科高校沿着同一条路向一个目标转型,那地方高校的生物多样性如何体现呢?能形成生机勃发的地方本科高校生态体系吗?

三、关于地方本科高校转型发展的反思

高校毕业生的顺利就业关系国家的长治久安和亿万家庭的幸福,就业难确实是一个巨大的社会压力。但把原因归结为供需矛盾的"结构性失业"是不是有些简单化了,这里面还有没有其他更深层次的原因,如马克思曾经指出的社会化大生产的发达和技术的进步而产生的机器吃人的现象。设想一下,如果所有地方本科高校都转向了应用技术型大学,是不是真的就能解决"结构性失业"的问题呢?

"教育是民族振兴、社会进步的基石,是提高国民素质、促进人的全面发展的根本途径,寄托着亿万家庭对美好生活的期盼"(胡锦涛《在全国教育工作会议上的讲话》,2010年7月13日)。教育的影响不仅在于目前,更在于长远,我们学习德国的成功经验,走应用科技大学的发展之路,培养技术技能型人才,是否也学到了他们更深层次的建基于康德哲学人文主义之上的现代大学精神呢?我们为解决一时就业难的阵痛,让占高校半壁江山的地方本科高校"齐步转",是否会留下长久的人的教育缺失的后遗症呢?

作为地方本科高校的一员,笔者也觉得地方本科高校转型发展势在必行,也期待着一场深刻的转型发展之革命。但是,在转型发展的过程中,上述五个方面的担忧如果理论上不能作出令人信服的解释,实践中如果不能妥善地处理好,笔者认为,这不但会延缓转型的步伐,更会危及转型的成功,甚至影响现代高等教育体系能否真正建立。

(本文发表于《应用型高教探索》2014年第3期)

教学管理

科学普及

安徽省地方应用型高水平大学发展模式的探索与实践
——安徽科技学院为例

安徽科技学院　陈士夫[①]　郭　亮　张宏喜

多年来随着我国高等教育的快速发展,高等教育趋同发展与经济社会发展多样化需求的矛盾越来越突出,为了破解这一难题,安徽省教育部门提出了"科学定位,分类指导,多元发展,特色办学"的应用性高等教育发展方针,推动高等教育从以规模扩张为特征的外延式发展转向以质量提升为核心的内涵式发展。地方应用型本科院校要深刻把握地方应用型高水平大学的科学内涵和高水平应用型人才培养的独特性、规律性要求,构建科学的应用型本科人才培养体系,保证并促进学生知识、能力和素质的协调发展,推进应用型本科人才培养质量的全面提高。

一、解放思想,把握新常态,明晰转型发展方向

随着国家产业转型升级进程的加快,人才市场的供需关系发生了显著变化,行业企业变成了主导人才供需的主体;随着创新驱动战略的实施,高等教育的角色定位从过去的支持服务逐步转向服务与引领同步;随着多年来的快速发展,高等教育正从以规模扩张为特征的外延式发展转向以质量提升为核心的内涵式发展;随着我国教育改革进入深水区,高等教育通过深化体制机制综合改革理顺内部关系,转型发展势在必行。以上是对我国高等教育发展新常态的认识和判断。基于高等教育新常态的认识,我们必须解放思想,凝聚共识,更加注重内涵发展,更加注重特色发展,更加注重创新发展,更加注重需求导向,主动融入国家战略和区域发展及地方产业中去,促进学校可持续发展。

2009年学校第一次党代会明确提出了培养高素质应用型创新创业人才、建设高水平应用型大学的办学目标;2014年第二次党代会又提出了以创建地方应用型高水平大学,以内涵发展为主题,以学科专业调整优化为主线,以校企深度合作为重要路径,进一步完善转型发展的顶层设计为目标,更加坚定了学校走应用型大学的道路自信、发展自信和前景自信。

[①]陈士夫,男,安徽科技学院院长,教授。

二、优化学科专业结构,扭住转型发展龙头

按照"专业对接企业,学科对接产业"的学科专业建设思路,积极申报符合地方支柱产业、新兴产业发展需要的新专业,压缩、停招生源不旺、就业不畅的专业;利用高新技术对传统农科专业进行升级改造,通过文科专业间的交叉融合形成新的专业增长点。形成了以传统农科和新兴工科为主,相互支撑、协调发展,有效对接地方支柱产业、新兴产业群,全面服务地方经济社会发展的应用性学科专业体系。2007年以来,先后增设了机械电子工程、电气工程及自动化等18个专业,改造了应用化学、农产品加工等9个专业,停招和减招了农村区域发展、市场营销教育、园艺教育等12个专业。

三、加强师资队伍建设,集聚转型发展力量

教师是实现学校转型发展的主导力量。根据应用型人才培养需要,重点加强对应用型专业"双能型"教师(应用型人才培养能力、产学研合作能力)的培养,大力推行"两进、一培、一参与"制度(进企业、进基地,进行专项技能培训,参与产学研合作),积极探索"双能型"教师等级考核认定办法,举办教师实践技能大赛,鼓励和支持应用型专业课教师不断提高实践技能。积极改革教师绩效考核评价体系,改变传统的重学术轻教学、重理论轻实践的倾向,引导教师提升自身的实践教学能力。2009年以来,我校共有326位教师经过认定具备"双能型"教师资格。同时采取"引聘结合"的方式,从企业与科研机构聘请了266位具有丰富实践经验和教学能力的专业技术人员来校任教,形成了一支专兼结合、结构合理、素质较高的教师队伍,为学校转型发展集聚了力量。

四、分类制定人才培养方案,把握转型发展关键

学校为加强对应用型创新创业人才的培养,推进安徽省地方应用型高水平大学项目建设,2015版人才培养方案指导意见,在充分调研和行业企业共同参与的基础上,以实施"卓越人才教育培养计划"为引领,遵循"重基础、强实践;重素质、强能力"的原则,全面推动应用型创新创业人才培养方案的改革工作,按照工科、农科、理科、文科四个大类,实施专业人才培养方案的分类指导。具体体现在不同类别上,对总学时数、实践学时比例、学科基础课程学时比例、专业基础课程比例、核心课程设置门数(核心课程实践学时比例)、教学方法改革、课程资源配置(网络课程和MOOCs等),以及教学评价手段等进行分类,探索建立既符合学科专业特点,又符合地方经济社会和行业发展需要的应用型人才培养方案,克服人才培养的趋同化。

五、改革优化课程体系,抓实转型发展核心

坚持知识、能力、素质并重的原则,推行相近专业统一搭建学科专业基础课平台的模式,整体优化"平台+模块"课程架构。加强课程之间的有机联系和合理衔接,以"夯实基础课、重视专业课、强化实践课、灵活选修课"为课程设计思路,整合课程门数,合并或减少学时较少的课程门数,增加实践教学环节,推进实践教学的工程化、实训化,积极引入网络课程或 MOOC 示范项目等自主型学习课程,灵活开设选修课。同时,学校在食品科学、机械工程、环境工程等专业将行业标准引入到专业规范和专业标准,将技术标准引入课程目标和课程标准,将执业资格标准引入人才规格和人才标准中,以此来研究制定人才培养标准、专业标准、课程标准、教师队伍建设和人才培养质量评价标准。

六、突出应用科学研究,增强转型发展后劲

坚持应用性科学研究,鼓励教师和科研人员围绕地方需求和企业生产实践中出现的问题,开展应用研究,通过技术合作、技术咨询、技术服务和技术指导等形式,参与企业科技研发,促进企业科研成果转化;积极开展应用性科学研究和产学研对接活动,在滁州、蚌埠、淮南、宿州、阜阳等地开展产学研对接活动,促进应用性科研成果的转化和推广。坚持为地方经济和社会发展服务,依托专家大院首席专家、科技特派员和企业技术顾问等多种形式实现了与相关企业的无缝对接,建立产学研战略联盟,主动融入以合芜蚌自主创新综合试验区为核心的地方经济建设。

七、推进国际合作办学,汲取转型发展经验

为充分利用国境外优质教育资源,学习借鉴先进理念和成功经验,拓展应用型人才培养的国际视野,我校将推进教育国际交流与合作办学作为创建高水平应用型大学的重要举措,从 2009 年开始大力实施国(境)外合作办学工程,先后与美国、德国、韩国、澳大利亚、新西兰和台湾地区等 24 所应用型高校建立合作关系,并与美国、韩国、我国台湾等国家和地区的 8 所大学正式签订合作办学协议。目前,学校已获批国家级中外合作办学项目 2 个和省级中外合作办学校际交流项目 4 个,位居安徽省高校第二位。

八、改革教学管理机制,提供转型发展保障

学校不断深化改革,创新教学管理制度。学校根据地方性、应用型的办学定位,先后出台

了《关于应用型课程开发与建设的暂行办法》、《关于进一步加强实践教学和合作育人工作的意见》、《关于进一步加强大学生创新创业教育工作的实施意见》,积极推进以"构建应用型创新创业人才培养机制与质量保障体系"为主线的新一轮教育教学改革;制定了《教学成果奖评奖办法》、《教研工作量计算办法》等一系列规章制度,将教学成果奖、教研项目和教研论文纳入教研工作量,与科研成果同等进行奖励,鼓励教师根据应用型人才培养特点开展教学研究。

总之,要认识和把握我国高等教育发展的新常态,进一步解放思想、凝聚共识,以改革求发展,创新人才培养模式。要根据社会需求、高等教育改革与发展趋势和学校自身的办学条件及优势,不断优化人才培养目标,立足地方经济发展,做到特色兴校,特色强校,努力建设地方应用型高水平大学。

【参考文献】

[1] 蔡伟建,车巧巧,郑玉珍. 德国应用科学大学培养应用型人才的特色之路. 中国电力教育,2009,3:227—229.

[2] 刘志鹏,杨祥,陈小虎. 应用本科院校发展模式的创新与实践. 中国高等教育,2010(11):34—36.

[3] 徐理勤,顾建民. 应用型本科人才培养模式及其运行条件探讨. 高教探索,2007(2):57—60.

[4] http://www.ahstu.edu.cn/news/n5/201502/56639.shtml 安徽省教育厅. 安徽省教育厅关于地方高水平大学立项建设分类发展的意见.

[5] http://www.ahgj.gov.cn/66/view/3153 杜玉波. 把握新常态下的高教发展

应用型本科人才培养的教学法体系研究

合肥学院 陈 啸 刘 杨[①]

国家中长期教育改革和发展规划纲要(2010—2020年)提出:"适应国家和区域经济社会发展需要……重点扩大应用型、复合型、技能型人才培养规模……"培养应用型人才不仅在教学内容、教学模式等方面区别于培养学术型人才,而且在教学方法上也与培养学术型人才有很大不同,需要认真研究并实践探索。笔者重温夸美纽斯与赫尔巴特的教学法思想,对目前各高校开展的应用型人才培养教学法实践进行归类分析,对构建适用于应用型本科人才培养的教学法体系进行有益的尝试。

一、重温夸美纽斯与赫尔巴特教学法思想的启示

1. 强调"感觉—理解—记忆—判断"法则,是夸美纽斯确定的教学法最基本的原则

17世纪捷克著名教育家夸美纽斯,从世间万物生长发展的规律出发,用生动的笔触,著就其不朽名篇《大教学论》。《大教学论》的主旨是指引我们"寻求并找出一种教学的方法,使教员因此可以少教,但学生可以多学"。统观夸美纽斯倡导的教学方法,其最重要的原则就是强调遵循"感觉—理解—记忆—判断"法则。他指出:"假如能使孩子们先运用它们的感官(因为这最容易),然后运用记忆,随后再运用理解,最后才运用判断,这样才会次第井然;因为一切知识都是从感官的感知开始的;然后才由想象的媒介进入记忆的领域;随后才由具体事物的探讨对普遍生出理解;最后才有对业已领会的事实的判断。"夸美纽斯将上述法则运用于教学可以概括为四个重点。第一是强调教学的直观性。夸美纽斯对直观教学推崇备至,把直观性原则视为教学法施展的黄金法则。他指出:"一切知识都不应该依据书本的权威去灌输,而应实际指证给感官与心智,得到它们的认可。"夸美纽斯认为在学生的学习过程中,由学生自己通过运用感官而获取的直观体验是起到首要的决定性的作用。第二是强调教学的情境性。夸美纽斯强

[①] 陈啸(1955—),男,北京人,合肥学院副院长,教授。研究方向:高等教育学,教师教育。刘扬(1986—),男,安徽蚌埠人,任职于蚌埠山区燕山乡政府,教育学硕士。

调具体真实的情境在学习本领、获取知识过程中所扮演的重要角色作用。他认为让学生在事物原本的情境中学习事物本身是最好的方法,他强调应从推理中学习推理,书写中学习书写。甚至直言学校借此方式可以成为一个营营于工作的工场,让学生在形成了材料的同时也形成了他们自身,也就是说在以情境性为特征的学习背景之下,无论是所需要学习的单一的知识本身,还是培养一个人才所必需的内在的素养和能力,都可以由学习者自身获取和形成。第三是强调教学的实践性。夸美纽斯对那些脱离实际环境的知识一贯持反对态度,他把满是过去经典,却又无法活学活用、忽略和脱离现实实际的知识形容为"一张镶补成功的被褥"。他将事物比喻成核,认为这是本体的和主要的;而将文字比喻成皮,认为这是衣着的和偶然的。他反对学习者过多地依靠抽象文字来获取知识,而主张学习应直接以事物本身作为最开始的出发点。第四是强调教学方法应当体现感悟性的特征要素。夸美纽斯把感觉当作学习中的重要因素,其整个教学理论的建设根基是哲学论中的感觉论。夸美纽斯是个感觉先验论者,认为事物的存在先体验于感觉,然后才体验于理智。即人理解事物的过程首先是借助各类感官的感觉从而得到一线的感知体验,然后大脑才凭借这些第一手的信息进行思考加工从而最终形成能力和知识。夸美纽斯正是在这一基本观点上建立了整个唯实主义的强调遵循自然规律和感觉基础的教学理论体系。

夸美纽斯的观点对应用型本科人才培养的教学法的理论体系构建有重要指导意义。在以应用为导向的本科人才培养过程中,培养学生应该具有怎样的思维是首要任务。事实上,不同类型的本科人才,为社会工作的使命和任务是不同的,因而其思维训练的性质也不同。对于学术型的本科人才来说,需要培养的思维能力是高度概括的、思辨的和抽象的,更依赖于发挥大脑中抽象思维作用,在广泛的理论和专业的基础上,成为一个理论家、科学家;而应用型人才的思维特点是具体的、形象的,是将抽象的理论概念转化为形象的实际操作,因而更强调理论知识的实际应用。他们在未来的工作中更多的是依靠感官获取经验,从事具体的操作,因此,需要培养的是解决现实问题以及将新技术转化为生产力的能力,从而成为优秀的工程师、设计师。这种应用型本科人才的思维上的需求和特点,体现了应用型本科人才的内在本质,它既是建设应用型本科人才教育的教学方法中应该首先和持续思考研究的问题,也是将夸美纽斯教学法思想与应用型本科人才培养教学法体系建设联系起来的关系纽带。

2. 遵循人的可塑性规律,是赫尔巴特教育思想的精髓

赫尔巴特是19世纪德国教育家、哲学家和心理学家,被誉为教育科学之父。其所著《普通教育学、教育学讲授纲要》在世界教育史上被称为"教"的第一部教育学著作。赫尔巴特不仅强调人的可塑性,更强调教学应遵循其可塑性的规律。因此他也同样非常重视应用与情境化在教学方法中的重要作用,并把其作为应当掌握的教学方法的核心内容之一。他提出要通过练习将所学知识应用于新的场合。毫无疑问,赫尔巴特在这里突出强调了学生对所学知识不仅应当应用,而且要应用到新的环境与场合,意思是课堂以外的真实的工作环境与场合是一个系统完整的教学过程中必不可少的一个环节。赫尔巴特还特别强调在教学方法的使用中对学生自主观察能力和实际动手能力的培养,他主张让学生自行进行观察,主张"有时可送他们到布商那里学习,以便使他们学会像布商一样出色地用触觉辨别出毛织物的粗细、质地"。这都是突出强调在真实情境中培养实践应用能力的重要作用。他提出应当让学生学会手的运用,让学生参加一定的手工劳动,他写道:"每个人应学习手的使用。在人超过动物这一点上,除了语言外,手有它的光荣地位。"他还特别强调学习与实践环境结合的重要性,认为教学不能仅限于书本知识,应当把学生学习书本与接触环境结合起来。

他指出学习"技术知识"对青少年的必要性,甚至提出"每个青少年应当学习使用木匠最常用的工具,应当像使用直尺与圆规一样出色"。

赫尔巴特的上述思想,对于构建应用型本科人才培养的教学方法理论体系不无裨益。应用型本科人才教学法的服务对象是应用型本科学生,使用范畴是应用型本科高校,而这类高校在人才培养中的首要目标正是指向技术师、工程师、经济师、经理等等。因此,要特别强调理论知识的实际应用,并具有将高新科技转化为生产力的能力。这类人才的培养,不可能在课堂上一次性完成,而是必须深入企业,深入一线,通过接触实际的项目,在解决项目问题过程中,将所学知识应用于新的场合。这正是赫尔巴特教学法思想中特别强调的。可见赫尔巴特的教学法思想为构建应用型本科人才教学法体系提供了理论基础,值得我们认真研究和积极实践探索。

二、构建应用型本科人才培养教学法体系的实践探索

应用型本科人才培养的教学法体系还处在研究的初期,但其实践却同其他社会实践一样已悄然起步。而且,与应用型本科人才培养教学法具有的多样性特征一样,其实践种类往往可以有上百种。因此某种意义上说,应用型本科人才培养教学法的实践体系正在形成。在现行探索中,具有鲜明特征和代表性的教学方法可以归类为以下几种。

1. 行为导向教学法

行为导向教学法强调通过学生自己的实践或行动来培养和提高职业能力。这是目前运用得最多的应用型人才培养教学法。具体包括以下形式:

(1)模拟教学法(Simulating Teahing)。在模拟情境中学习知识,掌握技能,提高能力。其

一,在模拟工厂进行。适用于工程技术类专业。其二,在模拟场所进行(模拟办公室、模拟事务所、模拟公司等等)。适用于经管类、艺术类专业。其三,计算机仿真模拟。适用于数控技术等仿真训练系统。

(2)案例教学法。通过案例分析和研究,培养学生分析问题和解决问题的能力。案例教学法(Case Methods of Teaching)初创于哈佛商学院,哈佛商学院最初将案例教学法界定为:一种教师与学生直接参与,共同对工商管理案例或疑难问题进行讨论的教学方法。后来随着案例教学法的推广,这种方法不再仅仅局限于工商管理等领域。案例教学法的目的是为了培养学生的学习能力。因此它不同于传统教学的课本教学,而是精心选取和运用案例进行教学,并且特别注意针对社会热点,通过对真实案例的分析,紧跟社会发展前沿,不断建构专业知识,推进理论和方法创新。案例教学法不强调突出教师单一的主体性地位和单向的交流,而是让学生独立地对选取的典型又贴近生活的事例进行分析和判断,课堂上学生的学习是主动的积极的,学生的主体性得到了充分的展示。学生通过模拟操作或者实践,以主人翁的姿态去面对问题、思考问题、解决问题。案例教学法在经济类、管理类、人文社科类专业中运用较多。

(3)项目教学法。以具体项目或任务为驱动,学做合一,实现能力培养。项目教学法(Project-Based Teaching)是指将项目以需要解决的问题或需要完成的任务的形式交给学生,在教师的指导下,由学生自己按照实际工作的完整程序,进行信息收集、项目决策、项目实施、成果展示、评估总结的教学方法。以完成项目为目标,学生通过收集信息、设计方案、实施方案,在完成任务中不仅能学习掌握知识,形成技能,而且能培养团队合作意识,锻炼沟通、表达与合作能力。在项目教学法中,老师不再是主体,取而代之的是学生组成的任务教学小组,学生按照项目的要求,通过分工协作,独立自主地制订和实施计划以完成项目,使学生从过去的被动接受学习转变为主动的探究学习,突出强调学生的自我管理式学习,让学生成为学习的主人。这种来源于企业具体实践中的教学方法,往往以制作作品并推销给客户或以完成具体工作为目的、以企业实际需求为导向、以企业实际应用为尺度,因此具有很强的现实性和应用性特征。学生在教师的指导下,在搜集、选择信息资料的工作中,在通过小组的共同研究努力创造性地解决问题的过程中,提高了各种实际综合应用能力。适用于几乎所有工、经、管、人文社科等实践性强的专业。

2. 启发与团队互助教学法

启发与团队互助教学法强调以问题引路,调动学生思维,通过团队互助,不仅能培养学生分析问题、解决问题的能力,而且能培养学生与人合作共事,共同解决问题的能力。启发式教学法主要包括问题教学和团队互助教学两种形式。

(1)问题教学法。问题教学法(Problem-Based Teaching)是指把问题作为基本要素来组织教学过程的一种教学法。在教学过程中,教师通过问题的引入展开教学,使学生更好地理解和把握知识,从而巩固和发展教学成果。问题教学法的关键之处是对问题的设计,问题要体现出课程目标要求的概念和观念,具有一定的难度及深度,并且应该确保问题的复杂程度与真实生活问题相当,这样既能让学生获取知识,又能发展学生的能力。

(2)团队互助教学法。团队互助教学法(Teamwork Teaching)主要利用团队成员之间的分工合作,共同利用资源,互相支援,在联合公关中学习知识,提高能力。团队互助教学法一方面使学习机会更为平等,一方面使学习动机更为强烈。在该教学法的实施过程中,教师需要在上课前先将学生组成团队,然后对学生清楚地描述团队目标,解释课程内涵及目标结构,并且在团队开展活动的过程中适时介入,及时加以指导;最后评鉴学生的成就,并帮助学生总结他们合作成功的经验教训。团队互助教学法强调的是团员之间的互助,团队成员通过相互启发,优势互补,发挥整体力量。团队互助教学法通过构建真实的现场情景,让学生在团体合作中提升了人际交往和团队合作能力。而这种能力,对于应用型本科人才在未来工作和社会生活中是至关重要的。

另外,还有整合教学法。比利时教育学教授罗日叶在其著作《整合教学法:教学中的能力和学业获得的整合》中,提出了"整合教学法"的概念(Integration Teaching):创造某个情境(族),设定具体目标,让学生充分调动利用所学习过的知识(资源)和技能去解决具体问题。整合教学法的核心思想,是注重通过整合性的情境(族)来发展和展现学生的能力。

整合教学法构成的关键要素是能力情境(族)和整合。能力=$\{素能\times内容\}\times$情境(情境族)。罗日叶强调:能力对于个体而言,就是为了解决某一情境族,以内化的方式调动一套被整合了的资源的可能性。

什么是罗日叶所说的素能、内容和情境族呢?素能是指涵盖个体原本潜在拥有的所有禀赋,从简单的认知活动到抽象的人生观、价值观等,它是能力形成的一个前提因素。内容是指学校里教授的知识,不仅局限于学科知识,更包括方法论知识,它是能力形成的另一个前提因素。情境是指与所学相关知识相吻合的场景。情境族是指一组参数相近的情境所构成的复杂情境。罗日叶认为:只有当我们在有意义的情境,特别是复杂情境(情境族)中对已学习过的知识进行整合加以调动的时侯,我们才算是有能力的。这正是我们常说的综合运用所学知识解决实际问题的能力。

整合教学法的运用流程一般分为四个阶段。第一阶段:传授知识阶段(一般5~6周)。教师综合运用各种方法向学生传授专业所需的知识(资源)。第二阶段:初级整合阶段(一般1~

2周)。教师创设情境,要求学生调动利用此前获得的知识(资源)解决问题。第三阶段:再次传授知识阶段(一般5~6周)。教师重新安排教学,让学生再次进行知识学习。第四阶段:高级整合阶段(一般3~4周)。教师综合若干学科创设情境族(复杂情境),要求学生调动利用此前获得的综合知识(资源)解决复杂问题。

整合教学法适用于几乎所有工、经、管、人文等社会科学学科领域实践性强的专业,具体形式有以下几种:模块教学、任务驱动教学、体验教学。

①模块教学法(Modular Teaching)。"模块"一词是外来词,其英文为Module。模块教学法的基础是建立模块化课程体系。所谓模块化课程体系,就是在充分分析某一职业所对应岗位(或岗位群)所需要能力的基础上,首先围绕特定的主题或内容对原有的教学内容进行整合,构建以能力为中心的独立的教学单元;然后再将各个教学模块有机组合而构建的完整的教学体系。模块化课程体系由基本素质模块、专业基础模块、专业应用模块构成。其特点是将学科知识按职业要求进行整合,通过知识与能力的有机结合分块进行教学。每一个模块都有明确的能力培养目标,都对教与学理论与技能训练提出要求,都相对独立完整,学生完成一个模块的学习即可掌握一项技能,而模块之间又有一定的内在逻辑联系。模块化教学法将专业教学计划模块化,由于每一模块内容独立,可根据实际需要独立教授学习其中的一个或一组模块,有所教有所不教,教学方法灵活多样,针对性和实用性强。

②任务驱动教学法(Task-driven Teaching)。基于建构主义的教学理论,认为学生所学的任何知识最终都是通过自己的建构内化完成的。该教学法的主要特点是围绕任务展开教学。具体实施中,教师把教学内容分解为若干个相互联系的问题和任务,把需要学生掌握的知识点隐含在每个任务中(比如一章一大任务,大任务中有细任务等),并创设与之相关的情境。学生在任务的驱动下,借助教师的帮助和引导,利用必需的学习资源通过自主学习或合作学习完成这些任务,从而达到教学目的。任务教学法在整个教学过程中,以一个个具体的任务为线索,把教学内容巧妙地隐含在每个任务当中,真正为学生营造了一个建构知识寓学于实践的环境。这种教学法的使用,充分体现了以学生为中心、以方法为导向、以能力为目标、以情境为载体、以合作为途径,师生互动共同发展等特征。

③体验教学法(Experience Teaching)。体验教学法是以情境体验为基本特征的一种教学形式,它通过创设实际的情境和机会,使学生在亲历的过程中理解知识、构建知识、掌握知识和发展能力。教学意义上的体验既是一种活动,也是活动的结果。作为活动,即主体亲历某种事件,并获得相应的认识和情感;作为活动的结果,即主体从其亲历中掌握知识和提高解决问题的能力。在体验教学法中,教师的教学应该是分阶段的启发性的引导,而学生的学则是探索性的体

验。教师在每一阶段教学完成后,都应及时创设相关情境,确定任务目标让学生进行体验。

除上述教学法之外,还有像觅食教学法(Foraging Teaching)、技术规程教学法(Technical Order Teaching)、习明纳(Seminar,也译为讨论课)教学法等诸多教学方法。值得注意的是,每一种方法都有自己的特点,但也有局限,可依据多方面条件,将各种方法进行合理的组合,以达到最佳教学效果。因此,所有教学法并不是孤立存在的,而是可以交叉混合使用的。可以这样说,真正的教学大师,是将各类教学法娴熟地应用于人才培养实践的人,这样的教学也才能真正升华为教学艺术。

【参考文献】

[1] 夸美纽斯.大教学论.傅任敢译.北京:教育科学出版社,1999.

[2] 刘杨,陈啸.关于构建应用型本科人才培养教学法的思考.合肥学院学报:自然科学版,2011(2):65—67.

[3] 赫尔巴特.普通教育学、教育学讲授纲要.李其龙译.北京:人民教育出版社,1989.

[4] 陈啸,储常连.关于高等教育分类研究若干问题的思考.中国高教研究,2010(12):27—32.

[5] 孔繁敏.建设应用型大学之路.北京:北京大学出版社,2006:131.

[6] 郑金洲.案例教学指南.上海:华东师范大学出版社,2000:2.

[7] 高林.应用性本科教育导论.北京:科学出版社,2006:134.

[8] 易克萨维耶罗日叶.整合教学法:教学中的能力和学业获得的整合.2版.汪凌译.上海:华东师范大学出版社,2010.

[9] 黎刚,赵姚.高校毕业设计中出现的问题及对策.南京电气电子教学学报,2004(6):122—124.

[10] 万晓花.小学教育本科专业模块化课程体系研究.新乡学院学报:社会科学版,2012(4):134—136.

[11] 红敏,李晓明.模块化教学法在应用型计算机专业人才培养中的应用.东北农业大学学报:社会科学版,2008(3):76—77.

(本文发表于《合肥学院学报》(自然科学版)2012年第22卷第4期)

新建地方本科院校提高教学质量的思考

蚌埠学院 董毅[①]

提高高等教育质量已成为世界高等教育的共同主题。我国政府已经明确提出"着力提高高等教育质量"。教育部部长周济在上海浦东举行的第三届中外大学校长论坛上指出:"未来一个时期,中国高等教育发展的重点将进一步集中于质量的保障与提高,把提高质量作为高等教育发展的核心目标。"教育部副部长吴启迪在第四次全国新建本科院校教学工作研讨会上指出,新建本科院校的工作重心要转移到提高办学水平和教学质量上来。目前,全国新建普通本科院校有208所,占普通本科院校的近1/3。它们大多是由低层次学校升格的,基础相对较差,自身迫切需要以质量求生存谋发展。同时,它们在我国高等教育中举足轻重,要提高我国高等教育质量,建设高等教育强国,必须高度关注新建本科院校的发展。

"教育质量是指教育水平高低和效果优劣的程度","最终体现在培养对象的质量上"。我们认为,新建本科院校要按照"教育要面向现代化,面向世界,面向未来"的要求,从以下几个方面审视教学质量,树立正确的质量观,把握办学方向与思路,培养高素质的应用型人才。

一、从我国新型工业化建设战略需求来思考教学质量

党的十六大以来,党中央根据新世纪新阶段国际国内的新形势,提出了我国要走新型工业化道路的战略目标。新型工业化的基本内容可以概括为:坚持以信息化带动工业化,以工业化促进信息化,走出一条科技含量高,经济效益好,资源消耗低,环境污染少,人力资源优势得到充分发挥的工业化路子。党的十七大又进一步提出了加快转变经济发展方式,推动产业结构优化升级的发展思路。

体现社会本位的高等教育价值观一直是我国政府制定高等教育政策、引领高等教育改革、促进高等教育发展的基本指导思想。"高等教育必须贯彻国家的教育方针,为社会主义现代化

[①]董毅,蚌埠学院教务处处长。研究方向:教学教育。

建设服务,与生产劳动相结合","培养具有创新精神和实践能力的高级专门人才,发展科学技术文化,促进社会主义现代化建设"。教育必须要与社会经济相适应,这是教育的基本规律。经济的目标对文化提出新要求,经济的转型要求文化的转型。因此,高等教育必须"面向现代化"。高等学校要"着眼于国家现代化建设","根据国家和地区、行业经济建设与社会发展的需要和自身特点,科学定位,办出特色,办出水平"。新建本科院校要以新型工业化道路与转变经济发展方式为标尺来科学定位,在办学思想、办学功能、人才培养、科研和社会服务等方面进行改革和创新,在与经济社会发展有机结合上创出新路子,不仅要顺应、适应形势,而且要有超前意识,体现教育的"先导性"。在教育内容、方法、手段及人才培养模式上,要适应新型工业化道路与转变经济发展方式对人才的需求。

二、从我国高等教育进入大众化现状来思考教学质量

高等教育毛入学率是指18岁到22岁应接受高等教育的人群中实际接受了各种高等教育的人数。高等教育毛入学率表明了一个国家或地区提供高等教育机会的综合水平。1973年,美国著名社会学家马丁·特罗教授以高等教育毛入学率把高等教育分为三个阶段:15%以下为精英教育,15%~50%为大众教育,50%以上为普及教育。我国自1999年扩招之后,高等教育快速发展,2002年已经进入大众化阶段。2002年毛入学率为15%,2005年达到21%,2006达到22%。教育部部长周济在2005年亚洲教育北京论坛上指出,中国高等教育到2020年将实现毛入学率达到40%的目标。

高等教育规模的扩大是国家经济社会发展的必然产物,也是满足人民群众接受高等教育的迫切需求的重要举措。高等教育大众化的重要标志是高等教育规模逐年扩大、适龄青年的入学率逐年上升,进入高等学校的"门槛"必然降低。高等教育教学改革与教学质量标准,要面对我国高等教育已进入大众化的现状。新建本科院校要改变精英教育遵循的单一的学术取向的质量观念,必须把面向全体学生、促进学生全面发展作为提高教育质量的出发点与落脚点,教学内容、教学方法、培养模式及教学改革都要面向全体学生,促进学生全面发展。不能只以知识本位来衡量教学质量,不能只以学科理论深浅与否、体系完备与否来衡量教学质量。

三、从新建地方性本科院校培养应用型人才的定位来思考教学质量

应用型本科教育是在我国经济建设现代化和高等教育大众化推动下产生的一种新型的本科教育。应用型人才是指能将专业知识和技能应用于所从事的社会实践的一种专门的人才,是熟练掌握社会生产或社会活动一线的基础知识和基本技能,主要从事一线生产的技术或专业人才。

新建地方性本科院校以应用型人才为自己的人才培养目标定位,具有科学性和合理性。一方面,高等教育要为新型工业化建设服务,就要适应新型工业化对人才的需求,就要培养一线生产实际需要的大批应用型人才,而不是培养少数研究型人才。另一方面,面对我国高等教育已进入大众化阶段现状,大批高校,特别是新建的本科院校也只能培养应用型人才。这是因为新建的本科院校的办学实力与培养研究型人才的高校差别较大,不能保证培养研究型人才的质量,更是因为社会经济建设对研究型人才需求较小。如果新建本科院校也培养研究型人才,必将出现人才的结构性矛盾,而造成很多社会问题。《中共中央关于构建社会主义和谐社会若干重大问题的决定》中把在高等教育大众化发展阶段高等院校如何满足广大人民群众对培养应用型人才的要求这一问题,提高到建设和谐社会的战略高度。

高等教育质量要体现"目的的适切性",用所设定的人才培养目标定位来作为衡量教育教学质量的标准。传统精英教育模式过分强调理论知识传承的系统性与完整性,忽视对学生的实践能力和创新精神的培养。新建地方性本科院校要围绕培养应用型人才的目标来思考教学质量,课程设置应突出应用性,不仅要考虑本科教育的基础性和阶段性,还要充分考虑技术应用型人才对一线工作的适应性要求,强调培养过程与一线生产实践相结合。教育教学应突出实践性,高度重视实践教学环节,加强实验设备建设,侧重培养学生的实践能力、应用能力与创新能力。在课程内容的选择上,要根据生产或服务的现实需要,强调学习基础性的、成熟的和适用的知识,不需要也不允许学习过多过深的理论。

四、从新建地方性本科院校服务地方经济的定位来思考教学质量

地方性高校是国家为适应地方国民经济和社会发展需要培养高层次专门人才而设立的,由地方政府投资并进行管理,因此地方高校学科建设的指导思想应是为地方服务。地方本科院校的一个明显特点就是具有鲜明的地方性、区域性。因此,为区域经济社会发展服务是地方本科院校的基本办学理念,其课程设置、人才培养模式以及科学研究等都应该着眼于区域经济社会发展的实际需要和办学形式的特色化。新建地方性本科院校必须面向地方经济建设,坚持以服务求支持、以贡献求发展,更加主动地为地方经济产业结构优化、升级服务,在服务中促进学校事业的发展。在专业设置与培养方案上,必须充分考虑当地经济发展水平、产业结构、经济类型等实际情况与发展规划,将地方发展需要与学院实际相结合,有所为有所不为。不能贪大求全,不能照搬照套。在教学内容与培养模式、科学研究、技术创新、成果转化等方面,都应该密切联系经济和社会发展的实际,为经济建设和社会发展服务。

我国著名教育学家、中国高等教育研究奠基人潘懋元教授认为,新建本科院校应该在专业

设置、人才培养上，充分考虑地方经济特色，为地方经济培养应用型人才。新建地方性本科院校的专业设置、教学内容与培养模式，都必须从服务地方经济出发来思考。

作为新建地方性本科院校的蚌埠学院，立足服务蚌埠及周边地区经济社会发展的定位，就要根据学院学科专业基础，为满足蚌埠及周边地区经济社会发展需要提供人才与技术服务。按照安徽省沿淮城市（蚌埠周边）群"十一五"经济社会发展规划与蚌埠市国民经济和社会发展第十一个五年总体规划，将进一步提升蚌埠的包括装备制造、汽车零部件玻璃及深加工在内的加工制造、精细化工等优势产业；大力运用信息技术和先进适用技术改造卷烟、纺织、酿造等传统产业；着力培育电子信息、新材料、新能源等高技术产业；建设"两淮一蚌"重化工业走廊，充分发挥蚌埠农产品深加工和生物技术的比较优势，大力发展生物经济，建设全国重要的生物产业基地；打造区域商贸中心、商务服务中心、物流中心和文化旅游中心，将蚌埠建设成为安徽省重要的物流中心。为实现这两个规划对人才的需求，蚌埠学院开设了生物技术、食品工程、机械制造及自动化、物流工程、汽车服务工程、电子信息工程、无机非金属材料等本科专业。在课程计划上，经过充分调研，将"宽口径、厚基础"与培养"地方适用"的专才结合起来，打造人才特点。在专业方向课程上，突破按学科方向分模块的传统思维，按产业需求设置专业方向。例如，将玻璃与水泥作为无机非金属材料专业建设方向，以满足周边大批玻璃与水泥企业的人才需求；利用解放军汽车管理学院的资源与合作平台，将汽车机电作为机电类专业的特色，以满足安徽省汽车工业与蚌埠市汽车零配件产业发展需要，等等。

五、从高等教育质量评价多尺度要求来思考教学质量

大众化高等教育与精英高等教育的本质区别是办学层次的多样化、培养目标的多样化及适应多样化的社会需求。2005年教育部《关于进一步加强高等学校本科教学工作的若干意见》（教高[2005]1号）文件中强调："高等教育要以社会需求为导向，走多样化人才培养之路。"多元化的高等教育价值观和多样化的大学理念，是21世纪大学思想的一个鲜明特征。1998年在法国巴黎召开的首届世界高等教育会议所通过的《21世纪高等教育展望和行动宣言》指出："高等教育质量是一个多层面的概念"，要"考虑多样性和避免用一个尺度来衡量高等教育质量"。"多样化的高等教育要有多样化的培养目标和规格，从而也应有多样化的质量标准"。在需求日益多样化的社会，高等教育质量评价标准的多尺度是必然的。不仅对不同层次、不同类型的高等教育要采用不同的质量评价标准，而且允许同一层次、同一类型甚至同一专业的人才培养目标也可以不同。高校不要把自己放在不属于本校的平台、层次上去看质量。各个学校办出特色是提高整个高等教育系统整体效益的要求。高等教育是否能促进当地社会的经

济、政治、文化发展,是否能满足广大人民群众的受教育需要,是否有利于高等教育自身的发展,是否具有特色,都是判断高等教育质量高低所要考虑的。

新建本科院校要树立正确的人才培养的质量观。从发展过程来看质量,学校只要发展了,只要在不断提高,就是质量;从培养目标与规格来看质量,只要达到自己的培养目标与规格,就是质量;从社会需求来看质量,只要满足学习者的需求,毕业生满足社会某一方面的需求,就是质量;从服务来看质量,学校只要能向社会提供优质服务,就是质量;从特色来看质量,有特色就是有质量。

六、从素质教育观来思考教学质量

教育质量观同人才观是密切关联的。传统的教育质量观是以知识多寡、学问深浅作为评价教育质量的标准的。我们已进入知识经济时代,知识更新速度加快。有人估算,一个大学本科毕业生在校期间所学的知识仅占其一生中所需知识的10%左右,而其余90%的知识都要在工作中不断学习和获取。只强调对系统知识本身的学习与掌握,那么学到的知识大部分都会很快过时,无法适应社会发展的需要。另外,心理学研究成果表明,人的成功,智商因素可能占到20%~30%,情商因素占到70%~80%。所以,传统的知识质量观已不适合知识经济的时代。

21世纪人才规格的突出特征是:"高境界的理想、信念与责任感,强烈的自主精神、坚强的意志和良好的环境适应能力、心理承受能力"(1993,联合国教科文组织)。21世纪教育要教给受教育者学会生存、学会学习、学会创造,这已经成为世界教育界的共识。21世纪需要的是包括知识、能力在内的,具有人文素养与科学素质、创新精神与实践能力的素质质量观。中共中央、国务院在《关于深化教育改革全面推进素质教育的决定》中指出,高等教育要重视培养大学生的创新能力、实践能力和创业精神,普遍提高大学生的人文素养和科学素质。这昭示着质量观由知识质量观、能力质量观向素质质量观的转变。潘懋元先生认为"必须把传统的知识质量观以及一度流行的能力质量观转变为包括知识、能力在内的全面素质质量观。素质的含义应当是人文与科学相结合的全面素质。这种质量观无论对于精英型高等教育还是大众化高等教育都是适用的"。

从素质教育观来思考高等教育的教学质量,就要改变知识质量观、能力质量观,就要树立"只有全面发展的人,才是社会最有用的人"意识(李岚清),就要以发展学生的能力和个性为核心,追求智商与情商协调发展,培养学生的生存和发展能力以及良好的个性品质。

总之,在我国新型工业化建设战略需求与我国高等教育进入大众化背景下,新建本科院校培养应用型人才,提高办学水平和教学质量,要研究解决的问题很多,它的理论体系的形成需要实践的探索和验证。比如,如何处理好满足社会需求与学院办学条件的矛盾?如何处理好培养"宽口径、厚基础"的通才与培养"地方适用"的专才的矛盾?应用型本科人才的培养方案如何既不同于学术型人才培养方案,又不同于职业技术学院培养的技能型人才?培养模式上如何培养创新能力?如何构建相应的实践教学体系培养学生应用能力?等等。只要我们更新观念,注意研究、勇于创新、积极实践、不断总结,就一定能破解难题,发现规律,不断提高新建本科院校的教学质量。

【参考文献】

[1]周济.创新与高水平大学建设——在第三届中外大学校长论坛上的演讲,2006—07—13.

[2]"关注新建本科院校发展"系列报道之一编者按.中国教育报,2008—03—01.

[3]新时期中国高等教育的质量战略.中国大学教学,2004(1).

[4]邓小平同志1983年国庆前夕为北京景山学校成立20周年时所作的题词.

[5]赵国刚.新型工业化背景下的高等教育发展.光明日报,2005—11—15.

[6][7]1998年通过的《高等教育法》第四条,第五条.

[8]教育部《关于进一步加强高等学校本科教学工作的若干意见》,2005—01—07.

[9]马丁·特罗.高等教育大众化理论.中国教育报,2005—04—08(第4版).

[10]纪宝成."关于我国高等教育应用型人才培养体系改革发展的思考"演讲.

[11]二〇〇六年全国教育事业发展统计公报[EB/OL].(2009—02—15).

[12]罗德宏.教育部长称2020年高等教育毛入学率将达40%.北京晨报,2005—10—16.

[13]李桂霞.构建应用型人才培养模式的探索.教育与职业,2005(20):5.

[14]赵婷婷.西方国家大众化高等教育质量观.中国教育报,2005—04—08(第4版).

[15]何洪.科学发展观与高等学校发展规划.理工高教研究,2007(2):33—35.

[16]陈坤.培养应用型人才为地方经济服务.广西日报,2007—01—08.

[17]潘懋元.高等教育大众化的教育质量.江苏高教,2000(1):6—10.

[18]董毅,邬旭东.新课程理论与实践的反思.合肥:合肥工业大学出版社,2005.

[19]潘懋元.新世纪高等教育思想的转变.中国高等教育,2001(3):21—23.

(本文发表于《未来与发展》2009年第5期)

应用型人才培养的"学、习"观与教务处团队建设

安徽新华学院 李志远[①]

一、应用型人才培养的"学、习观"

长期以来,我国教育界,如在我国的高等教育中对"学习"这一概念的理解往往就是"读书"。老师们课堂上照本宣科,同学们课后死记硬背,死读书,读死书,"60分"万岁。培养的学生往往缺乏创新意识,缺乏动手能力,大事干不成,小事干不来,眼高手低,毕业即"失业"。让我们看看2500多年前,孔子对"学习"这个词是怎么说的。子曰:"学而时习之,不亦说乎?"如何翻译这句话呢?仁者见仁,智者见智。我以为,"学"是指接受知识,"习"是指付诸实践,"说"字和"悦"字通用,就是喜悦和愉快。整句的意思是:在学理论知识的同时,时常进行实习和实践,那不是很愉快的吗?这句话说明了读书和实践的关系,说明了实践是得到知识的方法,愉快是得到知识的结果和目的。这句话包含了知识的认识论、方法论和目的论,内容丰富,言简意赅。今天,我们讲应用型人才培养,不就是要解决"学"和"习"的问题吗?应用型人才是指能为地方经济、社会发展服务,解决和服务生产前沿一线技术难题的高素质专门人才。在应用型人才培养过程中,不仅要注重理论知识的"学",也要注重"习"。课堂上的理论教学是"学";在课堂理论教学的基础上,不断深入实验室、实习实训基地、生产一线去实践,在实践中练习、反思、掌握,是"习"——这就是应用型人才培养的"学、习"观。

二、在应用型人才培养改革创新中教务处的角色和作用

教务处是学校的教学管理机构,是实现教学管理科学化、规范化,提高教学质量和办学效益,实现应用型人才培养目标的核心机构。在应用型人才培养过程中,教务处发挥着"引导、管

[①] 李志远(1954—),男,河南民权人,安徽新华学院教务处处长,教授。

理、协调、参谋"的作用。

在应用型人才培养模式改革创新中教务处的作用是"引导",各教学单位的教职工是"主体",学生是"客体"。所谓"引导",就是在学校应用型人才培养改革创新中发挥策划和推动作用。引导各教学单位根据经济社会、行业发展和学科专业特点,开展人才培养模式改革创新实践,出台适合本专业实际的培养模式改革措施,努力形成有利于应用型人才成长的培养体系。所谓"主体",是指在应用型人才培养模式改革创新中根据学校设计的总体目标、结合本单位实际,制定具体目标并负责实施、监督完成既定目标的"人"。所谓"客体",就是我们在应用型人才培养模式改革创新中所采取的各种手段、措施作用的对象。当然,在应用型人才培养模式改革创新中,"引导"、"主体"、"客体"三者的关系是相对的,也是辩证的。

教务处的"管理"作用主要体现在对教学运行、学科专业建设、课程建设、师资培养、实验室及实习实训基地建设、质量监控,以及教学各类基本信息的宏观管理等上面,以维持正常的教学秩序,切实保证人才培养质量。教务处的"协调"作用包括纵向和横向两个方面。纵向协调是指上传下达,即正确贯彻传达上级教育管理部门和学校的方案、指示、文件和通知等,并及时向上级部门反馈学院教学工作和教学管理工作现状;横向联系是指为进一步做好应用型人才培养工作,教务处要加强与各二级学院、其他职能处室之间的沟通和联系,以提高服务质量和管理水平。

教务处的"参谋"作用主要体现在:一是做好信息反馈,使学院领导及时了解应用型人才培养的现状;二是通过调查研究、总结经验,主动提出有关应用型人才培养方面的建议、计划与方案,供学院领导决策参考;三是根据学院领导的布置,对相关工作进行监督检查,确保应用型人才培养工作取得实效。

三、如何发挥这些作用

1. 打造与应用型人才培养相适应的教学管理团队

应用型高校建设和应用型人才培养需要建设一支高素质、专业化、懂业务、会管理、精干高效的教学管理团队。教务处所有成员都要加强学习、转变观念、强化服务、提高效率,努力把学校教务处打造成一支与应用型人才培养相适应的教学管理团队。

(1)加强学习和研究,转变思想观念。通过个人自学应用型高校建设和应用型人才培养的理论知识和上级有关文件精神,组织管理人员到省内外乃至国外高校考察,开展培训、讲座和研讨会等,理解应用型的内涵、应用型人才应具备的特征、应用型人才培养实现途径等基本理论和方法,以增强创新意识,提高业务水平、创新能力和综合素质。进一步转变教育思想,更新教育教学观念,解放传统学术型高等教育思想的束缚,将思想观念统一在应用型人才培养这一关键点上。

(2)强化服务意识,提高工作效率。教务处全体工作人员要牢固树立为师生服务的意识和应用型人才培养与管理的质量意识。要重实际,说实话、办实事、求实效,努力形成认真学习、积极探索、求真务实、团结协作的风气。要加强教学管理规章制度建设,用规范管理提高效率和质量;要改变工作方式和作风,向教学一线渗透,加强与各部门之间的沟通和协调,提高工作效率。

2. 应用型人才培养模式改革创新的工作思路

(1)实施应用型专业改造工程。

①优化学科专业结构。学科专业是人才培养的基础和载体。培养适应社会经济发展需要的高素质应用型人才,在很大程度上取决于学科专业结构合理与否。要在充分调研,摸清情况的基础上,根据自身定位、学科专业结构现状与发展规划,对现有学科专业进行系统梳理、调整和重组,加大专业改造力度。对那些社会需求不大、口径较窄、不适应时代发展的旧专业予以调整、压缩、归并、撤销;对传统学科专业要运用现代高新技术手段进行改造提升,赋予其新的课程体系、技术装备和实验手段,注入生机与活力,促使其与时俱进;对社会需求量大的应用型专业适当增加招生规模,以提高办学效益;对目前条件偏弱,但与经济建设和社会发展密切相关、就业前景看好的新兴应用学科、技术学科和交叉学科专业要大力扶持、重点培育与建设。同时,要以品牌、特色专业建设为抓手,通过实施重点突破战略,大力建设电气信息类、土建类、动漫类等一批品牌、特色专业,尽快形成优势特色专业群,成为学校学科专业的亮点。

②规范专业设置。首先,要在充分考虑经济与社会发展对人才培养的需求、学校的办学指导思想与办学定位及学校的教学资源的基础上,申报、设置新的应用型专业。其次,组建由学校、行业、企业三方人员组成的大类专业建设指导委员会,落实专业负责人制度,对专业建设和各教学环节实施指导和监控,形成专业建设与发展的良性机制。第三,积极运用严格的专业规范制度,对所设专业在人才培养方案、教学计划、培养过程、硬件支撑、管理模式等方面进行规范性管理。

③加强应用型专业内涵建设。要通过制定符合应用型本科教育定位和培养目标的人才培养方案,灵活设置专业方向等方式,加强学科专业内涵建设,走内涵发展之路,提高应用型人才培养质量。

④构筑专业共享资源平台。整合课程、实验实训设备、师资等教学系统和教学资源,形成资源共享机制,构筑专业共享资源平台,以使资源利用最大化,资源重复建设最小化。

(2)深化以应用型人才培养为导向的课程改革。

①形成应用型课程体系。课程体系是实现人才培养目标的主要依据,因此,要设计和开发出科学合理的、适合应用型本科人才培养的课程体系。其一,要在大学英语、高等数学、大学物理、大学语文、计算机文化基础、思政课等课程改革的基础上,继续深化公共基础课程的改革,加强公共基础课与专业课之间的衔接,更好地为专业培养目标服务和为专业课程的学习奠定基础。其二,应用型本科对理论基础的要求是"广、浅、新、用",以提高学生的专业应用能力为主要目标。因此,要依据"精减内容、优化整合"的思路,开展模块化教学,加强模块化课程的建设,整合优化专业基础课程。其三,根据岗位设置和岗位核心能力要求,加强核心能力和关键能力培养,科学设定专业主干课程和核心课程,构建以应用能力培养为核心的专业课程体系,突出课程教学与岗位技能的适应性。

②大力推进教学方法和教学模式的改革。《思政理论课》和《经济学原理》等课程要打破传统灌输式的教学方式,采用自主学习、互动学习和研讨学习等多样化教学模式,继续多渠道拓宽学生获取能力的途径;以学生最大程度地获取知识为目标,采用案例教学法、实践教学法、情境模拟式教学等多种教学方法和教学模式,发挥学生的主观能动性,提高教学效果。

③改革考试考核方法,建立以能力为中心的考核体系。针对应用型人才培养注重实践性、创造性和岗位职业技能培养的要求,改以往"期末一张试卷"给学生定成绩的做法,对学生从必备知识、职业能力、综合素质等方面,根据不同能力和知识要求,采用考试、考查、实际操作、制作、表达、组织等多种方式对学生的能力和素质进行综合考核和评价,科学地评价和检验学生的综合素质及能力。

(3)实施"双能型"教师队伍培养工程。

建设一支既具有应用型人才培养能力,又具有产学研合作能力的"双能型"教师队伍是应用型人才培养的关键。

①开展"双能型"教师培养计划。坚持重点培养和普遍提高相结合的方式,制定科学的"双能型"教师培养计划。对不同层次的教师施以不同的培训,以提高教师的实践能力。如鼓励教师深入生产一线,利用假期到专业对口的企业挂职锻炼、参与地方经济服务和企事业科技攻关等,以充分发挥有限的教育资源的作用,全方位促进教师全面发展。

②注重实效,健全"双能型"教师培养的激励措施。继续加强对应用型教师队伍建设理论研究,完善应用型教师队伍建设的各项政策和措施,充分调动广大教师参加实践进修的积极性。如采取计算工作量、评奖评优、项目扶持等激励措施,大力支持教师从事科技成果转化和科技服务工作,促进"双能型"教师队伍建设。

③充分发挥兼职教师、客座教授的作用。兼职教师大多是从其他高等院校及科研院所聘请的专业型和技术型人才,在专职教师数量不足的情况下,兼职教师是专职教师队伍的必要补充。首先,要完善兼职教师聘用和管理制度,重视兼职教师的信息备案、日常管理、监督考核,以此甄选出一支来源稳定、实践经验丰富的应用型兼职教师队伍。其次,采取专兼"结对"方法,将师德高尚、业务精通的兼职教师、客座教授作为专职年轻教师的导师,充分发挥他们在师德修养、教学能力、专业技能、实践实训教学指导方面的传、帮、带作用,促使年轻教师尽快成长,提高整体教学水平。

(4)实施实践教学改革工程。

实践教学在应用型人才培养的过程中占据非常重要的地位,是培养学生动手能力、创新能力不可缺少的重要举措。

①加大实践教学的硬件建设力度。根据应用型人才培养的需要,依据人才培养方案,更新教学设施设备和仪器设备。重点建设融教学、培训、科学研究、技术支持服务功能于一体的技术领先、实用性强,实训效果显著的实验室。进一步拓宽实习基地建设思路与渠道,在现有57个实习实训基地的基础上,继续加大建设力度,与合肥及周边地区现代制造、现代服务、动漫及艺术设计、生物技术及新医药等企业紧密结合,建成集专业教学、学生实训、技术研发、教师培训(锻炼)和生产等功能于一体的校内外实验实训中心和实习实训基地。

②加强实践教学内涵建设。积极探索实验室管理新模式,逐步建立校(公共课程实验平台)、院(专业基础实验平台)、系(专业实验平台)三级管理模式,合理利用现有教学资源,创新实验教学模式和管理体制。进一步加强实验教学管理规章制度建设,完善实验室管理办法,明确教学实验室、教学物资管理工作职责,实行实验物资管理责任制度,做到实验物资专人专管。建立和完善实训基地的运行与管理模式,制定出实习标准及实训指导手册。

(5)加强制度建设,确保应用型人才培养改革创新各项工作落到实处。

制定并试行学年学分制、弹性学分制、小学期制等管理办法,建立更加灵活、开放的培养方式,创新教学管理机制。建立体现本校特色且适应应用型人才培养的各项规章制度,充分调动学生学习的主动性和教师教学的积极性,确保提高应用型人才培养的效率和质量。

(6)加强应用型人才培养模式研究。

应用型人才培养是我国高等教育近十多年来的一个新课题,这一新的课题至少涉及以上所提到的五个方面的抓手。只有搞清楚这些问题后,才能够真正做好应用型本科建设和应用型人才培养。这些研究归根结底就是要说清楚应用型本科教育"学什么"、"怎么学"、"习什么"、"怎么习"的问题。比如说,学科专业建设和课程建设就是研究"学什么"的问题;与应用型人才培养相适应的教学方法以及与应用型人才培养相适应的评价指标就是研究"怎么学"的问题;实践教学体系建设就是解决"习什么"与"怎么习"的问题。

所以,我们把"学"和"习"的关系梳理好,对思考应用型人才培养模式的改革创新是十分有益的。

【参考文献】

[1]田兆胜,赵玉增.改革创新人才培养模式培养高素质应用型人才——以泰山学院为例.泰山学院学报,2010(4):127—130.

[2]陈德碧,杨帆.应用型人才培养的实验教学改革实践.实验科学与技术,2010(4):42—43.

(本文发表于《安徽新华学院学报》2011年第8卷第2期)

新建本科院校的人才培养模式与教师队伍建设研究

黄山学院　汪小飞　陈国平　汪宏健[①]

一、引言

在我国高等教育体制改革不断深入,"精英型高等教育"不断向"大众化高等教育"转变的形势下,我国高等教育呈现出了一些新的特征:高校重组、合并与重新定位;办学形式多样化;办学多规格、多层次;学校的个性和特色凸显形成。应这种教育形势的发展要求,近几年来,我国出现了一大批由专科学校通过重组、合并其他一所或几所专科学校(有的还合并了其他一些中专、职业学校)并经由教育部批准升格而形成的本科院校,我们把此类院校称之为"新建地方本科院校"。有统计表明,至2010年3月,全国新建普通本科高校有261所,占全国同期792所普通本科高校的32.95%,在本科院校中可谓"三分天下有其一"。新建本科院校已经成为我国高等教育体系的重要组成部分,它有自身的特殊性。新建本科院校的人才培养模式与师资队伍建设也正成为高等教育改革的一个亟待破解的课题。

高等教育从精英向大众化转变,是社会发展、人类自身的发展以及知识经济发展的必然选择,在高等教育大众化的进程中,不仅使高等教育的规模和结构发生了变化,也使高等教育的理念和价值取向发生了巨大变化。高等教育大众化打破了传统的精英化的高等教育模式。在精英化高等教育与大众化高等教育的矛盾中,发达国家寻求的是在精英化高等教育之外的第二种高等教育来实现大众化,美国的社区学院、英国的多科技术学院、法国的短期技术学院、德国的专科学校等高教机构在大众化进程中发挥了至关重要的作用。而我国的高等教育大众化进程相对缓慢。1999年,党中央、国务院做出了高等学校扩招的重大决策,我国的高等教育进入了快速发展时期,按照马丁·特罗教授提出的"精英——大众——普及"高等教育发展的"三

[①] 汪小飞,黄山学院教务处副处长,教授,博士;陈国平,黄山学院原教务处处长,教授;汪宏健,黄山学院副教授。

段论"量化指标,我国已进入国际公认的大众化教育的新阶段。

在高等教育大众化的背景下,出现了高等教育的精英化与大众化的矛盾,对此教育部提出高等教育要向地市延伸,于是一批专科学校通过合并升格而形成了本科院校。这批新建本科院校在我国的本科院校中占到了三分之一,是我国高等教育大众化的主力军,可以说是高等教育的大众化促使这批新建本科院校如雨后春笋般涌现。这些院校多数建立于地级城市,受学校所在地的省(直辖市)、市地方政府部门管辖。办学上,本专科教育并存,多数仍以专科教育为主。类型上主要有以下三种类型:第一类是由单科性或职业性高等专科学校升格为本科院校;第二类是师范类高等专科学校升格为本科院校;第三类是前两种合并升格为本科院校。

新建本科院校最核心的问题就是人才培养模式的问题,因为"培养什么样的人"、"怎样培养人"是每个高校必须首先要解决的,它决定着学校的生存和发展。目前我国许多新建本科院校都把办学定位为"应用型"进行建设,这一办学定位固然有其合理之处,但也有过分注重学生实践应用能力而忽视综合素质培养的倾向。一些院校虽然认识到大学生综合素质培养的重要性,但由于对综合素质认识不全面、实施力度不够、师资队伍不健全等原因,往往使综合素质培养流于形式。本文在分析新建本科院校的办学定位、人才培养目标的基础上,提出新建本科院校应该将培养目标定为"以应用能力为主的综合素质培养",并探讨了保证这一培养模式能够顺利落实的师资队伍建设问题。

二、新建本科院校的人才培养

高校要培养的不仅仅是学术型人才或应用型人才。高等教育的根本目的,在于提高学生的综合素质。高等学校素质教育的意义在于超越传统高等教育思想,尊重人在教育中的主体地位,在教育过程中以发现人的价值、发挥人的潜能、发展人的个性为现代高等教育新理念;其实践的价值直接指向促进学生整体素质优化,实现学生的可持续发展。杨叔子院士提到:"在我国高等教育中,存在着以下4个方面的问题:过弱的文化陶冶,使学生人文素质不高;过窄的专业教育,使学生的学术视野不宽、学术基础不牢;过重的功利主义导向,使学生的全面素质培养与基础训练不够;过强的共性制约,使学生的个性发展不足。"长期以来,我国高等教育对大学生的培养主要注重于专业理论和技能方面的培养,培养方案中的课程体系、实践体系等也是围绕着上述方面设置。但是快速发展的现代社会对人才的需求已经转向为具有综合素质的本科大学生,传统的人才培养模式导致了教育效果的十分不理想,影响了学生的就业以及就业后的转型,不利于我国经济发展对人才的需求。因此,新建本科院校所要培养的是具有实践应用能力的、综合素质较高的大学生,在培养模式上,应在着重培养学生应用能力的同时,兼顾学生综合素质的培养,即实行"以应用能力为主的综合素质培养模式"。

以应用能力为主的综合素质培养模式,其核心在于综合素质培养。"素质教育"的概念自提出以来,已逐渐深入人心。我们认为,对于高等教育来说,所要培养的综合素质主要包括基本素质、人文素质和专业素质三个方面。基本素质的培养是为了提高国民素质,如思想道德素质、身体素质、心理素质等;人文素质的培养是为了提高学生对国家、民族的感情,"作为一个中国大学生,如果对中国的文字、语言、历史、文化与传统不了解,甚至不知道",就难以热爱国家和民族,难以为国家的经济社会发展做贡献;专业素质的培养在高校历来受到高度重视,但这种"重视"往往局限在理论知识上,而缺乏对学生实践动手能力的培养。

结合新建本科院校的实际情况,这种综合素质培养应以培养学生的应用能力为主。新建本科院校所要培养的并非学术型、研究型的人才,而应该强调培养学生的专业能力、实践能力、就业能力,培养面向生产、建设、管理、服务第一线的高素质应用型本科人才。把新建本科院校的人才培养目标定位为应用型人才,是新建本科院校谋求发展,办出自己的特色的需要。新建本科院校有培养技术型人才的办学经验,但是在升格为本科院校后,面临着人才培养目标的重新定位问题,与国内的原来的本科院校相比,一方面,新建本科院校的本科面临着办学经验不足、办学历史比较短、文化氛围不强、所在地区比较偏、资料缺乏等问题;另一方面,还面临着生源层次、学科专业设置、师资力量、教学管理等方面的局限。从以上两个方面可以看出新建本科院校要培养高层次的理论型人才是有困难的。因此,新建本科院校应扬长避短,根据自身的情况,紧密地与所在地区的经济、政治、文化结合,培养适应地区经济和社会发展需求的高层次应用型人才。这是新建本科院校寻求不断发展,形成自身特色的战略选择。

三、新建本科院校的教师队伍建设

全面开展素质教育,对教师提出了更高、更新的要求。这是因为:第一,教师是高等学校办学的主体,是学校一切工作和事业发展的基础。21世纪,我国高等教育将全面实施素质教育。对学生实施素质教育,教师作为教育者必须首先接受教育,必须以优良的职业道德、业务素质、心理素质等影响学生。第二,现在高等理工院校的教师大多是从专业性高校毕业,知识面相对较窄,特别是人文社会科学知识尤其严重不足。第三,21世纪将是信息社会,多媒体技术、信息高速公路将进入高等教育,势必对高校的教育内容、组织形式、教学方法产生深刻影响,教师要主动尽快适应。第四,在知识经济时代,必须重新思考和调整我们的教育方针,教师不仅要教给学生先进的知识,更要教会学生如何创造新知识。

《国家中长期教育改革和发展规划纲要(2010—2020年)》中关于"加强教师队伍建设"一章提

到,"教育大计,教师为本。有好的教师,才有好的教育。严格教师资质,提升教师素质,努力造就一支师德高尚、业务精湛、结构合理、充满活力的高素质专业化教师队伍"。学生综合素质的培养,关键在于教师。师资队伍建设是人才培养的保障,对教师的要求要有严格的标准。对于培养以应用能力为主的综合素质人才来说,教师不仅要具有深厚的理论知识,具有熟练的操作技能,而且要有较高的综合素质,这样才能在教育教学过程中通过各种手段培养学生的综合素质。

1. 培养教师素质教育意识,提高教师整体素质

中共中央、国务院明确指出:实施素质教育就是全面贯彻党的教育方针,以提高国民素质为根本宗旨,以培养学生的创新能力和实践能力为重点,造就"有理想、有纪律、有文化、有道德"的德智体全面发展的社会主义事业的建设者和接班人。

素质教育要求教师在多方面要有提高,最主要的是要具有适应时代发展和新技术革命需要的素质教育意识,以及相应的知识、能力素质结构。教师的素质意识是教师自觉适应社会未来发展和新技术革命需要,以创新教育为中心的意识,这种意识能使教师始终保持时代的洞察力、创造力和远见卓识,也是新时代教师必须具有和不断增强的职业活动意识。

2. 建设双能型师资队伍,提高教师实践能力

要培养应用型的综合素质较高的人才,对教师的要求就更高,不仅要求教师具有良好的基本素质、人文素质和专业理论知识,而且还需要有较强的实践、应用能力。目前大多新建本科院校的教师队伍实践观念薄弱,具有工科背景的教师较少,具有企业工作经历的更是凤毛麟角。引进的青年教师虽然具有高学历,但绝大多数是从学校到学校,缺乏实践经验,这些都难以满足应用型人才培养的需要。因此,如何建设一支"双能型"师资队伍,是众多应用型本科院校亟待解决的难题。

建设"双能型"师资队伍,首先要多种措施并举。采取引进应用型人才、培养本校应用型教师、聘请兼职教师等多种办法,形成一批有潜力的师资队伍,努力为他们创造条件,逐步形成一支理论功底厚、懂实践、会教学的教师队伍。

其次,通过名师专家引领、产学研项目支撑、校企合作推动等措施,促进应用型教师成长。有计划地选送教师攻读高层次学位,提升学科研究能力。尤其是要鼓励教师参加新观念、新知识、新技术的培训,加快知识更新。

最后,学校要采取有效的措施,鼓励教师融入社会,深入企业中,以挂职锻炼、项目合作等方式开展实践活动,提高教师运用理论知识解决实际问题的能力。同时,组建一支稳定且动态的兼职教师队伍,聘请行业、企业技术骨干来校兼职上课。

3. 培养终身学习型教师,提高持续学习能力

要培养终身学习型教师,提高教师的持续学习能力,可采取以下几种措施:

一是注重教师的岗位培训,以提高教师履行岗位职责的能力。坚持重点培养和普遍提高相结合,对不同层次的教师施以不同的培训,如学历教育、专业技能的培训、教育技术的培训等,以充分发挥有限的教育资源的作用,全方位促进教师全面发展。

二是通过多种形式的教育,进一步优化教师的知识结构。不少青年教师由于生产实践不多,或者根本没有到生产现场实践过,他们的操作实践、实验知识匮乏,难以胜任对应用型人才的培养工作。中、老年教师在教学和实际操作上都有一定经验,但在专业理论知识的占有上存在着一个老化和退化的问题,对专业前沿知识了解较少。所以学校应创造条件并督促青年教师加强对专业基础知识和操作实践、实验知识的学习;让中老年教师加快知识更新,在对本专业知识和技能充分了解和运用自如的基础上,随时关注本专业领域的前沿信息,及时掌握各种新技术在实际操作中的应用。

三是鼓励专业课教师参加相应的考试而获取职业资格证书。鼓励并支持专业课教师通过参加与自己所教专业相关的职业资格考试,在提高自身专业水平的同时,获取如工程师、农艺师、技师、会计师等方面的证书,从而成为真正的"双能型"教师。学校应为教师参加这类考试提供方便和创造条件,由学校统一组织报名并报销其相关费用,对于考试通过者予以精神或物质奖励,这样可以在教师中营造一种积极向上的学习氛围,对"双能型"教师队伍的建设起到推波助澜的作用。

总之,新建本科院校作为高等教育的生力军,要在激烈的竞争中生存,就必须明确人才培养目标,即要培养"以应用能力为主的综合素质人才"。而要实现这一人才培养的目标,关键在于教师的综合素质教育水平的提高和具有应用能力培养意识,在于教师拥有合理的知识结构和综合素质,在于教师具有持续的学习能力。

【参考文献】

[1]张立群.新建本科院校应用型人才培养模式研究.曲阜师范大学硕士学位论文,2009.

[2]韩延伦.高校素质教育的理论意义、实践价值及实施的基本要求.现代大学教育,2002,6.

[3]杨叔子.求必求真,今应重善.高等教育研究,1997,1.

[4]张清,刘红斌.大学生素质教育与教师素质的提高.上海高教研究98科教兴国专辑,1998.

(本文发表于《学术论坛》2012年第3期)

创新人才培养思路 全面启动"四项工程"

皖西学院 刘 鑫[①]

皖西学院作为安徽省普通高等学校本科教学审核评估的试点院校之一,正处在迎接评估的关键时刻。2012年8月6日至8日,学校召开了2012年教学工作会议,会上对贯彻落实2012年全省高校教学工作会议精神进行阶段性总结,并就进一步深化教育教学改革,完善教学质量保障体系,迎接本科教学审核评估工作,提升我校本科教学工作水平,高质量地完成省级示范应用型本科高校各项建设任务作了统一部署。

学校以贯彻落实全省高校教学工作会议精神为契机,以审核评估为抓手,以提高教学质量为目的,扎扎实实地开展了以下几方面的工作。

一、创新人才培养思路,修订2012级本科人才培养方案

在新一轮人才培养方案修订中,紧紧围绕应用型本科高校的人才培养定位,创新人才培养思路;充分发挥学校多学科门类的资源综合优势,以专业综合改革试点、"卓越人才教育培养计划"为引领,进一步探索"多样化"的人才培养模式;努力构建"模块化"课程体系以及由知识领域、知识单元、知识点形成的"网状"专业教学知识体系,创新教学内容和教学方法,深化实践教学改革;进一步完善学分制,建立有利于学生个性发展和自主学习的弹性教学计划;培养"面向基层、服务地方,学科理论基础扎实,知识面宽,具有较强的综合职业能力、创新精神和实践能力的应用型专门人才"。

二、全面启动"四项工程",扎实开展"应用性"内涵建设

1. 启动专业建设工程

加强专业建设是提高人才培养质量的重要保证。学校出台了《皖西学院本科专业建设工

[①] 刘鑫,男,皖西学院教务处处长,教授。

程》(院发[2012]35号),进一步明确了专业建设工程的总体目标:以内涵建设为重点,适度增加专业数量,加大专业建设力度,形成专业建设的进入、发展和退出机制,使我校专业布局更趋合理。通过加大投入,使经济社会发展需求量大的专业办学条件得到极大提升,充分满足人才培养的各方面需求,逐步把这类专业建成我校的优势专业;把办学条件好、师资力量强的专业建成我校的强势专业;把省级和国家级特色专业建成我校的品牌专业。

10月份,学校全面启动了2012年专业评价分类工作,要求各二级学院根据《皖西学院本科专业评价分类指标体系》要求,认真进行自评工作,撰写自评报告,学校已于11月中旬开始组织专家进行评审。

2. 启动新一轮实践教学体系建设工程

实践教学是应用型人才培养必不可少的重要教学环节,为了加强实践教学,学校连续出台了《皖西学院新一轮实践教学体系建设工程实施方案》(院发[2012]53号)、《关于做好2013届本科毕业生毕业综合实践环节教学工作的通知》(院教[2012]81号)等文件,既从宏观上规划了我校未来几年实践教学体系建设的总体思路,又在具体操作层面对2013届本科毕业生毕业综合实践环节教学工作作了具体要求和规定,从而保证了将应用型人才培养的实践环节落到实处。

9月份,学校召开了实践教学工作专题会议,研究落实2013届毕业生毕业综合实践环节的教学工作。要求各二级学院认真贯彻落实省教育厅《关于严格高等学校教学管理工作的通知》(皖教高也2012页4号)等有关文件精神,强化对毕业综合实践环节的过程管理,保证教学质量,保障毕业综合实践环节教学改革顺利推进,确保毕业综合实践环节教学取得好的效果。

3. 启动"双能型"师资队伍建设工程

"双能型"师资队伍建设是规范和强化我校教师教育教学能力和产学研合作、资政咨询等社会服务能力,推进示范应用型本科院校建设,提高应用型人才培养质量的重要手段。为此,我校近期连续出台了《关于实施"双能型"师资队伍建设工程的意见》(院发[2012]44号)、《关于选派教师赴国内大中型企(事)业单位进修实施办法》(院人[2012]45号)等文件,对"双能型"师资队伍建设的实施措施、"双能型"教师的认定程序与标准到"双能型"教师的考核办法、进修待遇等方方面面都作了严格的规定,并从14个二级学院中选派了31名教师,从暑期开始,到企(事)业单位进行半年到一年的挂职锻炼。

4. 启动科技创新平台建设工程

作为应用型本科高校,我校注重把科研优势转化为教学优势,启动科技创新平台建设工程,积极拓展产学研合作领域,有针对性地开展了一系列工作。

（1）落实"协同创新"精神，在科技创新平台建设工作中发挥科研促教学作用。我校始终将科技创新平台建设作为科技工作的着力点。特别是近年来，为推动"协同创新"，寻求与企业、地方、高校的深度合作，全力服务于大别山经济社会发展，学校大力加强了创新平台建设工作。为配合与六安市科技局联合实施的六安市定向委托项目产学研专项，学校于今年3月启动了科技创新平台申报工作，6月份，学校召开了科技创新平台负责人会议。经过校院两级评审，共有18个平台获批立项，其中人文社科类3项，自然科学类15项。

（2）推进产学研用结合，积极开展校企合作。6月2日，张文兵院长率生物与制药工程学院有关教师，到安徽圣农生物科技股份有限公司的石斛产业园调研合作项目进展情况。张文兵院长与王新生总经理就"公司＋基地＋农户"的模式创新、校企进一步紧密合作、尽快获得国家食品药品监督管理局的霍山石斛产品深加工批文等问题，进行了深入交流。

6月18日，中视在线国际传媒集团尤东云总裁一行9人来我校考察。张文兵院长与尤东云总裁就校企合作有关事宜进行了座谈。双方就人才培养、输出及实习实训基地建设等方面开展合作互相交流了意见，并达成了共识。6月20日，材料与化工学院召开校企合作工作恳谈会，邀请安徽振华光电科技有限公司总经理胡道宏等一行来校就校企联合办学等事宜展开交流和研讨。张文兵院长到会与企业代表及材料与化工学院领导、教师进行了交流。

11月3日上午，安徽教育厅厅长程艺教授莅临皖西学院及学研合作单位安徽省圣农生物科技股份有限公司考察调研。程艺厅长对皖西学院依托自身的科研实力，积极开展产学研合作，将大别山区的资源优势转化为自身的发展优势，同时服务于地方经济，给予了高度评价，明确指出高校与企业相结合是应用型本科高校发展的有效途径。

（3）积极组织、参加产学研合作相关活动。通过组织参加大型论坛、对接会等方式，积极加强与地方政府、企业及高校的协同合作。7月份，我校与霍山县政府、六安市林业局联合主办了"2012年全国石斛（霍山石斛）产业发展论坛"。7月8日，在省教育厅、省财政厅举办的"宿州区域发展协同创新高层论坛"上，我校与企业签订了2项产学研合作项目协议。7月22日至23日，我校成功承办"在皖高校深化拓展大别山道路暨服务老区加快发展推进会"。8月25日至26日，学校成功举办皖西学院第四届科技工作会议。

2012年，学校获得六安市定向委托皖西学院产学研合作项目20项，六安市财政资助20万元。此次六安市定向委托产学研合作项目的实施是落实"在皖高校深化拓展大别山道路暨服务老区加快发展推进会"精神的重要举措。

三、注重质量提升，系统规划质量工程项目建设

根据省教育厅、财政厅《关于做好2012年度高等学校省级质量工程项目申报工作的通

知》的安排和皖西学院"质量工程"建设总体目标及分年度实施计划,6月6日学校出台了《关于做好2012年度"质量工程"项目申报工作的通知》(院教[2012]45号),正式启动了我校"专业综合改革试点"等11个校级"质量工程"项目申报工作。19个单位共申报了229个项目,我校共有38个项目获准立项。

四、以评促建,不断提高教学质量

为增强全校师生员工的教学质量意识,切实加强本科教学质量的保障和监控工作,实现对教学本科教学质量的有效监督、检查、评估、指导,建立健全各主要教学环节质量标准,在梳理所有教学管理制度的基础上,学校制订了《皖西学院进一步完善教学质量保障体系的实施意见》(院发[2012]72号)、出台了《皖西学院主要教学环节质量标准》(院发[2012]100号)。构建起了教学质量保证体系,从而进一步规范办学行为,促使教学评估工作常态化。

目前,我校即将作为试点院校接受本科教学审核评估。下一步,学校将继续深化落实全省高校教育工作会议精神,以《关于全面提高高等教育质量的若干意见》、《关于实施高等学校创新能力提升计划的意见》和程艺厅长《坚定特色发展全面提高人才培养质量》的重要讲话为指导,群策群力、开拓进取、积极创新,进一步深化教学改革,加强内涵建设,规范和完善校院两级教学管理与服务职能,以本科教学审核评估为契机,不断促进教育教学质量的持续提高。

(本文发表于《应用型高教探索》2013年第1期)

强化师范办学特色　服务基础教育改革
——淮南师范学院教师教育改革实践与思考

淮南师范学院　陈永红[①]　鲁先文　郭磊

教师教育,过去谓之曰师范教育,是我国高等教育体系的重要类别,承担着为幼儿园、中小学以及中等职业学校培养师资的重任。师范院校作为开展教师教育的主力军,是培养教师的梦工厂。因此,师范院校的教育理念和人才培养质量,对于提高国民素质、建设人力资源强国的作用不言而喻。据统计,在我国现有700多所全日制普通本科高校中,以"师范"冠名的高校就有100多所,约占普通高校总数的五分之一,是我国教育事业的中坚力量。然而,在经济和科技快速发展的21世纪,知识更新速度不断加快,交叉学科层出不穷。面对构建学习型社会、教师专业化和促进人的全面发展的时代要求,传统师范教育遇到了前所未有的挑战,现有的教师教育理念和人才培养模式已不能适应时代的要求。

一、当前教师教育存在的问题

1. 教师教育专业有逐渐边缘化的趋势

在现有地方高师本科院校中,多半是由原师专升格而成的,升本前均以教师教育作为主要办学专业,无论是学校的硬件建设还是软件建设,都是以培养教师作为主要目标,师范专业长期沐浴在学校政策和资源优先投入的阳光雨露中。升本以后,面对服务地方经济建设和学校自身发展的客观需要,增设新专业是其必然的选择,继而导致有限资源的分流。此外,师范专业还受到来自两方面的直接压力:一是各级各类学校年均入职(有编制)的新教师人数有限,限制了师范专业的招生规模;二是教师职业特别是农村中小学教师的收入普遍不高,因此,考生大多不愿填报师范专业。相反,市场经济的快速发展,社会对直接服务于产业的应用型人才需求旺盛。在招生和就业的双重压力下,高校自然就将办学注意力和资源投入到新建的应用型专业上,传统教师教育专业有被逐渐边缘化的趋势。

[①]陈永红(1962—),安徽舒城人,教授。主要研究方向:高等教育管理。

2. 对教师专业化缺乏足够的认识

上世纪80年代中期,美国就提出了教师专业化的口号,并创建了"教师专业发展学校",把教师教育改革同义务教育教学改革紧密联系起来,通过高校与基础教育学校的共同努力,促进大学和中小学校实现优质教育教学的目标。在我国,虽然师范专业和师范院校存在已逾百年,但教师专业化的理念并没有得到真正的认可,说得严重点,社会还没有认识到"教学是一种专业",以至于我国教师入职长期缺乏刚性统一的标准,或者说标准过低。例如,非师范专业毕业生只要通过传统的《教育学》、《心理学》课程考试且试教合格,即可申请《教师资格证书》。国家层面上,教育规划纲要构建"以师范院校为主体、综合性大学参与、开放灵活的教师教育体系"的国策,虽然有利于改善我国基础教育教师的知识结构,但应该看到,允许师范、非师范院校一起开办教师教育专业,非教师教育专业毕业生也能入职教师职业,这就对师范院校教师教育专业办学产生了强烈的冲击,导致教师教育专业处于既非应用型也非专业化的尴尬境地。

3. 教师养成教育没有落到实处

教师教育是一种养成教育。从教者的知识、能力和素质按属性可以划分为硬实力和软实力两种类型。硬实力除学科知识外,主要是指教师职业基本从业技能,如普通话、三笔字、现代教育技术应用等,这些知识和能力可以在大学校园内通过教学和训练过程养成。软实力体现的则是从教者的个人综合素质,包括教师职业品质、岗位责任意识、沟通与组织协调能力等,这些仅在大学校园内是难以养成的,必须在身临其境的真实氛围中,由从业者在长期有意和无意的观察和揣摩中体验、积累,最终形成自己的教学风格和特色。国际上,除了美国之外,英国早在20世纪70年代就开始开展"学校效能研究",80年代开始实施"学校改进计划",90年代演变成"学校发展规划",这些教师教育改革政策都强调高校与中小学校之间的协作。由于体制机制方面的原因,我国高校与中小学校间缺乏有效的联动机制,师范专业教育见习、专业实习等实践教学环节效果欠佳。

4. 教师教育改革滞后于基础教育发展要求

改革开放以来,国家在基础教育领域先后出台了一系列改革政策和措施。显然,除了教育主管部门之外,任何一项改革措施的落实乃至目标的实现,都得益于广大一线教师对政策的充分理解、积极参与,并创造性地开展工作。因此,作为培养一线教师的师范专业学校,不仅要服从和服务于国家意志,还应该根据政策的变化和教改动向对培养方案和培养模式适时进行调整。然而,至少因为两方面的原因,即高校与中小学校间缺乏有效的互动机制,高校对基础教育改革的信息缺乏了解;新建本科高校教师队伍建设跟不上新专业增速,教育学科教学和研究队伍难以发展甚至萎缩,高校教师教育改革明显滞后于基础教育发展的实际,导致高校:一是在人才培养方案构建上,课程结构设计不合理,学科课程偏多,教师教育课程明显不足,轻教师素质的培养;二是实践教学环节安排不够,毕业生从师能力不强;三是对新课改关注不够,教学内容陈旧,不适应教学改革的要求。

二、淮南师范学院教师教育改革实践

作为一所源于"师范"、升本后仍然保留"师范"校名的地方本科高校,基于学科专业日趋综合化的校情,学校确立了以"师范性、地方性、应用型"为特征的办学定位。以"育人为本、实践取向、终身学习"的教师教育新理念,发挥传统办学优势,深化专业内涵建设,突出教师教育特色,这不仅是时代赋予的责任,也是学校生存和事业发展的基石。

1. 成立教师教育

多年来,淮南师范学院师范专业一直沿用原来的管理体制和运行模式,所有课程教学和实践环节均由专业所在院系负责组织实施。近年来,随着新专业的增加,投入在师范专业上的精力和资源相应被分流。同时,国家在基础教育改革和教师教育专业建设上新举措不断。继《教师教育课程标准(试行)》颁布后,又召开了"全国教师工作会议",发布了指导各级各类教师队伍建设的文件,如国务院《关于加强教师队伍建设的意见》和六个配套子文件等。面对即将实行"国标、省考、县管、校用"的教师入职新规则和教师专业发展的理念,2012年,淮南师范学院在整合教师教育资源的基础上,成立了全面负责学校师范专业教师教育类课程教学和实践环节管理的教师教育中心,其职能包括加强教师教育研究,为学校教师教育类专业改革建设提供决策咨询;根据《教师教育课程标准(试行)》,研究制订教师教育类专业教师教育课程结构体系及课程标准;加强与地方教育行政部门和中小学、幼儿园的联系,研究制订师范生教师职业能力构成模块、训练办法及考核办法;负责教师教育系列课程的教学安排和师范生职业能力培训工作;负责校内外教育实习基地的建设,承担师范生教育见习、实习的组织、管理和考核工作;负责教师教育课程资源的开发,承办师范生教学技能竞赛的组织工作。

2. 修订人才培养方案

人才培养方案是高校人才培养工作的顶层设计。2013年3月,学校召开了以"统一思想、提高认识,扎实开展新一轮人才培养方案修订和培养模式创新"为主题的第七次教学工作会议,为2013年专业人才培养方案的全面修订奠定了思想基础。

针对新形势下教师教育专业人才培养方案的修订,学校在组织学习、深刻领会上级有关文件和会议精神的基础上,认真总结2009年培养方案执行过程中的成败得失,提出了沿用"平台+模块"的课程组织形式,以"夯实基础课、强化专业课、重视实践课、灵活选修课"为课程设计

思路,构建融"专业、技术、职业"为一体的人才培养方案。具体做法概括起来主要包括以下几个方面:

一是统一思想认识,明确培养目标。牢固树立"育人为本、实践取向、终身学习"的教师教育新理念,积极构建与《教师教育课程标准(试行)》和教师入职新规则相适应的人才培养方案和培养模式,努力培养负责任、有能力、能创新、心智专一的基础教育教师。

二是优化课程结构体系,强化教师教育课程。长期以来,我国师范教育始终以学科教学为主导,除了"老三门"以外,师范专业与非师范专业在课程安排上差别甚微,导致毕业生的从师基础不牢。基于对"教学是一种专业"的认识,在修订师范类专业人才培养方案时,要求围绕师范生核心能力的培养设定教师教育类课程。除了将过去被纳入"通识教育"的《教育学》和《心理学》界定为"专业课程",并将课程名称改为《现代教育学》和《现代心理学》外,还增加了《教师专业发展入门》、《中(小)学学科课程标准与教材研究》、《中(小)学学科教学设计与技能训练》、《中(小)学生心理辅导》、《教师语言文字表达》、《信息化教学设计》、《教育研究方法》等多门理论和实践课程。教师教育课程总计22学分,超过了"课程标准"14学分的要求。

三是突出实践特色,强化环境育人作用。在培养方案的修订过程中,始终坚持教师教育是一种养成教育的理念,将师范生对基础教育现状的了解和感悟纳入培养过程之中。通过教育调查、社会实践、专业见习、国培计划顶岗、专业实习等多种实践形式,探索四年一贯制的教育实践模式。要求师范生在就读期间,每年要进行不同目标的教育实践活动。

四是处理好教师教育传统与创新的关系,关注教师的专业化成长。在科技和经济高度发达的21世纪,教师与匠人的最大区别在于:教师教育的本质并不是教给学生用今天的知识来从事明天的职业,而是要教给他们发展的潜力,也就是要按有发展潜力的教师教育目标来设计培养方案。2013年,安徽省基础教育领域两项重大改革值得关注,一是教育部同意安徽省作为教师资格考试试点省,2014年将对新任中小学教师实行全省统一公开招聘考试;二是省政府选定在马鞍山、淮南、亳州三市进行中小学教师职称改革试点。显然,上述改革举措对于师范院校的发展既是良好的机遇,也是严峻的挑战。为提高师范生入职竞争力和发展潜力,新方案将中小学教育教学改革与学校培养未来教师的工作紧密结合起来,除了开设22学分的教师教育类必修课程以外,还安排了近10多个学分的教师教育类选修课程,供学生选修。

五是多措并举,着力培养未来教师的综合素质。教师是引导学生建构自我、认识世界的崇高职业,这就要求从教者不仅应是一个有着丰富学科知识、精通教学艺术的"教书匠",更应该是一个有着丰厚人文内涵、科学精神和高雅气质的教育者。新方案在注重教师专业教育的同时,还构建了包括第二、第三课堂在内的素质拓展和创新教育学分,努力做到三类课堂教学内容有机统一、培养目标高度一致,形成教学、团学工作在人才培养过程中的合力,着力培养未来教师的社会责任感、教师气质、实践智慧和专业技能,提升学生的综合素质和就业、创业能力,实现人才培养目标与职业需要、人才培养方案与学生成长规律、人才培养途径与手段的有机统一。

教师教育类专业是淮南师范学院的传统优势专业,也是为基础教育服务的对口专业。教师教育专业综合改革及课程标准的实施,已列入学校质量工程建设和教育振兴规划。学校将不断完善师范生培养组织管理体系,按照课程改革意见和标准要求,整合优质资源,创新课改理念,积极探索实践,确保课程改革的各项政策目标落实到位,努力为基础教育培养"宽口径、实基础、重技能、稳扎根"的优秀师资。

【参考文献】

[1]教育部批准的高等学校名单、新批准的学校名单[EB/OL].[2013-07-26].

[2]易森林.教师专业发展学校对我国教师教育的启示.教育探索,2010(1):109.

[3]国家中长期教育改革和发展规划纲要(2010-2020)[EB/OL].[2013-07-26].

[4]陈志强.发达国家学校效能研究的趋势及对我国的启示.外国教育研究,2012(7):59.

[5]关于印发安徽省中小学教师职称制度改革试点工作实施方案的通知[EB/OL].[2013-07-26].

(本文发表于《宿州学院学报》2013年第28卷第10期)

教学质量保障体系建设探索与实践
——以安徽三联学院为例

安徽三联学院 蔡文芬 卫 玮①

教学质量是学校生存和发展的生命线,建立并不断完善教学质量保障体系是稳定正常教学秩序、提高教学质量的有效保证。教学质量保障体系的有效性取决于围绕提高教学质量这一根本任务,教学目标、教学运行与教学改革三者之间相互作用的程度,即教学运行过程对教学目标执行的有效性,教学改革对教学运行过程中发现问题的深入性,以及随着教学改革的推进对教学目标实现动态调整的科学性。

《教育部关于普通高等学校本科教学评估的意见》(教高[2011]9号)提出要"强化高等学校质量保障的主体意识,完善校内自我评估制度,建立健全内部质量保障体系,全面提高本科教学水平和人才培养质量"。为适应新时期高等教育发展的客观需要,安徽三联学院自2008年升格为本科院校以来,依据PDCA(Plan 计划—Do 执行—Check 检查—Action 改进)管理循环程序理论,积极构建完善学院校内教学质量保障体系,并以本科教学工作合格评估为契机,建立了由教学质量目标系统(计划)、教学过程管理系统(执行)、教学质量监控系统(检查)、教学信息反馈系统(改进)四个主要环节组成的闭合系统,不断促进教学质量保障工作制度化、规范化、程序化建设。

一、教学质量目标系统(Plan——计划环节)

构建合理的教学质量保障体系,首先必须明确定位,建立教学质量目标系统。目前学院的科学定位是"以工为主,文、经、管、艺、理、法、医等学科门类兼有;以全日制普通本科教育为主,开展专业学位研究生教育,兼顾高等职业教育;立足安徽,面向全国,为我省乃至全国经济建设和社会发展,特别是事故预防、交通运输、信息技术、现代制造、文化创意等行业培养创新型、应用型高等专门人才"。围绕定位,学院积极发展特色,推动学科专业建设。在2012年修订的新

---

① 蔡文芬(1974—),女,安徽安庆人,安徽三联学院教务处处长,硕士。研究方向:高等教育管理。卫玮(1986—),女,安徽合肥人,安徽三联学院教务处科员,硕士。研究方向:高等教育管理。

一轮人才培养方案中进一步载明适合我校人才培养规格的人才培养目标；在专业内涵建设中进一步强化课程建设目标、师资队伍建设目标、实验室与实践教学基地建设目标等。在2012年修订的新一轮课程教学大纲中进一步细化课程尤其是专业核心课程教学目标。

二、教学过程管理系统（Do——执行环节）

我院教学过程管理系统包括管理组织机构、教学管理制度、教学研究制度、教学质量标准及教学条件保障等要素。

1. 管理组织机构层级化

学院教学管理部门与教学实施单位形成层级清晰、职责明确的教学管理组织机构，是教学有效运行的一个重要前提条件。为保障我院教学运行思路的一致性与教学执行程度的深入性，建立了"校—系（院、部）—教研室（课程组）"三级教学质量管理组织机构。由依据学科、专业、课程（群）设置的教研室（课程组），在系（院、部）的领导下，按校或系（院、部）的教学工作计划直接安排日常教学工作，开展教学研究和教学改革工作。三级教学质量管理组织机构既兼顾了应用型人才培养适度整合各系（院、部）教学与科研资源的实际需要，同时也提高了学院教学管理的效率。

2. 教学管理制度规范化

健全的教学质量制度体系是教学质量保障体系得以实施的基础，是规范一切活动的行为准则。近年来，我院制定了多个教学质量制度，并在管理制度的宣传、讨论、运行和反馈中不断收集意见，积极进行修订、补充和完善，促进教学工作的不断深入，保障各项工作能够及时落实到位。近年，学校相继出台和修订了《安徽三联学院关于加强本科教育教学努力提高应用型人才培养质量的若干意见》、《安徽三联学院关于进一步严格教学管理的若干规定》、《安徽三联学院关于进一步加强实践教学的若干规定》、《安徽三联学院关于加强校内教学质量保障体系建设的若干意见》、《安徽三联学院校内教学质量保障体系纲要》等一系列教学管理规章制度，对建立健全我院教学质量制度体系起到了积极的推动作用。

3. 教学研究工作常态化

学院通过建立每两年召开一次的教学工作研讨会、教学工作会议制度，对影响学校发展、影响教学质量提升的深层次问题进行探讨，寻求解决办法和对策。2012年，学校召开了主题为"提升质量意识，强化内涵建设，全面做好自评自建工作"的第四次教学工作研讨会，会议邀请了两位教育部评估专家，分别做了"质量保障体系建设"和"应用型本科实践教育"专场报告，使我校广大教职工开阔了视野，受益匪浅。2013年，学校召开主题为"深化教学改革，提升服务能力,努力提高应用型人才培养质量,争取为服务社会作更大贡献"的教学工作会议,理清了学院教育教学工作的基本理念、基本思路和指导思想,进一步明确了学院今后教育教学工作的方向。

为保障学院日常教学运行工作的顺利开展,形成了每月召开一次教学工作例会(分大例会和小例会)的常态化教学研讨工作制度。会议由分管教学工作的校领导主持,各教学单位负责人共同参会,按照人才培养的不同阶段,预先部署教学工作,并解决教学运行中出现的各种问题。

4. 教学质量标准科学化

质量标准体系是实施质量监控的依据。学院制定了一系列教学资源管理质量标准、教学过程管理质量标准、教学质量检测分析和改进管理质量标准。学院制定了理论教学、实验教学、考试考查、实习实训、毕业论文(设计)等各主要教学环节的质量标准,并出台了《安徽三联学院主要教学环节质量标准及评价办法》文件。

5. 教学运行各项条件健全化

学院制定了年度教学经费预算,规范教学经费使用,加强教学经费的管理,确保生均教学经费的投入达到教育部的要求并逐年增长,确保教学经费专款专用,保证教学经费使用合理、有效、公开、透明。逐年增加教学投入,不断改善办学条件。新建图书馆、专家楼,并对教室、语音室、体育设施等进行了改建和扩建。针对应用型人才培养定位,一方面不断加强实验硬件建设,配置实验设备,并逐步完善实验软件建设;另一方面建立了多个校内外实习基地。

以"质量工程"项目建设为契机,学院提出了"人才强院"战略,实施人才队伍建设"优化工程"、"人才温暖工程",本着"不求所有,但求所用"的原则,广泛吸纳优秀专家、学者参与学院的教学、科研和学科建设工作。进一步探索建立科学合理、充满活力的人才流动机制;进一步完善教师聘任、考核和激励等机制。

三、教学质量监控系统(Check——检查环节)

学校坚持用过程监控与目标考核相结合的方法,基本形成了自我调控、自我完善、运行有效的教学质量监控体系。

1. 监控主体多元化

我院实行"校长是学校教学质量第一责任人、系院主要负责人是系院教学质量第一责任人"和"教学事故一票否决"的制度,通过建立由学院领导、系(院、部)教学负责人、教务处质量管理科、校—系(院)两级教学督导组、各系(院)教学信息员(学生)等共同组成教学质量监控体系,力求从不同层面、各个角度对教学过程进行全面检测,广泛收集教学信息。教务处质量管理科专门负责跟踪收集教学动态反馈信息,形成《教学简报》与《教学督导工作简报》,及时将教学信息反馈给学院领导与各教学单位,督促教学问题的改进,加强教学过程管理。

2. 监控内容全面化

通过常规教学检查和各种形式的教学专项检查,对影响学院教学质量的关键因素进行全面监控。监控内容包括教师配备、教室安排、实验设备、课表编排、教师教学计划与教学进程、人才培养计划审核、学生作业与实验报告、教学档案与试卷管理等方面的检查工作;多媒体教学、实验教学、实习实训、各类国家级、省级与校级考试,以及毕业论文(设计)质量的保障工作;实验室、机房及体育课的教学安全检查工作等。2013年,组织对全校各系院的专业建设、人才培养方案、师资队伍、教学组织体系、实验室建设等方面进行了全面评估,开展了说专业、说课、期末试卷检查、多媒体教学检查、实验教学检查等一系列活动,并限期整改发现的问题,收到了良好效果。

3. 监控方式多样化

(1)开展常规教学检查。

坚持"三期"教学质量检查制度。每学期期初,对教学环境、教学设施与设备、教学安排,以及教师教学进程和教案的准备情况进行检查,做好开学准备;学期中,主要以期中考试和教案、课件、课堂教学质量、作业及实验报告等为主要内容,进行常规与专项相结合的教学检查;学期末,开展以期末考试、试卷管理等为重点内容的监督检查。此外,教务处还坚持进行由质量管理科负责,全处工作人员参与的每周教学常规检查工作,对学院日常教学中的教师上课情况、学生到课率、教学设备的日常维护与教室卫生情况等进行全面检查。

(2)落实领导听课制度。

学院通过出台《安徽三联学院健全听课制度的规定》,发挥各级领导在评教评学中的作用。自学校兴办以来,一直坚持开展这一日常教学监控方式。通过各级领导干部听课查课,了解一线教学情况,为调整工作思路和及时决策提供了第一手资料,为保证教学质量的稳步提高起到了决定性作用。

(3)坚持教学督导制度。

学院从2010年开始实行教学督导制。选聘一批学术造诣深厚、德高望重、工作敬业、办事公道的老教授和业务骨干教师,组成校级教学工作督导组,开展督教、督学、督管活动。学校现有由6名副高职称和多名中级职称教师组成的校级教学督导组及各系院建立的二级督导机构。

(4)建立学生信息员制度。

学院从2010年开始实行学生信息员制度,学生信息员随时向教学质量管理部门反馈教师的教学情况。目前学生信息员队伍增加到近240人,每学期召开1~2次会议,集中收集各类教学信息、意见和建议,并在系院设立教学信息站。学校每年开展优秀学生信息员评选、表彰活动,调动了学生信息员的积极性和责任心。

(5)实行学生网上评教制度。

为了进一步健全与完善教师教学考核评价机制,学校开展了在教务系统中进行学生网上评教活动。通过掌握教师的真实上课情况,并及时与院系教学单位和质量科进行沟通,使教师的教风得到明显好转,教学质量得到提高。此外,通过开展学习满意度问卷调查、召开各年级、各专业学生座谈会等活动,了解教学工作情况,倾听学生对教学工作各方面的意见和建议。

四、教学信息反馈系统(Action——改进环节)

我院制订了以质量评比、社会评价和毕业生跟踪调查等为主要方式的教学质量监督与评价制度,制订了教坛新秀与优秀教学成果奖评选办法、教学事故认定与处理办法等一系列规章制度。

教学质量保障系统按照"检查—评价—反馈—改进—建设—检(复)查"的模式运行,其中的教学信息反馈系统主要依靠学院教学工作委员会和院(系)评估领导小组两级评估组织,对教学系统、教学质量、教学状况及时做出判断,及时调整与控制教学过程。监督检查系统、教学评估系统在运行的过程中,有关教学质量评价结果会及时反馈给相关二级学院或部门主管人员,并经二级学院或部门核实后有针对性地认真落实整改。形成各级领导、各职能部门、各教学单位共同参与构成的"监督—反馈—改进—二次反馈"的反馈系统内部循环过程。

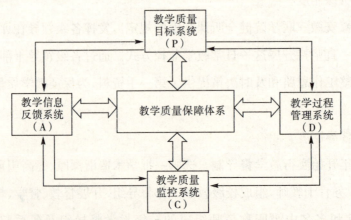

在完成一个人才培养周期时,依据教学信息反馈系统总体信息的分析结果与社会经济发

展对应用型人才培养的新需求,对学院教学目标进行进一步的动态调整与更新,并进入下一个教学质量保障的管理循环。

通过上述全方位、多视角的常态质量监控,对学校教学质量特别是本科教学质量的稳定和提高起到了重要的保证作用。但同时,我院教学质量保障体系并不是十分健全的,还需进一步完善。在今后的建设过程中要充分体现"全面、全员、全过程"管理的"三全"思想,和"以人为本"教育宗旨的质量保障体系,力争实现对教学各要素及教学全过程的计划、指挥、协调和控制,从而规范有序、高效优质地实现既定教育目标。

【参考文献】

[1]《教育部关于普通高等学校本科教学评估的意见》(教高[2011]9号).

[2]李建美,黄爱军.教学质量监控体系的构建与实践.浙江中医药大学学报,2009年01期.

[3]方鸿琴.我国高校质量保障体系一般模式构建与质量审计.华东师范大学,2011年.

(本文发表于《应用型高教探索》2014年第1期)

"叠加嵌入"：地方高师院校卓越教师培养模式的创新性探索
——以合肥师范学院为例

合肥师范学院 胡 昂[①]

十八大报告中将"努力办好人民满意的教育"作为加强社会主义建设的首要内容,将"深化教育领域综合改革"作为发展教育事业的一项重要任务,分别明确了学前教育、九年制义务教育、高中阶段教育、职业教育、高等教育和继续教育等各类教育的发展方向,更将教师的职业道德、业务能力和职业的责任感和荣誉感作为加强教师队伍建设的重中之重。这既进一步明确了各级师范院校在今后教师教育工作中努力的方向,也对教师培养工作的改革提出了更高要求。我校"卓越教师"培养试点工作正是顺应了国家对当前基础教育改革的迫切要求,社会对优秀教育工作者的迫切期待,在充分发挥自身办学优势的基础上,大胆尝试,锐意改革,正探索着一条"叠加嵌入"的人才培养的基本模式。近两年来,我校"卓越教师"培养试点工作顺利推进。及时总结便于我们及时发现问题,厘清思路,有效推动下一步工作的开展。希望通过此文的呈现,得到兄弟院校的批评指正和专家的指点帮助。

一、深化基础教育改革的时代要求和彰显自身师范教育的办学特色,催生出我校"卓越教师"培养试点工作。

改革开放30多年以来,我国在基础教育方面的投入不断加大。但要在人口众多、经济发展不平衡的国情下"均衡发展"大众化的义务教育,虽然首先是但又不仅仅是经济上的投入,还要有精神上和人力资源上的跟进。《国家中长期教育改革和发展规划纲要(2010—2020)》中明确提出要"努力造就一支师德高尚、业务精湛、结构合理、充满活力的高素质专业化教师队伍"。因此,热爱教育、师德高尚、理念先进、技能娴熟和创新能力强的优秀师资,成为深化基础教育改革的重要人力资源。与此同时,已进行近十年的基础教育改革在近年有不断加速推进之势,也正在倒逼为基础教育培养师资的地方高师院校加速推进在教师教育人才培养模式上的改革

[①] 胡昂,女(1969—),教授,博士,合肥师范学院教务处副处长。主要研究方向:教育管理与教育研究。

与创新。面对教育改革对优质教学资源客观而迫切的需求,许多地方高师院校主动作为、积极承担。我校"卓越教师"培养模式的探索就是在这样的背景下诞生的。

我校有60年师范教育的办学传统,多年来为安徽省基础教育战线输送了一批批教育管理干部和一线优秀教师,是最早参与基础教育改革和承担基础教育培训,与地方政府开展校地合作,建立教师教育综合改革实验区的高校之一。近年来,更是继续秉承教师教育传统,在教师教育方面进行了多维度的探索,取得了一些成绩。首先是卓有成效地完成了安徽省高校重大教改计划项目"合肥师范学院教师教育综合改革研究与实践";后又以省级质量工程"合肥师范学院师范生技能培养模式创新试验区"项目为依托,经过试点与总结并广泛征求中小学一线教师意见,制定出《合肥师范学院师范生专业技能训练与考核大纲》、《合肥师范学院师范生专业技能教学与训练方案》、《合肥师范学院学生微格教学技能训练规范(试行)》等操作性极强的文件,极大地促进了师范生的教学技能的培养和提高。通过广泛调研,并紧密结合教育部最新颁布的《教师教育课程标准》和义务教育阶段各学科的"课程标准",大力推动教师教育类课程的改革,并于2011年全面启动"卓越中小学教师培养计划"(以下简称"卓越教师"),努力探索一条高素质教师教育人才培养的新途径。这一重大创新性改革,是我校适应社会对高等教育的新需求,顺应百姓对优质教育的新期待,贯彻落实国家战略部署,提升人才培养质量的重大举措,对于丰富我校教师教育人才培养模式,彰显办学特色,提高教师教育人才培养与社会需求的符合度和对地方基础教育事业发展的支撑度都具有重要意义。

二、"叠加嵌入"是我校"卓越教师"培养的基本模式

1. 以"四性合一"——"全面性、应用性、发展性、创新性"为卓越教师的培养规格

近年来,我国教师教育事业的改革与发展取得了显著成就,但传统教师教育培养体系相对封闭、培养模式相对单一、教师专业化程度不高等弊端依然存在,还不能适应教师专业化发展的需要和基础教育改革与发展的需要。在这种新的时代发展背景下,我校从区域经济发展和基础教育发展的实际出发,遵循高等教育规律及基础教育教学名师成长规律,秉承"学思结合,知行合一"的教育理念,在"卓越教师"培养过程中坚持以服务基础教育改革与发展为依据,以教师专业技能培养与训练为主线,确立了"四性合一"的卓越教师培养目标。具体来说,即我校培养的教师是具有良好的思想素质、专业素质、科学素质、人文素质和健全的身心素质的全面性人才;是适应基础教育改革与发展及具有教育思想理念先进、专业知识扎实和教师技能娴熟的胜任中小学教学的应用性人才;是具有较强的反思与发展能力、表达与沟通能力、组织与管理能力的发展性人才;是具有初步的中学教育教学研究能力和校本资源开发能力的创新性人才。

这里的"四性"明确地表达出我们对卓越教师的要求是专业化与通才化并举,学习能力与创新能力兼具,科学精神与人文情怀协调发展,专业知识与教学能力同步提高,是能适应基础教育改革和胜任基础教育教学的新型师资。

2. 以"双向选择,择优录取,适时分流,末位淘汰"为卓越教师的选拔与运行原则

卓越教师试点班按照"自愿选择,公平竞争,适时分流,提高质量"的选拔原则,从立志从事教师职业的品学兼优的二年级师范生中遴选。分笔试、面试与心理测试三个环节,侧重考核学生在口表、语言、书写、理解等方面的基本素质,将一些素质较高又立志献身教育事业的学生选拔进来。学生构成来自全院各个教师教育专业。"卓越教师"培养实施末位淘汰机制,对在第二、三学年度的综合排名居于本班后的学生以5%的比例予以淘汰,退出本班的培养并回到已就读专业继续完成学业。学院始终坚持总量控制,优化生源结构,努力提高培养质量。

3. 以"叠加嵌入"为卓越教师的培养模式

(1)突出学科教育的专业人才培养方案与突出教师素养和职业技能的综合性培养方案"相叠加"。

"卓越教师"的培养,基础是知识、根本是素质、核心是能力、关键是思维。对基础教育的师资来说,专业化的理论要求远没有高等教育高,相反,综合性的专业能力和专业素养却相对重要。因此,"四性合一"的人才培养目标内涵是既要掌握扎实的专业理论素质和专业教学技能,同时更要具备综合的教师专业素养以及高标准的教师职业道德和示范性的教师日常行为。为了有效完成这样的培养目标,"卓越教师"采取了学科专业培养与教师专业培养相叠加的"双方案"培养计划。

"双方案"培养计划内含的课程设置以素质培养为主体、学科专业理论培养与教师专业技能培养为两翼,结合未来教师资格认证考试要求,着力改革传统的专业理论培养课程体系,与基础教育学校联合开发教师专业技能培养课程体系,建立"学习、反思和实践"的"双矩阵"课程体系,建立学院与基础教育学校的"双资源"教育环境,实现专业理论教学与教师技能训练的有机衔接。

(2)体现卓越的综合性理论课与层次递进的实践实训课程"相嵌入"。

按照"深化教育思想、增强教育能力、提高教育艺术"的总体要求,在综合理论课中主要开设有助于发展教师职业素养的教育名著导读、教师口语表达、教师礼仪、教师心理调适、陶行知教育理论与实践、基础教育大讲堂等专题讲座。实验实训课则充分利用院内外实验(实训)教学、教科研实践、课外活动、社会实践、专业实践等教学环境和资源,建立课内实践、课外实训和专业实践"三三制"的实践教学体系,实施"感知、体验、模拟和实训"技能培养与训练,注重在实践教学中陶冶爱教爱生的教育情操,树立乐教爱生、勤于探索的教育理念。具体可分为认知见习、教育见习、教育实习和教育研习四个"层次递进"的实习实训环节,以加深学生对教育理论知识的理解和应用。此外,稳定的校内外教育教学实践基地,如教师技能训练室、普通话模拟测试室、三字训练室等实训场地,以及与基础教育学校合作共建基地,为教师技能的培养提供了坚实的客观物质条件。

(3)辅导学生的校内"专业发展导师"和校外"教师发展导师""相补充"。

按照"启迪智慧,提高技艺,推进创新,追求卓越"的教学要求,实施"双导师"指导,即学科专业理论学习部分,由学生所在系帮助学生配备"专业发展导师";教师专业技能培养部分,由学院统一组织实施,并邀请基础教育学校教学名师担当"教师发展导师"。充分利用第二课堂、专业实践周和实践教学小学期的机会,鼓励和引导试点班学生参加指导教师主持的应用研究项目、教学改革与研究项目的研究,不断加强创新能力的培养和训练;鼓励和引导试点班学生参加"教师专业技能比赛"等学科或技能竞赛,通过"以赛带训、以赛促训"的方式,不断加强应用能力的培养和训练;鼓励和引导试点班学生参加"顶岗支教"活动,不断加强实践能力的培养和训练。

(4)"参与式教学"和"体验式教学"方式"相交织"。

卓越教师培养中的课堂教学方式发生重大变化。教育类大平台的综合素养课程都以讲座形式开设,凝聚了学院最优质的师资力量,同时聘请地方基础教育的教学名师开设讲堂。教学一改"一言堂"的单方面"灌输"方式,教师以课改的理念要求自己,慎重选择教学内容,精心设计教学环节。以"问题+案例"的教学模式及多人同台的"访谈式"教学方法引起学生的普遍兴趣;以"自由发言"、"观点交锋"、"学生点评"等形式,努力让学生"动了起来",积极参与课堂讲座式教学,既培养了学生思考、质疑、分析、反思的精神品质,更融洽了师生关系。此外,在学生实践阶段,多采用"体验式"教学。这种教学一是以自己的同学为"学生"开展教学,二是在实习学校,在校外教师的带动下,开展课堂模仿教学。这两类教学活动都及时开展评课、反思与总结,学生角色意识明显增强。

(5)"双档案"的学籍管理和灵活的学分折算"相印证"。

"叠加嵌入"培养模式虽使学生得到了较好的教育,但也增加了他们的学习负担。为了保证学生学有所得,又最大限度地减轻学生负担,按照"建全档案,全面写实,反映学业"的管理要求,对卓越班学生实行"双档案"管理,即学科专业理论培养的学籍档案,由学生所在系负责组织管理,其档案建立方法和标准同其他学生一致;教师专业技能培养的学籍档案,由学院统一建立,毕业前并入学生学科专业理论培养档案。这使得卓越班学生付出的努力全部"记录在案",得到呈现,比普通班学生多了可证明的学习记录,让他们觉得学有所得,极大地增强了就业竞争力。此外,为了最大限度地减轻他们的学习负担,用他们在校内进行卓越班教学的理论课程折算他们应选修的全院通识选修课程,这一灵活又人性化的教学管理措施受到了学生的普遍欢迎。

三、存在的问题

1. 学生的学习负担较重

"叠加嵌入"的培养模式,使"卓越"班的学生周课时均达30左右,较为繁重的学习任务使得学生自由时间较少,部分同学有畏难情绪而难以坚持。

2. 有的实习学校条件较差

"卓越"计划中的校外实习实训内容较多,渗透于全程。考虑到学生的安全与方便,多把学生安排在学校的周边。由于现在高校的新区多在城郊结合部,周边的中小学条件有限,致使部分学科没有专业教师,有的学生得不到专业方面的技能指导。

3. 进入高年级后部分学生会有新的选择而放弃培养

因不能和将来的就业升学直接挂钩,学生进入大三后与考研等的选择有冲突,导致部分学生出现动摇而不愿坚持。

"卓越教师"的试点培养在我校已经一年多,其间学校多部门合作,为卓越教师的培养提供了政策、人力、财力等保障。当然,"卓越教师"的试点培养是我校教师教育工作中的新生事物,这一开创性的试点旨在为进一步深化教育教学改革、加强教学基本建设、提升人才培养质量积累经验、创造条件和奠定基础,同时更为深化教师教育类人才培养模式改革提供示范。虽然探索的过程中会遇到一些问题与困难,但也为我校师范生培养提供了更大的舞台和难得的机遇,这些都将激励我们将这场人才培养模式的改革工作推进得更为深入。

【参考文献】

[1]王建华. 要重视大众教育问题——兼与吕型伟老师商榷. 教育发展研究,2000.1:41-43.

[2]刘宝存. 大众教育与英才教育应并重——兼与吕型伟、王建华先生商榷. 教育发展研究,2000.4:57-59.

(本文发表于《合肥师范学院学报》2013年第3期)

新建本科院校特色发展路径选择与实践
——以池州学院为例

池州学院 李铁范 何根海 汪志国[①]

随着我国高等教育事业的快速发展,一批新建本科高校应运而生。这些高校大多由专科或专科合并中专学校而来,基本上属于地方性院校,大部分建在地级中心城市,有的是当地唯一的本科院校。从管理体制上来看,这些学校实行的是"省市共建、以省为主"的模式或"省市共建、以市为主"的模式;经费上实行的是省市分摊或以所在市拨款为主的方式;在发展上有同质化的倾向。如何使新建本科高校克服同质化,实行差异化、特色化发展,是这批院校面临的共同课题。就安徽而言,近十年有15所新建本科高校设立,为此提出了促进科学发展的十六字方针,即"科学定位、分类指导、多元发展、特色办学"。池州学院2007年升本以来,自觉遵循十六字方针,自觉沿着"内涵建设有特色,科学发展上水平"的发展之路,为创建特色鲜明的地方性、师范性、开放性的应用型本科高校发展目标而努力。在特色发展的路径选择和实践中我们既遵循高等教育的基本规律,坚持其内在逻辑,又注重借助外部动力的推动,把内因和外因有机结合起来,走出了一条新建地方应用型本科高校特色发展之路。

一、完善学校顶层设计,着力创新办学理念找准学校定位

升本之初,全校上下开展了"以科学发展观为指导,把池州学院办成一所什么样的大学和如何办好池州学院"的教育思想观念大讨论,并就办学指导思想、办学理念、办学定位、学科专业调整、校园整体搬迁、引进稳定人才、管理体制及工作机制、发展目标与发展重点等十个影响学校发展的重要问题,进行了广泛深入的研讨。之后,结合我校实际,及时提出了"深化改革,规范管理,丰富内涵,重点建设,科学发展"的20字工作思路,学校在充分论证并根据自身发展基础和地方高校必须服务于地方经济社会建设的历史发展必然趋势上,进一步明确了我校的

---

①李铁范(1968—),男,河南南阳人,池州学院副院长,教授。主要从事语言应用和高等教育研究。何根海(1963—),男,安徽枞阳人,池州学院院长,博士,教授,主要从事民俗学和高等教育研究。汪志国(1963—),男,安徽枞阳人,池州学院教务处处长,博士,教授。主要从事历史学和高等教育研究。

办学理念、办学定位、发展战略、发展思路。

创新办学理念：

教育以育人为本、以学生为主体；办学以人才为本、以教师为主体；管理以教学为中心、以质量为生命。

找准办学定位：

发展目标定位——力争把学校建设成特色鲜明的地方性、师范性、开放性的应用型本科院校。

学校类型定位——教学型。

办学层次定位——以本科教育为主。适度兼顾专科教育，开展专业学位研究生教育试点。

学科专业定位——以人文科学、理学为主干，积极发展工学、管理学、经济学，形成多学科协调发展的教育教学局面。

服务面向定位——立足池州，辐射皖南，服务安徽。

人才培养目标定位——培养德、智、体、美全面发展，具有创新精神和实践能力的高素质应用型专门人才。

明确发展战略：

坚持"质量立校、人才强校、特色兴校、开放活校、文化名校、依法治校"发展战略。

理清办学思路：

高举中国特色社会主义伟大旗帜，坚持社会主义办学方向，全面贯彻党和国家的教育方针。坚持以科学发展观为统领，以加快发展为主题，以培育人才为根本，以师资队伍建设为关键；以学科专业建设为龙头，以增强特色和创建品牌为重点，以深化改革为动力，以强化管理为保障，服务科教兴皖、科教兴池，为地方和区域经济社会发展培养大批具有竞争意识、创新精神和实践能力的社会主义建设者和接班人。

我校的办学理念、办学定位、发展战略、办学思路都是根据学校的实际而进行的顶层设计，为学校的快速发展奠定了坚实的理论基础，成为特色发展的指针。

二、发挥优势，面向需求，着力培育发展优化特色学科专业

学科专业是大学培育和发展特色的核心，因此培育学科专业特色和发展特色学科专业成为各大学的战略抉择和着力点。池州学院升本后面临着从专科向本科过渡，从以师范类专业为主，向师范类和非师范类为主转型。在这个过程当中，给我们提出了新的要求，提供了新的空间。我们如何吸收过去的传统，进一步在在过去遗留的基础上，彰显我们的特色？在新专业

增加上怎么把握,怎么密切与经济社会发展相结合？围绕这一核心问题,我们在理念和实践中突出三个主动纳入,坚持三个基本原则,体现三个重点围绕,在专业和专业群建设上下工夫。

1. 突出三个主动纳入

坚持把培育和发展特色学科专业主动纳入到国家和区域经济、社会发展的总体战略之中；坚持把培育和发展特色学科专业主动纳入到高新技术发展潮流、学科建设发展规律之中,坚持把培育和发展特色学科专业主动纳入满足人民群众日益增长的对优质教育资源迫切需求之中,纳入社会主义市场经济竞争之中。

2. 坚持三个基本原则

一是坚持传统优势原则,把它作为培育和发展特色学科专业的基础。池州学院前身是师范专科学校,教师教育专业有着良好的基础和积淀,培养的毕业生在皖南,尤其是在池州地区有较好的社会影响,是这一地区基础教育的生力军。因此在调整优化学科专业结构中,我们认为,教师教育的优势不能丢,教师教育的大旗不能倒,而且要做精做强师范专业。为此,我们保留了汉语言文学、英语、历史学、学前教育、美术学、音乐学等几个师范专业,并进行改造升级,显示出了良好的发展前景。

二是坚持区位优势原则,把它作为培育和发展特色学科专业的支撑。学校坐落在池州,自古以来池州作为吴头楚尾,历史悠久,文化底蕴深厚,人才辈出,有"千载诗人地"之称；池州是第一个国家级生态示范区,境内生态良好,旅游资源丰富,坐落于境内的九华山是国内四大佛教圣地之一,也是国际旅游目的地；境内矿产资源丰富,尤其是非金属矿资源在华东具有独特优势。这些区位和资源优势为我们学科专业调整优化提供了有力支撑。

三是坚持社会需求原则,把它作为培育和发展特色学科专业的动力。区域经济发展战略的实施,对高校的人才培养提出了更高需求。就皖江、皖南区域而言,一批经济发展战略在区域内实施。如安徽的"国家自主创新试点省"、"皖江城市带承接产业转移示范区"、"皖南国际旅游示范区"等国家级、省级发展战略的实施,使得一批新兴产业快速发展,产业集群不断涌现。就池州经济社会发展而言,提出重点发展五大支柱产业,即电子产业、新材料新能源、先进装备制造业、物流管理、现代服务业。地区社会经济发展的重大理论和实践问题、生产领域的技术问题,要求区域高校充分发挥智力优势,开展人才培养、科学研究,为区域社会提供各种服务。

3. 体现三个重点围绕

一是围绕文化和生态来探索学科专业发展。根据学校所处的地域和学校发展历史,我们学校的优势在于文化,包括旅游文化、历史文化和生态文化。尤其是生态文化,池州是全国第一个生态经济示范区,所以我们围绕着生态文化做文章。一部分学科专业围绕着这个大的背景来建设和发展,形成自己的特色。例如把汉语言文学、历史学、外语、旅游、艺术、材料学等学科和专业,都往文化、生态方面来引导和发展。

一是围绕地域支柱产业发展建设专业,强化服务地方的能力。专业建设既要符合池州地方社会经济的发展,又要符合学校本身的实际。根据池州提出的五大产业发展规划,不断优化学校的学科专业:围绕电子产业重点发展"电子信息科学与技术"、"电子工程与自动化"专业;围绕先进制造业重点建设"机械制造与自动化"、"应用化学"等学科专业;围绕新材料、新能源重点建设"光电子技术与科学"、"高分子材料与工程"等学科专业;围绕现代服务业重点建设"动画"、"广告学"、"艺术设计"、"文秘"、"商务英语"等学科专业。这样使得专业设置紧贴产业需求,人才规格满足社会要求。

二是围绕专科专业改造升级培育发展学科专业。依据资源,我们该改的就抓紧改造。围绕产业、专业群、专业结构调整,加快专业改造。重点建设"文化产业管理"、"财务管理"、"市场营销"、"人力资源管理"、"资源环境与城乡规划管理"、"网络工程"、"测绘工程"等专业。

几年来,学校根据自身学科、专业特点,按照"重点专业对接主导产业,专业群对接产业"的思路对原有学科专业进行大幅度的调整、改造、优化,重点发展区域经济社会发展急需的学科专业,同时加强内涵建设,做强优势和特色专业。学科专业特色初步显现,一是师范类专业向多科、综合性专业的转型。二是增加工科和应用型专业。三是生源质量和社会认可度有了较大提高。目前学校现有 37 个本科专业,其中文学类 12 个,教育学类 1 个,历史学类 1 个,经济学类 1 个,理学类 8 个,工学类 7 个,管理学类 6 个,体育学类 1 个,涵盖文学、教育学、历史学、经济学、理学、工学、管理学、体育学等 8 大学科门类。37 个本科专业中应用性专业比例超过 78%,在教师教育、文化、电子信息、机械制造、化工、旅游管理、财经商务等方面形成符合区域经济发展需要的、以重点和优势专业为支撑、相关专业协调发展的学科专业群架构。我校建有国家级特色专业点 1 个,省级特色专业点 2 个,校级特色专业点 8 个,基本形成了具有地方性、师范性、开放性的应用型本科院校的学科专业格局。

三、转变观念,大胆改革,着力探索人才培养体制

作为新建本科高校要着力培养现代应用型人才。我校本科人才培养的目标定位是具有创新精神和实践能力的高素质应用型专门人才。那么这个应用型人才培养目标到底怎么去实现?我们认为关键是人才培养体制,因为它是人才培养的龙头和核心。我校积极开展人才培养体制改革,根据社会、学校、专业、学生需要,自觉转变观念,不断完善修订人才培养方案;大

胆改革,积极探索人才培养模式;根据应用型专业需求,加强"双能型"教师队伍建设;锐意创新,构建立体实践体系。真正把"人才培养是学校工作的中心,教学质量是学校的生命线"理念落实到办学实践中。

1. 自觉转变观念,不断完善修订人才培养方案

人才培养方案是人才培养目标、培养规格以及培养过程和方式的总体设计。它是学校教学的方向盘,在教学中处于统领地位。方向正确,事半功倍;方向偏差,事倍功半,乃至贻误事业。学校以培养"厚基础、宽口径、高素质、强能力"的应用型高级专门人才为目标,不断完善人才培养方案,使之体现"地方性、应用型"办学定位。"以孔子为师以行知为友"为校训,追求"以生为本以用为先"的人才培养理念。具体说,坚持五个原则:

一是坚持以生为本,拓展个性化学习空间。各专业在制(修)订人才培养方案时,在保证人才培养目标和质量规格要求的基础上,注重因材施教,从以学科为中心向以学生为中心转变,促进和推广个性化教育,面向社会和学生多样化的需求,提供多样化的课程体系和教育指导,为不同志向、不同能力和不同潜质的学生创造相应的培养环境和条件。

二是坚持以用为先,强化实践能力培养。以办学定位和服务面向为指南,立足于培养应用型高级专门人才的目标,以实现学生全面发展为落脚点,切实转变教学理念,强化实践教学,着力培养学生的创新精神和实践能力。

三是坚持以就业为导向,改变课程设置中片面倚重学科逻辑的现象。适当减少核心课程、改变课程内容交叉重复的现象,注重课程内容编排的模块化、问题化。专业课程体系应注重融入职业元素和岗位要求,在课程设置中要从注重学科的系统性向注重学科的应用性转变,增加旨在养成学生科学素养和实用技能方面的课程,以适应学生发展的需求。

四是坚持学生的全面发展,强化对经济社会发展的适应。突出对学生创新能力的培养和素质教育,强调知识、能力和素质全面协调发展;提倡研究性教学,采取多种形式加强对大学生的综合素质教育,使学生通过学习能力的构建,具有适应终身学习和社会发展变化所需要的能力和素质。注重分析和研究经济建设和社会发展中出现的新情况、新特点,特别关注本地区经济发展和本专业领域技术发展的新趋势,使人才培养方案具有鲜明的时代特点。主动争取行业、企事业单位参与,充分利用社会资源,有条件的专业应与行业、企业共同制(修)订和实施人才培养方案。

2. 大胆改革,积极探索人才培养模式

人才培养模式决定了学校的生命力,因此,学校非常重视对人才培养模式的改革和创新,结合学校的"地方性、师范性、开放性应用型本科院校"的定位,各教学单位大力开展和积极探索应用型人才培养模式的建立和完善。大力深化、完善、推进"3+1"、"订单式"培养、工学结合、双学位、双证书、小学期制等形成多样化的人才培养模式。建立更加紧密的校企联合办学机制,校企互动共同进行专业建设、共同开发课程、共同建设实验实训基地。

3. 加强"双师型"师资队伍建设

"双师型"教师是开展应用型本科教育的核心。近年来,我们通过各种办法努力加强"双师型"教师队伍建设。学校出台了相应的政策,鼓励相关专业教师报考行业资格证,并给予一定的奖励;选派优秀教师到地方政府、企业挂职锻炼;结合安徽省开展的企业科技特派员和地方政府开展的专家进企业、进基层活动,选派优秀中青年教师深入企业生产一线,学校已有多位教师被列入安徽省企业科技特派员,涵盖物理、机械、电子、化工和新型材料等多个应用领域。让一线教师深入企业生产一线,既为企业解决了生产过程中的技术难题,也为学校培养了动手能力强的教师队伍,实现了"双赢"。

4. 培养学生创新能力、实践能力着力构建立体化实践体系

教育部《关于进一步深化本科教学改革全面提高教学质量的若干意见》指出:大学"要努力提高大学生的学习能力、创新能力、实践能力、交流能力和社会适应能力。"我们认为,这五种能力的培养,其落脚点就是学生综合素质的提高。要培养这5种能力,除了理论教学之外,更重要的是实践教学。为此我校主动适应区域经济和企业、行业发展的需要,及时调整课程设置,加大实践课程和环节的比例,进行实践教学改革。一是拓展多层次的实践类型,如全面提升大学生思想道德修养的引领型实践、提升大学生专业发展能力的教学型实践、培养大学生奉献精神的服务型实践、培养大学生创新精神的创新型实践、培养大学生主体意识的自主型实践等。二是继续推进实践教学课程化、学分化。三是把专项行动和日常实践、集体实践与个人实践相结合。四是运用新媒体,探索开展虚拟实践。在实践教学体系的设计上,注重课内与课外相结合、专业内与专业外相结合、校内与校外相结合,要按照基础、提高、综合3个层次,创新构建以课堂实践教学、传统实践教学(包括实验、课程设计、实习(实训)毕业论文设计等)、学科竞赛和科技创新活动的综合社会实践(包括军事训练、劳动课、三下乡社会实践)为内容的立体实践体系,培养学生创新精神和实践能力。

各专业在安排实践教学环节的具体教学内容时,理工类专业在适当精简验证性实验的同时,进一步提高设计性实验、综合性实验和研究性实验的比例;各专业都加强学校教育与生产实际、社会实际的结合,进一步加强学校与企事业单位的合作,推动学校教学进一步贴近生产与管理第一线的工作实际。实践教学改革,大大提高了学生的创新能力和实践能力。据初步统计,学生在数学建模、英语竞赛、电子设计大赛、电子商务竞赛、广告艺术设计大赛、职业规划大赛等国家级、省级比赛中获得奖项100多项。毕业生就业率稳定在90%以上,连续几年被评为安徽省普通高校毕业生就业工作先进单位,两年被评为安徽省普通高校毕业生就业工作标兵单位。

5. 质量工程提升办学内涵

学校以高等学校教学质量与教学改革工程项目为抓手,狠抓教学内涵建设,教学质量逐渐提高。学校先后出台了《池州学院关于贯彻落实教学质量与教学改革工程的实施意见》、《池州学院教学质量与教学改革工程项目管理暂行规定》等文件,初步建立起国家级、省级、校级的质量工程项目体系。目前,已有国家级特色专业点1个,省级重点学科(C类)1个,特色专业点2个;教学团队3个,教学名师5人,教坛新秀5人;精品课程8门,示范实验实训中心2个,人才培养模式创新实验区1个,教师应用型教师教学能力发展中心1个,卓越教师教育培养计划1个;校级重点学科5个,重点培育学科5个;校级特色专业点8个,教学团队18个,教学名师18人,教坛新秀28人,精品课程19门,示范实验实训中心3个,人才培养模式创新实验区3个。

四、协同创新服务社会着力提高科技对地域经济社会贡献度

推进科技创新,解决社会经济和区域发展中出现的科技问题,实现技术转移和成果转化,是应用型本科高校的重要职责。池州学院紧跟地方经济发展,转化科技成果,服务社会,取得了一系列成果。

1. 牢固树立"用特色科研打造科研特色"的理念

结合我校建设鲜明的地方性、师范性、开放性的应用型本科院校的科学定位,对我校科研进行顶层设计,明确提出"用特色科研打造科研特色"的理念,明确提出我校科研立足池州、服务皖南、面向安徽的研究方向,重点围绕"皖江城市带承接产业转移示范区"、"皖南国际旅游示范区"建设、池州五大支柱产业培育、池州生态建设等重要战略提出的现实科技问题开展研究,使我院广大科研人员的科研方向有的放矢,目标十分明确,研究对象符合实际,成果适应社会需要,研究效果比较显著,特色比较鲜明,真正做到了"接地气"。

2. 开展特色科研,彰显科研特色

我校教师围绕区域经济社会文化发展要求,围绕旅游、九华山佛文化、皖南民俗文化、皖南非金属矿资源、生态经济等区域建设内容,利用学科专业优势,相继组建了"池州生态经济与旅游发展研究中心"、"资源环境与可持续发展研究中心"、"皖南民俗文化研究中心"、"九华山佛文化研究中心"、"池州傩文化研究中心"、"杏花村文化研究中心"、"皖南诗学研究中心"、"南泉普愿佛文化研究所"、"非金属矿研究中心"等特色研究机构。深入开展池州傩戏、青阳腔、杏花

村文化、九华山佛文化、东至花灯、生态环境史、区域社会史等研究,深入发掘地方丰富的文化资源。依托相关研究中心和历史学专业成功申报了省级重点学科和安徽省高校人文社科重点基地"皖南民俗文化研究中心"。依托我校教师的科研成果,池州傩戏、青阳腔、东至花灯等成功申报国家非物质文化遗产;贵池罗城民歌等12项池州文化资源成功申报省级非物质文化遗产。我校获得的4项国家社科基金分别是围绕池州傩戏、青阳腔、张恨水、淮河流域自然灾害史进行研究。获得的4项国家自然基金也是围绕池州血吸虫防止、升金湖国家湿地公园土壤研究、池州非金属矿等地域科技进行研究。地域性特征十分明显。

3. 协同创新,搭建共赢平台,应用性成果特色凸显

围绕池州丰富的非金属矿、生态、旅游资源,发挥学校的人才优势,学校和地方政府、企业积极搭建研究平台,实施协同创新。如成立了池州旅游发展研究中心、与池州市政府共建非金属矿。2007年以来,我校先后和池州市人民政府、池州国家级经济技术开发区、池州市旅游委员会、环保局、经信委、商务局、气象局、广播电视局、科技局、质量技术监督局、林业局、中国电信池州分公司、中国移动池州分公司、中国联通池州分公司等地方政府、企业、科研院所签订产学研合作协议100多个,产出了一大批应用性成果。比如由我校老师参与的"华丽农业生态示范园"项目、"大九华PVC"研究项目获安徽省科技进步三等奖;主要依托我校化学与材料科学系、非金属材料研究中心力量成立的"池州非金属矿检测中心"先后被确立为安徽省和国家级测测中心。目前池州市的大部分重大项目都有我校研究人员参与。围绕地方经济建设和社会发展推进产学研一体化,开展富有地方特色的应用性科学研究,这为广大科研人员的科研提供了更广阔的天地,为我校的产学研的迅速发展和提升提供了良好的契机,较好的服务了地方经济社会发展,也大大提高了我校的社会影响力和美誉度。

五、凝聚校魂培育品牌,着力创建富有个性的大学校园文化

大学文化是大学特色的基础和支撑,而大学特色是大学文化的升华、是大学文化的精髓。大学文化具有导向功能、激励功能、价值认同功能、情感陶冶功能等多重功能。我们认为,和谐校园文化应是当下大学文化建设的方向。因此,我校大学校园文化建设必须在功能提升和功能发挥上寻找着力点。

1. 精心凝练大学校训与大学精神

作为大学文化的重要组成部分,校训是办学理念、人才培养要求和大学精神的高度概括。凝重而深刻的校训就是一张文化名片,折射出学校的个性和特色,对学生具有很强的引导意义。池州学院的新校训"以孔子为师,以行知为友"是池州学院办学理念、办学目标、追求境界

和校园文化精神的凝结与外在体现,是勉励全校师生积极进取、健康成长的格言。孔子是伟大的教育家,其伟大之处不仅在于兼办私学,提出了一套教学方法,更重要的是,他提出了建立具有永恒意义之教育理念,即"志于道,据于德,依于仁,游于艺"。因此,"以孔子为师",显示的是一种创新精神,一种为人的基本道德观。陶行知是中国现代教育史上著名的人民教育家。他毕生致力于人民教育事业,他的教育思想和教育实践活动的内涵是:生活即教育、社会即学校、教学做合一。其核心是:以知导行、以行促知、知行合一、刚健有为。他倡导的教育方法有:倡行启发式、反对注入式;注重培养学员的自学能力和自我教育的能力;强调"教学做合一"。所以,"以行知为友",显示的是一种理论与实践相给合的教育思想,一种为师的基本道德观。"以孔子为师,以行知为友"作为池州学院校训,充分体现了传统与现代、理论与实践、继承与创新相结合的办学理念和大学精神。就是要求全院师生培养高尚的道德情操,刻苦学习,强化技能;注重实践,强化应用,努力提高综合素质,以奋发向上的风貌、不屈不挠的精神,投身于社会服务和文化传承创新之中。

2. 着力培育环境文化,塑造大学形象

大学形象是校园文化的重要组成部分,是大学文化精神的重要体现。大学形象如校园布局、校园风物、校徽、标志性建筑等,都是大学文化形成的基础性条件。新建本科院校可以结合自然环境的特点,结合地域文化特色以及校园文化的定位,开展校园物质环境建设,培育环境文化。既要体现中华优秀传统文化思想,突出学校内涵建设,也要彰显自然环境特色,展现地域文化特征。应该将校园内建筑、设施以及园林等环境要素赋予特定的文化内涵,成为特定意义的文化符号。作为新建本科院校,池州学院非常重视培育环境文化,不断完善大学文化的形象设计。学校曾撰专文对校徽、楼宇建筑命名与牌坊题辞进行释义,并以此为契机,增强师生的爱校意识,积极培育具有池州学院特色的校园文化。

(1)校园建筑以徽派风格为特色,大气、新颖。池州学院新校区占地面积1 868亩,建筑面积36万平方米,分教学区、行政区、实验实训区、文体活动区(包括剧场和艺术楼)、生活区等6个功能区,利用现有的自然山体及水系将生活区与其他区域分隔,使其相对独立。校园建筑总体规划以徽派风格为特色,体现山水学林、书院气息、生态环保、大气、新颖的开放式校园构建。校园总体建筑坐北朝南,倚山面水,粉墙黛瓦,一派素雅清淡的天然色泽,实用与美观的结合在这里得到了经典的演绎。

(2)校园园林景观体现山水学林特色,生态环保。校园园林景观是由景点、绿化、水系等组成,充分利用现有的山水绿化与建筑空间景观节点,形成完整的生态绿化系统,适当优化自然水体,与现状山体相映成辉。绿地以大型成块为主,树木成园林状分布,景观有开放式有围合式,随山势地形或高或低,间有休闲的长凳和石桌,并且与建筑形式和周围环境融为一体,满足了师生不同的学习、休闲空间需求,是广大师生户外阅读、聚会交友、散步观赏的理想场所;校园的楼、路、墙、水、园等都达到了使用功能、审美功能和教育功能的和谐统一,用优美的校园景观激发师生的爱校热情,陶冶师生关爱自然、关爱社会、关爱他人的美好情操,有助于培养师生的社会感情和集体精神。

(3)楼宇建筑和匾额命名彰显书院气息,简约意丰。教学区每栋教学楼都是一个独立的文化载体,它们承载着一定的历史精神和文化内涵。具体体现在不同楼宇建筑和匾额的命名上。

关于楼宇建筑命名

①命名的原则。

大学校园的楼宇建筑命名,遵守三个原则。一是内蕴性,即楼名要典雅,体现出大学精神;二是通识性,即易记好读,便于传播;三是主题性,即贴近学科专业主旨,比拟对应,楼名尽量和所在教学院系的学科专业性质相契合。

②采用的楼名。

九栋教学楼名均以"博"字打头、分别与"文"、"学"、"采"、"雅"、"识"、"古"、"奕"、"爱"、"物"组合而成;即"博文楼";"博采楼";"博学楼";"博雅楼";"博古楼";"博识楼";"博物楼";"博奕楼";"博爱楼"。

楼名与系名均有比拟对应关系:"博文楼"——中文系,"博采楼"——现代教育技术中心;"博学楼"——外语系;"博雅楼"——资源环境与旅游管理系;"博古楼"——历史系,教育系;"博识楼"——经贸系;"博物楼"——机械与机电工程系、现代传媒系;"博奕楼"——数学与计算机科学系;"博爱楼"——政法管理系,艺术系。

关于楼宇建筑匾额题辞

①题辞采择的原则。

徽派牌坊的题辞,以旌表褒奖为目标;校园内作为建筑形式的牌坊,则不能简单沿袭古人,而应将这些题辞作为大学精神、校园文化的一种表达来对待,并且要围绕能体现大学教育的价值追求和大学精神,能表现皖南书院特色的目标去选择题辞内容。因此,题辞匡定在中华民族优秀传统文化的范畴内,具体说,就是匡定在德才兼备、励志教学、正己修身的范围内。

②9块牌坊匾额题辞。

诚意正心。语出《中庸·大学》,意为:一个人只有意念真诚恳切,才能端正自己的思想。

格物致知。语出《中庸·大学》,意为:人必须知悉事物的规律,才能得到真正的知识,获得智慧。

化成天下。语出《周礼》:"观乎人文,以化成天下"。意为:用人文精神来教化天下百姓。

和而不同。语出《中庸》:"君子和而不同"。意为:一个有学识、品德高尚的人,才能做到心中平和,不附合流俗。

八音克谐。语出《尚书·尧典》,意为:八种乐器的和谐演奏。此处取兼容并包、和谐共生之意。

行远自迩。语出《中庸》:"君子之道,辟如先远自迩"。意为:要想成为品德高尚、学识丰厚的人,就应该像走路一样,从近处开始,从浅显开始,日积月累,才能达到目标。

天工开物。语出明代宋应星著作《天工开物》名,因其内容多为讲述各专业技能技巧、发明创造。此处取其"技能本位、创新思维、发明创造"之意。

切问近思。语出《论语》:"子夏曰:博学而笃志,切问而近思,仁在其中矣"。意为:要深入地探究,反复地思考。

韦编三绝。语出《史记·孔子世家》,"孔子晚而喜《易》……读《易》韦编三绝"。后人遂用"韦编三绝"来形容学习勤奋刻苦。

③字体选择。

牌坊题辞选用颜体,因颜体饱满厚重,端庄豪迈;

楼宇题名选用柳体,因柳体飘逸而遒劲、娟秀而典雅。

我们深切体会到,在以安徽地域特色的徽派建筑为主基调的各个楼宇间,配有"诚意正心"、"格物致知"、"化成天下"等题辞,显示出池州学院深厚的文化底蕴和鲜明的文化特色。形成我校特色的校园文化氛围,体现环境育人的功能。

(3)开展特色校园文化活动,提高学生综合素质。围绕提高大学生综合素质的总体目标,以品牌活动提升校园文化的层次和品味;以"校园科技文化艺术节"为载体,营造浓厚的校园文化氛围;以学生社团为阵地,强化政策导向,使社团文成为校园文化新的增长点;支持基层团学组织结合专业特点,面向全校开展具有专业特色的文化活动,扩大基层文化活动的辐射力和影响力。

经过几年的建设,我校校园文化建设成效初现。一是形成了教授、博士系列讲座等一批校园文化品牌活动,已成为我校校园文化的新品牌,学风建设的新载体,人文素质拓展的新课堂,促进了高品位校园文化的形成和发展,促进和带动了优良学风的形成,促进了学生人文素质的整体提高。二是科技文化艺术节、大学生社团文化节等成为校园科技文化盛会,营造浓厚的育人氛围,让大学生在浓郁的人文关怀氛围中感悟文化,享受文化,提升素质,健全人格。三是社团文化异彩纷呈,涌现出清泉书画社、蓝天电脑爱好者协会、晨钟文学社等一批安徽省优秀学生社团。学生社团成为学生施展才华、展示个性的重要平台。四是一批学生在各级各类竞赛中展现才华。我校学生在省级以上科技文化竞赛中获得近百项奖励。五是扎实开展大学生社会实践活动。按照"项目化管理、社会化运作、组织化推进、特色化提升"的基本思路,采用"虚实并举、动静结合、校地联姻"的方式,在建立长效机制、扩大覆盖面和取得实效性上下工夫,得到池州市委、市政府的高度重视和社会各界的广泛关注,取得了良好的社会效益。学校连续多年获得安徽省省大学生社会实践活动先进集体荣誉称号。这些活动提高了大学生的综合素质,同时也使一批优秀人才脱颖而出。

六、扩大开放,开阔视野,着力开展对外交流与合作

学校办学定位"三性"中有"开放性",就是要用宽广的胸怀,开阔的视野扩大对外交流与合作,围绕开放抓资源、聚人气、见世面、促发展,通过开放把我们和政府、国内国外院校联系起来,扩大彼此之间的交流,依此扩大影响,为学校的跨越发展增添外在动力。

1. 围绕区域经济文化优势抓开放

皖南尤其是池州区域的佛教历史文化极为悠远、厚重,在国内和国际有广泛影响。为此学校深入挖掘、整理九华山佛教文化和南泉普愿禅学文化资源,学报专设"九华山佛教文化研究"专栏,刊载佛教文化研究文章,在学术界产生了较大的影响,被全国高校人文社科学报研究会评为"全国地方高校学报优秀特色栏目"。学校还借助这一文化资源搭桥,积极与韩国京仁教育大学、韩瑞大学、顺天乡大学和《禅文化月刊》杂志社开展学术交流和合作,主持召开了两届"中韩南泉普愿学术研讨会"。此外,学校还利用研究傩戏等皖南民俗文化的优势,协办、承办系列国际、国内有关区域文化研究的学术研讨会,如"'戏曲·民俗·徽文化'国际学术研讨会"、"第二届皖江区域历史文化研讨会"、"古代世界·中国·安徽国际学术研讨会"等。这些学术交流活动,为进一步宣传和扩大了安徽丰富的文化资源在全国甚至国外的影响,做出了较大的贡献。

2. 通过校市合作,校校合作抓

开放多年来,我校一直和池州市开展良好的校市合作,尤其是2008年,我校紧抓池州规划调整后教育资源整合这个千载难逢的机会,积极支持池州市教育园区规划,抢抓机遇,在池州市委市政府支持下,实行了校园整体置换搬迁。池州市委市政府在教育园区无偿提供1 000亩土地,建设20万平方米建筑,绿化、美化到位,实行交钥匙工程。我们把老校区整体置换给市政府。这一合作,使学校发展扩大了空间,由于我校的带动,教育园区也得到快速发展,为池州市经济发展作出了贡献,真正实现了互惠共赢。在校校合作中,学校紧紧依托"安徽省应用

型本科高校联盟",开展联盟式办学,实现抱团发展。除了和其他联盟高校共同合作外,重点和距离较近的铜陵学院签署合作协议,在学分互认、教师互派、科研合作、资源共享等方面开展实质性联合办学。

3. 通过国外、境外高校合作交流抓开放

加强和国外、境外高校合作交流一直是学校探索开放性、应用型高校建设的重要措施。近几年来,学校已经和韩国京仁教育大学、韩瑞大学、顺天乡大学、新罗大学、尚志大学,美国的美中商学院,我国台湾地区的实践大学、成功大学、朝阳科技大学等十几所高校签署了学术、教师、学生合作交流协议,我校已有近200位老师、学生在上述高校交流访问和学习,帮助老师、学生开阔了视野,也增强了学校的开放度,学习了较先进的办学理念和管理经验,有效推动了学校的改革发展。

【参考文献】

[1] 汪泓.创建现代特色大学的战略选择.上海工程技术大学教育研究,2007(3):1—2.

[2] 李枭鹰.路径与机制:大学如何培育和发展特色学科.教育与现代化,2011(3):15—19.

[3] 何根海.新建本科院校学科专业与区域发展的互动关系研究——以池州学院为分析对象.池州学院学报,2011(4):123—127.

[4] 李铁范.新建本科高校科技服务社会的方式与创新策略——以池州学院为例.池州学院学报,2011(3):123—128.

[5] 李铁范.面向皖江示范区的产学研合作模式选择及推进策略.池州学院学报,2012(2):122—127.

[6] 聂荣华.以文化建设推进大学的特色发展.国家教育行政学院学报,2008(4):16—18.

[7] 何根海,李铁范.探寻应用型高校大学文化建设之路——以池州学院为例.池州学院学报,2011(6):108—111.

(本文发表于《池州学院学报》第26卷)

应用型信息网络人才的关键质量指标与评价

滁州学院　于春燕[①]　赵生慧

一、研究现状与意义

本科教育是中国高等教育的基础。在全国 700 多所大学中，除少数大学被办成研究型大学外，绝大多数都应该办成应用型大学，而办好这些院校，对于我国建设高等教育强国具有重要的战略意义。目前，全国 270 余所本科院校开设了网络技术类本科专业，大多已定位为"应用型"，明确这类人才应具备哪些能力或"质量指标"。科学地评价这类人才的质量，将有助于解决如何培养应用型网络技术类人才的问题，这对于行业和承担培养任务的高校均有重要意义。目前，针对网络技术类特定领域的人才评价体系研究尚不多见。

本文以网络技术类人才培养为研究对象，分析人才的培养目标、质量标准及影响质量的各类因素，并建立人才质量评价体系。

二、应用型为导向的网络技术类人才的质量标准与影响因素

1. 应用型为导向的网络技术类人才的培养目标与就业岗位

以应用型为导向的网络技术类人才总体质量标准应符合"本科教学的基本要求"，在横向层次上定位为"培养面向社会、应用导向的专门人才"，总体目标为培养具备深厚的理论基础，能在企事业单位、专业 IT 公司或者政府部门从事网络信息系统规划、集成、开发、维护的工程师。可以从事的岗位包括：①网络运行维护工程师。网络系统的运行维护、技术保障与服务；②网络规划工程师。网络系统的规划设计、组织实施及管理；③网络系统集成工程师。网络工程的设计、实施与测试；④互联网工程师。各类 Internet 服务的安装与配置，WWW 站点的设

[①] 于春燕，副教授，硕士。研究方向：教育信息化、Internet 技术应用。

计、建设与维护;⑤智能布线工程师。根据智能建筑的要求,设计综合布线方案;⑥与计算机专业相关的IT方面的工作,例如网络技术与产品研发、网络应用系统开发、网络产品销售等。

2. 应用型为导向的网络技术类人才质量标准

以应用型为导向的网络技术类人才的质量标准应符合德、智、体、美全面发展的要求,应通过以下四项一级指标进行评价,在一级指标下设多个二级指标,如"图1"所示。

(1)品质及人文素质:具有良好的政治与道德修养及一定的人文、科学与IT职业素养、沟通协调能力等。

(2)专业能力及职业素质:掌握计算机科学的基本理论、计算机网络的核心技术和基本方法;具有一定的程序设计基础、较好的网络系统集成能力,以及一定的网络应用系统的设计、开发、配置、实施、测试与优化的能力。具有网络工程项目的基础管理能力。

(3)问题处理能力:具有一定的计算系统的分析与评价能力或者计算系统的设计与实现能力,能够结合实际需求评估各种新兴网络技术的适用性,并根据实际需求进行恰当的选择。

(4)创新意识:对计算机网络的新思想、新技术和新方法具有敏感性与适应能力,以及具有创造性分析与解决问题的能力。

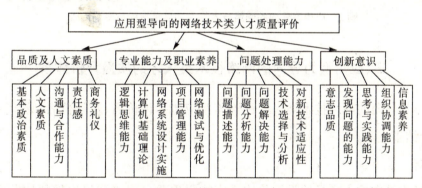

图1 应用型导向的网络技术类人才质量评价指标

3. 影响人才质量的因素分析

影响人才质量的因素主要包括:学校的文化氛围与校园环境、教师的师德师风与学术水平、人才培养方案、课程建设、实践教学体系建设等。

人才培养方案:制定与审核流程、基本思路与定位及企事业人员参与情况、论证情况等。

课程建设:课程体系与分类、课程大纲、政府及企事业单位参与大纲制定及实施的情况、课程实验项目、课程的成绩评价方式、课程设计的质量等。

实践教学环境建设:认知实习、实验课程、毕业设计、毕业实习、学年设计、参加专业相关的各类竞赛、取得的IT认证、大学生创新项目、创业实践、发明创造情况等。

师资队伍：包括学历与职称、专业水平、队伍结构与专业方向、科研情况、社会服务情况、"双能型"教师比例、网络技术领域的专业认证、师德师风等。

校园环境建设：包括校风、校园文化、学风、自然环境、设备与设施、校园网络及应用等。

质量保障体系建设：相关的组织、制度与程序等。

以上各影响因素对人才质量产生的影响或作用不同。例如，对于"品质及人文素养"而言，德育课程、校风、师德师风、学风等的影响较大；对于"专业能力与职业素养"而言，人才培养方案、教师的专业素养、课程质量、实践教学体系建设等影响较大；对于"问题处理能力"而言，教师学术水平、课程建设、实践教学体系建设等影响较大；对于"创新意识"而言，教师的创新意识、实践教学体系建设、学校国际化视野、校园环境中的网络与信息化水平等影响较大。

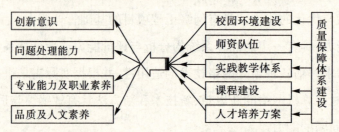

图2　应用型导向的网络技术类人才质量指标与影响因素

三、应用型为导向的网络技术类人才的质量评价体系

以应用型为导向的网络技术类人才评价体系应包括评价者、被评价者、评价尺度集、评价权重集、评价结果集等。

1. 评价者

以应用型为导向的人产品质量评价体系应能实现两个促进："促进教师的发展"、"促进学生的全面发展"。因此实施评价的人员应来自多方，不仅包括用人单位、社会及第三方评价机构，还应包括学生自身、教师等。其中学生的自评应给予重视。各方评价的内容中有相同的部分，也因其各自视角不同而有相异的部分。

2. 被评价者

该评价体系为总结性评价，主要用于毕业生即人才产品的质量评价，也可用于评价人才培养过程时参考。

3. 人才质量评价模型

（1）评价因素集。设人才质量的主要影响因素集合为 $U=\{u_1,u_2,u_3,u_4,u_5,u_6\}$，设 u_1 为师资队伍、u_2 为实践教学体系建设、u_3 为课程体系建设、u_4 为校园环境建设。

(2)评价集 $V=\{v_1,v_2,v_3,v_4\}$，设 v_1 为优秀、v_2 为良好、v_3 为合格、v_4 为不合格。

(3)建立人才质量评价模型。

每个学生的质量得分表示为 $Q=\sum_{j=1}^{4}\omega_{ij}x_{ij}$，其中权重 $\omega_j\in(0,1)$，且 $\sum_{j=1}^{4}\omega_j=1$

各项指标的得分 $x_j\in[1,10]$，每个学生的质量总分 $Q\in[1,10]$。

该评价模型适用于学生自评、教师对学生的评价。

(4)建立人才质量指标与人才培养间关系的矩阵，用于反映人才质量与各因素间的关系，即人才的质量得分直接取决于各因素的得分。矩阵的各人才质量指标，分别为创新意识 C、问题处理能力 H、专业能力及职业素养 P、品质与人文素质 M；矩阵的各列为影响人才培养过程的主要因素，分别为校园环境建设、师资队伍、实践教学体系、课程建设、人才培养方案、质量保障体系。本评价模型适用于用人单位、社会对学生的评价，根据评价结果映射人才培养中存在的不足，即描述出人才质量的各项指标与人才培养环节的映射关系。

$$\begin{matrix}C\\H\\P\\M\end{matrix}\begin{bmatrix}\omega_{11}\alpha_{11} & \omega_{12}\alpha_{12} & \omega_{13}\alpha_{13} & \omega_{14}\alpha_{14} & \omega_{15}\alpha_{15} & \omega_{16}\alpha_{16}\\ \omega_{21}\alpha_{21} & \omega_{22}\alpha_{22} & \omega_{23}\alpha_{23} & \omega_{24}\alpha_{24} & \omega_{25}\alpha_{25} & \omega_{26}\alpha_{26}\\ \omega_{31}\alpha_{31} & \omega_{32}\alpha_{32} & \omega_{33}\alpha_{33} & \omega_{34}\alpha_{34} & \omega_{35}\alpha_{35} & \omega_{36}\alpha_{36}\\ \omega_{41}\alpha_{41} & \omega_{42}\alpha_{42} & \omega_{43}\alpha_{43} & \omega_{44}\alpha_{44} & \omega_{45}\alpha_{45} & \omega_{46}\alpha_{46}\end{bmatrix}$$

其中 $C=\sum_{j=1}^{6}\omega_{1j}\alpha_{1j}$，$H=\sum_{j=1}^{6}\omega_{2j}\alpha_{2j}$，$P=\sum_{j=1}^{6}\omega_{3j}\alpha_{3j}$，$M=\sum_{j=1}^{6}\omega_{4j}\alpha_{4j}$

根据经验，将 C(创新意识)的权重设为 0.2，H(问题处理能力)的权重设为 0.3、P(专业能力及职业素养)的权重设为 0.3、M(品质及人文素养)的权重设为 0.2，则人才质量得分 $Q=0.2\times C+0.3\times H+0.3\times P+0.2\times M$。C、H、P、M 四项指标的得分情况，直接反映出各影响因素的建设情况。

四、应用型信息网络人才培养实践

滁州学院计算机与信息工程学院现有网络工程(本科)、计算机科学与技术(本科)、物联网工程(本科)、计算机网络技术(专业)四个专业。根据应用型导向的网络技术类人才的评价体系，为实现人才培养目标，开展了"以专业建设为龙头、课程建设为核心、实践实习基地建设为重点、教师队伍建设为关键、校园基础环境建设为基础、内部质量管理体系建设为保障"的研究与实践。

(1)加大校企合作，促进企业全面参与人才培养。通过与滁州移动、滁州电信、金智教育三家省内企业的合作，建立了省级校企合作实践教育基地，企业高管与专业技术人员参与人才培养方案及课程大纲的制定与修订。在 2012 的人才培养方案制定中，邀请滁州移动、滁州电信、金智教育、滁州市科技局、农业技术发展中心等企事业单位的高级工程师、高级管理人员参加方案论证会，并将其提出的修改意见纳入方案中。企事业单位每年来校开展前沿讲座、指导学生开展毕业设计和毕业实习、指导课程设计等。

（2）进一步加强实践教学体系建设。加强课程内实践环节的质量管理，对实验项目中综合性、设计性实验的内容进行管理与审核。加强对毕业实习、毕业设计、学年设计、认知实习等课程外实践环节的质量管理。针对以上实践教学环节，制定了相应的检查细则，并开展了专项检查。充分发挥校园网络中心作为校内实习基地的作用，为网络技术类学生提供认知实习、网络工程实践、网络应用开发等活动。

（3）开展课程建设。组建程序设计基础、数据结构、计算机网络、Web应用开发等课程建设小组，结合2012的课程大纲修订工作，对课程的内容、重难点、实验项目进行调整，建设课程试题库，改革课程考核方式等。

（4）加强对教师实践应用能力培养，提升教师的职业修养。在学校出台的《青年教师导师制》、《关于资助教师取得国家职业资格等证书的暂行规定》、《青年教师赴企事业单位挂职锻炼实施办法》、《双能型教师认定与管理办法》、《加强教师实践教学能力培养》等文件的基础上，信息学院制定了《青年教师进实验室暂行办法》、《鼓励青年教师获取IT认证的暂行办法》。充分发挥网络中心与信息学院合署办公的资源优势，安排9名教师参与学校网络与信息化建设，通过参与具体的网络建设与运行管理、各类网络技术应用与技术服务，提高了教师的工程实践与项目实施能力。要求教师、班主任、辅导员等全面参与育人工作，秉承"感念自省，做人做事"的院训，切实为学生的发展与成才做好工作。

（5）建立教学质量管理小组，完善院级质量保障体系。对人才培养方案的制定和落实进行全程的质量监控。人才培养方案由领导小组负责起草、论证、审定等。人才培养方案的执行由教师、系、教学质量管理小组三个层次分别进行质量管理。充分调动教师自身的责任感和使命感，把好教学质量第一关；各系负责全面检查教师的教学工作，把好第二关；质量管理小组代表计算机与信息工程学院，监督人才培养方案的执行情况，把好第三关。

（6）教学信息化实践。在教学区、学生宿舍覆盖有线和无线网络，并为学生宿舍安装专用带宽，以提供较好的网络环境；开发网上教室，建立网络教学平台；在课程中注重对学生的信息获取、处理与分析等素养的培养。

五、结束语

应用型信息网络人才具有较广的市场需求。本文重点对信息网络类毕业生的质量标准进行了研究,并基于研究内容进行了应用实践。实践表明,本文设计的评价模型较好地反映了人才质量标准,围绕评价指标开展的各项工作有力地促进了人才质量的提高。

【参考文献】

[1]潘懋元.应用型人才培养的理论与实践.厦门大学出版社(第5辑),2011.

[2]李英梅,黄玉妍,夏伟宁.关于高校应用型软件人才培养的探索.教育探索,2011,(6)240:102—103.

[3]陈文远,潘玉驹,高宇鹏.地方本科高校高素质应用型人才评价体系研究.高等工程教育研究,2011(5):139—143.

[4]刘大军.应用型人才培养视域下社会力量对高校课程管理的影响.江苏高教,2011,(1),73—74,77.

(本文发表于《滁州学院学报》2013年第15卷第2期)

网络安全立体防护机制实现的研究

安徽文达信息工程学院　王伍柒　汪　静　丁晓梅

一、网络安全现状

计算机网络技术在推动人类文明和社会进步的同时,也带来了日益严重的安全问题。网络安全风险既有网络技术不完善的因素,也有来自社会的因素。

目前广泛使用的 IPv4 协议缺乏安全性的机制,不能对网络数据包加密,数据的完整性、源或目的地址真实性缺乏有效的验证机制,网络协议的缺陷为网络攻击者提供了入侵的可能。

随着计算机网络技术的快速发展,通过网络传输重要数据或在网络结点中存储机密信息越来越多,如何获取这些信息和数据成为网络入侵者趋之若鹜的根本原因。对互联网的实时监控,防止受到内网和外网的攻击,成为各国网络安全防护的迫切需要。目前,传统的网络安全防护技术并没能有效阻止网络攻击。近期美国"棱镜门"窃听丑闻一次次地刺痛全球的神经。

二、网络安全威胁的类型

网络安全威胁有来自网络操作系统和各种应用软件的漏洞,网络协议的不完善、人为的攻击和管理上的缺失等。

(1)破坏可用性的攻击。

主要包括利用网络协议不足和应用软件弱点发起的网络攻击,如将攻击信息分散到 IPv4 协议分片的数据包中,使包过滤防火墙误认为合法的数据包;通过 SQL 注入式攻击,使信息系统拒绝合法的数据服务请求等。

(2)非法获取控制权或使用权。

网络攻击者利用系统漏洞,非法窃取用户权限后,删除或篡改用户文件,假冒合法用户窃取机密信息,发动拒绝服务攻击、监听合法网络用户的一举一动等。

(3)利用恶意软件发起的间接攻击。

此类攻击具有隐蔽性好不易被发现的特点,且大多自动传播,速度快,范围广,危害更大,近年来成为网络入侵的主要形式。恶意软件的类型五花八门,其中具有代表性的软件有计算机病毒、蠕虫、特洛伊木马等。

(4)来自内网的安全威胁。

根据调查,当前网络安全威胁70%以上来自网络内部。内网的安全威胁产生的原因很多,如单位管理制度混乱造成网络资源滥用、对内网安全管理环节不够重视及制度执行不严、个别员工的恶意行为、内部用户的误操作、内部网络使用人员的安全意识淡薄等。

三、传统的网络安全防护技术

防火墙作为被动的防范技术能有效阻止来自外网的入侵和攻击,是目前企事业单位中应用最为广泛的网络安全防护技术,但是随着网络攻击手段的多样性、攻击技术的复杂性,单一的防火墙防护技术显得十分单薄。

(1)防火墙位于网络的边界,只能对来自网络的攻击作出响应,无法阻止来自内部网络的攻击,如内部人员机密信息的泄漏。

(2)防火墙的过滤规则是网络管理者预先设定好的,不能对信息过滤规则进行动态的调整,灵活性较差。如果过滤规则定义得过于严格,对网络的互通性就会产生较大的影响;规则定义过于宽松,则对网络攻击行为或攻击事件又不能进行有效地检测,因此,防火墙缺乏动态自我调整性,是一种被动的网络安全防御措施。

(3)防火墙缺乏日志审查功能,对复杂的网络攻击行为不能有效地调查取证,无法威慑网络罪犯行为,例如Ddos攻击。

入侵检测是对潜在的有预谋的未经授权的访问信息、操作信息的监视,以及对系统不可靠、不稳定或无法使用的企图的监视。入侵检测是新一代的安全保障技术,是对安全保护采取的是一种积极、主动的防御策略。一旦发现访问者对系统进行非法的操作,入侵检测系统就会向系统管理员发出警报,或者自动截断与入侵者的连接,确保被保护信息系统安全、正常、持续的运行。

入侵检测系统(Intrusion Detection System,IDS)是指入侵检测的软件与硬件的组合,它是一种积极主动的网络安全防护措施,能够实时捕获流经网络的数据包,并对其进行入侵分析和检测,当发现可能存在的安全威胁时,即时发出报警信息,或主动切断与攻击源的连接。如果将防火墙和入侵检测系统实现联动,那么网络系统的安全性就大大提高了。目前对两者联动机制实现的应用研究,国内还比较少。

四、防火墙与入侵检测系统联动的实现

防火墙不识别网络流量,只要经过合法通道的网络攻击,就不能有效地识别;入侵检测系统自身极易受到拒绝服务攻击,在网络阻塞时性能下降较为突出,而且入侵检测系统对攻击的抵抗力不强,对攻击源的处理方式较为单一。若两者实现联动,不但可以克服各自的不足,而且能提高网络防护的能力,防火墙侧重于访问控制,入侵检测系统侧重于主动发现入侵信息。

防火墙与入侵检测系统相结合,能够使网络受到攻击的危害大大降低。当攻击者对受保护网络发动攻击时,入侵检测系统通过数据采集单元,获取流经网络的数据包,调用入侵检测引擎对这些数据包进行分析,如果检测到存在入侵攻击行为或可疑连接等异常事件时,入侵检测系统通过与防火墙之间的内部通信机制,将受到攻击的异常事件通知报文发送到防火墙,再由防火墙验证后生成动态规则,防火墙以默认拒绝的工作方式实现对攻击行为的控制和阻断。

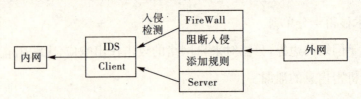

图1 防火墙与入侵检测系统的联动模型

联动控制机制是基于C/S网络计算模式,防火墙端驻留Server程序,入侵检测系统驻留Client程序,如果入侵检测系统端发现需要防火墙阻断的攻击行为,则入侵检测系统产生控制信息后,再发送至防火墙,由防火墙动态生成过滤规则,这样防火墙就变被动为主动地拦截网络攻击。联动机制还设置了系统计时器,如果防火墙添加的规则超时,那么超时的规则将自动删除。

(1)控制信息生成模块。

防火墙严格地按照访问控制规则进行匹配,过滤非法数据包。每条访问控制规则包括源和目的地址、相应的端口号、协议的类型、执行允许还是拒绝的行为等。如果实现与入侵检测系统联动,则入侵检测系统将接收到的入侵检测告警信息进行整理,生成统一格式的控制信息。控制信息可以根据系统保密性的要求进行加密处理,发送至防火墙,为防火墙生成控制规则提供数据来源;入侵检测系统也可以根据其检测结果,直接生成防火墙所能识别的控制规则。

安全联动策略并不是一检测到入侵攻击就生成控制规则,而是按照以下步骤进行处理:

①对攻击行为分类。网络受到的攻击的危害程度,可简单划分为高危攻击、中等程度的攻

击和一般程度的攻击。安全联动策略只对系统受到高危程度攻击时才设置为联动,对于危害不是很严重的一般程度攻击,通过防火墙或入侵检测系统独立处理即可。联动策略对受到的攻击危害程度设定过低,可能会使系统的误报率大幅度的提高。

②设置阻断时间及阻断方式。入侵检测系统生成的告警信息要求简明额要,不能对网络带宽产生较大的影响,同时又要实现两者的安全联动的目的。所以联动的策略不但要定义"危险"的级别,而且要定义"对网络影响的程度"。

例如,入侵检测系统提取出来的控制信息如下:

    <sourceIP>202.103.68.117</sourceIP>　　　　/检测到的源 IP 地址/
    <targetIP>202.103.68.117</targetIP>　　　　/检测到的源 IP 地址/
    <sourcePort>3624</sourcePort>　　　　　　　/源端检测到的连接端口号/
    <targetPort>8080</targetPort>　　　　　　　/目的端检测到的连接端口号/
    <Protocol>http</Protocol>　　　　　　　　　/协议类型/
    <level>4</level>　　　　　　　　　　　　　/定义危险程度的级别/
    <scoPe>3</scoPe>　　　　　　　　　　　　/定义该攻击对网络影响的程度/
    <time>560</time>　　　　　　　　　　　　/设置规则的生存期/

以上格式信息中,其中 time 表示规则生存期,超时将删除该规则。这样,就可以在防火墙中动态地设置规则,规则的格式为"level * scoPe * time * "形式。

(2)通信模块。

联动机制的通信模块采用开放联动接口来实现,通信双方可以事先约定并正确配置对方 IP 地址,设定通信端口,防火墙运行服务器端程序,入侵检测系统则运行客户端模程序。具体联动方式的实现:在入侵检测系统中配置网络安全策略,定义入侵行为或入侵攻击的危险等级和危害程度,当危险等级和危害程度达到或超过系统设定的阈值时,入侵检测系统立即向防火墙发起连接请求,防火墙将根据上报的告警信息生成访问控制规则,并做出最终的响应。

(3)防火墙动态规则处理模块。

联动机制是入侵检测系统发出控制信息到防火墙,由防火墙确认身份认证后才能正常受理,不能完成身份认证的报文将直接丢弃,而且,控制信息在传输过程中还须以密文发送。防火墙端在生成动态规则时,将为每一条规则设置一个生存期,当该规则超时末匹配时,将自动删除。设置规则生存期是为了减轻防火墙的负担,避免防火墙成为网络的瓶颈。

防火墙规则设置如下:

①确保防火墙优先检查动态规则链,并自动删除超时的规则。

②当动态规则链中的规则超过上限，此时又有新的规则加入时，那么距离超时最近的旧规则将被新的规则所替换。

③采用多线程技术进行规则匹配，提高检测效率。

(4)规则的审计分析模块。

防火墙详细的记录添加其中的动态规则，及时掌握过滤规则阻止的访问条目，分析其中可疑或试图攻击的规则。规则记录虽然需要更多的存储空间，但对网络入侵行为的审计分析是十分有必要的；同理，便于为网络安全管理者以后的日志分析，为入侵行为提供证据。

(5)联动策略的改进。

防火墙与入侵检测系统联动可使网络系统防护由静态上升到动态，由被动防护上升为主动防护，提升了防火墙的机动性，使系统整体防护能力得到很大的提升。但是，当前的入侵检测系统还有进一步改进的必要，两者的联动机制，还需要注意以下几个问题：

①入侵检测系统自我完善的过程，网络攻击的隐蔽性，复杂性需要不断完善入侵检测系统的规则特征，提高对入侵攻击行为或攻击事件匹配的准确性，降低系统的漏报率和误报率。

②入侵检测系统应根据数据包的协议类型抓包、检测，提高系统检测的速度，使其能够适应现代高速网络带宽的要求。

③需要对两者联动的策略进一步细化处理。例如，动态规则策略的优化、联动系统的协同机制等。

④联动机制如何进行任务的分配、负载的均衡。例如，入侵检测系统和防火墙产生的告警分析处理工作，可分配网络中其他主机完成，以避免过量的告警信息影响防火墙的处理性能。

五、结束语

防火墙和入侵检测系统都是网络安全防护技术实现的基本措施。防火墙是由网络管理者预先设置的访问控制规则，以默认拒绝的工作方式防止来自外网络的攻击；入侵检测系统对网络监控的范围进一步扩大，不仅可以防止外网的攻击，也可以防止来自内网的攻击、内网机密信息的泄露和用户的误操作等。相对防火墙来说，入侵检测系统扩大了网络管理者的管理范围，如果将入侵检测系统和防火墙实现联动，那么网络安全防护就可以得到进一步的加固，而且联动机制在局域网环境中较易实现，因此，入侵检测系统和防火墙联动机制市场前景广阔。

(本文发表于《电脑知识与技术》2014年第22期)

新建应用型本科高校教学自我评价及质量改进机制的探究
——以宿州学院为例

宿州学院 李金莲[①] 张莉 蔡之让 方雪梅

教学评价是高校提高教学质量的一种常用监控手段。根据评价主体的不同,可划分为外部教学评价和高校内部教学评价。内部教学评价是以改进和提高教学质量为目的,按照自己的标准对教学进行的评价。评价直接指向教学实现的过程因素和具体的教学结果。新建本科高校由于办学历史较短,质量保障体系建设相对薄弱,教学自我评价制度及质量改进机制尚不完善,特别是教学工作全过程跟踪调控机制和持续改进机制有待健全。因此教育部在普通高等学校本科教学工作合格评估指标体系中,明确要求"学校应建立自我评估制度,并注意发挥高校教学基本状态数据库的作用,对教学质量进行常态监控"。

宿州学院作为一所地方性、应用型新建本科高校,在深入推进校内教学质量保障体系建设过程中,围绕"教与学"这一中心,逐步完善了教学自我评价制度,构建了以评教(教师教学)、评学(学生学习质量)、评管(教学管理)为核心的教学自我评价体系,积极探索建立符合应用型人才培养的教学质量改进机制,为本科教学质量的稳步提升提供了有力保障。

一、推进教学自我评价、分析与反馈的系统化

"一个完善的教学质量保证体系要拥有完备的规章制度体系和有效的组织机构。而这些是保障体系履行职能的基础设施"。学校内部教学自我评价作为教学质量监控的重要环节,其构建与运行必须要以健全的自我评价机构和规范的制度体系(包含教学自我评价制度及机制、评价指标体系)为前提,在此基础上深入开展教学自我评价与分析,多途径实时反馈评价结果,及时调控教学过程、教学管理等,以保证教学质量监控系统有效运行。

1. 健全教学自我评价机构,组织保障到位

学校成立以分管校长为组长的教学评建工作领导小组,作为教学质量保障体系的管理机

[①] 李金莲(1979—),女,安徽无为人,讲师,教务处教学质量科长。主要研究方向:高等教育管理。

构,对教学质量实施有效监督、检查、评价和指导。构建"校、院、教研室"三级教学自我评价机构。学校教学委员会、教学质量管理与评估处、教务处、教学督导委员会属一级教学评价机构,二级学院(部)及教学分委会属二级教学评价机构,教研室为三级教学评价机构。从职能划分上看,教学质量管理与评估处是学校独立设置的负责教学质量监控、评估的机构,是组织实施教学质量保障体系的职能部门。教学质量管理与评估处和教务处是教学质量保障与监控执行的中心,参与日常的专项督导听课与教学评价,并及时反馈评价结果。由于二级学院(部)是实施教学及管理的实体,因此,教学评价的全面开展是在二级评价机构进行。在二级评价机构内部,教学分委会负责对本单位的教学情况进行监控,在二级学院院长(主任)领导下组成院(部)教学质量考评小组,负责各类教学质量评价。教研室作为教学及管理的基层单位,也是实施教学评价的重要组织。

2. 完善各类教学自我评价制度,优化评价环境

为使整个教学评价工作合理有序的开展,学校不断完善各类教学自我评价制度,多角度构建教学评价机制,优化教学评价的基础环境,制定《教师教学质量学年度考核办法(暂行)》、《教师课堂教学质量考核办法》、《学生评教制度(试行)》,以及《学生学习质量评价制度》、《本科合格课程建设实施办法》、《专业建设管理办法》等教学管理规章制度。以制度为依据开展教学评价工作,促进评价工作科学性、规范性、有效性进行。

3. 制定教学自我评价指标体系,科学定位评价标准

教学评价要符合教育教学规律,遵循综合全面原则和可操作性原则,因此,科学的教学评价指标体系的形成是整个评价工作有效开展的前提。我校在深入调研和充分论证的基础上,制定了各类教学评价指标体系,力求全面准确客观地评价教学及管理质量。

(1)构建并不断完善各类教学质量评价指标体系。

在推进教学质量保障体系建设的过程中,依据教育部、省高等教育文件要求,结合学校办学指导思想、定位、应用型人才培养目标、学科专业特点和各主要教学环节质量标准,积极构建并不断完善各类教学质量评价指标体系。主要包括:专业建设标准与评估指标体系、课程评价指标体系、二级学院(部)本科教学工作评价指标体系、课堂教学评价指标体系、实践教学评价指标体系(包括毕业论文或设计等实践性教学环节)等。这些成为评价各方面、各环节质量的目的性、规范性、操作性文件。

(2)科学设计学生学习质量评价指标体系。

为提高教学质量,保证良好的教学结果,学校在贯彻"以学生为本"的育人理念基础上,积极开展学生学习质量评价工作,并作为教学自我评价的一项重要内容,实现评"教"与评"学"的有机统一。而科学的学生学习评价指标体系是评价工作的首要条件。我校围绕"实基础、强能力、高素质"应用型人才培养目标,鉴于学生的学科专业特点、人才培养规格的差异以及学生的主体差异性,从学生的学习目标、动机、行为、态度、方法,知识、能力、素质、创新精神等诸多方面合理设计相应的学生学习质量评价指标体系,推动学生学习质量评价工作的规范与深入,科学评价学生学习质量。

4. 构建以"评教、评学、评管"为核心的教学自我评价体系,开展八项自我评估

我校以现行的教学基本评价制度为基础,积极创建制度运行的具体机制,多方面多层次开展教学自我评价工作。

(1)专业建设质量评估。

从本科专业学士学位授予权的角度来衡量与评估专业质量是诸多高校开展专业建设质量评估的重要方式之一。我校不断完善专业建设质量标准,下发了《专业建设管理办法》,制定了《专业建设标准与评估指标体系》,从专业办学目标与建设规划、人才培养方案、师资队伍、教学条件与实践教学环节、教学改革与管理、人才培养质量和社会声誉、科学研究与社会服务、专业特色情况等方面对本科专业进行评估验收,以检验新办本科专业建设的成果,进一步加强专业内涵建设,提高专业办学水平,形成专业特色,为学校专业建设工作提供科学依据和宏观指导,确保人才培养质量。专业质量评估采取学院自评、学校组织专家组考察评估相结合的方式进行,评估过程严格,标准明确,成为衡量专业建设成效的重要客观尺度。

(2)课程建设质量评估。

专业建设是以课程为依托的,课程建设是专业建设的基础。我校不断完善课程建设质量标准,开展课程建设质量评估,旨在促进课程建设,提高课程教学质量。首先做好合格课程的认定工作,通过制定《本科合格课程建设实施办法》,采取"主讲教师负责、逐课评估、达标验收"的办法,对本科专业课程分期开展合格课程建设、评估、验收工作,已取得明显实效。结合省教育厅精品开放课程评选,学校每年开展一次课程建设质量评估,并做好精品开放课程的遴选工作,注重对精品开放课程的管理、验收和推广,充分发挥优质教学资源的辐射作用,扩大学生受益面。

(3)二级学院(部)本科教学工作评估。

二级学院(部)本科教学工作评估是学校内部组织的对教学单位教学质量的最高层次评价,要求高,评价严格,涉及面广,不仅涵盖了教师教学质量评价、学生学习质量评价,也涵盖了对教学管理、教学基本建设的评价,具有整体性要求。旨在考察二级学院(部)作为教学及管理实体的教学目标实现程度、人才培养质量和教学管理的水平。学校通过制定《二级学院(部)本科教学工作评估办法》《教学工作定期检查制度(试行)》等指导性文件,推进各教学单位每年开展一次自我评估,促使各院(部)规范教学及管理,加大教学建设及改革力度,努力提高办学水平。

(4)教师教学质量考核。

这种考核制度其实是教师教学评价制度的进一步延伸,考核的范围从课堂教学质量拓展到教学工作量和教学成果,实现了质和量的统一、教学和教研的统一,是一种综合的评价制度。我校在严格贯彻省级高校教师教学质量考核工作的指导性意见基础上,认真执行教师教学质量学年考核办法,每学年深入开展一次教师教学质量考核工作,以加强教学管理、深化教学改革,提高教学水平。而课堂教学活动是教师的核心工作,教师课堂教学质量评价则成为教师教学质量考核的重点。我校依据教师课堂教学质量评价指标体系,深入开展对教师理论课教学质量和实践课教学质量的评价,通过对教师教学行为和课堂教学各环节的评价,达到督促、检查教学工作,调动广大教师教学工作的积极性,引导广大教师重视教学、研究教学、投入教学,从而提高教学质量的目的。

(5)学生学习质量评价。

教学活动是由教师与学生构成的矛盾统一体,教师主导作用的实现离不开学生这一学习主体的主观能动作用的发挥。因此,要想科学地评价教学质量,不容忽视的重要因素就是学生主体的学习质量。"目前国内外大学普遍使用的教学评价(学生、专家、督导、教师自评)工具主要沿袭 SEEQ 模式,评价对象主要是教师教学指标和教学支持指标。随着以学生为中心的教学理念逐渐被广泛接受,人们开始重视教学评价中对学生学习的探讨","从高等教育教学实践的角度来看,提高教学质量,保证卓越的教学结果,高校应当不仅提高教师教学质量,同时也要引导学生进行高质量的学习。学和教是教学实现系统中两个主导因素,任何一个削弱都可能极大地降低教学效果。与此相适应,教学评估评'教'也必须转向评'学'"。我校在实施教学质量监控的过程中,积极完善学校内部教学自我评价体系,全面设计评价内容,把学生学习质量评价作为有效教学评价的重要环节和重要内容。在科学评价教师教学质量的同时,通过制定学生学习质量评价制度,构建相应的评价指标体系,积极开展学生学习质量评价活动。通过各评价主体(任课教师、辅导员及教学管理人员)对相应班级学生学习情况进行评价(包括学生学习目标、学习动机、方法、态度、技能培养、课外活动、各种创新能力竞赛等评价要素),全面了解学生学习质量,有效促进了学风建设。同时教师深入了解到学生的学习态度、学习状况和学习质量,促进了教与学双方的沟通和了解,进一步推动了教师教学改革,促进了教学质量的提高。

(6)毕业生质量跟踪调查和用人单位质量评价。

"在校外,教学监控应向社会开放,尤其是向用人单位,向学生家长开放,体现高等学校为社会发展服务的特征。开放性可以使学校教学与管理获得更多的发展动力,促使学校对其人才培养活动不断进行反思,寻求改进的途径"。教学评价作为教学质量监控体系中的关键环节,应积极引进第三方评价,逐步建立教师、学生、管理者和用人单位共同参与的评价机制。我校积极开展了毕业生质量跟踪调查和用人单位质量评价工作,由招生就业办公室、学生处和各二级学院等部门密切配合,采取"请进来"和"走出去"的方式,通过发放调查问卷、毕业生返校座谈会、校友会、建立毕业生联系人制度以及社会调研等形式,及时了解和掌握社会对毕业生质量的评价,及时把握社会发展对人才培养质量和规格的需求,从而科学合理地调整办学思路,推进专业建设、课程建设及教学改革,不断提高教学质量和办学水平。

(7)专项评估。

我校注重对主要教学环节的质量监控,定期组织校内外专家对试卷、毕业论文(设计)、实验、实习实训、考风考纪等进行专项检查与评估,及时进行分析与研究,形成专项检查报告,然后反馈给有关二级学院(部)、职能部门和学校领导,有针对性地实施调控,并持续跟踪改进结果。

(8)教学状态数据常态监控与年度教学质量自我评估。

本科教学基本状态数据库具有信息分析、自我诊断和决策参考作用。我校在信息化管理过程中,通过对本科教学基本状态数据的采集与逐级逐项审核,实现教学状态和教学质量监测的信息化、常态化。在综合以上评价信息的基础上,学校于年终开展年度教学质量自我评估,发布年度教学质量报告,分析总结学校年度教学工作,不断完善教学自我评价机制,拟定质量改进措施。

5. 充分运行教学质量分析机制,深入挖掘教学质量的影响因素

在进行教学质量信息评价、反馈与调控的过程中,需要定期对各种教学质量信息进行分类调查分析。调查力求客观,样本有一定数量;分析科学,评价客观。分析重点包括:专业建设质量分析、课程建设质量分析、新生生源质量分析与跟踪、理论及实践教学质量分析、考试质量分析(包括试卷质量分析、考生成绩分析等)、学生学习质量分析、本科生毕业论文(设计)质量分析、毕业班学生问卷调查分析、毕业生就业情况分析、毕业生社会满意调查与分析等。在分析总结的基础上,对影响教学质量的各因素进行深入研究,将研究结果作为改进质量和进行决策的依据之一。

6. 落实评价信息的反馈与调控,强化评价结果的运用

"教学评价的目的是为了提高教师的教学绩效,提高教学工作质量。如果没有反馈,教师很难知道自己的不足"。教学质量监控要想取得实效,关键在于教学评价信息的反馈与调控环节。对教学质量监控信息进行评价与分析后,还需进一步运用由学校各级教学工作例会、教学质量管理与评估处、教务处、学生信息员、教学督导等组成的信息反馈网络,将教学评价结果中关于教学质量问题及原因准确、全面、快速地反馈到相关二级学院(部)和职能部门;重大教学问题要反馈给学校教学委员会,为其做出正确决策提供可靠依据。同时,由教学质量管理与评估处、教务处、教学督导组及各二级学院(部)承担落实调控工作,通过制定调整措施,及时有效地实施调控,以保障教学质量监控的目标实现。

二、深入探究教学质量改进机制

对教学评价结果,要进行科学的分析,并深入查找问题产生的根源,从而有针对性地采取改进措施,最终保障教学质量的提高。也只有形成这样一种良性循环,才能实现教学质量监控的闭环效应。而构建合理有效的改进机制则是教学质量改进工作顺利实施的基础。"教学质量的改进是通过教学条件的改善、教学管理水平的提高、教师教育教学理念和教学技能的提高等途径来实现的"。我校在实施教学质量监控过程中,积极探究教学质量改进机制及其运行的途径与方式,持续改进教学工作,不断提升教学质量。

1. 多主体自身积极寻找教学质量改进方向

全员参与、全程监控、面向全体师生的全面教学质量管理要求学生、教师和管理者各主体自身依据教学评价结果寻找改进方向,有针对性地采取改进措施。教师与学生积极寻求教与学的规律与方法,教学管理者深度把握教学管理、质量管理的规律与方法。学校教学委员会、各二级学院(部)、有关职能部门(教学质量管理与评估处、教务处)等在教学管理实践中,多方面探索并运行教学质量改进机制,并对在教学质量监控及评估过程中发现的问题进行研究,进一步制定具体整改措施和建设方案,实施改进工作,积极促进教学质量的提高。学校教学委员会对各二级学院(部)和有关部门的整改和建设情况进行复评和验收,以保障教学质量改进工作取得实效。

2. 多方面有效运行教学质量改进机制

我校在全面推进示范应用型本科高校建设过程中,不断深化教育教学改革,积极探索并逐步实施涵盖人才培养的顶层设计、教学基本建设(专业、课程、教学队伍等)、教学质量管理与评价等诸多方面的质量改进机制。

(1)深化人才培养体制机制改革,创新应用型人才培养模式。

按照应用型人才培养的总体要求,根据学校的办学定位,我校深化了人才培养体制机制改革,出台了《关于进一步加强学科专业建设 深化人才培养模式改革的意见》。2009年起学校积极推进了建立应用型本科人才培养机制与质量保障体系工作,在人才培养过程中更加强调教学、科研与实践的结合,推行了学分制改革,重视实践教学环节,为应用型人才培养搭建了较好的实践平台。大力开展了应用型人才培养模式改革工作,加强校企合作、工学结合,建立了由"3+1"培养模式、多证书教育、产学研合作、双学位制教育和工程化教育等有机结合的"五位一体"的高素质应用型人才培养模式。

(2)做好应用型人才培养的顶层设计,不断完善人才培养方案。

我校根据应用型人才培养目标要求,围绕皖北地区经济社会发展,适时修订人才培养方案,体现以学科知识为基础、以能力培养为主线、以工作要求为目标的特征,为培养专业基础扎实、实践能力强,富有社会责任感和创新创业精神,适应地方经济社会发展的高素质应用型人才提供了科学依据。

(3)优化专业结构,加强专业内涵建设。

大力发展应用型专业、提升专业建设整体水平是诸多新建应用型本科高校为自身发展而采取的重要举措。我校一直不断优化专业结构,加强专业内涵建设,着力打造特色专业。根据皖北地区拥有煤炭化工、农产品和丰富的人力三大资源优势和煤电开发、化工制药、农副产品深加工等支柱产业,我校坚持"以重点专业对接主导产业,以专业群对接产业群"和"专业跟着市场走,条件跟着专业走,经费跟着条件走"的两个学科专业结构调整原则,主动适应经济社会发展和产业结构调整对人才培养提出的新要求,大力培育和发展皖北地区经济社会发展急需的应用型学科专业,成功获批了设置诸如网络工程、食品质量与安全、机械设计制造及其自动化、资源勘察工程等新本科专业,并不断提升特色专业的核心竞争力,保证专业建设取得实效。

(4)加大课程改革力度,注重应用型课程教学中实训、实习环节的教学。

应用型人才的培养应"构建技术应用型本科的课程教学内容体系,应围绕着技术应用能力培养,以技术应用与实践知识为主体;兼顾较宽厚的学科知识基础,关注科学技术交叉与相互渗透,进行相关学科知识重组,构建综合化的课程体系;及时增加跨学科、边缘学科等前沿新知识和现代科学技术内容"。我校围绕"实基础、强能力、高素质"应用型人才培养的目标定位,在课程建设上更加注重课程体系与岗位需求的符合度。在"十二五"课程建设规划中,根据应用型人才培养的实际需要,通过产学研合作,调整能力培养模块,重构课程体系,基本形成了有利于学生知识、能力、素质协调发展和与"校企合作"、"工学结合"人才培养模式相适应的课程体系。

开展应用型课程的实训、实习是培养学生专业应用能力和操作技能的重要途径。我校在应用型课程教学中,注重课程实训、实习环节的教学,明确规定了实训、实习设施,制定了课程教学的实施方案（包括课程标准、课程教学的计划安排、课程教学的评价等），同时紧密结合学生专业特点聘请企业的工程师授课，并把实训、实习的整个过程都纳入校、院教学质量监控体系之中，以保证实训、实习的质量和效果。

(5)完善实践教学体系，突出对应用型人才创新精神和实践能力培养。

实践教学是应用型人才培养的主要的方式，深入探索实践教学新模式、完善实践教学体系已成为新建应用型本科高校关注的焦点，通过改革实践教学方法、实践教学考核方式方法，完善实践教学评价指标体系等措施，不断提高实践教学效果。而衡量实践教学效果的重要指标之一就是学生创新精神和实践能力的培养和提高，这也是应用型人才必备的素质和突出特征。我校在学生实习实训等教学实践中逐步形成了课程实训、专业实训、毕业实习和就业实训"四位一体"的实践教学体系。在课程教学中，进一步加强实验教学改革，增加综合性、设计性实验比例，加大实验实训中心和工程技术中心建设力度，突出对学生创新精神和实践能力的培养。此外，还通过鼓励和引导学生参加大学生创新创业活动，鼓励学生申报专利、参加各类科技创新和学科竞赛（数学建模竞赛、电子设计竞赛、广告艺术大赛、智能汽车竞赛，以及各类英语竞赛、文化素质大赛、体育艺术类）等，多措并举，充分发挥实践教学体系在人才培养中的重要作用，不断提高学生的创新能力和实践能力。

(6)强化应用型教师队伍建设，提升教学整体水平。

应用型人才的培养必须要有一支具有扎实专业理论基础和良好职业素养、业务能力强、教学水平高、教学效果好、充满活力的应用型教师队伍作保证。我校以提高师资队伍整体素质为根本出发点，注重优化师资队伍结构，加大应用型教师培养力度。同时加强由专业带头人、骨干教师、"双能型"教师、兼职教师和企业技术专家等组成的教学团队建设，以提高师资队伍的整体水平和竞争实力。在教师教学能力发展中心的组织下，通过岗前培训、教学观摩、教学方法研讨会、教学比赛、挂职锻炼、合作研发、中短期专业培训等多种途径，促进应用型教师教学能力的发展，不断提高教学质量。通过各类项目载体，运用科学研究、技术服务、技术开发等方式带动一批教师参与工程实践、技术开发、产品研发，不断提高教师的科学研究水平和实践动手能力。同时为提高青年教师课堂教学的水平，通过开展青年教师教学比赛、微课比赛、多媒体课件比赛、教师课堂教学能力提升、教学成果奖评选、教学名师评选、教坛新秀评选等活动，检查和评价青年教师课堂教学基本理论知识和基本技能的水平，不断完善教师的能力结构。

(7)逐步完善教学评价机制，科学评价教师教学质量。

科学的教学评价体系及其有效运行是教学质量改进取得成效的前提。传统的教学评价过度地关注教师的教学能力和水平，并将其作为教学评价首要因素，而没有充分认识学生这一学习主体的地位与作用。而在知识经济时代,"教师不再是单纯的'教书匠',不再是课程规范的复制者、课程知识的施与者、课程分数的评判者,而是学生发展的促进者,学习活动的组织者、引导者和参与者","授之以鱼"不如"授之以渔"。教师在教学中紧密结合学科专业特点和应用型人才培养要求,积极采用启发式、探究式、讨论式、研究性、问题式、参与式等一些课堂教学模式和教学方法,可促进"知识、技能、方法、情感、态度、价值观"等多元培养目标的实现。与此相适应,我们还实现了对传统教学评价的重大改革。我校在教学评价过程中,不仅考察教师教学能力,同时还重视教学互动、课堂教学效果,重视教师对学生学习的引导能力。在教学评价类型上,注重实现对教师教学质量评价、学生学习质量评价两个维度的统一。教学评价主体有学生、教研室同行、院领导、教学质量管理部门(含教学督导组)等。在教师教学质量评价方式上,注重评价的全面性、综合性、开放性,其中在学生评价教学的方式上,采取了由传统纸质评教向现代网络化评教的转变,并采取量化评分与书面点评相统一的方式,提高了教学评价的科学性、时效性。在学生学习质量评价方式上,采取参照指标量化评价与集体座谈评价相结合的方式,对各班学习情况进行广泛、深入、及时、客观的评价,有力地促进了学风建设。在教师教学质量评价方法上,针对教师教学质量评价的多元主体,按照不同的课程类型、不同的评价主体,设计不同的教学评价指标体系,选取能反映教学质量核心的指标体系。按一定方法分别计算出不同类型评价主体的评价结果,按相应权重计算出综合评价得分,提高了评价结果客观性、准确性。在学生学习质量评价方法上,"改革对学生的考核与评价方式。以调研报告、案例分析、项目设计等多种考核方式检验和评价学生的实践应用能力,促进教学内容由理论化向实践性和应用性方面转变"。坚持过程与结果相统一的考核原则,在评价方法上做到过程评价法和综合评价法有机结合。如在实践教学质量的评价上,克服了终结定性评价的缺点,特别注重对学生在实践过程中表现出的能力、创新精神、心理素质等要素的考核,更加注重学生在实践过程中的具体行为。

(8)创新教学管理模式,以优质高效的教学管理促进教学质量提升。

传统的教学质量监控与评价体系偏重于教学环节,教学管理和服务疏于约束,一定程度上影响了管理效率和效能的提高。"加强制度建设、强化教学管理是提高教学质量的重要保证","二级学院作为高校教学管理的主体和基础,其教学工作的好坏、水平的高低直接影响整个学校的教学工作"。因此,向管理要质量就成为高校教学质量监控的重要任务之一。我校按照"质量工程"和"创新工程"的要求,在教学管理体制上,不断改革创新,实行校、院两级管理,重点强化二级办学单位的教学管理职能,充分发挥二级学院(部)在专业建设、课程建设、科研建设、教学管理、教学质量监控等方面的积极作用。在教学管理模式上,推崇特色化管理,构建与高水平应用型本科高校相适应的教学管理模式。同时,考核与激励并行,通过组织各种检查、验收、评比和年度考核,奖优罚劣,促进二级学院(部)教学质量、管理质量和人才培养质量的不断提高。

3. 多层次深入探索教学工作全过程跟踪调控机制和持续改进机制

教学质量的改进是一个连续不断的过程,需要通过持续反馈、不断调控才能达到教学效果的最优化,不断提高教学质量。因此,不断完善教学工作全过程跟踪调控机制和教学质量持续改进机制势在必行。我校教学质量监控体系在常态化运行过程中,积极建立全过程跟踪调控机制,对教学中存在的问题进行持续跟踪、及时妥善解决;不断完善教学质量改进机制,积极探索合理有效的改进途径及方式,建立并进一步完善长效机制,对教学工作的全过程跟踪调控,切实保障教学质量的不断提高。

(1)健全教学质量监控体系的内部要素,积极推动教学自我评价和教学质量改进机制的进一步完善。

我校不断完善教学质量的监控体系,着力构建教学自我评价的长效机制。首先积极推动校内教学自我评价机制建设,如实践教学评价、课程建设质量评估、专业建设质量评估等,促进教学自我评价的规范化、制度化、科学化。"同时高校教学外部顾客的多样性,也要求高校要建立多元化的评估主体,其包括学生、家长、政府和社会在内的多元化的教学质量评价体系,形成对高校教学质量多角度、多方位和多层次的监控与评价"。我校一直坚持以学生及社会用人单位的要求和满意程度作为教学工作持续改进的第一要务,不断完善毕业生质量跟踪调查和用人单位质量评价制度,逐步建立健全社会和企业对专业建设、课程体系与教学内容的评价制度。各二级学院成立由专业带头人、教师、用人单位负责人组成的专业建设指导委员会,定期深入用人单位调研、召开座谈会,听取他们对专业建设和教学改革方面的意见和建议,以逐步建立并完善由用人单位、家长、校友、媒体、教师、学生等参与的质量评价机制,提升学校服务经济建设和社会发展的能力。

(2)严抓教学反馈意见的整改落实环节,注重教学信息的持续反馈和教学质量的持续改进。

"通过信息反馈所暴露的质保体系运行中存在的问题,往往未能及时对产生原因进行调查、分析,不能有针对性地制订和落实纠正措施并验证纠正后的效果。部分困难问题迟迟得不到解决,影响了质保体系运行的持续改进"。因此,在教学质量监控体系诸环节运行的过程中,及时处理质量问题是保障教学质量的关键。各二级学院(部)要重视在教学运行过程中发现的问题,要分析原因,找出根源,有针对性地制定和落实整改和预防措施。教学质量管理与评估处负责对二级学院(部)及有关职能部门的教学反馈信息处理意见、整改报告进行审核,并实施跟踪调查,学期末组织教务处、教学督导委员会等进行复查和验收。同时汇总二级学院(部)及有关职能部门教学工作整改落实情况,对于整改效果不明显的要求其进一步采取措施,并进行持续跟踪审核,直至有明显改进。

(3)注重"内省",增强教学质量监控体系的自我改进功能。

教学质量监控体系的自我改进是对这一体系本身的运作效率提出的更高要求,即对管理自身的改进,主要是通过不断优化教学质量监控体系的各个环节,推进内部诸要素的统一、协调运作来实现的。通过推动教学质量监控体系内部"监控与信息采集—评价与分析—反馈与调控—改进与提高—再监控……"等各环节的良性循环,形成自我调控、自我改进、自我优化的闭环系统,以达到对教学质量的全方位监控、全过程跟踪调控和持续改进,最终保障教育教学目标的实现。

(4)深入开展教学改革研究,不断探索教学质量改进的长效机制。

我校教学质量监控部门一方面通过广泛搜集教学反馈信息,深入分析原因,建立并不断完善调控机制,及时调控教学运行状态,妥善处理有关质量问题,切实保证教学效果;另一方面,立足于教育教学实践,综合教学质量监控体系运行反馈意见,深刻把握人才培养过程中的关键环节和影响教学质量的重要因素,深入开展教学质量研究,建立并不断完善教学质量改进的长效机制,持续改进教学,不断提高教学水平。

三、结语

通过教学评价实践,我校现行的教学自我评价制度切实可行,对促进教风、学风的好转,深化教学改革,提升教学质量等均发挥了重要作用。教学自我评价及质量改进是一种动态的持续的过程,需要在实践中进一步探索、研究其内在规律,建立起科学、合理、有效的长效机制,实现教学质量全过程跟踪调控和教学质量持续改进。随着教学实践的发展,在教学质量监控体系有效运行的基础上,我校将进一步完善教学自我评价制度(机制)及教学自我评价体系,增强教学评价指标体系的科学性,提高评价结果的可信度,促进教与学的协调发展;深入探究并充分运行教学质量改进机制,实现教学工作的全过程跟踪调控和教学质量持续改进,保障教学质量的稳步提高。

【参考文献】

[1] 张林英. 高等教育教学质量形成机理、有效教学评价及质量管理体系构建研究. 南京：南京理工大学经济管理学院, 2008.

[2] 教育部办公厅. 教育部办公厅关于开展普通高等学校本科教学工作合格评估的通知. 教高厅[2011]2号.

[3] 黄宁. 我国高校教学质量保证体系存在的问题及完善的对策. 沈阳航空工业学院学报, 2010(6): 87—88.

[4] 张林英. 高等教育教学质量形成机理、有效教学评价及质量管理体系构建研究. 南京：南京理工大学经济管理学院, 2008.

[5] 张林英. 高等教育教学质量形成机理、有效教学评价及质量管理体系构建研究. 南京：南京理工大学经济管理学院, 2008.

[6] 回文博, 史君坡, 曹征, 盖林海. 新建本科院校教学质量监控机制的研究与实践——以石家庄学院为例. 石家庄学院学报, 2011, (2): 103.

[7] 王松茂, 方良彦, 海米提·依米提. 高校教师教学效果评价分析及对策研究. 新西部, 2011(15): 200.

[8] 回文博, 史君坡, 曹征, 盖林海. 新建本科院校教学质量监控机制的研究与实践——以石家庄学院为例. 石家庄学院学报, 2011(2): 104.

[9] 黄振菊. 应用型课程教学内容体系的重构与优化. 黑龙江高教研究, 2012(8): 176.

[10] 何军华. 新课程与教师角色转移探析. 江西教育科研, 2003(1): 61—63.

[11] 黄振菊. 应用型课程教学内容体系的重构与优化. 黑龙江高教研究, 2012(8): 178.

[12] 佘远富, 刘超, 胡效亚. 三全一化、四位一体：创新高校内部教学质量监控与评价长效机制. 现代教育管理, 2011(4): 88.

[13] 朱军, 程梅珍. ISO9000族标准在高校教学质量管理中的运用. 教育探索, 2008(10): 84.

[14] 陈慧. 高校教学质量保证体系构建与运行的实践与思考. 吉林省教育学院学报, 2013(8): 29.

论高校事业发展的"七位一体"总体布局

宿州学院 李 鸿[①]

党的十八大报告提出了中国特色社会主义的"五位一体"总体布局。领会"五位一体"总体布局对于高等教育事业发展来说,尤其是对于"办什么样的大学、怎样办大学"具有重大的现实指导意义。

高校必须"把提高质量作为高校教育教学改革最核心的任务",把质量意识贯穿于人才培养、科学研究、社会服务、文化传承创新、校园民主政治建设、和谐校园建设、美丽校园建设之中,构建"七位一体"的总体布局,开创高校事业发展的新局面。

一、"七位一体"总体布局的构成

人才培养、科学研究、社会服务和文化传承创新等"四大基本职能"是一个相互依存,相互促进、内在统一的有机整体,对高校的办学质量起着至关重要的作用。高校的校园民主政治建设、和谐校园建设、美丽校园建设等是实现高校四大基本职能的基本保证。推动高等教育事业持续、科学的发展,必须以高校的四大基本职能为根本着力点,积极推进校园民主政治建设、和谐校园建设、美丽校园建设,形成"4+3"有机结合的"七位一体"总体布局。

人才培养是高校工作的中心,培养什么样的人才、怎样培养人才,是高校所要面对、思索的基本命题。高校的发展最终体现在培养人才的数量和质量上。

科学研究是高等学校的重要任务之一,也是创新人才培养的重要支撑。通过校校协同、校所协同、校企协同、校地协同等方式,建立产学研相结合的创新体系,共同发展"政府最关心、企业最感兴趣、老百姓最需要"的科学研究,这样才能取得实实在在的经济效益和社会效益,促进政产学研用的融合发展,实现人才培养质量与科学研究能力的同步提升。

服务社会是高等教育大众化发展的必然要求。高校的社会服务功能主要是服务经济社会

[①]李鸿(1965—),男,安徽灵璧人,宿州学院科技处处长,教授。研究方向:智能计算、数据挖掘和高等教育管理。

发展。对于高校而言,要提高服务社会的能力,就必须培养全面发展的人才,推动经济社会的发展;必须大力推进产学研相结合,加快科研成果转化;必须不断提高文化创造力,努力成为引领社会文化发展的"辐射源"。

高校既是培养高素质人才的基地,也是传承文化和创新文化的重要场所。高校的重要使命是传承和创新先进的文化理念、生活方式、学习方式。高校是社会进步的推进剂和加速器,高校要通过文化渗透、文化创造和文化辐射以提升其竞争力。高校文化建设是高校建设和发展的重要保证。

高校的"政治建设"体现为校园民主政治建设,以建设中国特色社会主义现代大学为导向,完善党委领导下的校长负责制,探索"党委领导、校长负责、教授治学、民主管理"制的有效途径和办法;坚决做到凡属"三重一大"都必须由领导班子集体讨论决定……坚持依法治校,推行校务公开制度,加强民主决策、民主管理和民主监督,让广大教职员工积极参与学校事务。

高校的"社会建设"体现为和谐校园建设。高校是社会的重要有机组成部分,是构建社会主义和谐社会和促进和谐社会建设的一支重要力量。高校建设和谐校园不仅能为自身改革、发展、稳定奠定牢固的基础,为学生成长、成才营造良好的环境,也能为社会和谐做出积极的贡献。

高校的"生态文明建设"体现为美丽校园建设,建设节约型、可持续发展、绿色的美丽校园是全社会环境和资源问题对高校发展提出的必然要求。高校在国家实施可持续发展战略中肩负着义不容辞的责任和义务。

二、"七位一体"总体布局的分析

"七位一体"是一个相互联系、相互协调、相互促进、相辅相成的有机整体,不能"顾此失彼",也不能"单兵突进"。在"七位一体"总体布局中,人才培养是核心,科学研究是支撑,社会服务是方向,文化建设是灵魂,校园民主政治建设是保障,和谐校园建设是条件,美丽校园建设是基础,七个方面相互影响、相互联系、不可分割。

高等教育是一项以培养人才为核心的社会实践活动。人才培养是高校的首要职能、核心工作,是高校生存和发展的基础,是高等教育的根本出发点和落脚点。换句话说,高校的最直接、最核心、最根本的目标是培养人才,而包括科学研究、社会服务和文化传承创新等职能在内的高校其他一切工作都应为培养人才服务。

科学研究是高校发展的第一生产力。高校要通过科学研究为国家培养全面发展的人才,以服务国家经济社会发展、传承创新中国特色文化;科研院所的主要任务就是搞科学研究,为国家的基础研究和应用开发做贡献;企业的主要任务就是生产适销对路产品,提高经济效益。高校和科研机构、企业等的基本区别是高校的根本任务是培养人才。这就要求高校必须摆正人才培养与科学研究的关系,确立以人才培养为基点、以服务社会为导向进行科学研究的发展思路。

服务社会是高等教育健康发展的必然走向。高校通过服务社会,履行自己的使命,拓展发展空间,激发创新能力,增强竞争能力,实现自身的生存和发展。高校通过服务社会,在服务中发现、分析和解决问题,有力地促进了高校办学模式的创新,即走学科交叉→凝练学科方向→建立新兴学科→提升学科水平的发展道路。高校通过服务社会,有利于培养创新型、应用型人才,可为学生开展实习实训实践提供广阔平台,为毕业生就业创业提供更多的机会。高校通过服务社会,有利于推动高校管理体制、办学体制、干部人事制度、分配制度、竞争机制和激励机制等的改革,促进形成学校自主用人、人员自主择业、人尽其才、才尽其用的良好氛围,增强学校的办学活力。

文化传承创新是高校建设和发展的灵魂。只有文化传承创新抓好了,高校建设和发展才有后劲和活力;只有文化传承创新抓好了,大学生的综合素质才能逐步提高,和谐校园的目标才能实现;只有文化传承创新抓好了,高校内涵式发展之路才能走得通;只有文化传承创新抓好了,才能引领、辐射、创新社会文化。高校文化必须在继承中创新,在创新中发展,在发展中引领;必须用中国特色社会主义核心价值体系和健康向上的思想文化占领学校各种宣传舆论阵地,只有这样才能更好地发挥高校文化的引领作用,才能培养高素质的人才,才能使校园成为社会的首善之区、师生员工的精神家园。

"七位一体"总体布局中七大方面的联系都是双向的,是相互作用的,不是单向的。高校既是培养人才的摇篮,又是科学研究的阵地,还是知识创新的源头。高校的人才培养与科学研究的互动是现代高等教育的一个重要特征,即以人才培养带动科学研究,以科学研究支撑人才培养;在科学研究过程中培养人才(包括教师和学生),在培养人才的过程中产出创新成果。教师在人才培养过程中进行科学研究,可以让学生参与自己的科学研究,既达到了锻炼学生的目的,也完成了科研工作,人才培养带动了科学研究。同时,科学研究的本质在于能否发现问题、分析问题并解决问题。只有从培养人才的实践中发现问题、分析问题并解决问题,即进行科学研究,才能够对培养人才有帮助,才有意义。

科学研究与服务社会的互动是现代高等教育的一个重要特征,即以服务社会带动科学研究,以科学研究支撑服务社会。高校科学研究对地方经济发展具有直接推动作用,地方经济社会的发达程度及对教育的投入也影响着高校的发展速度,两者相互作用、相互影响。高校以地方经济社会需求为导向进行应用性科学研究的水平越高,产学研合作越深入,则科技成果转化为现实生产力就越多,服务社会的能力就越强,对经济社会的贡献也就越大;高校在为地方经济社会发展服务中获得了自身发展,地方经济社会发展之所需带动了高校的科学研究,高校获得了改革发展的活力和动力。

三、"七位一体"总体布局的意义

高校事业发展的"七位一体"总体布局的提出具有重要的现实意义。

首先,七大方面建设要协调推进,统筹兼顾,不能顾此失彼,更不能单兵突进。以科学发展为主题、以加快转变高等教育发展方式为主线,是关系我国高等教育发展全局的战略抉择。转变高等教育发展方式,走内涵式发展道路,实现从以规模扩张为基本特征的外延性发展向以提高质量为核心的内涵式发展转变,一个重要方面就是推进科学研究。通过推进科学研究,走科研强校之路,实现人才培养模式的根本性变革,为实现高等教育发展方式的根本性转变奠定基础。

其次,七大方面是有普遍联系的,不能孤立地就人才培养谈人才培养,或就美丽校园建设谈美丽校园建设,必须处理好外延与内涵、当前与长远、局部与全局的关系,积极应对高等教育事业发展中出现的新矛盾、新问题,统筹人才培养、科学研究、社会服务和文化传承创新四大职能,统筹校园民主政治建设、和谐校园建设、美丽校园建设,统筹校校合作、校所合作、校企合作、校地合作、国际交流与合作,把提高质量贯穿到人才培养、科学研究、社会服务、文化传承创新等高等教育事业发展实践的各个方面,努力促进七个方面相协调,不断开拓以提高质量为核心的内涵式的发展道路。

再次,"七位一体"的总体布局体现了科学发展观的深刻内涵,是把科学发展观贯穿到高等学校办学治校实践的具体体现,是推动高等教育事业实现科学发展的必然要求。"七位一体"的总体布局为实现办人民满意的高等教育之目标打下了决定性的基础,提供了切实保障,也为全面建成小康社会和到本世纪中叶基本实现社会主义现代化提供了有力支撑。只有坚持"七位一体",全面推进、协调高等教育事业发展,才能形成人才培养质量不断提高、科研实力不断增强、服务社会能力全面提高、文化引领显著推进、办学民主不断扩大、内部治理逐步和谐稳定、美丽校园建设取得重大进展的发展格局。坚持"七位一体"协调发展,必须主动适应经济社会发展的需要,不断深化高校内部管理体制机制改革,不断加强和谐校园和美丽校园建设,不断加速科技成果转化,不断提高服务经济社会发展的水平,不断提升文化传承创新的能力,培养更多既有理想信念之"魂"、又有民族精神之"根"的社会主义事业合格建设者和可靠接班人,努力形成我国高等教育持续健康发展的良好局面。

四、结束语

高等学校认真贯彻落实党的十八大精神,用中国特色社会主义理论体系武装指导高等教育发展,是一项紧迫、重要和长期的工作。只有把理论掌握与实际工作相结合,把中国特色社会主义旗帜、理论、道路与高等教育事业发展相结合,把高等教育事业发展与服务中国特色社会主义事业相结合,我们高等教育事业就一定会牢牢把握"七位一体"的总体布局,实现全面、协调、可持续发展。

【参考文献】

[1]胡锦涛.坚定不移沿着中国特色社会主义道路前进为全面建成小康社会而奋斗.北京:人民出版社,2012.

[2]胡锦涛.在庆祝清华大学建校100周年大会上的讲话.中国高等教育,2011,(9):4—6.

[3]中共中央办公厅.中国共产党普通高等学校基层党组织工作条例(中发[2010]15号).

[4]李源潮.以改革创新推进高校党的建设.求是,2008,(4):9—13.

[5]中共中央办公厅、国务院办公厅.关于进一步推进国有企业贯彻落实"三重一大"决策制度的意见.中国监察,2010,(16):56—57.

(本文发表于《铜陵学院学报》2013年第5期)

专业建设

地方高校产学研合作教育的路径探索

蚌埠学院　于世勋[①]

产学研合作教育对于高校提升科研水平、企业技术进步、增强地区和国家核心竞争力都具有重要作用和意义,是贯彻落实科学发展观、转变经济发展方式的重大战略举措。地方院校只有将"以服务为宗旨、在贡献中求发展"作为产学研合作教育的基本理念,坚持走产学研结合之路,主动为地方社会经济发展服务,才能全面提升科研水平,持续提高教学质量。

一、产学研合作教育的内涵

所谓产学研合作教育就是充分利用学校与企业、科研单位等多种不同教学环境和教学资源以及在人才培养方面的各自优势,把以课堂传授知识为主的学校教育与以直接获取实际经验、实践能力为主的生产、科研实践有机结合的教育形式。一般认为,高校科研院所与企业、政府是产学研合作的三个要素。其实,还应包括为沟通政府、产业、大学和研究院所起桥梁作用的中介机构,如中国产学研合作促进会及地方产学研合作促进会等。在各要素中,大学和科研院所是人才培养与知识创新的主体,企业是技术创新的主体,政府是制度创新的主体,中介机构则是桥梁和纽带。

合作教育是产学研合作的重要组成部分,与传统教育比较而言,其区别为:从教育目标上看,传统教育重视传授知识,产学研合作教育则重视实践能力培养;从特点上看,传统教育关注继承性、系统性,产学研合作教育则关注综合性、创新性;从形式上看,传统教育过分依赖课堂教学、授受相传,产学研合作教育则更青睐亲身实践、科研训练。

在经济全球化进程加快、市场竞争日趋激烈的今天,产学研合作教育已经不单单是企业、高校自身发展的诉求,也是促进地区经济社会发展,优势互补,合作共赢的需要。例如,高校和科研院所合作可将创造的学术性知识转化为产业性知识,贡献于企业的技术革新,从而推动经

[①]于世勋(1955—),男,安徽蒙城人,蚌埠学院党委书记。主要从事党建和思想政治教育研究。

济增长;对于高校来说也是实现教师专业化、培养"双能型"的必经之路。高校与企业开展产学研合作教育可以使企业创新能力大幅度增强,让企业科技人员参与高校科研项目实施的全过程,可以使其理论和科研水平得到大幅度提高,从而有利于大批创新人才的培养。企业也可以通过引进高校的科研成果进行产业化,以提高产品的技术含量和档次,增强企业产品的市场竞争力。

二、产学研合作教育的路径

作为地方高校,尤其是新建地方高校,大多处在百业待兴的起步爬坡阶段。一般说来,这些高校科研基础比较薄弱,高层次项目承接能力不够强,直接承担地方社会服务项目不多,促进地方经济社会发展的显示度、贡献率还不够突出。因而,走产学研合作教育之路就显得尤其迫切。坚持走产学研合作教育之路,全面提升科研水平,积极融入区域自主创新体系,着力推动"校府"、"校企"、"校际"、"校所"合作,是地方高校提高教学质量,培养创新人才的有效途径。

1. 以贡献求支持,着力推进校府合作

一所地方院校,无论是人力、物力还是财力,对地方都有着极大的"依赖性",因为地方院校办学的动力和资源主要来自地方,其生源质量、学生就业、办学效益等都要受到地方因素的影响。因而,院校的发展进步与地区的发展进步紧密相连。2008年以来,蚌埠市先后被列为合芜蚌自主创新综合配套改革试验区。安徽省委省政府把蚌埠作为皖北中心城市来建设。蚌埠提出要努力建设实力蚌埠、魅力蚌埠、活力蚌埠、文明蚌埠、和谐蚌埠、民生蚌埠的"六个形象";把蚌埠建成加工制造中心、商贸流通中心、交通航运中心、科技教育中心、医疗服务中心和旅游集散中心等"六个中心";重点支持并加快发展电子信息、高端装备制造、生物医药、新材料、节能环保、新能源等"六大抓手产业"。地方对创新人才的需求越来越迫切,对"地方投资、地方管理、办在地方、服务地方"的蚌埠学院在培养人才、科学研究、服务社会和文化传承创新的要求越来越紧迫。而与此同时,作为新建院校,蚌埠学院面临着前有"标兵"(安徽财经大学)后有"追兵"(安徽电子信息职业技术学院)的双重夹击。为了进一步拓展办学资源、提高自身的影响力和竞争力,蚌埠学院提出"主动融入地方,在推进蚌埠奋力崛起中建功立业,在服务蚌埠奋力崛起中做强自身"的口号。在办学实践中,学院充分利用人缘、地缘等优势,在政府的诸多领域开展合作和服务。例如,在基础教育合作领域,文教系与蚌埠市教师进修学校合作,开展基础教育师资培训,帮助提升蚌埠市基础教育的办学水平,同时促进自身教学研究和教育教学改革;在文化合作领域,艺术系、音乐系、基础部、淮河文化研究中心以保护、挖掘、发展和繁荣地方文化为己任,积极开展淮河文化研究和推广工作,设立了花鼓灯演艺实践中心,成立了花鼓灯表演队，探讨原生态花鼓灯的传承和保护；在政策研究合作领域，经管系积极参与《蚌埠市国民经济和社会发展第十二个五年规划纲要》的制订工作，承担了《蚌埠市轻工(食品)行业"十二五"发展规划》的制定工作，为政府提供了操作性较强的决策依据；在科技服务领域，设立了蚌埠市中小企业生产力促进中心和工程研究中心，与蚌埠市禹会区政府正式签订了战略合作协议，搭建了科技成果转化平台和科技创新服务平台，为区域内高新技术企业、重点优势企业和创新型中小企业的发展提供科技服务支撑。

一个国家、一个地区核心竞争力的决定性因素是人力资源，地方经济社会发展的软实力是人才培养。蚌埠学院在服务地方经济社会发展中，充分考虑蚌埠地区的经济结构战略调整需要，在专业设计和课程结构等方面加大了改革与创新。例如，为满足轻工、化工、制药等产业对人才的需求，学院设立了化学工程与工艺、应用化学、制药工程等本科专业；为满足玻璃、水泥和新材料等行业发展对人才的需求，学院设立了无机非金属材料、材料成型与控制工程等专业；为满足交通和商贸物流事业发展对人才的需求，学院设立了交通运输、广告学和市场营销本科专业等。因为学院主动为蚌埠经济社会发展尽心力量，作出了贡献，成果丰硕，蚌埠学院获得了蚌埠市委、市政府的更大支持，在人才引进、新校区建设、经费支持等各方面，为学院办学水平提升打下了坚实的基础。

2. 以服务谋资源，积极深化校企合作

大学与企业的关系由来已久。1810年德国著名教育家、普鲁士教育大臣洪堡(WilnelrnVon Humboldt)掀起了世界高等教育的"第一次学术革命"，强调教学与研究的统一。1862年美国的《莫雷尔法案》以及1904年威斯康星大学校长范海斯(Charles R. Vanhise)提出了全面推行的大学教学、科研与社会服务一体化的思想，为大学与企业的合作开辟了广阔的前景。目前，高校与企业合作一般有四种模式：即联合科技攻关项目、共建研发中心；建立人才培养和就业基地，在拓宽就业市场的同时，增强学生的实践能力和岗位意识；校企人员互访，建立客座教授与挂职锻炼制；企业科技实体与学院共建，实现资金、技术、设备、土地、人才等方面的深度融合。

近年来，安徽省在抓自主创新主体、载体和产学研一体的"三体"工作中，一直坚持把企业主体放在核心地位。目前，70.6%的科研机构设在企业，73%的科技人员活动在企业，71.9%的科研经费源于企业，75.3%的省级科技项目由企业为主体承担，72%的省级科技成果出自企业。如果地方高校不能抓住校企合作教育的契机，必然会被市场所淘汰。为此，蚌埠学院积极适应新的形势要求，主动与企业合作，从企业找课题、拿经费、建基地、锻炼队伍，不断提升"工程化"的意识和能力。蚌埠是安徽以加工制造业为主的老工业城市，涉及机械、纺织、轻工、化工、医药、电子、建材等34个行业、400多个门类,已形成以装备制造、精细化工、电子信息为主导的优势产业,以光伏、生物、新材料为代表的新兴产业。据不完全统计,至2011年12月,蚌埠市规模以上工业企业达481家,销售收入亿元以上企业达150家,省级以上创新型(试点)企业达24家。企业对科技的旺盛需求和提升自主创新能力的需求也日益强烈,多数企业已经开展了形式多样的产学研合作,尤其是年收入亿元以上的大中型企业开展得更为普遍,达73.1%。这些都为蚌埠学院融入以企业为主的自主创新体系,培养"实基础、适口径、重应用、强素能"的应用型人才,创造了得天独厚的优势。但是,要将这种潜在优势转化为现实资源,还需要付出艰苦的努力。为此,蚌埠学院首先把工作重点放在与企业的对接服务上,使企业在接受服务过程中感到温暖、见到实惠、增强信任。学院充分利用"科技特派员"平台,大力支持教师投身"科技特派员行动计划"。仅2011年,学院就选派了17名科技特派员深入企业调研学习,进入企业工程(技术)研究中心,参加研发团队,参与企业技术创新,到企业开展市场调研,信息咨询,进行新产品开发设计等工作。学院还积极参加四届皖北地区产学研对接会、巢湖产学研对接会与合肥创新元素对接会,参与企业申报国家和省市有关科技项目,签订合作项目150余项,先后与蚌埠丰原生化、成果石榴酒有限公司等设立了国家发酵工程中心——蚌埠学院分中心、石榴酒抗氧化省级工程研究中心等等。

正是由于真正以企业需求为导向,积极开展应用研究和服务,密切了与企业的联系,部分企业也积极参与到学院的人才培养工作中来。校企合作教育不仅体现在"应用型双能教师"的培养上,更体现在对学生实践能力的提升上。学院先后与丰原生化、柳工起重机有限公司、环球药业股份有限公司、昊方滤清器有限公司、德力玻璃有限公司等省级创新型试点企业建立了合作关系,组建了集学生实习与就业、教师教学与科研、技术开发与应用为一体的综合性产学研基地;聘请企业专家为学院专业指导委员会委员,共同设计人才培养方案,共同研究专业建设,不定期地邀请他们到学校作专题讲座、讲学、授课等,推动校企双方在人才培养上实现合作共赢。校企合作教育一方面能使学生真真切切地接触到企业在技术发展中急需解决的问题,激发学生利用自己所学有目的地寻求解决问题的答案;另一方面也促使学生积极主动地去学习相关的知识和技能,为今后的就业铸就广阔的平台和打下坚实的基础。

3. 以协作促共建,大力推动校际合作

一般说来,地方高校校际合作多为与省内重点高校的合作,以期在学科建设方面有所突破,快速完善。"学校课程设置直接关系到学校课程的实践运作与学生素质的全面发展,同时也影响到学生对于学习方式的选择与运用",因此,学科建设是地方高校各项建设中的重中之重。地方高校利用与省内重点高校距离较近、学缘密切的优势,为他们输送优质生源(主要是研究生层次),鼓励品学兼优学生跨校选修;互聘拔尖人才作兼职教师,让名教授流动进行讲座;地方高校积极参与重点高校导师的重大课题,主动遴选本校教师做兼职硕导,开展研究生合作培养工作等。在自身创新条件和能力相对不足的情况下,地方高校必须按照高等教育办学规律和学校实际,主动汲取重点高校在教学、科研、管理等方面的探索经验,本着"优势互补、资源共享、互惠互利、协调发展"的原则开展合作,这是新建地方高校借用外力实施跨越式发展的一条有效路径。例如蚌埠学院在实践探索中,积极推动与合肥工业大学等重点高校的合作。在深度考察的基础上,达成了学科建设、科学研究、人才培养等方面的对口支援或合作意向。先后开展了管理干部培训、联合申报重大科研项目、学术交流等工作。蚌埠学院在迎接学士学位授权评审工作期间,主动学习借鉴合工大在教学基本建设、教学改革和教学管理方面的先进经验,为顺利通过学士学位授权评审奠定了基础。目前,蚌埠学院正在着力加强以下三方面工作:一是如何建立学校、部门院系和具体项目的三级联动机制,确保合作共建有计划、全方位、可持续;二是如何围绕学科建设、科学研究、教学改革、学校管理、学生交流、资源共享等方面,寻找合作结合点;三是如何融入合工大创新平台建设,在参与合工大国家技术转移中心蚌埠分中心建设和相关产学研项目等方面取得进展等方面,积极寻求支持。努力形成以学校交流为主导、院系联动为主体、部门协调为保障、学者交流为基础、任务项目为抓手、学生交流为辅助的校际支持合作模式,推动蚌埠学院人才培养、科学研究和社会服务工作迈上新台阶。

4. 以平台为依托,努力寻求校所合作

不可否认,科研院所尤其是一流的科研院所在科研方面有着大学不可比拟的优势,许多学生都以到科研院所实习或工作感到自豪。科研院所优质的课题、前沿的理论、实用的技术,能为学生提供优质的锻炼平台。在科研院所得到的不仅是理论知识,更是自己对科研的认识、对理论的升华、对思维的重整。地方高校与科研院所开展合作教育不仅能吸引品学兼优的学子投身于科研院所队伍中,更能让地方高校的教师与学生走进科技前沿,促进以往师生培养的被动"派遣型"向主动"个人需求型和发展型"的转变,培养实用型、复合型人才。

蚌埠市的科技资源丰富,拥有中国电子科技集团公司第40研究所、第41研究所、中国兵器工业总公司第214研究所、玻璃工业设计研究院和机械工业部第一设计研究院5所中央驻蚌科研单位,拥有工业自动化研究所和安徽水利科学研究院2所省级驻蚌科研单位,以及市食品研究所、无线电研究所、计量测试研究所、化工研究所等91个地方科研机构。特别是驻蚌科研单位科研经费多、技术装备条件好、高层次人才密集,有一批优势和特色十分突出的重点学科。而且不少科研院所的研究方向和蚌埠学院相关专业的学科内容和方向接近。为此,通过共同进行科研项目的开发研究、合办研究中心和实验室、互聘科研教学人员等方式,蚌埠学院积极寻求校所合作,实现资源共享,优势互补,互促双赢。2009年年初,蚌埠学院与蚌埠玻璃工业设计研究院,本着"相互尊重,协商一致,互利互惠,共谋发展"的原则,经过友好协商,达成了开展技术创新合作协议,就共同筹建重点实验室,在机械工程、电子信息工程、太阳能材料、石英材料分析与应用等领域开展工程研究。机电系、食品系、化环系等分别与机械工业第一设计研究院、安徽水利科学研究院、化工研究所、食品研究所、环境监测研究所等科研院所就加强共建机械设计制造及其自动化、土木工程、水利水电工程、电气工程及其自动化、食品科学与工程、制药工程、环境科学、化学工程与工艺、无机非金属材料工程等工科专业,以及培养"双能型"教师队伍建设等方面进行了深层次合作,实现了资源共享,共同铺就人才成长、学生就业的大舞台。

地方高校的产学研合作教育要在探索中前进、在实践中提升、在总结中完善、在创新中发展。多数地方高校建校时间不长,积淀不深,底蕴不厚,与老牌的本科院校相比,还存在产学研合作基础较弱、社会化服务体系不完善、合作层次较低、形式相对单一等问题和困难。在具体实践中,还需要政府、企业、优质高校、科研院所以及全社会的广泛参与和支持。作为地方高校更应该不断探索、创新产学研合作教育的机制,优化产学研合作教育的政策环境和促进机制。

教育的价值在于解决实际问题。产学研合作教育虽说由来已久,但对于地方高校来说还是一项新的事业,尚有大量的工作需要去做。积极开展产学研合作教育,探索适合地方高校发展的产学研合作教育发展模式,不仅有利于高校朝正确方向发展,同时也有利于解决地方高校应用课题难找、经费短缺等实际问题;也有利于利用社会教育资源,促进地方高校与企业单位互动发展。因此,高校要进一步扩大产学研合作教育的深度和广度,加大横向研发投入,尽可能多地为地方提供优质的人才和有效的科技成果,从而真正实现"双赢"。

【参考文献】

[1]六部门联合调研组.我国产学研结合的发展.新华文摘,2008,(15):116.

[2]谭梅,杨卫辉.浅谈我国产学研合作教育的发展对策.行政与法,2008,(4):60—62.

[3]林卉,赵长胜.产学研合作培养创新人才的实践与思考.职业教育研究,2006,(2).

[4] Christopher Jencks & David Riesman. The Academic Revolution. New York: Doubleday&Copany,Inc. ,1968.169.

[5]刘易斯·布兰斯科姆等.知识产业化——美日两国大学与产业界之间的纽带.尹宏毅,苏竣译.北京:新华出版社,2003.250.

[6]蔡丽芬.高职院校建立"深度融合"校企合作长效机制的研究与探索.中国教育学刊,

2012,(6):109—110.

[7]李本友,李红恩,余宏亮.学生学习方式转变的影响因素、途径与发展趋势.教育研究,2012,(2):122—128.

[8]石连海.日本教师专业化发展:沿革及特征.教育研究,2011,(7):105—109.

[9]张大良.努力开创产学研合作教育发展的新局面.北京教育,2010,(1):10.

[10]罗生全,敬仕勇.教育研究,立足本土解决问题.光明日报,2012—04—11(16).

(本文发表于《国家教育行政学院学报》2013年第1期)

电子信息工程(2+3)国际合作专业人才培养模式研究

合肥学院 谭 敏 胡国华

一、背 景

合肥学院对外合作与交流始于20世纪80年代,至今已有20多年历史。1985年安徽省与当时的联邦德国下萨克森州签订了友好省州合作协定,明确把合肥学院与下萨克森州各应用科技大学之间的合作作为省州政府教育合作项目。90年代后期,合肥学院与下萨克森州高校的合作由单一的受援逐渐向教育、科研合作交流及人才培养转变,开始互派教师赴对方讲学以及互派留学生。进入21世纪以来,这种合作交流进一步发展,合肥学院与下萨克森州所有应用科技大学达成多项新的合作交流协议,开始了全面、深入、大规模的合作交流,按照"2+3"、"3+1"等的模式合作培养机械、电子、计算机、建筑、物流、德语专业人才。2006年7月14日,合肥学院与德国安哈尔特应用科学大学签署合作办学协议,自2007年起电子信息工程(2+3)国际合作专业实行双文凭双学位培养模式。

二、以学生能力为本的人才培养模式

1. 培养目标

电子信息工程(2+3)国际合作专业发挥中、德大学的特色和优势,培养德智体全面发展的,具有良好科学素养的,扎实系统地掌握电子设备与信息系统研究、开发与应用的基本理论、基本知识和基本技能与方法的高级技术人才,使之具备从事信号处理、传输、交换及检测技术的研究与教学工作,电子设备与系统的研制、生产与应用电子技术及计算机技术,以及微波技术的研究、应用及开发工作等能力。

---

① 谭敏,女,教授,合肥学院电子信息与电气工程系主任。研究方向:现代电子设计技术。胡国华,男,讲师,合肥学院电子信息与电气工程系国际合作项目负责人。研究方向:国际合作人才培养。

2. 实施方案

电子信息工程(2+3)国际合作专业实行"2+3"双文凭人才培养模式,修完两校教学计划规定课程,成绩合格的学生可获得两校颁发的学历证书;符合两校学士学位授予条例的,可授予双方学士学位。本专业学生前2年在合肥学院完成一定的德语学习及60学分专业基础课程,通过德方的德语和专业考核,德方按照学生的能力录取,分为"2+2"(国内2年+国外2年)和"2+3"(国内2年+国外3年)两种形式,然后前往德国安哈尔特应用科学大学。在2年或3年内完成德方课程的学习,毕业实习、毕业设计(论文)按照德方要求实施完成;本科顺利毕业后可以在德国就业或者申请继续攻读硕士学位。

3. 凸显以学生能力为本的国际合作培养

电子信息工程(2+3)国际合作专业人才培养按照两个阶段落实。第一阶段,国内2年要完成德语基础课程和专业基础课程学习,这期间将安排180学时学习任务,德方认可学分为60学分,到德方学习时这些课程将获得免修,双方互认学分,使学生能更好地衔接上第二阶段学习。第二阶段,根据学生学习能力,设计了"2+2"和"2+3"二种学习方式。第一阶段学习优秀的同学,暑假3个月完成语言强化和DSH语言考核,即可进入德方第二阶段的教学(2年);另一部分同学第二阶段的第一年,用德语学习部分专业知识和德语强化学习,通过DSH考核后,进入专业学习(2年)。进入专业学习的学生可以依据自己的兴趣和已经具备的能力,在德方学校自主选择电子信息工程、生物医学工程、媒体技术3个专业方向来完成本科阶段学业。具体衔接流程如"图1"所示。

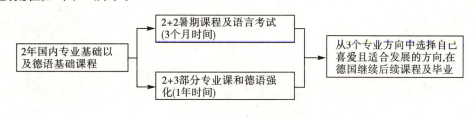

图1 合作培养衔接流程

三、项目合作成效显著

至2013年7月,合肥学院电子信息工程(2+3)专业国际合作项目成效显著,具体情况如下:2007级项目学生在安哈尔特应用科学大学有25人,其中"2+2"学生13人,"2+3"学生13人,已经有21人顺利毕业,余下4人在毕业设计和毕业实习阶段;2008级项目学生在安哈尔特应用科学大学有21人,其中4人已经顺利毕业,8人已经进入毕业实习阶段;2009级项目学生有17人在安哈尔特应用科学大学已经进入到专业进行学习;2010级和2011级分别有13人和17人前往安哈尔特应用科学大学进行后续学习。在安哈尔特应用科学大学已经毕业的学生均已经在德国不同高校攻读硕士研究生,其中2007级电子信息工程(2+3)专业学生胡浩(如"图2"所示),在本科以优异的成绩毕业后,继续在安哈尔特应用科学大学攻读硕士,获得了德国奖学金(Deutschland Stipendium),每年能获得3 600欧元的特殊津贴。

图2 学生胡浩在做实验

四、结 语

合肥学院电子信息工程(2+3)专业国际合作培养已有8年,这种国际合作培养,融入了以培养高素质应用型人才为宗旨的德国应用科学大学的办学模式,利用德国优质的教育资源,结合合肥学院"地方性、应用型、国际化"的办学定位和"育人为本、德育为先、教学为纲"的办学理念,培养符合地方社会经济发展需要、与国际接轨的人才。随着该专业国际合作的深入,下一步希望能开展更丰富的国际合作活动,包括模块化教学、师生互换交流、研究生教育合作以及国际科研合作;针对合肥学院电子信息工程(2+3)专业希望能通过德国的专业认证机构进行国际认证,以期能更好推动该专业的国际合作项目与国际接轨。

(本文发表于《计算机教育》2013年第21期)

特需项目:专业硕士培养路径新探索

合肥学院 余国江 杨冰玉[①]

2009年,教育部下发了《关于做好全日制硕士专业学位研究生培养工作的若干意见》,有关高校开始了全日制专业学位硕士研究生培养工作。由于开展时间短,经验不足,他们在人才培养方面还存在不少问题。对此,2011年8月,国务院学位委员会召开第28次会议,审议通过了《关于开展"服务国家特殊需求人才培养项目"(下文简称"特需项目")——学士学位授予单位开展培养硕士专业学位研究生试点工作》,决定根据我国现阶段有关行业、领域特殊需求,安排少数在本科办学方面水平较高,特色较为鲜明的高校,招收硕士专业学位研究生,以此来探索我国专业硕士培养的新途径。

一、特需项目的特点

从人才类型来看,特需项目培养的人才属于专业硕士范畴,因为它与专业硕士人才具有诸多的共性。但国家决定开展此项目试点的目的是"服务需求、创新模式、突出特色",因此,它和一般意义上的专业硕士相比,还具有以下几个鲜明特点。

1. 培养目标之特殊:满足国家特殊需求

国务院副总理刘延东、教育部部长袁贵仁多次强调,要根据国家战略需求,积极发展符合我国特点的专业学位,大力发展专业学位研究生教育,以适应产业结构调整和经济发展方式转变的要求,适应新科技革命和发展战略性新兴产业的要求。特需项目遵照此要求,着眼于国家需求,紧扣择需、择优、择急、择重来开展试点工作。首批特需项目开设了17个专业,其中,工程专业硕士专业数目所占比例接近一半,位列第一,这与我国现阶段国民经济发展需要相一致。我国已从一个农业大国转变为工业经济大国,整体进入工业化中期后半阶段,下一阶段的目标是从工业大国向工业强国迈进,这就急需大量高层次应用型人才,工程专业硕士数量位列

[①]余国江,合肥学院发展规划处副处长,副教授。杨冰玉,合肥学院研究生处。

第一实属必然。其次是教育专业硕士。教育是国家发展的根基,重视高素质师资队伍培养是我国的一项基本国策,因此,教育专业硕士名列第二也名至实归。其他诸如农业推广、医学、护理、审计、金融等都关乎国计民生,这些方面的人才是国家急需的。

2. 试点单位资格之特殊:硕士学位授予权非必要条件

1996年颁布的《专业学位设置审批暂行办法》规定:高等学校新增专业学位必须要有相应的学位授予权。我国具有硕士学位授予权的高校一般都集中在学术型大学。一方面,这些大学重学术、轻职业观念根深蒂固,对培养专业硕士热情不高;另一方面,硕士教育集中在这些大学,使他们教学任务过于繁重,教学质量难以得到保障。与此形成鲜明对照的是,世纪之交,为了适应高等教育大众化的需要,我国新建了一大批本科院校,这些院校办学定位很明确:办高水平的应用型大学。在国家开展的新一轮合格评估的推动下,在地方政府的重视和支持下,已经形成了一批办学水平较高,特色较鲜明的院校,如果将专业硕士培养任务"下放"到这些学校,他们将会受到莫大的鼓舞,定会举全校之力,将全部精力花在专业硕士培养上。虽然没有硕士培养经历,但他们在应用型本科人才培养方面积累了大量的经验,在专业硕士培养中完全可以发挥自己的特色和优势,成为研究生教育改革与发展的重要发展源和改革地。

3. 管理方式之特殊:创新申报和验收手段

特需项目在管理方式上也进行了创新,在审核申报条件方面实现六个转变:由过去学术学位审核转变为专业学位审核,由综合实力审核转变为突出强项审核,由考察三个以上学科转变为考察一个突出学科,由强调科研审核转变为强调需求导向,由终身授权转变为有限授权,由重视内部因素审核转变为强调外部因素审核。申报时不再比拼学科点数目,对教授、博士数量,不再规定获多少奖,有多少实验室、论文发表级别及科研经费等,而把考察重点放在学校有没有特色、产学研合作做得怎么样、是否重视培养学生的动手能力和实践能力等等。申报答辩时,不仅要学校参与,合作企业、行业负责人也要到现场,参与同场答辩。在后期管理中,也由过去终身制变为动态管理,5年一周期,国家学位办组织人员定期进行中期检查和项目验收,合格的可以继续扩大招生规模,不能达到预期目标或国家需求已经发生变化的,则不再安排招生。这对于主管部门来说,可以做到收放自如;对于试点学校来说,也可以放开手脚,大胆地试,大胆地闯。

4. 服务面向之特殊:立足地方,服务地方

随着社会主义市场经济体制改革的不断发展,以及经济结构战略性调整的不断深入,我国地方经济规模大幅增长,工业化水平不断提升,地方、中小企业经济地位逐步凸显,接受先进技术、先进经验步伐日益加快,产业升级过程中技术含量也逐渐增加。要做强地方、做强中小企业，就迫切需要大量能够为地方服务，也愿意为地方服务的高层次应用型人才。特需项目培养的人才正是为满足这一需求而开设的。试点院校一般都是地方主办，与地方政府、行业、企业有密切联系，在实践基地、双师型教师培养方面具有天然优势。他们围绕区域经济发展开设专业，开展科学研究，解决企业生产中遇到的实际问题，为地方培养人才。服务地方经济社会发展是其义不容辞的责任，也是其生命力之所在。

二、特需项目人才培养策略

特需项目的特殊性决定了其人才培养不能按照传统的方法进行，要针对其特点采取特殊的策略，只有这样才能创出特色，提高质量，满足国家、地方经济社会发展对特殊人才的需求。

1. 创新模式：突出学生能力培养

研究欧美应用型人才培养历史和发展轨迹，我们不难发现，目前，它正从知识本位向能力本位转变。这种转变不是偶然的，既是高等教育适应经济社会的需要，也是高等教育回归本质的需要。能力本位教育思想和实践起源于美国，上世纪80年代以前，主要体现在中等职业教育阶段。90年代以来，随着经济全球化和欧洲高等教育一体化的到来，社会对学生具备较强本领，适应社会快速变化的需要提出了较高的要求。能力本位教育被引入到高等教育界，且越来越受到重视，并成为关注的焦点。

长期以来，我国硕士生培养主要以知识为主，以抽象的理论知识为教学重点，强调以学科为中心，重视学科理论的系统性、连贯性和完整性，轻视实践，忽视对学生能力的培养。特需项目人才培养必须改革传统的硕士生培养方式，创新模式，以能力培养的突出性取代原有的知识培养的系统性，改学科逻辑体系为技术逻辑体系，重视和强化对学生能力尤其是运用知识解决实际问题能力的培养。一些试点学校在此理念指导下，探索出多种多样的人才培养模式。如南京工程学院发挥学校优势，探索专业硕士培养的新措施：实现"三个对接"（培养方向与产业发展对接、课程体系与职业能力对接、培养目标与资质认证对接）。实施"四项改革"（打破学科导向的三段式传统课程体系束缚，围绕核心课程，依据知识技术逻辑关系，推行一体化课程改革；消除传统实践教学对理论课程的依附和体系的凌乱现象，构建"统筹规划、贯穿全程、项目载体、内外交替"的实践教学体系；制定"双向流动，柔性聘用"等政策，强化对教师实践能力的培养，优化"双师型"师资结构；发挥学习评价对教与学的导向作用，改革评价方式）。注重学生"五方面培养"（职业道德、现代工程能力、专业核心能力、创新能力、实践能力培养）。

2. 课程设置：实施模块化课程体系

"博洛尼亚进程"实施以后，欧洲很多国家开始进行课程改革，推行模块化课程体系。所谓模块化课程是指打破传统的学科课程体系的逻辑结构，围绕一个特定的教学主题，将一个或几个在内容和时间上自成一体的教学单位组合在一起，形成以能力为核心的课程体系。与传统的课程相比，模块化课程体系最大的特点是不再强调学科知识的基础性、系统性和完整性，而是更加强调课程的实践性、应用性、复合型，重视学生能力培养。这十分适合专业硕士培养。在实施特需项目人才培养过程中，我们可以学习和借鉴欧洲课程改革理念，进行课程改革。首先要根据人才培养目标进行调研，了解专业对应的相关岗位或岗位群对培养的人才在知识、能力、素质方面的要求，将其具体化为各个能力要素，然后对能力要素进行优化组合，形成微观知识、能力单元，再由若干个微观知识、能力单元构建成模块课程体系。如合肥学院环境工程专业固体废弃物处理方向的专业硕士是培养从事固体废物处理领域技术创新、研究设计、污染防治与综合利用的高层次工程技术和项目管理人才。他们根据人才培养目标和要求，制定出模块化课程体系。整个体系由 5 大模块组成。模块一：主要是培养学生具有一定的工程哲学、工程心理学、外语水平和计算机及信息技术应用方面等基础性知识。主要包括工程思维与人文思想、工程计算、外语及跨文化交际等子模块。模块二：培养学生具有系统的环境工程理论知识和固体废物处理专业知识以及工程管理学、企业管理学等方面知识，主要包括环境工程经济学、现代分析技术、环境标准与工程设计技术规范、环境规划与管理、环境工程学等子模块。模块三：开设固体废物的热处理技术、城市生活垃圾管理、可再生能源应用与能源技术等 13 个选修模块，要求学生从中任选 5 个模块，学生也可以根据实际需要适时组建新的选修模块。模块四：包括专业认知实习、专业岗位实践、5 个项目学习（项目学习有固体废弃物的综合管理、污染源分析与成分检测、处理工程的设计实训、规划管理与评价、技术研究等）实践模块。模块五：毕业综合能力培养模块，要求毕业论文（设计）选题真题真做。在制定模块课程体系过程中，减少或删除不必要的理论课程，强化环境工程处理技术，增设环保设备设计与制造内容，增加实践教学时间，通过由易到难、由简单到复杂的一系列实践实习活动，提高学生解决生产中实际问题能力、协作能力与综合素质。

3. 培养方式：深度校企合作培养

在特需项目人才培养过程中，作为育人主体的高校，要和企业、行业联合，以市场需求为导向，全面合作，共同育人。一是共同制定培养方案。成立由教授和企业界人士组成的专业指导委员会，邀请行业部门知名专家召开论证会，参与人才培养方案制定，通过校企专家多次论证、修改和完善，使课程体系设置更加科学，教学内容、实习实践、研究环节安排更加合理，培养要求更加统一。二是共同实施教学活动。学校和企业合作，针对企业、行业实际，共同制定教学内容，共同实施教学活动。例如，浙江万里学院将学生的学习分为"企业见习—理论学习—项目实践—实际应用"四阶段。学生入学后学习的地点不是课堂,而是企业,在双导师的指导下,学生了解和熟知企业生产流程和模式,在学习过程中发现企业实际问题,以此来确定今后学习和研究的目标和方向。然后,学生带着所发现的问题回到学校,系统地学习理论知识和解决问题的方法。理论课程学习结束后,学生再次进入企业,结合所学的知识和企业存在的问题,正式确定研究的项目选题,并运用自己所学的知识和方法分析问题,形成项目解决方案,完成毕业论文初稿。接着,学生在企业导师指导下,对项目进行修改、完善,并将研究成果应用到企业实际生产中,同时完成毕业论文。学校组织由教授、企业行业专家组成的考核组,对学生的项目进行考核,考核的主要依据是项目实际效果和产生的效益,考核组评定的结果就是学生毕业论文的成绩。要求学生共同参与技术研发。专业硕士必须要具备一定的科学研究和技术开发能力。校企合作,共同开展科研,让专业硕士生们参与企业技术研发,既可以解决企业技术难题,也可以让高校的老师、学生了解市场,了解社会,了解最前沿的学科专业知识,实现双赢。要求校企共同集聚教学资源。校企可以联合建立实习与就业、集中与分散相结合的一体化实习基地,有效解决学生实习实训的师资和场地不足问题以及就业不对口问题;还可以共同规划、建设实验室,校企双方分别承担不同的角色,通过实验室运行和开放,达到互惠互利目的。

4. 毕业综合能力鉴定:强调真题真做

毕业综合能力鉴定是指对学生综合运用所学知识,独立分析、解决实际问题的考察,它是学生学习成果综合性的总结,对培养学生基础科研能力,综合运用知识分析、解决问题能力有着十分重要意义。对于学术硕士来说,毕业论文是其唯一的方式。而专业硕士毕业综合能力鉴定形式可以多样:既可以是调研报告、产品开发,也可以是应用基础研究、项目管理、文学艺术作品,甚至还可以是案例分析、规划设计等。无论是哪种形式,学生在完成毕业综合能力鉴定时,都要强调真题真做。

真题真做要求选题必须是来自生产或生活一线的实际问题,学生带着鲜活的实际问题完成此项工作。学生进入实习单位后,深入行业或企业,结合岗位和专业,了解实习单位在生产、管理等方面的实际情况,以解决他们存在的实际问题或未来急需发展的目标为研究主线,通过自己的观察,运用所学知识和科学规范化的研究方法,提炼出行业、企业研发、设计、生产、管理等方面的新课题,然后亲自动手实践,在双导师的指导下,独自完成学习任务,体现出"企业出题,学校接题,师生答题"。如沈阳工程学院要求学生学位论文选择工程设计,选题应来自本领域的实际需求,可以是一个完整的工程设计项目,也可以是一个大型工程设计项目中的子项目,还可以是设备或工艺流程。学生通过现场实践,掌握了国家、行业相关标准和规范,了解了有关技术经济、环保、法律要求,综合运用基础理论和专业知识对设计对象进行分析,最后完成设计报告。

毕业综合能力鉴定真题真做,避免了论文撰写"走过场"、"空对空",闭门造车和纸上谈兵现象。既可以解决行业、企业生产和管理中的实际问题,让学生发现知识的作用和自身的价值,提高学生学习、研究的兴趣,变被动研究为主动研究,也能提升学生信息获取和分析、调查、人际交往和沟通合作、独立思考、综合分析、发现问题、解决问题、团队合作等能力。对于实习单位来说,有些学生的研究成果十分有价值,可以直接拿来为己所用;同时,这也是行业、企业考察、选择人才的好时机,可以通过这一环节,留用满意的人才,既缩短了毕业生就业适应期,也节约了招聘、培训成本。

三、特需项目实施过程中应注意的问题

目前,承担特需项目的高校有63所,这些高校都是地方本科院校,其中不少是新建本科院校,他们没有培养硕士研究生的经历和经验,因此,在项目实施过程中要处理好以下几种关系。

一要处理好规范性和特色化之间的关系。国务院学位委员会、教育部即将下发专业学位的博士、硕士学位基本要求,将从学科前沿动态、经济社会需求、学生要达到的知识结构、能力、素养和基本规范等方面,提出获得专业博士、硕士学位必须达到的要求。特需项目培养的人才是专业博士、硕士,应该达到国家标准,做到规范。但也不能走极端,将国家标准视为"尚方宝剑",唯标准马首是瞻,亦步亦趋,使得国家标准变成探索专业硕士研究生教育的一种制约和束缚。试点学校应该充分利用国家标准出台的契机,在遵循专业硕士教育规律的同时,发挥自己学校的特色,积极思考,认真研究,为探索具有中国特色的专业硕士教育闯出一条新路。

二要处理好硕士教育和本科教育之间的关系。应用型本科和专业硕士教育同属于应用型人才体系,但他们分属不同层次。对于应用型本科生而言,只要求掌握基本的基础知识,具有从事科研的初步能力就可以了;对于专业硕士研究生来说,他们则需要掌握坚实的基础理论知识,具备较为系统的专业知识,具备解决生产中关键技术难题、独立从事应用科研的能力。试点学校可以借鉴应用型本科教育的经验,但不能将专业硕士生教育看作应用型本科生教育的延续或时间的延长,要在充分认识硕士教育和本科教育区别的基础上,加快学校学科内涵建设和"双师型"队伍建设,规范内部管理,向兄弟院校学习、取经,寻求他们的帮助和指导,尽快提升内涵,以保证该项目实施的质量和水平。

三要处理好质量评价的"内适性"和"外适性"之间关系。特需项目试点成功与否,关键是看培养的人才的质量。质量标准依据考核主体、对象、内涵的不同,可分为两类:一是内适性质量,它是以高等教育系统内部制定的质量标准为依据,对教育质量进行的评价和判断;另一是

外适性质量,它是指高等教育培养的人才适合国家、社会的需要程度。二者之间,相辅相成,相互促进。特需项目在关注质量内适性的同时,更要关注外适性,其评价主体要更加多元,除了学校本身外,更多的是社会评价和市场评价。其评价形式和方法可以多种多样,如研究、制定职业资格证书和特需项目教育相衔接制度,引进社会机构对其评价,用社会和市场对人才的评价指标代替过去的学术指标,提高就业率、社会、企业对毕业生满意度等指标的权重等,只有这样,才能真正提升特需项目人才培养质量。

加快专业学位研究生教育,培养高层次应用型专门人才,不仅是满足我国经济社会发展的迫切需要,也是优化和自我完善学位教育结构,促进研究生科学发展的需要,同时也是增强研究生适应社会需求的需要。特需项目的出台,既说明大力发展专业硕士学位人才培养是大势所趋,也表明了国家改革专业硕士培养模式的决心。各试点单位正在积极地探索中,这其中不乏有很多好的做法和经验,对其进行总结和推广,不仅有利于探索符合中国特色专业硕士培养新路径,也可以培养出更多符合社会经济发展所需要的高质量人才。

【参考文献】

[1] 何万国,孙泽平.对新建地方性本科院校办学定位的再认识.中国高教研究,2008(7):54—56.

[2] 黄福涛.能力本位教育的历史与比较研究——理念、制度与课程.中国高教研究,2012(1):27—32.

[3] 南京工程学院.突破传统模式 实施多元协同 探索高质量工程硕士研究生培养之路//服务国家特殊需求硕士专业学位人才培养项目试点单位工作培训与交流会,教育部学位与研究生教育发展中心,2013:81—84.

[4] 蔡敬民.地方本科院校应用型人才培养的理论与实践探索——以合肥学院为例.合肥:合肥工业大学出版社,2013.

[5] 浙江万里学院.服务特需 创新模式 凝练特色.服务国家特殊需求硕士专业学位人才培养项目试点单位联盟资讯,2013(11):21—22.

[6] 沈阳工程学院.以"职业需求"为导向的全日制工程硕士专业学位研究生实践环节的设置//服务国家特殊需求硕士专业学位人才培养项目试点单位工作培训与交流会,教育部学位与研究生教育发展中心,2013:42—43.

[7] 林永柏.高等教育质量内适性与外适性的辩证关系.辽宁教育研究,2008(4):29—32.

(本文发表于《学位与研究生教育》2014年第8期)

新建地方本科高校产学研合作育人体系的构建与实践
——以宿州学院为例

宿州学院 方雪梅 陈国龙 张 莉 蔡之让[①]

一、前言

产学研合作教育是高等院校利用企业和科研机构等多种不同教育环境和教育资源,以培养学生的综合能力和创新创业能力为重点,把学校教育与企业生产、科研相结合,培养高级应用型人才的教育模式。产学研合作教育的诞生和发展是高等教育主动适应社会而进行教育教学改革的重要举措之一。自上世纪60年代初,美国成立了国家合作教育委员会以来,产学研合作教育模式在北美、欧洲、澳洲等地区以及日本等30多个国家得到推行。1997年10月,教育部颁发《关于开展产学研合作教育"九五"试点工作的通知》,标志着我国产学研合作教育进入了有计划的组织与实施阶段。2009年10月,"2009中国产学研合作教育峰会"通过了《中国产学研合作教育发展宣言》,合作育人、合作就业、合作办学、合作发展成为中国产学研合作教育发展的新理念、新目标和新任务。

新建地方本科高校承担着为地方经济社会发展培养生产一线所需要的应用型人才的重要任务。近年来,一些新建地方高校通过不断地探索和实践初步形成了具有自身特色的产学研合作教育模式和人才培养模式,在培养应用型人才方面取得了良好的效果。但是从总体来看,受到办学基础、经费投入及师资力量的制约,产学研合作教育在多数新建地方本科院校起步晚、发展慢、推进难。在合作的机制、体制方面,在产学研合作的政策层面,在各方面利益关系的协调上仍存在制约产学研合作教育发展的瓶颈问题。新建地方高校如何围绕"地方性、应用型"办学定位,创新应用型人才培养模式,科学构建产学研合作育人体系,积极进行产学研合作教育教学内容、方法、手段及教学模式的改革与创新,为地方经济社会发展培养具有创新与实

[①]方雪梅(1972—),女,汉族,安徽肥东人,博士,教授。主要研究方向:高等教育教学。

践能力的高素质应用型人才,是新建地方本科院校教育改革的当务之急。本文结合宿州学院产学研合作育人工作实际,探讨新建地方本科高校产学研合作育人体系的构建与实践。

二、构建产学研合作育人体系的指导思想

以服务地方经济社会发展为导向,以高素质应用型人才培养为目标,坚持产学研合作与人才培养模式改革、专业建设、课程建设、师资队伍建设、实践教学改革相结合,产学研合作与学生就业相结合,产学研合作与办学特色创建相结合。构建合作育人平台,丰富合作教育形式,提高应用型人才培养质量。

三、构建产学研合作育人体系的思路

以服务地方经济社会发展为导向,以合作育人为中心、以合作平台建设为切入点、以增加投入为支撑、以制度建设为保障,努力构建"两个共建,三个合作"的产学研合作育人体系。即学校与合作单位全面落实合作共建专业、共建资源,合作育人、合作就业、合作研究。提升学生"创新创业"能力,教师"教学研发"能力,及学校"社会服务"能力。

四、产学研合作育人体系的建设内容

1. 共建专业、课程

积极吸纳企事业单位的教育资源服务于学校专业人才的培养工作,成立由"校、企、研"三方人员构成的二级学院(部)专业建设委员会和课程建设委员会,共同参与专业设置与建设、人才培养方案的制定与实施、专业课程建设与教材开发。从完善硬件条件建设和软件条件建设两方面入手,加大新专业的投资力度,逐步提高新专业的成熟度;在课程设置上,依据用人单位及职业岗位对人才的需求,及时调整和优化课程体系,减少理论课比例,增加实践课比例。课程设置模块化,减少必修课比例,增加选修课比例,保证教学计划动态更新,使课程设置更具科学性、指导性和应用性。

2. 共建教学资源

校地合作平台建设。根据宿州学院"立足皖北、面向安徽、辐射全国"的服务面向原则,继续推进校地互动,密切与地方政府的联系,围绕皖北支柱产业和资源优势,每年至少与宿州市的1个县(市、区)政府签订校地合作框架协议,搭建校地合作战略平台,在人才培养、联合攻关、项目建设、学生就业、资源共享等方面进行全方位的合作,提高应用型人才培养的社会服务功能。

实践教学平台建设。学校各教学单位应根据各自的学科专业特点，制定校内外实践教育基地建设工作规划，与企业、事业单位共建实验室、工程中心或实践教育、教学基地，建立并实施开放性实验教学制度。通过扩大场地面积，增加经费投入等逐步完善校内实习实训基地建设。建立足够数量的、满足专业实践教学需要的校外实习实训基地，保证每个专业建立3~5个稳定的校外实习就业基地，五年内每个专业至少要完成2~3个产学研合作基地建设任务。

3. 合作培养人才

创新产学研合作育人模式，探索多元化、多层次的产学研合作育人实践模式。构建产学研渗透型、项目研发型、产学交替型、工学交替型、订单培养型等多种产学研合作育人模式。

4. 合作就业

结合皖北区域经济社会发展现状，与煤电化工、农产品加工、电子信息、现代商务、机械数控、广告制作等行业企业建立实习实训及就业一体化基地，通过订单式培养、顶岗实习等多种合作方式，培养行业、企业需要的人才，实现合作就业。

5. 合作研究

加强与政府、高校、企业、科研院所合作，凝聚研发队伍，开展联合课题、产学研合作项目研究等，共同解决行业企业的技术问题，实现合作共赢；开展行业技能培训，利用学校专业技术优势，针对行业企业具体需要，对其人员进行专项知识或技能培训，为行业企业发展服务。五年内至少实现50项横向项目研究任务，提高服务社会经济发展能力。

6. 加强"双师型"师资队伍建设

培养培训。学校主动联系企事业单位，建立广泛的教师实践实训基地及挂职锻炼场所，将教师赴企事业单位挂职锻炼纳入学校年度教师进修培训计划，重点选派35岁以下思想政治素质好、业务能力强，具有硕士学位或讲师职称以上的中青年教师，到指定的企事业单位具体从事相关专业的管理或技术服务等工作，以拓宽教师专业知识结构，提高教师专业实践技能和科技创新能力，实现从"单一型"向"双能型"教师转变。

引聘结合。引进高学历、高层次人才及生产一线技术人员充实实验实训教师队伍。聘请企业或研究院所的专家到学院兼职，提高"双能型"教师在专任教师中的比例。

五、产学研合作育人体系的工作机制

1. 运行机制

成立由学校主管部门及教学院（部）等组成的"产学研合作教育工作领导小组"，建立和完善与产学研合作育人相适应的整体运行机制。明确产学研合作教育培养应用型人才的重要地位,实施"两个共建、三个合作"的产学研合作育人体系,从专业设置、人才培养方案制定、课程体系、教学内容、教学方法的设计等方面逐步做出相应的变革,科学设置课程教学和实训实践模块,使产学研合作育人工作规范化、科学化。

2. 保障机制

制订《宿州学院产学研合作教育管理办法》等,明确从学科专业建设、师资队伍建设、实践教学效能提升等方面,将产学研合作教育作为重要内容。要明确校内产学研合作教育各方在合作教育中的作用、地位、权利、义务,防止短期行为和流于形式,以使校内产学研合作教育长期稳定开展。保证经费投入,设立产学研合作教育专项资金,专款专用;二级学院(部)进一步调整经费支出结构,增加产学研合作教育的经费投入比例。对于重点建设的产学研合作项目,学校通过安排中央财政支持地方高校项目经费、学校资金重点投入等方式予以优先支持。

3. 评价激励机制

制定《宿州学院产学研合作教育质量标准和评价办法》,以不断检测、改进产学研合作教育工作。修订部门绩效考核、教师业绩考核、教师教学质量考核、科研成果考核等相关制度,将产学研合作育人效果纳入部门和二级学院(部)年度工作考核指标体系,将参与产学研合作项目情况及应用性科研成果情况作为教师业绩考核的重要指标。加强产学研合作项目的管理,对在产学研合作工作中做出突出成绩的个人和单位给予表彰和奖励。

六、宿州学院产学研合作育人体系实施效果

1. 校地校企合作的长效机制逐步形成

自 2008 年以来,在安徽省教育厅和宿州市政府的大力支持下,每两年举行一次省市共建宿州学院联席会议,形成了校地校企合作的长效机制。2012 年,学校组织承办了"在皖高校——宿州区域发展协同创新高层论坛",成为安徽省省属高校最早落实"2011 计划"的高校之一,进一步探索校地双方在体制、机制上的合作新模式,从规划、政策、举措上为产学研合作育人提供了保障。同时与埇桥区、灵璧县、泗县、砀山县等周边县区以项目为载体建立了密切合作关系。《欠发达地区新建本科高校校地合作办学机制研究与实践》荣获省级教学成果特等奖。

2. 应用型人才培养取得实效

坚持以服务区域经济社会发展为导向,以应用性科研为支撑,以学生应用能力培养为着力点,提高产学研合作教育实效。实施"卓越工程师培养计划",一些应用性专业与企业共建师资队伍、共同制定培养方案、共同编制教学大纲、共同完成工程实践教学过程,育人成效明显。如

2012年11月,化学工程与工艺的"卓越工程师教育培养计划",被遴选为省级卓越工程师培养计划,该专业学生近三年参加比赛获奖30项,初次就业率达到95%。与企业共建实验室和实训基地,让学生在真实场景中接受实践锻炼,建有校外实习实训基地127个;校地校企合编校本教材,促进教学与生产、科研的无缝对接,着力培养实基础、强能力、高素质的应用型人才,如《煤矿防治水手册》"水纹化探"部分、《同位素水文学》"矿区地下水"部分,较好地吸收了两淮矿区有关专家的意见。

3. 实施创高效益科研成果工程

大力倡导应用性科研,为产学研合作育人提供强有力的支撑。如开展"科技人员服务企业行"、"教授博士企业行"、"青年教师企业行"等系列活动,把科研成果送到企业,协助企业解决生产一线技术难题,把企业需求情况带回学校、带到课堂。遵循"大项目"产生"大成果"的思路,与企事业共同申报课题,共同科技攻关,取得一批推广前景很好的科研成果,如煤炭资源开发研究、塌陷区生态环境治理、农村土地流转机制研究、非洲菊新品种选育与推广、慧泉开源ERP开发研究、草莓采后预温处理保鲜技术等成果较好地促进了地方经济社会发展。

实践证明,新建地方本科高校应围绕服务地方经济社会发展这一中心,积极探索校企合作的新思路、新方法,共建、共享校企合作运行的新机制,科学构建产学研合作育人体系,全面提高教育教学质量,培养具有创新创业精神的高素质应用型人才,提升社会服务功能。

【参考文献】

[1]李庆丰,薛素铎,蒋毅坚.高校人才培养定位与产学研合作教育的模式选择.中国高教研究,2007(2):70—72.

[2]王利平,陈红霞,吴薇,王子鹤.新形势下产学研合作教育的研究与实践.纺织服装教育,2013(2):98—100.

[3]王耀廷,许岚."产学研合作"及其对高校教师的培养绩效研究.中国电力教育,2010(15):17—20.

[4]程艺,储常连,方明.大力发展应用性高等教育服务引领安徽奋力崛起.中国高等教育,2009(22):7—10.

[5]李化树,黄媛媛.地方新建本科院校发展战略转型的路径选择.高校教育管理,2011(1):10—17.

[6]吕升义.产学研合作教育在培养应用型人才中存在的问题及对策.临沂大学学报,2013(2):22—25.

统计类专业应用型人才培养的教学模式改革与实践

巢湖学院 赵开斌

统计学是关于如何搜集、整理和分析不确定性现象的数量特征及其变化规律的一门学科。包括描述统计学和推断统计学。其目的是使管理者与决策者获得更多更有用的信息,进而做出更有效、更快捷的决策。统计类专业包括统计学专业、经济管理统计专业、应用统计专业。1998年前,我国的本科教育中涉及统计学的专业主要有:设在数学学科下的"概率论与数理统计专业"与设在经济学学科下的"统计专业"。设在数学学科下的概率论与数理统计专业的侧重点是学习概率统计理论,不太注重统计的应用;而设在经济学学科的统计专业则侧重统计学在经济、社会和管理领域中的应用,概率统计理论方面的知识不多。因而使得培养出的学生仅具有单方面的优势,不能更好地满足社会发展对统计人才的需求。针对这种情况,1998年教育部对原有的本科专业目录进行调整修订,在本科中设置了一级专业学科统计学,同时规定:根据各校培养目标的不同,该专业的毕业生可以授理学学位,也可以授经济学学位。这一举措,对促进我国统计学专业的进一步改革和发展有着重要的意义,为培养同时具备统计理论基础和实际应用能力的人才搭建了一个很好的平台。

从我国目前的现状看,统计学类专业的办学有两种模式:一是强调统计学所具有的共性。这种模式主要培养学生掌握通用的统计方法和理论。它肯定统计学的"理学性质",按照理学类学科的特点设置课程。二是强调统计学的应用性,对于经济与管理统计学专业来说,就是强调其与经济学和管理学科的密切联系,按照经济管理类学科的特点设置;对于应用统计专业来说,则是强调统计的普遍应用性。上述两种模式培养的人才,社会都有一定需求。为了更好地满足新世纪对统计人才的需要,无论是理学类统计学专业还是经济与管理类统计专业、应用统计专业都有一个如何面向未来,面向世界,加强自身的建设,更好地与国际接轨的问题。但是,这三个专业的培养目标不同,知识体系也有相当大的差异,难以互相取代。

一、统计学的基本发展趋势

统计学的发展与其他学科的发展相似,也需要走与其他学科相联系的发展道路。

1. 统计学与实质性学科相结合的趋势

统计学是一门通用方法论的科学，是一种定量认识问题的工具。统计方法只有与具体的实质性学科相结合，才能够发挥出其强大的数量分析功效。并且，从统计方法的形成历史看，统计方法基本上是从一些实质性学科的研究活动得来的，例如，最小平方法与正态分布理论源于天文观察误差分析，抽样调查方法源于政府统计调查资料的搜集。历史上一些著名的统计学家同时也是生物学家或经济学家等。另外，从学科体系上看，统计学与实质性学科之间的关系不是并列的，而是相交的，统计方法与实质性学科相结合，才产生了统计学的分支，如统计学与经济学相结合产生了经济统计学，与社会学相结合产生了社会统计学等。而这些分支学科都具有"双重"属性：一方面是统计学的分支，另一方面也是相应实质性学科的分支，所以经济统计学、经济计量学、社会统计学不仅仅属于统计学，同时也属于经济学、社会学、生物学的分支等。这些分支学科的存在主要不是为了发展统计方法，而是为了解决实质性学科研究中的有关定量分析问题，统计方法是在这一应用过程中得以完善和发展的。这个发展趋势说明统计方法的学习必须与具体的实质性学科知识学习相结合。因此，统计专业的学生必须在学好本专业知识的同时，也要通晓相关的实质性学科的课程知识，只有这样，所学的统计方法才有用武之地。

2. 统计学与计算机科学结合的趋势

纵观统计数据处理手段发展历史，数据处理手段的每一次飞跃，都给统计实践带来革命性的发展。电子计算机技术的诞生与发展，使得复杂的数据处理工作变得非常容易，那些计算繁杂的统计方法的推广与应用，由于相应统计软件的开发与商品化而变得更加方便与迅速，非统计专业的理论工作者可以直接凭借商品化统计分析软件来处理各类现实问题的多变量数据分析，而无需对有关统计方法的复杂理论背景进行研究。计算机运行能力的提高，使得大规模统计调查数据的处理更加准确、充分与快捷。随着计算机应用的越来越广泛，信息数据也越来越多，大量信息在给人们带来方便的同时也带来了许多问题，如信息过量、信息真假、信息安全等，信息形式的不一致也导致信息难以统一处理。于是如何从大量的信息中找出有用的信息？如何提高信息的利用率？数据挖掘和知识发现(DMKD)技术随之应运而生了。数据挖掘就是从大量的、不完全的、有噪声的、模糊的、随机的实际应用数据中，提取隐含在其中的、人们事先不知道的、但又是潜在有用的信息和知识的过程。数据挖掘是一门交叉学科，它把人们对数据的应用从低层的简单查询，提升到从数据中挖掘知识，提供决策支持。在这种需求下，不同领域的研究者们投身到数据挖掘这一新兴的研究领域。虽然统计学家与计算机专家关心 Data mining 的视角不完全相同，但可以说，Data mining 与 DSS 一样，使得统计方法与计算机技术的结合达到了一个更高的层次。因此,统计学越来越离不开计算机技术,而计算机技术应用的深入,也同样离不开统计方法的发展与完善。所以,对于统计学专业的学生来说,一方面要学好统计方法,但另一方面更加要学会利用商品化统计软件解决实践中的统计数量分析问题,学好计算机信息系统开发的基本知识与基本程序设计,能够将具体单位的统计模型通过编程来实现,以建立起统计决策支持系统。所以统计与实质性学科相结合,与计算机技术相结合,这是发展的趋势。上述统计学发展趋势说明统计学类人才培养必须注重应用、注重与计算技术结合。

二、统计类专业应用型人才培养模式

专业建设考虑的是应当培养什么样的人才和怎样培养人才的问题。专业建设的核心问题则是课程设置和规范课程的内容。

1. 优化课程体系,加强课程建设

人才培养目标要通过一系列课程教育来实现,针对统计学自身特点和发展趋势,培养统计理论人才应当设置较多的数学课程,目的是让学生能对各种统计方法有较深刻的理性认识;培养应用统计人才应当设置较多的相关应用领域的专业课程,将统计方法与相关领域的专业知识完美结合。例如培养从事经济管理的统计人才,在课程设置上至少应当包括三方面的知识:(1)经济理论课程,让学生了解经济活动的主要进程和基本规律;(2)研究社会经济问题的主要统计方法,包括常用的统计数据搜集、处理和分析方法;(3)适用电脑技术,让学生初步掌握运用电脑进行统计数据处理和分析的基本理论和技能。应用型人才的培养模式需对应应用型课程体系,新课程体系在"厚基础"与"宽口径"、"统计理论"与"统计应用"等方面找到了平衡点,在注重专业理论课的同时突出实践性教学环节,对统计学的几门核心课程实施严格的应用型培养课程标准。

2. 构建应用型实践教学体系

通过开设学科基础课实验、专业基础课实验、专业综合实验强化学生的动手能力。实践教学是培养学生动手能力和创新思维能力的重要教学手段,在新的培养方案中,要强化课程设计、毕业实习、毕业论文设计等实践环节,以保证应用型人才培养目标的实现。

3. 加强师资队伍建设

师资队伍建设是学科建设、专业建设、课程建设的基础,为保证培养目标和培养计划的实施,加强应用型人才培养所需的师资力量,几年来,我们结合本专业教师队伍的现状和发展需要,在制定学科建设与规划时,始终把师资队伍建设放在重中之重的地位。采取以全面提高教师队伍素质为中心,以培养中青年学科带头人和学术骨干为重点,内培外引,政策倾斜;委以重任,重点培养;以老带新,重在促进的一系列举措,使教师的年龄、学历、职称等结构越来越趋于合理。

三、统计类专业应用型人才培养的教学模式

目前多数院校还是以教师、教材和课堂为中心,普遍采取理论灌输为主的方式来培养应用型人才,这种模式缺少实践环节的训练,易导致学生的实践能力不足。统计学是一门应用性、实践性很强的学科,其生命力就在于应用。著名经济学家、统计学家萨维奇说:"统计学基本上是寄生的,靠研究其他领域内的工作而生存。"统计方法只有与具体的实际问题相结合,才能够发挥出其强大的数量分析功效。电子计算机技术的诞生与发展,使得复杂的数据处理工作变得非常容易,那些计算繁杂的统计方法的推广与应用,由于相应统计软件的开发与商品化而变得更加方便与迅速,非统计专业的理论工作者可以直接凭借商品化统计分析软件来处理数据,而无需对有关统计方法的复杂理论背景进行研究。因此,统计专业的教学模式必须与实际问题相结合,采用案例教学,运用统计方法借助计算机进行数据处理,解决实际问题,"学做练"教学模式非常适合统计专业的人才培养。

四、统计学类专业"学做练"教学模式的构建与实践

传统教学方式重知识的传授和获取,轻知识的加工和思考问题,从而导致学生的创新能力不足。

教师的教法中存在着五个过多与过少问题:一是灌输式过多,参与式过少;二是结论型过多,问题型过少;三是封闭式过多,发散式过少;四是重分数过多,重能力过少;五是书本知识过多,知识和解决问题的能力训练过少。受传统教学方式的影响,学生的学法中也存在着五个过多与过少问题:一是在学习方式上,从师型过多,自主型过少;二是在思维方式上,求同性过多,求异性过少;三是在学习状态上,顺从型过多,问题型过少;四是在学习层次上,继承性过多,创新性过少;五是在学习情感上,应试型过多,兴趣型过少。上述问题影响到学生的学习状态、学习层次和学习效果,助长了大学校园中不同程度存在的学而不习、知而不识、文而不化的现象与风气,制约着人才培养质量的提高。针对上述问题,需要从改革教学模式入手,使上述"三中心"向"学、做、练"一体化的模式转变,使上述"过少"变为不少,使学习重在"习",知识重在"识",文化重在"化",使制约培养质量的瓶颈得以突破。总体上,应注重采用与应用型人才培养相适应的教学方式、方法,改变"满堂灌"的大一统教学模式,走合作教育之路,体现做中学、

例中学、练中学、问中学、研中学等应用型人才教学模式,体现因材施教、学思结合、知行统一,注重学生能力培养。广大教师在教学上积极践行"做中学"的理念,尝试"做中学"的模式,总结"做中学"的经验。

【参考文献】

郭玉莲.课堂教学模式改革探讨.教育理论与实践,2012.10.

(本文发表于《应用型高教探索》2014年第4期)

新建地方本科院校经管类专业国际化办学的思考

宿州学院 张英彦[①]

近年来,我国高等教育在规模不断扩大的同时,结构也发生了变化,显著的特点是新建了一大批新建地方本科院校。至 2010 年 9 月,全国共批准新建本科院校 265 所(不含独立学院 318 所)。

新建本科院校主要设置在地级市。新建地方本科院校已成为我国高等教育大众化阶段人才培养的主力军,在高等教育结构体系中处于非常重要的地位。在地方本科高校中,经济与管理类专业(商科)占招生总数的 21.3%。如何提高新建本科院校经管类专业的办学质量,成为人们经常讨论的热点问题。随着全球经济一体化和社会信息化的迅速发展,人们纷纷把眼光投向国际化办学。在引进或分享国外优质教学资源,借鉴其成功办学经验的同时,培养一批具有国际眼光、民族精神和专业能力的人才,以提高专业的竞争力。

一、新建本科院校经管类专业的基本状况

(1)学科与专业建设的起点低。地方本科院校大多处在地级市,大多是从师范专科学校升格而来,没有经管类专业建设基础。师资力量整体水平不高,教师队伍年轻,没有实践经验,学术水平有限;教学内容肤浅,课程设置不符合经济社会迅速发展的需要。

(2)发展速度快,招生数量众多,管理经验缺乏。经管类专业招生、就业情况形势好,各校尽量扩大招生规模,但教学管理经验缺乏。

(3)办学定位较为明确,主要培养适应地方经济发展所需要的应用性人才。但人才培养模式有待创新,教学内容、教学方式和管理体制有待改革,实践教学环节滞后,与社会对人才的要求存在较大差距。

(4)专业结构不均衡。主要设置会计学、市场营销、电子商务等专业,而能源经济、农村经

[①]张英彦(1963—),安徽宿松人,博士,教授。主要研究方向:教育学、管理心理学。

济管理、农业区域发展等专业很少。

二、新建地方本科高校重视国际化办学的原因

1. 经济社会发展对人才的需求

随着中国外向型经济的迅速发展,外资的利用及合资企业已深入到中国的每个城市。至2010年底,中国外汇储备为2.8473万亿美元,居全球第一,中国经济对对外贸易的依存度超过60%;2009年,中国对外直接投资额占全球当年总资本流量的5.1%,居于发展中国家之首。根据国际货币基金组织排名,2010年中国已成为全球最大净资本输出国,自2002年起,中国对外直接投资连续8年持续增长,年均增长速度为54%。世界著名的麦肯锡咨询管理公司通过对人力资源主管的调查,在其《应对中国隐现的人才短缺》报告中称,只有不到10%的毕业生符合外资企业对人才的要求,而会计、财务、工程等岗位缺口更大,大多数毕业生因为缺乏沟通能力而不能达到外企的要求。开放的经济迫切需要具备国际化素质的人才。

享有"管理学教父"美誉的彼得·德鲁克曾说过一句话:21世纪的经理人只有两类,一类是具有全球视野的经理人,一类是下岗的经理人。《国家中长期教育改革和发展规划纲要(20102020)》明确指出,教育必须适应"国家经济社会对外开放的要求,必须培养大批具有国际视野,通晓国际规则,能够参与国际事务和国际竞争的国际化人才"。

2. 国内外高校竞争的压力

经济全球化塑造了新的世界经济和交往模式,影响着世界各国高等教育国际化的进程与方向,越来越多的学生可以自由地选择世界各国不同的优秀大学,并根据自己的兴趣与能力选择专业与学科。我国的高等教育面临生源外流的挑战。有资料显示:2012年我国出国留学人数总计为39.96万人,较上一年增加5.99万,增长率为17.65%。自1978年至2012年底,我国各类出国留学人员总数达264.47万人。至2012年底,以留学身份出国在外的留学人员有155.34万人。

国内高校间同样存在竞争的压力,尤其是地方高校间的竞争性更强。地方高校由于办学历史、资金投入、办学规模等方面的原因,使其与"211工程"建设院校相比缺乏竞争力。地方本科高校希望通过国际化办学来提高教学质量,提升为区域经济发展服务的能力,形成特色,提高竞争力。

三、新建本科高校经管类专业国际化人才培养的思考

1. 教育理念国际化

一些地方高校国际化办学理念落后,认为国际化办学是一流学校、一流学生的专利,有的

高校曲解了国际化办学的含义,认为只要本校有外教任教、有留学生求学、有若干教师出国考察就是实现了国际化。有的地方高校缺乏国际意识,仍然教育学生仅仅专注于课本知识,或束缚于教师的传授,将自己孤立于国际化大潮之外。

加拿大学者 Jane Knight 提出,高等教育国际化就是将国际的和跨文化的层面融合进学校教学、科研和服务功能中去的过程。国际劳工组织(ILO)在《2008全球就业趋势》中提出,大学要使"毕业生具有积极参与全球化社会的能力,具备能够进行有效沟通和交流的语言技能和技术技能,与不同机构、不同文化打交道的技能"。

地方高校经济管理学院应提升自己的认知,研究优秀经济管理学院的办学经验,探索经济管理科学教育办学规律,树立先进的国际化教育理念,并根据国情、校况制定合理的国际交流合作战略规划,高起点、高速度地融入国际化环境。

2. 培养目标国际化

美国哥伦比亚大学校长在2000年至2001年度报告中指出:"在新世纪,大学的作用是培养有知识、有经验、有全球视野,使所在社区兴旺发达的未来的公民。教育不仅仅是为谋生计而获取学位,而是获取知识、使用知识、参与社会。我们要延伸视野之所及,要扩大校园之所在,到学校大门以外的世界去。"

由于办学的思维惯性,在制定人才培养目标上往往强调人才的德、智、体全面发展,强调人才的知识结构,对学生的交流能力和参与社会的能力重视不够,培养目标较为笼统和抽象。

开展国际化办学,制定人才培养目标必须有更广阔的视野,帮助学生了解多元文化,理解文化差异,使之具有同异国文化交流的文字能力、表达能力以及具有国际礼仪的知识和素养,做到培养目标多元化、国际化。

3. 师资队伍国际化

一些地方高校经管类专业师资队伍水平与国际化的要求有较大差距,多数经管类专业教师学历层次不高,外语水平有限,且教学理念单一,难以有效引导和培养学生的国际化意识,难以培养出跨国公司所要求的人才。

地方高校经济管理学院必须加强师资队伍建设,应采取以下措施:(1)选派教师到国外大学攻读学位;(2)拓宽教师的国际交流渠道。通过合作与进修和讲学、学者访问等形式,加强教师的国际交流,以提高教师的业务水平与整体素质,培养新的学术视野、教学观念,提高人才培养质量;(3)选派教师到跨国公司实习、见习,培养教师的国际视野。(4)选聘国外教师到校任教。

4. 课程体系国际化

著名教育哲学学者布鲁贝克认为,所有的高等教育教学活动不管采取什么教学形式,都必须先从课程的选择开始。课程体系的选择和建立集中体现了一个学校的教育思想和教育理念,是组织教学活动的依据,是实现其培养目标的前提。课程体系的组成也决定了其培养的学生能够具备什么样的知识、能力和素质结构。

要实现国际化办学,培养国际化人才,首先要设置一套科学的课程体系。在国际化时代,一套具有国际维度的课程体系是提高培养质量的保证,也是使其培养的人才得到国家认可乃至国际认可的条件之一。因此,要在人才培养方案中引入国际化元素,使课程体系结构国际化。

课程体系国际化的主要形式有:(1)开设专门的国际化课程,传授有关世界各国历史、地理、文化、风俗等方面的内容,帮助学生更好地认识世界,形成跨文化交流的能力。(2)开设具有国际主题的新课程,如国际贸易、国际经济、国际关系、国际金融等课程。(3)在已有课程中增加国际方面的内容,如在教材的选择上,可以指定一定数量的外国教材和著作为教学参考书,或在自编教材中大量吸收国外同类教材中的内容,或直接采用原版教材。如要培养出优秀的国际会计人才,会计课程的设置就应该打破传统的学科知识结构,在注重基本知识的基础上,与财务、金融等相近的学科进行知识整合,形成新的课程体系,强调学科的综合性和知识的完整性,同时注重培养学生的实际工作能力和会计职业道德。增设"人力资源会计"、"环境会计"、"社会责任会计"、"跨国公司管理"等专业课程,强化"税务会计"、"会计制度设计"、"财务报表分析"等课程,合并、删减、调整"成本会计"、"管理会计"、"财务管理"等课程的交叉内容。(4)开展国际上普遍关注的重大课题研究,如企业社会责任、企业文化、商业伦理道德等。在全球化的趋势下,现代企业的经营环境、经营理念、经营内容和方式等都发生了深刻的变化,其中最令人关注的是企业的价值观念、道德情操,它们已成为企业国际贸易的重要原则之一。因此,高等教育必须反映经济的发展变化情况并不断丰富其内容,应在课程体系的设置中反映和纳入伦理道德、社会责任方面的内容,不断完善和发展课程体系。

5. 教学模式国际化

经管类专业是典型的应用型专业,其教学模式应符合专业特征。现有的教学模式重理论、轻实践,难以适应学生到海外高等学校学习的形势。

经管类专业教学模式除教学内容要国际化外,还应以学生为中心设计教学活动。(1)在教学中,强调科学精神与人文精神的结合,提高学生伦理道德水平,加强综合素质培养。(2)实行课堂讲授与班级研讨、小组辩论、案例分析、模拟教学、项目研究等教学方式。(3)要将现代化教学方法与传统教学方法结合起来,丰富教学内容和教材资源,提高信息量;充分利用互联网的优势,实现教学资源的共享;让教师和学生与国外合作院校进行在线沟通交流。(4)将系统讲授与专题讲座相结合,紧密结合改革开放和经济建设实际开展专题讲座;邀请国内外著名专家讲学,活跃学校学术氛围,以进一步激发学生的学习热情。(5)引导学生参加大学生科研立项工作,撰写学术论文。(6)强调教学实践环节,建立教学实践基地,组织学生开展社会调查,支持学生社团活动,定期组织开展学生社会实践活动。另外,有计划地组织学生依托基地和项目,完成特定主题的社会实践活动。(7)将教学方法改革与考试方法改革相结合。在评价方式上,可以开展同学互评、参与课堂讨论、撰写研究报告与汇报、进行个案研究等多样化的方法,将学生本人自评、同学互评、教师评学纳入评价体系。在评价内容上,不仅考核学生的课堂表现,也应考核学生课外任务的完成情况;既关注学生对课本内容的掌握程度,更关注学生实践能力的发展;既考查学生在执行任务时的独立工作能力,也考查学生在团队中作用的发挥状况。通过运用多元化的评价体系,真实反映出学生的理论知识掌握程度和实践操作能力。

【参考文献】

[1] 王玉丰. 我国新建本科院校蓬勃兴起的原因探微. 高教探索, 2010(6):31—35.

[2] 许登峰. 经济管理类国际化人才培养的探索:以广西民族大学为例. 文化教育市场, 2010(10):42—46.

[3] 中国人民银行. 2010年金融统计数据报告. 金融时报, 2011—01—12(2).

[4] 中华人民共和国国家统计局. 2009年国民经济和社会发展统计公报[EB/OL]. [2013—02—26]http://www.gov.cn/gzdt/2010—02/25/content_1541240.htm.

[5] 王一兵. 中国大学的国际化——杆标尺和一张路线图. 中国高教研究, 2009(7):36—39.

[6] 国家中长期教育改革和发展规划纲要(2010—2020)[EB/OL]. [2013—02—26]. http://www.gov.cn/jrzg/2010—07/29/content_1667143.htm.

[7] 辛渐. 2009年全国留学人数近23万. 大河报, 2010—06—18(3).

[8] Jane Knight. 激流中的高等教育:国际化变革与发展. 北京:北京大学出版社, 2011:129—156.

[9] 吴言荪. 加拿大高等教育国际化的思考. 学位与研究生教育, 2004(6):44—49.

[10] 布鲁贝克. 高等教育哲学. 王承绪,译. 杭州:浙江教育出版社, 1998:55—98.

(本文发表于《宿州学院学报》2013年第28卷第8期)

法学专业"应用型－开放式"毕业论文教学模式改革探讨

巢湖学院 江 海[①]

当前,对本科生毕业论文改革的研究很多,但争议也多。笔者依据巢湖学院近几年毕业论文改革的实践经验,提出法学专业"应用性－开放式"毕业论文教学模式,以希同行批评指正。

一、应用型本科院校法学专业毕业论文教学的功能

地方性院校法学专业人才培养目标定位多是高素质应用性法律专门人才。如巢湖学院法学专业的目标即是"培养适应社会主义市场经济发展和法治建设的需要,培养系统掌握法学理论知识,具有较强的法律实践能力,德、智、体全面发展,毕业后能在司法、行政等国家机关,企事业单位和法律服务机构从事法律实务工作的应用型人才"。法学专业是理论与实践相结合的专业,法学专业学生不仅要具有一定的知识积累,而且还要有一定的研究能力,要具有一定的在研究中解决理论或实践问题的能力。这一目标是通过每一门课程、每一个教学环节的完成来实现的,再通过若干综合性的环节和目标检验体系来验证人才培养的质量。

法学专业毕业论文教学是本科生实践教学的主要环节之一,对训练学生收集资料、调查研究、综合分析、科学研究、书面表达能力具有重要作用。教育部门设置毕业论文环节的目的在于检验大学生的综合素质、学习能力、学科知识、思维能力等,通过这个手段达到促进大学生全面积极、主动地去了解整个课题研究的历史、现状和将来,从而使得自己四年来学习的知识更系统化的目的。本科毕业论文教学可以进一步培养学生获取和整合知识的能力,培养学生具有纪律严明、团队协作和踏实苦干的职业精神能力,以及提出论点、综合论证、总结写作等基本技能。毕业生将所学的知识系统化、条理化进而形成新的认识,同时结合实际问题提出自己的观点和看法,这是对所学知识的综合与升华。因此,毕业论文教学是夯实应用型人才的知识、能力、素质结构的必不可少的手段,它有利于促进本科毕业生进一步朝着高素质应用型专门人

[①] 江海(1968—),男,安徽庐江人,汉族,法学硕士,巢湖学院经济管理与法学学院副教授,副院长。主要从事刑法学、环境法学教学和研究。

才的方向发展。

二、法学专业毕业论文教学面临的难题

当前,由于许多原因,法学和其他专业一样,其学生的毕业论文存在诸多问题,如实践性、综合性和创新性不强、论文不够规范等。

1. 纯理论性、单一形式与法学专业应用型人才培养目标多样化的矛盾问题

目前法学专业论文选题仅仅为理论性的论文,形式单一,脱离了应用性的办学定位和目标要求;部分毕业论文的选题不当,部分题目或大而空,或理论性较强,或没有紧扣时代的脉搏而缺少应用性。法学专业是一门理论与实践相结合的学问,单纯的理论研究很难全面体现法学专业本科学生的能力和素质。从法学专业的设置和培养目标来看,法学专业人才应当是"毕业后能在司法和行政等国家机关、企事业单位和法律服务机构从事法律实务工作的应用型人才"。无论是法官、检察官、公证人员、律师还是其他法务人员,均需要良好的语言表达能力,这种能力不仅体现为口头语言的表达,还体现书面语言的表达。因此,不同形式毕业论文承载的能力培养的侧重点是有差异的,毕业论文应当根据学生职业取向而多样化,允许学生以多种形式或载体进行毕业论文写作训练,从而为今后从事职业工作打下基础。

2. 内容要求过高与学生能力不足的问题

各高校本科毕业论文质量要求大致包括(1)论点鲜明,论据确凿,材料翔实可靠,说服力强,有一定的应用价值和学术水平;(2)论文有自己的见解,对所论的问题有较深入的分析;(3)论文结构严谨,逻辑性强,论述层次清晰,概念准确,语句通顺;(4)不得抄袭和剽窃他人成果;(5)符合论文写作规范;(6)字数不少于10 000等。学生写作难度可想而知。

就字数、创新性的要求,笔者认为,只要学生能够结合四年所学知识,阐述自己对选题的基本观点就可以了,字数在6 000~8 000字左右适中,没有必要非得"万言书"。而且过多的字数要求,不少学生无法完成,逼得学生东拼西凑,显然浪费纸张和学生的打印费及指导教师的时间。几乎所有高校都要求毕业论文具有创新性,但多数学生做不到,因而学校、院系、教研室在论文评议时,基本没有将创新性作为指标来落实。笔者认为,"创新"这一标准,对学生,对指导教师都是难题,学生论文有创新性当然值得褒扬,但不能把社会对高等教育中拔尖人才的期冀当成大学本科生培养的基本目标。

3. 学习—考证—就业与毕业论文教学和训练的时间冲突问题

法学专业近几年的学生就业率不高。因此法学专业学生将大量的时间和精力投入到司考、公务员考试、研究生考试和就业中。据调查,法学专业学生倾向直接到公检法、企业等法律

实务部门工作的占60%,考研的25%,其他的占15%。可见,绝大多数学生想到法律实务部门工作。但进入法律实务部门工作,首先在大四第一学期一开始就接受司法考试。很多学校都安排法学专业学生在前六个学期要学习2 400左右课时的专业和公共课,学习任务和压力较重,基本没有安排毕业论文前期教学,学生基本没有进行论文写作训练。法学专业的毕业生若想进入法律实务部门工作,除了需要参加司法考试外,还需要参加各种各样的国家公务员考试,于是学生刚下司法考试考场,就开始准备各级各类公务员考试、研究生考试和面试,或谋划其他就业门径。这就使毕业论文写作与学生的考研、求职时间重叠。相比之下,学生更加重视后者,致使部分学生存有应付心理,在论文内容上,抄袭、剽窃已经成为一种普遍现象。

三、法学专业毕业教学改革的方向

"影响教学质量的主要因素,包括教师的数量、水平和责任心,社会环境对学生的压力、学生的认识态度和学生的能力及教学质量和学校、院系、教研室的管理水平等"。

1. 立足应用性,允许毕业论文形式多样化

本科生毕业论文教学的主要目的是让学生在科学研究的某一方面得到系统的全方位训练,为今后从事研究、开发和技术改造等工作奠定基础。学生只要在这一过程中开展了与专业要求相一致的工作,其中包含有自己独立完成的有一定意义的应用性研究内容,并且论文格式规范,则毕业论文的要求基本已经达到。

法学本科教育中除应该保留传统理论研究型毕业论文外,还需要赋予毕业论文多样化的含义,实现毕业论文形式和内容的多样化。实践中,部分院校法学专业对本科生毕业论文改革问题探讨具体有:(1)发表论义。在校期间公开发表与法学专业相关的3 000字以上论文,经毕业论文指导教师推荐和毕业论文指导小组的确认后,可以免写毕业论文。(2)理论研究论文。这是最为传统的法学论文要求。侧重于培养学生收集信息、查阅文献,了解学科最新理论,具有一定的创新和科研能力等。(3)综述性论文。这种论文的目的不在于创新,而要求全面、深刻。要强调文献资料的时间跨度性、文献种类的多样性和理论基础的多样性。(4)案件评析。这种类型主要是考查和训练学生实践操作能力和理论与实践相结合的能力。要求学生能对现实中重大疑难案件或者争议案件进行分析。笔者认同毕业论文多样化的形式,因为这可使法学专业学生对毕业论文写作模式具有可选择性,便于学生根据自己的兴趣和能力做有把握的事。根本上讲,它同样能训练学生在理论性论文写作中具有发现问题、查阅资料、分析论证、书面表达等综合能力。

2. 建立本科生导师制,实现导师指导的全程性

毕业论文是本科教学效果的最后、集中训练和展示。目前,包括巢湖学院在内的大部分地方性高校法学专业本科生毕业论文工作一般是在第七和第八学期完成,各院校基本上是从第六及第七学期开始落实导师,着手选题。但如前所述,法学专业大三之前学习忙,大三之后考试忙,学生基本没有时间进行毕业论文专项训练。笔者结合巢湖学院毕业论文工作状况,建议从大一开始落实导师制,通过落实包括毕业论文指导在内的一系列指导计划,实现将毕业论文贯穿在大学四年、从平时理论学习到实践指导的全过程中。本科生导师的主要职责包括:指导学生从大一开始进行大学四年的职业规划和学习计划,指导学生读书、社会调查、专业实习、毕业实习,参与课题研究,指导学生创新训练、参加司法等考试、毕业论文训练等。建议在大二的第二学期落实本科生毕业论文导师,使学生提前介入毕业论文环节。指导教师可以在任何学期指导自己指导的学生或小组进行如下毕业论文创新。

(1)指导学参与教师项目而完成毕业论文选题、创作。

高校教师在教书育人的同时还进行科学研究,让学生参加教师的研究项目,可以了解教师的科研思想来源、本研究领域国内外的最新科研动态、专业生产实际中急需解决的问题,从而使学生全面学习掌握科研工作的具体过程,达到将理论知识和实践技能相结合的训练效果,使学生的综合能力产生质的飞跃。由于每位教师同时指导多名学生,每个学生只承担项目的一部分内容,学生间既分工又合作,从而在研究过程中培养了其团队精神。

(2)指导学生通过科技创新活动完成毕业论文选题、创作。

国家、高校都鼓励学生参加创业创新等活动,以培养学生创新创业精神和能力。把科技创新和毕业论文结合起来,既能促进科技创新工作,又能促进毕业论文质量的提高。巢湖学院近几年,每届都有学生在这样的活动中进行毕业论文写作。实践证明,这种模式,大大提高了学生参与科技创新活动的积极性,也提高了毕业论文写作的质量。

(3)指导学生在专业实习中完成毕业论文选题、创作。

专业实习和毕业论文都是实践教学环节的重要内容。法学专业学生一般在公检法部门、律师事务所实习,尤其是通过司法考试的学生,在实习过程中,大量的法律实务会激发学生思考、总结、提炼、升华,从而选定论题,然后搜集资料,进行毕业论文创作。这样,既可以纠正以往在专业实习和毕业论文阶段过多的形式和走过场现象,也可以使学生的毕业论文写作获得校内和校外的双重指导教师的指导,提高学生毕业论文的质量。

3. 坚持综合性,将毕业论文与其他实践教学形式相融合

法学专业四年开设的实践、实验教学课主要包括庭审观摩、暑期专业实践、课程内实验课程教学、模拟庭审、法律文书写作、毕业论文指导、课程论文、专业技能竞赛、专业实习、毕业论文撰写等。

其实,这些实践教学形式中也包含了大量的可以作为毕业论文写作的素材,如果在指导教师的指导下,将这些实践教学与毕业论文写作结合起来,在实践教学的过程中有意识地引导学生进行从案例随笔、小论文、课程论文、案例评析、法律文书评析、学术论文、科研论文等多形式的锻炼,相信学生写毕业论文时就不会感到突然或缺乏素材。

学生在模拟庭审实验教学过程中,不仅模拟法庭上的某个"角色",更主要的是通过模拟角色训练学生法庭"角色"的法律技能,如搜集案件的法律条文、组织证据、撰写法律文书、思考法庭"角色"的职业道德。学生完全可以在指导教师的指导下,通过个人或小组将在模拟庭审中所做所思撰写成案例随笔、案例评析、法律文书评析、课程论文、学术论文等,可以成为个人或小组的"毕业论文",因为这些形式的作品达到了培养学生发现问题和分析问题的能力、语言表达能力等目的。这样既完成了模拟庭审课程教学,更增强了模拟庭审课程教学的效果,帮助学生提前完成了毕业论文。

4. 确立不同形式毕业论文质量标准,使多样化的毕业论文评判有据可依

毕业论文改革必须结合不同的论文形式制定不同的毕业论文评价体系和评价标准。当前,还没有制订关于应用型院校毕业论文教学质量的标准,有的学校可能有,但它仍然以研究型高校毕业论文质量标准为模板。

学校、院系、教研室应当结合应用型本科院校多样化论文形式,研究制定科学合理的多元性质量评价标准,为毕业论文教学模式改革提供量化依据,并巩固毕业论文教学模式的改革成果,避免应用型院校毕业论文质量标准与研究型高校毕业论文质量标准雷同,避免新的毕业论文形式因无标准而被无端否定。

【参考文献】

[1]四川教育厅官员:本科毕业论文改革乃大势所趋[EB/OL].2009-10-14 四川在线 http://www.edu.cn/gao_jiao_news_367/20091014/t20091014_412747.shtm,l2009-11-27.

[2]李立新,田广增."开放式"毕业论文(设计)指导模式的研究与探索.教育理论与实践,2011(2):54-55.

[3]王茜,鲍莉.关于应用型本科毕业论文教学质量的探讨.徐州教育学院学报,2008(2):108-110.

[4]吴凡.法学专业本科生毕业论文改革问题探讨.黑龙江高教研究,2010(4):144-146.

[5]陈万光,刘飞,于相丽,易力.地方性高校本科毕业论文创新模式研究.黑龙江畜牧兽医(综合指导版),2012(9):35-37.

(本文发表于《应用型高教探索》2015年第1期)

应用型本科产学研合作的探索与实践

安徽三联学院　王艳梅[①]　彭　飞　王根杰

20世纪90年代以来,中国高等教育进入大众化阶段,高等教育学生数量迅速增长,大学数量也在迅速增加。为了适应社会对应用型人才的大量需求,很多新建院校都定位为应用型本科院校。根据潘懋元先生的研究成果,应用型本科院校培养应用型人才有四个关键环节,即课程建设、教材建设、产学研合作、师资队伍建设,其中产学研合作是培养应用型人才的关节环节之一。对于地方应用型本科院校,开展产学研合作,可提升地方高校科技创新能力、社会服务能力及服务地区经济能力。同时,开展产学研合作也是地方高校实践教育的有效途径,是其形成办学特色、持续发展的必经之路,可促进地方高校跨越式发展。产学研合作是促进科技、教育与经济紧密结合的重要手段,产学研合作的重要性和必要性也已经得到政府、产业界、教育界的普遍认同。

一、产学研合作的主要模式及其适用条件

1. 政府主导型的产学研合作模式

在政府的推动下,由政府提供政策导向和市场服务,如下达科研计划、提供中介性服务等。政府处于主导地位,大学和科研机构发挥核心作用,企业积极参与。政府主导型有两种形式:第一种形式是指由政府组织并筹集资金,以设立开发基金的方式对教育、科技和经济各主体进行投资,旨在解决国家科技、经济等重大课题的大规模产学研合作模式。如我国的两弹一星、美国的阿波罗计划、欧盟的伽利略计划等。第二种形式是由政府牵头和规划,依托地方资源吸引和整合各方资源,统筹协调的大开放、大协作、大规模合作模式。如广东省的部产学研合作模式。

在政府主导型模式中,政府是产学研合作中的重要组成部分,企业、大学和科研机构要根

[①] 王艳梅(1983—),女,安徽萧县人,讲师。研究方向:高等教育管理,智能交通。

据政府的安排各司其职、联合创新,此模式具有统筹全局的优势。但此种模式也有局限性:由于财政资金的有限性,政府不可能对所有类型的产学研合作都给予资金上的支持,因此,政府主要对涉及国家战略技术领域发挥主导作用。再者,在选择主导技术时,政府考虑的角度不同于企业、高校和科研院所等市场主体,所推进的技术虽然具有战略意义,但由于缺乏市场机制的利益驱动,经济效益往往不明显。

2. 高校主导型的产学研合作模式

目前,高校主导型的产学研合作模式主要有两种方式:第一种是大学创办经济实体,大学通过创办科技产业或建立试验基地促进科技成果转化为现实生产力,实现产学研结合。另外一种是大学科技园区模式,是高等院校、科研院所和企业相结合的产物,是产学研一体化比较高的一种模式。这种模式运行比较成功的例子有斯坦福大学兴建的"斯坦福研究园",在特曼教授倡议下,斯坦福大学于1951年兴建的"斯坦福研究园"为世界上最大的电子工业基地硅谷的崛起奠定了基础。

这种模式一般适用于具有良好的科技资源优势的地区,特别适用于具有优势学科和研究能力的高等工科院校所在的地区。

3. 企业主导型的产学研合作模式

在该模式下,企业为满足市场竞争的需要,一方面致力于自身研发能力的提高,另一方面以委托开发、合作开发和共建研究机构等形式寻找大学和科研机构的技术支持、咨询和服务。企业处于主导地位,并承担相应的研发和成果转化风险;大学和科研机构的技术创新活动围绕企业的需要进行,其研发活动的内容、形式和范围由企业决定,学校处于参与者的角色。

这种模式适用于一些大的高科技企业集团,例如微软在全球多个国家都有自己的研发中心和学校。

4. 共建型的产学研合作模式

在该模式下,合作各方处于平等的地位。它们以利益为纽带,以契约为依据,有明确的合同和协议,发挥各自在资金、设备、技术、人才和市场方面的优势,共同促进技术创新,共同推进市场开发,风险共担,利益共享。由于它减少了技术向市场转化的环节,因此是最直接、最紧密的产学研合作模式。

这种模式一般适用于产业化条件良好、市场条件成熟、企业投入能力强、当地科技资源较发达、创新基础较好的地区。

这几种产学研合作模式之间是相互包容的,可以以一种模式为主,也可以综合运用多种模式。选择具体的模式要根据内外部环境及教育、技术等各种要素的发展情况而定。

二、产学研合作的探索与实践

安徽三联学院始建于1999年，是安徽省最早兴办的民办高校，由安徽三联集团投资创办。安徽三联集团下属机构有安徽三联学院、安徽三联事故预防研究所、安徽三联交通应用技术股份有限公司等，涵盖了大学、研究所和企业的产学研合作的三种主体。因此，安徽三联学院具有独特的优势实行产学研合作教育。但安徽三联学院也积极利用外部资源，与其他企业开发产学研合作教育。

1. 产学研内部一体化

在学研结合方面，安徽三联学院交通工程学院与安徽三联事故预防研究所实行"院所合作"，资源共享，师生共同参与研究所项目，研究所科研人员参与教学，相互协作，教师与科研工作人员实现互补性发展，使学生的实践能力和创新能力得到了锻炼和提高。这种模式在国外也有应用，德国应用科学大学实践学期教学就是采用的这种模式。艾尔福特应用科学大学的经济、物流与交通管理学院先后成立2个研究所——交通运输政策规划研究所与生产运输物流研究所，借助研究所的平台，将科研、实践教学结合起来。目前，"院所合作"已成为我校提高人才培养质量的重要途径。一是给学生提供了各种实验、实习仪器和实训基地等，例如建立了驾驶适性实验室、模拟驾驶实验室和交通控制实验室。二是教师参加科研。我们有多名教师参加研究所的课题研究，并写出多篇很有分量的论文，研究所人员参与学院教学工作将科研成果充分的转化为教学成果，实现教学相长。三是研究所的研究成果不断充实实验室，同时作为商品又要推向市场，这使学生不仅能了解科技上的最新成果，同时在走向工作岗位之前就能掌握一些仪器的使用方法。近期，依托安徽三联交通应用技术股份有限公司和安徽三联科技股份有限公司组建的"国家车辆驾驶安全工程技术研究中心"已成立。以后，交通工程学院也将与此工程技术中心的进行研学合作，借助"国家车辆驾驶安全工程技术研究中心"平台，在原有的驾驶适性实验室、模拟驾驶实验室和交通控制实验室的基础上，增加交通安全、神经生化、汽车碰撞模拟等一系列以"人"的因素为研究内容的道路交通事故防治实验室。

在产学结合方面，交通工程学院与安徽三联交通应用技术股份有限公司实行校企合作，师生共同参与企业的生产研发，教师在参加项目设计、施工管理及产品生产过程中熟悉并遵守相关规定和职业规范，较全面地掌握了项目运作的全过程，锻炼了教师的科研能力和职业能力，培养出了一批年轻的"双师型"教师队伍。学生获得了参与真实工程项目全过程的体验，锻炼了实践能力、创新能力、职业能力及将知识运用于实际的能力，很多学生毕业后直接在该公司就业。

2. 与其他企业的产学研合作

安徽三联学院还与其他企业进行深度产学研合作教育,让学生经历"到实践中去,从实践中来"的过程。

安徽三联学院作为地方高校,其产学研合作必然要在依托于地区产业的基础上辐射周边城市。目前,交通工程学院先后与合肥市及周边城市(芜湖、巢湖、上海等)合作的企业及政府单位共26家,如合肥汽车客运有限公司、安徽风之星、芜湖奇瑞汽车制造有限公司、巢湖市公共交通有限公司等。

2011年,交通工程学院与合肥汽车客运有限公司本着更好地为社会、企事业单位培养技能应用型人才的宗旨,在合肥汽车客运有限公司共建实训实习基地。根据交通工程学院相关专业(汽车运用技术、汽车技术服务与营销、交通安全与智能控制)学生培养的需要,合肥汽车客运有限公司安排这些专业学生实习实训,并根据各专业人才培养目标的要求,合肥汽车客运有限公司定期对实习实训的工种岗位进行轮换,以保障人才培养目标的全面实现。同时,交通工程学院成立实习指导小组,对学生实习情况进行指导、监督和管理,发现问题及时提出解决办法。另外,交通工程学院和合肥汽车客运有限公司互派教师和工程师进行学习交流,共同参加科研项目、产品的研发、技术革新等工作。

3. 产学研合作的经验及建议

交通工程学院产学研合作的内部一体化及与其他企业的合作都取得了良好的成效,极大地锻炼了学生的实践能力和知识应用能力。通过多年的产学研合作,交通工程学院积累了丰富的经验,具体表现在以下几个方面:

(1)在与企业进行洽谈产学研合作之前,要树立明确的指导思想。围绕市场需求和人才培养所需的各要素,以培养具有实践操作能力和创新能力的企业适用人才为目标,给学生提供多种机会和环境,而不仅仅是某一方面或某一岗位的实践教育。

(2)发挥政府的协调和引导作用。推进产学研合作,必须强调政府的作用,为产学研提供制度保障,创造良好的环境,并确保产学研政策措施的落实。

(3)高校能适时调整专业课程设置。高校可通过建立委员会等,把在工作岗位上的信息反馈给学生,同时按照社会及企业需要设置专业及课程,使学校不断更新课程教学内容,提高应用型人才培养质量。

但是产学研合作是一项复杂的系统工程,为此,要进一步发挥企业的积极作用,政府的调控职能和全社会的力量、共同推进产学研合作工作的深入开展。

进一步加强宣传力度,增强全社会产学研合作的意识。做好产学研合作,关键是要提高各级领导、企业经营者和广大科技人员对产学研合作的认识。可通过各种宣传媒体、互联网等发布信息,开辟更多的产学研合作渠道。

通过政策研究,协调各方面关系。产学研合作需要得到金融、财政等部门的积极支持。为此,还需要加强产学研合作的体系建设。深入开展产学研合作的政策研究,制定和出台推进产学研合作的政策和措施,要对产学研合作工作实施政策倾斜,增加对产学研合作项目的投入。

进行技术创新活动,必须加强"产学研"合作,加速科技成果转化。在创新项目的选项立项过程中,对于关键性、共性技术开发和推广应用的项目,要努力创造更多宽松有利的环境。

【参考文献】

[1] 潘懋元. 什么是应用型本科?. 高教探索,2010,1:10—11.

[2] 左健民. 产学研合作与高校创新型人才培养. 教育发展研究,2013,1:76—80.

[3] 黄华华. 坚持政府推动与市场结合深化省部产学研合作. 中国高校科技与产业化,2008,7:28—31.

[4] 刘力. 美国产学研合作模式及成功经验. 教育发展研究,2006,4A:16—22.

[5] 曹旭华,南仲信. 德国应用科学大学实践学期教学模式研究. 浙江科技学院学报,2010,22(5):381—386.

[6] 刘克勤,刘力. 高校产学研合作的几个重要问题. 教育研究,2012,7:82—86.

艺术设计专业"平台+模块"课程体系的构建与教学思考

合肥师范学院 吴道义[①]

"十二五"时期高等教育对培养创新型、应用型、复合型人才提出了新的更高要求,要面对高等教育以提高质量为主的新形势,重点培养具有良好的思想品德、职业道德和较高人文素养,具备艺术设计专业基本理论、基本知识和基本技能,艺术设计行业设计、制作的应用能力、创新能力、竞争能力、适应能力以及发展能力,适应区域经济建设与文化产业发展需要的设计、制作、管理的应用型专业人才。艺术设计专业应构建"平台+模块"课程结构体系,在通识教育、专业教育、素质拓展与创新创业教育三个平台上,形成专业基础课程模块的造型技能、基础理论、作品赏析、软件制作等课程群,以及专业核心课程模块的行业设计基础课程群、专业方向课程模块的综合设计与制作课程群、专业实践课程模块的风景写生、艺术考察、专业实践实训、毕业论文与创作等课程群和专业素质拓展课程模块相关专业的基础知识、传统文化课程群八大模块。

一、建设以完善专业核心课程群为契机的教学团队

应用型艺术设计类专业可以围绕视觉传达设计、环境设计、产品设计三个专业构建核心课程群,建设专业教学团队。视觉传达设计专业建设以广告设计、包装设计、CI设计为专业核心课程群;环境设计专业建设以室内环境设计、景观设计、商业综合空间设计为专业核心课程群;产品设计专业建设以小家电设计、家具设计、公共基础设施设计为专业核心课程群。在此基础上建设艺术设计专业教学团队。首先要进一步调整和优化专业结构,提升团队专业素质与水平,形成视觉传达设计、环境设计、产品设计三个专业方向,围绕提高艺术设计专业教学质量,构建职称结构、学历层次合理的教学团队,把本专业建设成为特色鲜明的品牌专业。其次要完善团队梯队建设,重视教学名师、专业带头人以及专业骨干教师的培养和提高,通过考核和奖

[①] 吴道义(1980—),男,安徽南陵人,合肥师范学院艺术传媒学院副教授,硕士。主要从事设计理论和实践研究。

励,激励优秀拔尖人才脱颖而出。第三,要优化团队管理运行机制,健全团队建设管理组织,理清团队建设工作流程和加强团队建设工作过程监控。

教学团队建设要以自我提高为主,积极适宜引进为辅,不断提高艺术设计专业教学业务水平和质量;规划专业学术研究方向,加强理论和应用项目研究,不断提高艺术设计专业科研和创作水平,积极促进学科专业建设。具体的团队建设与改革措施主要包括以下四个方面:一是开展教师评听课制度和业务培训,对新开课程的在岗教师与新到岗的教师,严格执行上课前试讲考核制度;开展观摩教学活动,实施教师业务水平测试与比赛;开展多媒体和网络等现代教育技术应用学习与培训。二是培养"双师型"、"双能型"的专业骨干教师,积极加强专业教师的理论知识、专业技能培训工作,努力建设既能开展理论教学,又能自身进行设计或创作,并能指导学生专业实践的艺术设计类"双能型"教师队伍。有计划地组织团队教师参加教育部、国家行业协会组织的专业培训班学习及到兄弟院校进修学习。三是实行青年教师导师制,安排经验丰富或骨干教师对年轻教师进行教学、科研工作指导,加快年轻教师成长步伐,成为艺术设计专业教学团队的后备力量。四是培育优秀的专业教学名师,积极组织教师参加各类专业、权威的艺术设计项目实践等竞赛活动;积极组织教师在核心专业期刊上发表论文或出版个人、团队的专著或作品集;积极组织教师举办设计创作作品展览,结合学院专业教学改革和设计研究等优势,适时组织参加跨学校或地区的教改学术研讨会。

二、汇聚健全与专业课程体系相适应的优质教学资源

艺术设计类专业的课程与教学资源建设以三个专业的核心课程为抓手,重点形成校企合作育人模式;以企业课程群为突破口,引进新的国内外教学改革成果,形成具有鲜明特色的人才培养模式。根据现有艺术设计市场人才需求,制定科学的艺术设计人才培养方案和课程体系,构建具有应用型的艺术设计教育模式。围绕应用型人才目标定位,结合公司、企业、专家、教师、学生的论证意见,突出实践、动手以及应用等教学内容,占总学时数70%左右,贯穿于普通本科四年学习的全过程,从而形成一套较为科学合理的课程体系。艺术设计是创造性和技能性高度结合的应用型专业,需要丰富的想象力和创造力。在专业课程设置上,强调其职业的针对性和实用性、知识结构的综合性和相关理论的互融性,将专业理论教学重点放在学生开放性思维和创新设计意识的培养上,突出理论知识对实践的指导性。教学大纲要根据专业发展变化、国际设计形势的新理念和新技术的应用情况,及时更新教学大纲的具体内容,让学生的设计意识和手段始终能够站在设计领域的前沿。

完善教学硬件配置,建设专业教学楼、电脑设计工作室、摄影工作室、雕塑工作室、版画工

作室、综合材料工作室、器材设备工作室以及专业图书资料室，使教学设施基本完备，并将建立与三个专业方向教学相配套的视觉传达设计工作室、环境设计工作室和产品设计工作室，形成与专业课程群体系相适应的优质教学资源。应用型艺术设计专业围绕艺术实践、艺术考察、专业实习、社会调查、毕业设计、毕业论文、校园文化及科技活动等实践教学环节，建立艺术设计实践基地，与企业或公司共建专业实习实训及就业基地，改革创新专业教学与实训模式，使学生知识、能力、素质更加契合社会需要。艺术设计专业需加强以课程组为单元的精品课程建设，通过开展集体教研活动，在教学团队内进行课程整合与体系优化，以促进和提高课程教学水平。同时积极组织教师有计划地进行选题、编写、出版具有示范特色的专业教材，并申报省部级规划教材，为专业课程教学建设提供资源。专业教师应积极进行教学研究活动，申报教学研究质量工程、精品课程、重点课程、创新课程、示范课程、规划教材等各类各级研究项目，重点突出问题式研究，以科研服务于教学，以科研改革教学，以科研促进教学。

三、创新艺术设计专业课程实践性教学的方式方法

构建艺术设计专业综合改革的人才培养新模式，与企业专家和学校师生共同研究、制定与艺术设计技能型人才培养需要相结合的专业培养方案和课程体系，形成"平台＋模块"的课程结构以及完善的实践教学体系，切实提高学生实践应用能力、创新思维能力、自我发展能力以及综合竞争力，为设计产业发展培养真正需要的创新型、能力型、复合型的专业设计师。完善实践实训基地，在现有校企合作教育基础上，进一步实现校企资源整合和优势互补，提升学生的实践能力、创新能力和社会竞争力；积极鼓励教师根据艺术设计应用型人才培养和设计产业项目实践，开展针对性的教学活动，改革教学方法手段，加强科研与教学的互动，提升教师专业水平和实践教学能力。多途径让行业专家和各类技术人员参与教学工作，形成一支具有实践能力的高水平教学队伍。

1. 推进艺术设计专业课程的教学改革

在深化艺术设计专业课程教学改革期间，形成以精品课程、重点课程、示范课程、创新课程、产学研合作课程、教材建设以及教研项目等为核心的课程群，积极探索创新教学方式与方法。

(1)课程教学规范化。课程教学主要包括课程备课、课堂教学、作业与练习、辅导与答疑、实践教学、考试与考查、教育实习、专业实习、毕业论文指导、毕业设计等10个教学环节。在具体课程教学过程中，首先要严格按照学校本科教学质量和合格课程建设要求，对课程的相关教材进行了深入研究；分析其他高校的精品课程，制定了切实可行的教学进度，编写课程讲稿和

授课教案，认真完成课内作业布置与批改和课外辅导与答疑工作。其次需要查阅大量课程资料，制作合理、严谨、内容翔实的互动式多媒体课件。第三，要把理论教学和实践教学有机结合起来，以激发学生的学习兴趣，提高教学效果和质量。

（2）企业项目课程化。对于应用型艺术设计的专业基础课、专业核心课、专业方向的必修课、选修课和企业课程，其主讲教师均应聘请相关行业专业技术专家参与教学，开展讲座或讲课等活动，重点指导学生设计实践。培养艺术设计专业应用型人才，重在加强实践教学，增强技能实训，注重培养学生的创新思维能力及提出问题、分析问题、解决问题的能力。结合专业课开设综合性实践教学，让学生深入企业、行业当中，实际了解设计过程中的实际问题，以此指导设计实践的教学。根据艺术设计专业教学要求，与相关企业签订校企产学研育人协议，将企业课程群纳入教学过程当中，联合开展专业共建、学生实习实训、就业指导与培训等全方位合作，共同构建艺术设计专业本科教学的人才培养方案。

（3）学生作业成果化。各专业技法课程的学生作业，需完成课程教学汇报展与作品画册，要求参加各类专业或行业设计竞赛、获得专利证书或获奖等。教师在教学中要逐级辅导、组织、提炼学生的设计工作，以实现课堂作业的成果化。同时学生作业也可以直接应用于生产实践，结合专业人才培养目标，教师布置课程作业，引进项目真题真做，直接参加竞赛、展览等，实现设计成果的直接转化。

（4）教师实践制度化。专业教师应积极不定期地参与企业（行业）实践，或到行业进行挂职锻炼，不断更新教育教学观念，提高设计应用能力，以实践促进教改、教研，更新课程教学内容，改善课程教学方法手段，使课程教学质量、人才培养质量与行业人才需求实现"无缝"对接。积极举办专业学术报告会和讲座，有计划地邀请省内外艺术设计、绘画、文学艺术等著名学者、社会名人来校讲学；鼓励本专业教师做专业学术报告或讲座，以形成良好的教学研究氛围。

2. 强化艺术设计专业课程教学实践环节

建成课程教学的专业工作室和实习实训基地平台，激励师生教研互动，引进并完成"双师型"、"双能型"教师职业能力建设，让企业课程和实际项目进课堂，以确保实践教学的质量及提高学生的实践应用能力。每位专业教师应积极参加教研室、课程组组织的理论学习，参与集体备课、教学研讨、课程建设、教学观摩、教学交流、学术交流、听课评课、教学检查等教研活动，使课堂教学水平不断得到提升。课程教学实践环节主要包括转移课程教学课堂、设立专业教学工作室、搭建校企合作育人平台等三个方面。

（1）转移课程教学课堂。课堂教学是高校人才培养的重心和关键环节，但同时需要鼓励学生走出课堂，参与企业设计项目、教师实践任务、各类设计大赛等，从而丰富学生的设计实践经验。在专业课程教学过程中,课内实践部分需引入案例式、学科竞赛、模拟项目等教学方式,大量引入行业专家走进课堂作学术报告或进行专业实训。强调实践与动手能力的培养,与学校应用型办学理念相适应,使学生具备艺术设计专业实践、制作、管理的能力。同时需加强对学生的综合素质与创新能力的培养。

(2)设立专业教学工作室。艺术设计专业课程要根据市场要求,调整实践教学内容、增加新课程、引入新的设计理念以及了解新工艺等。更重要的是要把专业实践引入课堂教学,建立与理论教学相匹配的实践教学场所和工作室。设立视觉传达设计工作室、环境设计工作室、产品设计工作室,并建立与之配套的摄影工作室、雕塑工作室、综合材料工作室以及版画工作室。各工作室之间可以利用学院的共享资源,架设设计专业与市场实践的桥梁,承接各类设计项目与业务。让教师直接参与商业设计项目,并把设计案例带到课程,由教师和学生共同完成设计。毕业班最后一年的设计课程和非毕业班的部分专业课程也可以直接在工作室完成,这样能够锻炼学生的设计能力和应用能力。

(3)搭建校企合作育人平台。艺术设计专业应积极探索校企合作、校校合作的育人模式,为学生搭建创新实践的教学平台。要贯彻产学研合作教育模式,在专业教育平台设置上为校企合作、产学研合作教育预留大量的实践课时,形成完善的实践教学机制。将课程教学与市场教学结合起来,将课程教学内容项目化,与本地区专业设计公司、企业建立协作关系,积极开发创意文化产业项目。企业作为设计教学的实践基地,为教学科研成果的应用转化、学生社会实践以及毕业生就业等提供平台。

四、完善艺术设计专业课程教学的管理与评价机制

加大教学过程监管力度,形成教师教学成果量化评价与学生作业成果量化监控的管理机制。在不断完善教学管理的基础上,制定各级教学管理措施,积极推进本科教学质量信息系统、监控系统和评价系统的科学化建设;加强开课计划、调停课、教学日志、实习实训、专业考察、课程考试等教学运行管理,以及教学督导、学生信息员、听课评课、教学检查、教学评价、问卷调查等质量监控;严格按教学计划、教学大纲开展教学活动。加强期初、期中、期末"三段"教学进度检查制度、专家听课和教师互听课制度、学生信息员和教学督导制度、课程教学质量测评制度等四项制度的落实和流程管理。

完善课程教学质量监控体系,重点抓好教学管理制度建设、教学过程监控、教学质量评估、教师教学水平评估、学生质量评价和社会评价信息反馈工作,落实教学质量责任和奖惩措施,全面提高教师教学水平和教学管理水平,以保证人才培养质量的不断提高。制定艺术设计专

业建设规划、课程建设规划等一系列学科建设和教学管理等制度与措施,以保障艺术设计专业教学有计划地科学运行。要实施规范管理,突出内涵建设。建立健全主讲教师进入与退出机制、教学督导制度、"三期"教学检查制度、普通本科艺术设计专业毕业设计管理细则、教材选用制度、实践教学管理制度、教学质量监控制度等多项制度。课程教学的评价标准和评价机制的制定要考虑办学定位与培养目标。从而使实践教学管理办法不断完善,实践教学内容不断丰富,实践教学质量不断加强,促进学生专业能力、职业能力和就业能力的提高。

总之,艺术设计专业教师要进一步提升课程教学的创新能力和实践能力,尤其是在知识结构上应突出复合性与交叉性,在职业技能上应体现"双能型"。教师要围绕培养具有综合设计技能和创新设计意识的高素质艺术设计人才的需要,在社会市场艺术设计实践课堂中,必须突破传统的课程教学方式方法与思维模式,创新教学与实践相结合的有效途径,并引导学生沿着设计实践之路,不断提升其适应社会经济建设与文化产业发展需要的应用能力、竞争能力及发展能力。

【参考文献】

[1] 桂宇晖. 包豪斯与中国设计艺术的关系研究. 武汉:华中师范大学出版社,2009:179.

[2] 刘佳. 感·悟·设计:设计艺术论文集. 北京:中国轻工业出版社,2010:201.

[3] 潘鲁生. 设计艺术教育笔谈. 济南:山东画报出版社,2005:211.

[4] 祝帅. 设计观点. 沈阳:辽宁科学技术出版社,2010:162.

[5] 郑曙旸. 中国艺术设计教育发展策略研究. 北京:清华大学出版社,2010:317.

(本文发表于《合肥师范学院学报》2013年第3卷第20期)

应用型一般本科院校
计算机专业双语教学研究

合肥师范学院　史君华　郭玉堂　赵群礼[①]

引言

随着我国高等教育的不断发展及世界经济全球化、一体化进程的加快,我国经济、科技及文化等各方面与世界各国的联系也越来越紧密。为应对经济全球化和新世纪科技革命的挑战,培养具有国际视野与国际合作意识的高素质人才便成了当前高等教育的重要研究课题之一。而提高学生的专业英语的听说读写与专业技术应用能力则是达成这一目标的关键。

所谓"双语教学"(Bilingual Teaching),是指在课堂教学过程中使用两种语言作为媒介,尤其是第二语言或外语作为教和学的媒介,即用非母语进行部分或全部非语言学科的教学。其实际内涵因国家、地区不同而存在差别。

目前,双语教学有如下几种模式:①沉浸式(immersion bilingual education);②过渡式(transitional bilingual education);③保持式(maintenance bilingual education)。"沉浸式"和"过渡式"的实质是单语教学,而我们双语教学的目标之一是为了让学生更好的掌握外语,扩大阅读面,与母语相互增益,相互补充,而不是要削弱甚至消除母语。因此,我国的双语教学并不适合使用"沉浸式"或"过渡式"的教学模式,而是应该在"保持式"教学模式的基础上,进行适合我国国情的改良与创新。

一、高等院校计算机专业开展双语教学的必要性

早在 2001 年,教育部就在《关于加强高等院校本科教学工作提高教学质量的若干意见》

[①]史君华(1981—),女,讲师,安徽省合肥市人,硕士研究生。主要研究方向:人工智能与数据挖掘,双语教学。郭玉堂(1962—),男,教授,安徽省安庆人,硕士生导师。主要研究方向:图像处理与模式识别,计算机网络。赵群礼(1974—),男,讲师,安徽省霍邱人,硕士研究生。主要研究方向:模式识别与智能数据处理。

(教高〔2001〕4号)文件中要求各高等学校推广使用外语讲授公共课和专业课,特别是在信息、生物、新材料技术,以及金融、法律等专业开展双语教学,力争在3年内有5%～10%的课程采用双语教学。

2007年,教育部再次下发《教育部财政部关于实施高等学校本科教学质量与教学改革工程的意见》(教高〔2007〕1号),其中提到"推动双语教学课程建设,探索有效的教学方法和模式,切实提高大学生的专业英语水平和直接使用英语从事科研的能力",直接明确提出了双语教学的关键点和需要达到的目标。

安徽省教育厅也非常重视双语教学的推广,及时转发并全面贯彻落实教育部教高[2001]4号文件和教高[2007]1号文件精神,推动省内双语教学积极、稳妥、有序地开展,不断提高教学质量和办学水平,并先后在安徽大学、安徽工业大学、安徽财经大学等多所院校实施双语教学示范工程。

计算机科学与技术专业,又不同于其他专业,该专业发展迅速,尤其是计算机编程语言的发展。由于计算机技术基本上都是基于英语平台开发的,因此学生在学习计算机知识和使用计算机的过程中,不可避免地会遇到语言方面的问题,如计算机软硬件的安装、升级和注册等各种编程语言及应用软件大多是以英文形式开发的,要想理解和掌握其中的内容,提高学生实际动手及应用能力,就必须具备一定的英语水平。

二、应用型一般本科院校开展双语教学的困境

以上高校一些学科的双语教学开展得很有成效,很多成功之处可以借鉴,但对于国内大多数一般本科院校来说,却不能照搬照抄。因为总体来说,重点大学的学生学习能力较强,自觉性及对新事物的接受能力也较强,而一般本科院校的学生总体水平要差些,对新事物的接受能力也相对较差。另外,应用型一般本科院校,尤其是新建本科院校,缺乏能进行双语教学的师资队伍,学生自身英语水平也参差不齐,因此,适用于重点院校学生的双语教学方法,需经改良后才可移植到一般本科院校的学生上来。

三、开展双语教学的思路

1. 双语教学的时机和内容

确定合适的双语教学的时间及课程是非常重要的,如大学一年级通常是学习专业基础课和公共课,大多数学生没有达到双语教学所必需的英语基础水平,如果在此阶段勉强进行双语教学,学生可能会觉得吃力,但可在此阶段授课过程中加入对英语词汇的强化学习。真正的双

语教学可放在大二至大四,因为这时大部分学生具备了基本英语的理解与运用能力,此时结合就业对人才的需求,开设双语课程,可以提高学生上课的积极性,学生也不会感觉跟不上进度。

另外,课程的选择也是十分重要的,并非每门课程均适合双语教学,建议在大一选择简单的导入型课程引入英语,以提升学生学习兴趣,为正式施行双语教学打下良好的基础。对于大二大三学生,软件语言类课程及某些专业选修课程更适合使用双语教学。对于软件语言类课程,可选用包含最新研究成果的国外原版教材,这不但避免了国内教材的滞后性,而且避免了因为翻译造成的歧义所带来的理解问题,进而会使教学内容更为权威和正确;另一方面通过使用原版软件进行上机实践,软件界面、编程语言都是英文的,不但强化了英文应用能力的培养,而且可以使学生提前与国际主流软件开发流程接轨,为学生以后毕业工作减少了相关培训与学习的时间。而通过专业选修课,不但满足了喜爱专业课程与英语这部分学生的需求,使得教学效果更佳,而且学生可以了解到相关计算机领域的最新研究进展,而此类研究的最新成果一般都是以英文发表在国际期刊上,本身就有双语理解的需求,可以达到事半功倍的效果。

2. 双语教学的教法

(1)教材的选择:我们认为,因材施教的"材",不单是指学生的"材",也是指教材的"材",二者应受到同等重视。要针对学生的实际情况来选择教材,避免二者水平相差过大。如果没有合适的教材,就需要教师自己编写全套讲义,这就对教师提出了更高的要求,可以考虑使用"选择国外原版教材,教师补充材料"的方式进行教材的选择。

(2)课前安排:课前精心布置预习作业,包括重点阅读英文教材,发现问题,在教材中寻找答案,或通过互联网解决问题、搜集课程背景知识等。

(3)课堂教学环节的设计:关键要解决三个问题,一是解决专业内容与专业英语简单孤立的问题,使得二者有机结合,并更好地服务于教学,避免为了双语而双语,从而忽略教学内容本身的形式主义。二是如何根据学生的实际水平随时调整教学内容与教学深度,避免因为"一刀切"式的教学使得学生的学习效果出现两极分化——好的更好,差的更差;避免部分学生因对英语没兴趣而对课程没兴趣或是相反情况,因为双语教学不是突出区分度的选拔性测试,只是让学生更好的掌握专业知识与提高英语水平的手段。三是如何加强教学中的师生双语互动,特别是通过精心设计的课堂与课后作业,包括提问与互动,从而更好地激发学生的兴趣,达到在潜移默化中提高教学效果的目的。

(4)课后作业的安排:合理设计课后作业,让学生强化所学内容,并让教师通过课后作业与学生反馈,及时获得教学效果并做相应调整。

(5)考试的安排:精心设计考试试卷及教学效果评估体系。

四、结束语

为了真正落实"基础扎实、知识面宽、能力强、素质高"的人才培养规格,面向教学、生产和管理一线,培养具有"新理念、新知识、新技能"的新型师资和"会设计、会操作、会管理"的应用型人才,我们必须以课程质量建设为抓手,在实践中不断探索和尝试,从而进一步完善应用型一般本科院校计算机专业的双语教学模式。

【参考文献】

[1] 曹霞,王建生.试论高校实施双语教学的挑战与对策.中国高教研究,2002,(9):94—95.

[2] 任向民.如何在高校开展计算机课程的双语教学.北京大学学报:哲学社会科学版,2007(5):131—132.

[3] 孙朝云,姚秋玲.计算机课程双语教学实践中若干问题研究.现代电子技术,2003(9):15—17.

[4] 潘会堂,陈锋军.高校双语教学经验谈.中国现代教育装备,2010(9):77—83.

[5] 刘晓彦,曹原,杨静.高校双语教学课程现状研究.中国电力教育,2010(34):112—114.

[6] 周仁.高校双语教师的教学能力及培养策略.教育与职业,2010(18):54—55.

(本文发表于《合肥师范学院学报》2012年第5卷第20期)

实践教学

文秘教学

地方本科院校旅游管理专业实践教学模式探索

黄山学院 胡善风[①] 程静静 朱国兴

2002年,旅游管理专业成为黄山学院最早的本科专业之一。如今作为一所地方本科院校的品牌专业,旅游管理专业已探索出了一条适合区域特色、专业特色的办学体系。黄山学院旅游管理专业依托教育部特色专业点、省级教学团队、省级示范实验实训中心的建设成果,在实践教学模式上进行了有益探索。

一、旅游管理专业课程体系研究

根据旅游管理专业人才培养目标,通过广泛的市场调查,结合用人单位对专业知识要求的反馈,同时根据旅游学科知识体系以及借鉴国内外旅游专业人才培养模式的经验,结合黄山学院旅游学院现有的资源优势,主要从基础课、专业课、拓展课三个方面进行课程设置(如"图1"所示)。三个课程模块是互相联系,密不可分的。基础课模块的教学目标是为专业学习打下基础,构建宽泛的基础知识结构,为专业学习提供知识和能力的增长点,着重文化素质和职业素质的培养,由公共基础课、专业基础课组成。专业课模块的教学目标是培养学生掌握旅游管理的专业知识。该模块由不同专业方向的专业课组成,每部分专业课程按旅游学科知识体系的结构特点确立。专业课模块奠定了旅游管理人才应具备的专业知识、能力和素质基础。拓展课模块由与旅游相关的学科和文化素质课程组成,其教学目标是为培养复合型旅游管理人才奠定更广泛的专业基础,增强人才培养的弹性。

二、构建专业技能实践体系,培养应用型旅游人才

旅游学院完成了旅游管理实践教学模式的系列化与系统化,在专业实践教学中将旅游管理专业的实践教学分为四类:课内实训(包括专项实训课程和核心课程的实训部分)、课外校内

---

①胡善风,黄山学院副院长,教授。

实训(学生第二课堂)、专业见习和毕业顶岗实习。

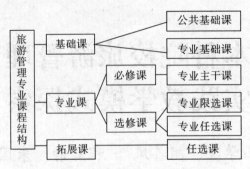

图1　黄山学院旅游学院课程体系图

1. 课内实训

课内实训是指在各门课程内,按照符合业务活动特点的教学大纲要求,对设置的实训环节具体实施训练方案。课内实训贯穿于学生的第三、四、五、六学期的专业课程中。课内实训必须严格按照人才培养方案的进程及课程实训指导大纲规定的实践环节要求进行,学期进程与时数以教学计划规定的学期与时数为准,并在课程总数内单独排课,根据实训内容的需要和班型的特点分组组织实施。旅游管理专业所确定的专业核心课程如"导游业务"、"旅游资源开发与管理"、"饭店服务"、"前厅客房服务与管理"、"餐饮服务"、"旅游市场营销",以及专项实训课程"形体礼仪"、"旅游服务礼仪"、"饭店服务技术"等均有独立的实训大纲,有详细的实训方案。旅游管理专业核心课程实训时数比例占课程总计划学时的40%以上。

2. 课外校内实训

为了实现人才培养目标,旅游学院一方面坚持把学生的旅游专业素质培养贯穿于教学活动的始终;另一方面,利用丰富多彩的课外活动,开展第二课堂活动,让学生在实践中提高自身的专业能力和综合素质。如编辑《揽胜》杂志,提高学生的写作能力;举办"旅游文化节",提高学生的文化参与能力,展示学生的才艺和多方面的能力;组织各种体育比赛,提高学生的运动能力;创办"旅游学社",提高学生"做中学"的综合素质。

3. 专业见习

每年定期组织学生到黄山市景区景点、黄山市星级酒店、黄山国际旅行社等企事业单位参观。同时,在每年暑假,安排30~40名旅游管理专业学生到南戴河进行为期两个月的酒店见习。第六学期安排旅游管理专业学生到厦门开展为期一周的专业见习,使学生了解各种企业运营和管理的状况。见习活动结束后,学生都要完成相应的调查报告,主要是提出问题,任课教师和学生一起探讨解决问题的方案。同时,学生要自主完成一份见习报告,主要是介绍见习单位在经营管理方面的问题,并提供解决问题的方案。

4. 毕业顶岗实习

旅游学院从2000年开始，组织学生进行半年的毕业顶岗实习。2003年开始实行了"实习＋就业"模式。旅游学院实习具体时间安排在大学阶段最后一个学期，寒假不休息，为时半年，学生到旅游行业的一线进行顶岗实习，学生将所学知识和旅游业的实际工作结合起来，为将来就业做好准备。

三、加强旅游管理专业实践基地的建设

实践基地主要包括校内实训基地和校外实习基地。旅游学院旅游管理专业校内实验室是省级示范实验实训中心，下设旅游管理实验室和烹饪工艺实验室。其中旅游管理实验室包括一座按三星级标准建造的教学宾馆（客房、餐饮）、旅游资源实验室、高尔夫实验室、导游模拟实验室、电子商务实验室、酒吧/茶吧实训室（在建）、三个多媒体教室、两个语音室（模拟语音室、数字语音室）；烹饪工艺实验室包括一个示范教室、两个红案操作间和一个白案操作间。现有各类用于实验教学和技能训练的大型仪器设备，并配有一套严格的规章管理制度，为教学、科研、技术开发提供了较好的工作环境。实验室利用率高，能较好地满足科学实验和基础训练的要求。

同时，旅游学院历来重视对学生校外实习基地的建设和规划，注重和相关单位及企业的合作。黄山市国际大酒店、徽商故里、黄山旅游发展股份有限公司、西递宏村等是和我院长期合作建设的实习基地。此外，我院有很多学生在全国各大旅游城市、各地著名旅游骨干企业进行相关实习工作和学习。我院在北京、广州、上海、深圳、宁波、南京、济南、合肥、三亚等地建立了广泛的实习基地，构筑了以长江三角洲、珠江三角洲、京津塘及海南等地区为主的学生实习就业网络。这些实习基地的建设全面提高了学生的素质教育水平，使学生的各种专业技能在实践中得到了进一步巩固和提高。

四、提高旅游教育的师资质量，培养"双能型"师资队伍

师资队伍是人才培养的核心力量。旅游高等教育的特点决定了教师不仅要具有深厚的理论功底，同时要具有丰富的实践经验，这就对旅游管理专业的教师提出了更高的要求。由于新建地方高校的旅游管理专业教师实践经验相对缺乏，所以应通过各种途径丰富他们的实践经验。最有效的方法就是有计划地派教师外出进修，到全国知名的酒店、旅行社或风景名胜管理区学习先进的管理经验、服务规程和服务标准，不断提高教师理论与实践相结合的水平和实践能力，不断充实、更新教师的实践教学内容，以适应行业迅速发展的需要，从而达到更新业务知

识、培养创新精神和实践能力、实现融教师和技师为一体的"双能型"素质的目的。旅游学院已经有计划地派遣教师赴法国、韩国等国家和地区进行访学，同时积极鼓励教师深入企业进行挂职锻炼，提高了实践教学的师资质量，切实推进"双能型"教师队伍建设。

五、校企零距离对接，开创校企实践合作新模式

旅游管理属于应用性专业。黄山学院旅游学院充分认识到学生毕业后能迅速适应社会的重要性，一方面积极主动与黄山市旅游企业进行合作，互相交流，聘请一些旅游饭店、旅行社、景区的管理人员进行讲座，将理论与实际有机结合起来；另一方面，精心安排毕业实习，近几年通过与旅游经济发达的长江三角洲、珠江三角洲和京、津地区的一些著名大型旅游企业合作，安排学生实习，建立了一批稳定的实习基地。这种实习模式也为学生的就业搭建了一个理想的平台。同时与知名餐饮业集团"向阳渔港集团"合作，开办实践管理班，从在校生中选拔愿意投身酒店业的优秀学生进行精英训练，共同培养高素质学生，为企业定向培养中高层后备人才。充分利用学校较强的专业学术优势和文化环境，结合企业先进的管理经验和企业文化，校企零距离对接，弥补课本知识落后于社会发展的不足，使学校的教学内容与社会的需求同步，实现企业资源与学校资源的有机整合。企业结合自身经营运作的实际直接参与人才培养的全过程，保证了教学环节的针对性和人才培养的适用性。

【参考文献】

[1]胡善风.省教育厅旅游管理专业人才培养的市场需求研究及教学模式管理.安徽省教育厅重点教研课题结题报告,2007:72—79.

[2]杨音南,袁尧清.地方本科院校旅游管理专业实践教学问题探讨.商业经济,2009(3):98—100.

(本文发表于《中国大学教育》2012年第6期)

以本科合格评估为契机,提高实验教学质量

安徽三联学院　吴诗芬　张晓玲　王雷妮[①]

实验教学是高等教育教学过程中一个不可替代的组成部分,它不仅可以加深学生对课堂内容的理解,巩固已学的理论知识,而且能够培养学生理论联系实际的能力和分析解决问题的能力,对于提高学生的创新能力起着积极的作用,是培养创新型人才的关键环节。教育部关于普通高等学校本科教学工作合格评估方案指出,实践教学是重要考核指标之一。近几年来我校以本科合格评估为契机,深入贯彻教育部"以评促改、以评促建、以评促管、评建结合、重在建设"的精神,为推动本科实验教学质量不断提高探索出了一些行之有效的新理念、新模式。

一、结合人才培养目标,强化实验教学

我校人才培养目标是:"按照德智体美全面发展的培养要求,以人为本,德育为先,能力为重,特色为要,培养具有一定理论基础、社会责任感、创新精神和实践能力,可在生产、建设、管理、服务一线工作的应用技术型专门人才。"要实现这一目标就必须强化实验教学工作,结合办学定位,坚持"依法办校、专家治校、质量立校、特色强校、人才兴校"的办学理念,树立"让学生有充分的机会和时间去科学地实践和感知所获得的知识"的现代教育理念。我校在深化实验教学改革、实施实验教学质量监控及实验教学队伍建设等等方面进行了一系列的改革,为人才培养目标的实现提供了有力的保障。

二、加强实验室建设,改善实验教学条件

自升本以来,学校高度重视实验室建设,逐年加大新建和扩建实验室的投资力度,以满足升本后更为严苛的实验教学要求。近几年,新增教学科研仪器设备所占比例呈逐年上升趋势,

---

[①]吴诗芬(1953—),女,宁夏银川人,安徽三联学院实验室与设备管理处处长,高级实验师。张晓玲(1982—),女,河北任县人,安徽三联学院实验室与设备管理处科员,讲师,研究生。王雷妮(1988—),女,安徽亳州人,安徽三联学院实验室与设备管理处,科员,助教,研究生。

同时增加专业及实验仪器设备类目,满足实验教学需求。学生实验分组达到了评估指标要求:基础实验一人一台套,专业基础实验二人一台套(大型贵重仪器设备除外),保障了实验教学质量。

校级基础实验教学中心在学校的支持下,逐步补充扩建了大学物理、电工电子实验室,更新了计算机公共实验平台四个机房设备。中心所承担的教学任务逐年增加,中心目前已经成为学校基础实验的重要基地和平台。同时我校交通工程学院、电子电气工程学院曾获批安徽省高等教育振兴计划,为新建实验室提供了政府渠道的资金来源。此外部分二级学院新改造的实验室使用目前市场上、工厂企业使用最广泛的仪器,让学生通过实验课直接学习一般在企业中实习才能学到的相关内容,更能贴合工厂企业等实际应用,从而提高了相关专业本科毕业生的就业竞争力。

三、深化实验教学改革,提高实验教学质量

实验教学环节对于提高本科教学质量,加强高素质、应用型人才的培养,全面提升本科办学水平,具有重要的意义。学校实施实验教学改革的总体思路是:强化实验育人意识,科学设置实验教学体系;更新实验内容、优化实验课程结构;改革实验运行模式;改革实验教学方法和手段;改革实验考核办法。努力为学生提供良好的实验条件和自主学习的环境,鼓励学生通过各种自主学习的手段,独立完成实验过程,努力培养学生独立思考、发现问题、分析问题和解决问题的能力,努力培养学生的创新精神与实践能力。采取具体方案措施如下:

1. 强化实验育人意识,科学设置实验教学体系

实验教学在整个教学体系中应有它的独立地位,实验教学和理论教学相辅相承,一起构成高等教育完整的教学体系。实验教学的任务是系统培养学生的基本技能、动手能力和创新精神,而不仅是理论知识的验证。实验教学管理的中心任务是建立与人才培养目标相适应的实验教学体系。

学校非常重视实验教学体系的建设。要求各教学单位根据人才培养目标需要,区别不同学科、专业,在人才培养方案中对实验教学环节进行统筹规划,构建了基础实验教学、专业基础实验教学、专业实验教学3个层面有机结合的实验教学体系。各学科专业结合自身特点,注意了统一性与灵活性相结合,在层次分明、目标明确的前提下,对专业基础实验和专业实验教学层面的教学计划予以充实调整,确立相对完整的实验课程模块,形成相对独立的实验教学内容体系,以更好地符合学科人才培养目标。

2. 更新实验教学内容,优化实验课程结构

近年来,实验教学条件得到很大的改善,为提升实验内容,开出内容新颖、实验手段和测试

方法先进的实验课程、实验项目提供了条件保障。想要提高实验教学的质量，课程的开出要合理、内容要能够满足人才培养方案的需求，让学生系统掌握所开设实验的基本知识、基本方法和基本技能，打好基础；同时还必须与现代科学技术接轨，现代科技成果与经典课程内容相互渗透。满足社会、企业对人才知识结构的需求。近几年来各二级学院在更新实验教学内容方面都做出了努力：采用淘汰、改革、充实与创新的方式，反复斟酌精选，逐步减少验证性实验，增加综合性、设计性实验；对新开实验课程、新开实验项目都经过多次讨论研究，投资较大的项目还经过论证程序；对实验教学大纲进行了多次修改；部分实验课程的改革，通过申请教学研究项目，以项目的形式推动改革，取得了较好的效果；同时学校积极鼓励实验室以不同形式开放和进行开放式实验教学。有效地促进了我校的基础实验教学内容与教学方法的改革，而且带动了专业基础实验、专业实验教学的改革。

针对不同专业同一门基础实验课程或专业基础实验课程，对课程需求不完全一致的情况，各院、中心在课程内容设置上采取了分层次、模块化的结构，即按实验的难易程度和课程培养目标的要求设计实验课程结构，使基础实验课可以同时兼顾各学科专业特点，专业基础实验课可以同时兼顾各专业的特点。同时各学科专业可以根据各自的侧重和需求进行选择，对在实验项目中设置超过50%的，可选做实验，使教学内容有弹性。

3. 改革实验运行模式

实验教学运行模式的改革：采用新型的实验运行模式——"少台套，大循环"。"少台套，大循环"是指在实验教学中，以较少的仪器台套数、较小的实验室面积通过增加实验循环次数来完成繁重的实验教学任务。

近年来，随着社会对应用型人才需求的增加，教育部门、高等院校对应用型人才培养的重视，实践场所建设、实验室建设的重要性被提到前所未有的高度，各级政府、高等院校都加大了投入，大大改善了实践教学的保障条件。对于资金来源单一的民办院校，在加大投入的同时也要设法走出一条适合自己的、提高资金使用效率、提高设备使用率的道路，改变教学设备忙一阵子、闲半年的状况。

两年多来实施"少台套、大循环"的运行模式，既满足了基础实验学生每人一台套的要求，保证了实验教学质量，又实现了集约化建设，提高设备使用率，充分发挥了资金投入效益。

4. 改革实验教学方法

探索实验教学方法的改革，建立以学生为主体的实验教学模式。突出学生探索精神、科学思维和创新意识的培养。

转变实验教学完全依附于实验室的传统模式：充分利用网络技术，发挥多媒体技术三维、立体、形象化的优势,对实验教学手段进行改革,使学生在进入实验室之前就对实验仪器、操作步骤有所了解;转变实验辅导解答为实验引导启发:在实验项目选择和方案设计过程中,当学生遇到问题时,教师不直接解答学生在实验中遇到的问题,而是给予原理性或方法性的引导与启发,培养学生自主性实验能力;转变重视实验结果为重视实验过程:实验的目的不仅是为了获得实验结果,更主要是引导学生观察实验过程中的现象,思索实验过程中的原理,寻求解决问题的方法,从而培养学生科学探索精神;转变单一实验模式为多元实验模式:实行开放式实验教学,实验教学模式灵活多样,课内实验与课外实验相结合、必做实验与选做实验相结合,鼓励团队协作与自主创新。

5. 改革实验考核方式

实验教学的实践,使我们深切认识到:建立一套合理、科学的考核办法,对于调动学生学习的主动性和积极性,提高实验课的教学效果至关重要。我们从基础实验教学中心的大学物理实验室、电工电子实验室试行实验考核办法的改革,具体措施有:要求学生有预习报告,教师当堂批改,对预习报告完成很差的学生劝其重新预习后再做实验;教师对学生的课堂表现当堂给分、对学生取得的原始实验数据签字认可;实验考试形式为操作考试,学生在规定时间内完成自选或抽取的实验项目,由教师按评分项目当场给出考试成绩。实验考核一般分为平时实验考核和期末实验考核两部分,实验成绩按平时考核成绩和期末考核成绩各占50%统计。

四、建立完善实验教学质量监控体系

1. 建立健全实验教学管理制度

围绕实验教学的目标及质量监控的要求,我校制定并完善了《安徽三联学院关于加强实验教学的若干意见》、《安徽三联学院实验教学管理规程》等一系列实验教学管理的规章制度,使实验教学管理更加科学、规范,同时使实验室管理和实验教学能够真正做到科学、高效地运转,使实验教学工作的每一个环节都做到有章可循,形成互相协调、互相促进、互相制约的实验教学活动的规范体系。

2. 制定完善实验教学质量评价方案及实验教学质量标准

构建一个合理的、科学规范的、适合于学校自身特点的实验教学质量评价标准体系,不仅有利于对实验教学状况进行有效的评价,而且能及时发现问题及时解决,从而不断促进实验教学质量的提高。因此,结合学校实验教学评价体系和自身特点制定了《安徽三联学院主要教学环节质量标准及评价办法——实验教学环节质量标准及评价办法》。实验教学质量评价体系的建立,提高了教师实验教学的质量意识,促进了实验教学的规范化管理,提高了实验教学的质量。

3. 实行学校、学院两级实验教学管理模式

学院建立了8个二级学院、3个教学部和1个基础实验教学中心，在二级学院和基础实验教学中心中成立了7个实验中心。在二级学院设立教学质量监控小组，对理论教学和实验教学实行监控。主要是根据各学院实验教学的特点，组织有关人员对实验教学进行常规检查，并做好记录，特别是二级学院的督导专家，要对实验教学进行评价、督导工作，定期听实验课，对实验老师的教学质量进行评价，并及时与教师、实验教学人员就实验教学质量交换意见，帮助其改进实验教学中存在的不足，并提出建设性的意见。建立实验教学二级管理模式是对校级监控的有效补充。

4. 建立实验教学督导队伍

学校督导组由教育教学经验丰富的教师组成，对理论教学和实验教学实行监控。督导组在日常工作中协助实验教学主管部门制定实验教学质量评价标准，对全院实验教学进行全面检查。通过期初、期中、期末教学检查，进行实验报告抽查、主持召开实验教学座谈会等方式有重点地监控和指导实验教学进程，评价实验教学质量。

五、加强实验教学队伍建设，保证实验教学效果

实验教学人员是学校师资队伍的重要组成部分，建设一支高素质、结构合理的实验教学队伍是提高实验室建设与管理水平、提高实验教学质量的根本保证。我校采取多项政策构建稳定专职的实验教学队伍，改善实验教学队伍结构。

1. 高起点、高素质，构建专职实验教学队伍

2010年学校在《关于加强实验教学的若干意见》中对实验队伍的结构、学历条件、工作任务做出明确规定。尤其是规定实验教师除了担任实验课程的教学任务外，还必须承担实验室的日常管理工作，同时规定实验室人员应该以实验教师为主，实验技术人员不得超过实验室总人数的20%。实验教师承担双重任务，给予相应待遇。从制度上保证了这支队伍的高起点、高素质。

2. 压担子、赋责任，发挥实验室主任管理作用

对学校正式任命的二级学院实验中心主任（实验室主任）实行主任津贴制度，并按各级实验室主任的岗位职责进行考核，将津贴与岗位职责挂钩，以调动各级实验室主任在实验室建设与管理、实验教学改革、学生创新实践能力培养等方面的工作积极性和创造性。

3. 严要求、重培养，提高实验教学队伍质量

为提高实验教师职业素养，我校人事处多次组织实验教师参加省教育厅、省高校师资培训

中心开展的网络培训计划。培训内容丰富、涉及面广,为实验教师强化自身专业基础知识、提高教学能力提供了良好地学习平台。

在"课堂教学质量过关"活动中,学校要求实验教师与理论课教师人人参加。在该活动中,实验教师进一步规范了实验讲授、指导过程。经过层层检查、反复听课,增加了各实验教师的危机意识,提高了教师们不断学习不断提高的主动性和积极性。

学校每年组织一届"青年教师基本功大赛",实验教师都积极参加。为了鼓励实验教师的积极性,2013年下半年,我校特地单独举办了实验教学青年教师基本功比赛。比赛促进了实验教师之间相互学习和交流,充分调动了实验教师教学的积极性。2014年学校进一步改进了"青年教师基本功大赛"组织工作,比赛分为课堂教学组和实践教学组,单独设立奖项和评分标准,体现了学校对实践教学工作、实践教学队伍的高度重视。

学校重视实验教师的职称评聘工作,给予与理论课教师同等待遇;对考研考博的实验教师给予理解和照顾:上辅导课、参加考试的时间不以事假计算,在职读博读研的学费可以按一定比例报销。从各方面帮助实验教师尽快成长进步。

4. 做项目、抓科研,建立科研教研激励机制

教学规律显示,教师的教学水平决定教学质量,因此教师的作用对于教学质量的提高至关重要。为保证不断提高教学质量,近几年科研处、教务处等部门先后建立并实施了资助教师开展科学研究、教学研究、教学改革以及奖励教师发表高水平学术论文、鼓励教师参与国家级、省级学科竞赛,并对获奖教师给予奖励等一系列制度,初步建立起实验教学活动的激励机制。通过各项激励措施,充分调动了实验教师的主观能动性和从事教学研究和教学改革的积极性,激励和鞭策实验教师不断提高实验教学质量。

六、总结

安徽三联学院在本科院校的建设工作中,按照本科合格评估指标的要求,逐步提高实验教学质量,取得了很大的进步。实验分组情况做到了基础实验一人一台套,专业基础实验二人一台套;逐年增加综合性、设计性实验,部分实验室向学生开放,提高实验室的利用率;学校鼓励高水平的理论课教师担任实验课程的教学,同时采取各种措施稳定、培养专职的实验教学队伍,基本做到了队伍结构合理,保证了实验课程的教学效果。

开展本科教学合格评估工作,促进了实验教学质量的提高。在今后的工作中,要进一步巩固和深化评建取得的各项成果,将评估与学校日常教学建设和改革紧密结合在一起,使实验室的各项工作在本科合格评估长效机制的推动下不断深化和提高。

【参考文献】

[1]陈名红.关于提高实验教学质量的探索和思考高.校实验室工作研究,第2009年第4期.

[2]许业河.陈纪鑫积极推进实验教学示范中心建设,全面提高实验教学质量.实验室技术与管理,第2009年第26期.

[3]李光提.发挥实验教学中心作用提高实验教学质量.实验室研究与探索,第2009年第28期.

[4]孔德昭.提高实验教学质量的途径".实验技术与管理,第2008年第25期.

应用型本科院校实践教学体系的构建

安徽三联学院 罗 忠 易佑民[①]

实践教学环节是高等教育教学中的一个重要组成部分,对培养学生的实践能力和创新能力十分重要,关系整体教学质量和人才培养目标的实现。高等院校构建科学合理的实践教学体系既是提高实践教学质量、实现高等教育目的的重要途径和手段,又对高等教育人才培养目标的实现起着至关重要的作用。

一、应用型人才培养与强化实践教学的必要性

1. 教育大众化时代下经济和社会发展对应用型人才的需求

2010 年,我国高等教育毛入学率达到 26.5%,2011 年为 26.9%。我国提出的目标是到 2015 年达到 36%,2020 年达到 40%。按照马丁·特罗的高等教育发展三阶段学说,我国目前已步入高等教育大众化阶段。武汉大学的一项调查显示,用人单位普遍比较侧重大学生"专业基础知识扎实"、"知识适用性强"、"知识自我更新能力强",也更关注个人分析和解决问题、独立工作和实践动手等体现实干能力的素质。这说明,高等教育人才供给与经济社会发展需求之间的主要矛盾从人才供给总量不足转向了所供给人才的质量和素质能否满足各行各业的现实需要。正是这一点,使高等教育从同质精英培养走向了更贴近经济社会建设多元需求的应用型人才培育,"实用、适用、实践能力、应用知识和理论为社会谋取直接利益能力"等已成为选择人才的共识。因此,高等教育应更注重对学生实践能力和职业能力的训练。

2. 应用型人才的内涵及培养要求

按照高等教育人才培养目标的定位,在高等教育大众化阶段,人才一般可以分为以开发性为主的应用型人才、以学术性为主的研究型人才和以技能型为主的实用性人才三种类型。根据联合国教科文组织 1997 年颁布的世界教育分类标准,所谓应用型人才,就是指能将专业知

[①] 罗忠(1976.10—),男,安徽六安人,安徽三联学院,硕士。研究方向:高教管理。易佑民(1944.10—),男,教授,安徽三联学院常务副院长。

识和技能应用于所从事的专业社会实践的一种专门的人才类型,是熟练掌握社会生产或社会活动一线的基础知识和基本技能,主要从事一线生产的技术或专业人才。

(1)知识上,应用型人才的知识结构是围绕着一线生产的实际需要加以设计的,在课程设置和教材建设等基本工作环节上,特别强调基础、成熟和适用的知识,而相对忽略对学科体系的强烈追求和对前沿性未知领域的高度关注。

(2)能力上,应用型人才的能力体系也是以一线生产的实际需要为核心目标,在能力培养中特别突出对基本知识的熟练掌握和灵活应用;比较而言,对于科研开发能力就没有了更高的要求。

(3)素质上,应用型人才的培养过程更强调与一线生产实践的结合,更加重视实践性教学环节如实验教学、生产实习等,而对于研究型人才培养模式中特别重视的毕业设计与学位论文,一般就不会有过高的要求。

3. 应用型人才培养的大形势下,实践教学的重要性

实践育人工作历来都为我们国家高度重视。坚持教育与生产劳动和社会实践相结合,是党的教育方针的重要内容;坚持理论学习、创新思维与社会实践相统一,坚持向实践学习、向人民群众学习,是大学生成长成才的必由之路;进一步加强高校实践育人工作,对于不断增强学生服务国家、服务人民的社会责任感、勇于探索的创新精神、善于解决问题的实践能力,具有不可替代的重要作用;对于坚定学生在中国共产党领导下,走中国特色社会主义道路,为实现中华民族伟大复兴而奋斗,自觉成为中国特色社会主义合格建设者和可靠接班人,具有极其重要的意义;对于深化教育教学改革、提高人才培养质量,服务于加快转变经济发展方式、建设创新型国家和人力资源强国,具有重要而深远的意义。

应用型本科教育实践教学的核心是培养学生的专业应用能力,应用能力既不是普通教学的实践能力,也不是学科知识的应用能力,而是从社会应用岗位的需求出发,面向专业应用的能力总和。而实践教学作为教学过程的重要环节,是培养学生应用实践能力的重要手段,也是培养学生人格品质的重要载体,是实现培养面向经济和社会发展需要的,会做人、会学习、会做事、会创新的应用型人才培养目标的有效途径和保证。

二、当前应用型本科院校实践教学现状及存在的问题

进入 21 世纪以来,我国政治、经济、社会、文化都发生了深刻的变化,传统的理论知识已不能适应或科学地解释现实中出现的各种问题、矛盾,新形势要求应用型本科教育应研究新情况,解决新问题。因此,应用型本科院校进一步重视实践教学工作,不断丰富其内容。但实践

教学依然是高校人才培养中的薄弱环节,依然存在不少问题,与培养拔尖创新人才的要求也还有差距。

1. 观念上,重理论轻实践,重知识传授轻能力培养

培养学生发现、分析和解决问题的能力,切实提高实践教学质量是实践教学的目的之一。然而,传统教学观念是以传授知识为中心的继承性教育,重理论而轻实践,其优势不能充分发挥。而且,由于长期以来实践教学的重要性被人误解——实践教学是理论教学的附庸,是为了加深对理论知识的进一步理解而附设的一种教学手段,实验内容简单重复多,反映新知识、新成果少;演示性、验证性的实验多,综合性、设计性实验少。例如,实验课的成绩在课程总成绩中所占比重很小,即使有些专业理论课和实验课的学时比例是1:1,但实验成绩在总成绩中仅占30%左右,且成绩常常单纯根据实验报告确定;有些学生照抄其他同学的实验数据,仿填一份实验报告也能得高分;部分实验报告教师给予的评语失真且只有寥寥数字,有时仅有一个"阅"字,这样的成绩评定明显不利于调动学生上好实验课的积极性,因此,学生也就只能机械、被动,根本不能发挥其想象力和创造力;而且部分学科、专业间实验内容有重复现象,学生难免存在应付心理。此外,许多实验指导书对实验原理和实验步骤的详细罗列,在一定程度上助长了学生对指导书的依赖,使实验变成了一个按指示操作的过程,限制了学生的创新性。而实验指导书上的实验内容过分强调对学生专门的培养,所运用的基本是本学科内的知识,造成学科之间的分离和学生创新能力培养的弱化,使实验教学的有效性大打折扣。

2. 操作上,组织管理松散,质量监控不力

目前,很多院校的实践教学管理较为松散,既没有建立一整套关于实践教学的管理制度和机制,也没有相应的质量保障与评价规范。高校实践教学普遍实行多部门独立管理形式,即平行的几个部门分别负责实践教学的几个部分,如教务处、实验室与设备管理处(或资产管理处)、团委(就业实训处)分别负责实习、实验、社会实践。由于各部门之间缺乏有效的沟通协调机制,校级层面上的多方管理影响了新的实践教学体系运行,又没有健全的制度保障,使实践教学效果大打折扣,教学质量也就难以保证。

另外,一些高校对实践教学质量监控尚在探索,很多地方都不科学规范。一是教学考核方法不科学。高校长期以来采用以学习成绩为主的人才培养考核评价体系,这种考核制度显然不能对要求培养"会做事、会创新"的应用型人才的实践教学作出公允科学的评价,也不利于培养学生的创新意识及实践能力。二是缺乏独立的实践教学考核体系。大多数高校都没有制定专门的实践教学考核办法和考核标准,实践教学的学分一般是按1周1个学分来考核,由于考核办法简单而又不严格,因而导致有的学生常常不去单位实习,调查报告、毕业论文往往以抄袭别人的来应付，实践能力得不到有效提高。三是缺乏应有的激励机制。多数高校对学生参加小发明、小创造、小制作、学术报告等各种学科竞赛活动及参与教师科研课题的科研活动等，基本上不给予相应学分，从而抑制了学生进行实践活动的积极性。

3. 保障上，师资队伍薄弱，实习实训基地不足

一些高校的师资薄弱，尤其是缺少高素质的实践教学教师队伍，同时师资闲置现象也尤为突出。这是因为随着人才市场需求的变化，受招生生源的影响，在专业设置上很多高校作了大幅度调整。有的专业生源减少，该专业的教师就无用武之地。有的专业生源旺盛，而该专业教师极其缺乏，尤其是实习实训课教师。因为实习实训教师不同于一般教师，他们应该是"双师型"、"双能型"的教师，既要有深厚的理论知识，也要有丰富的实践经验。在实训实习过程中，往往会遇到很多问题，不是完全靠书本知识能解决的，而需要人的经验，通过综合判断来解决。只有那些既能传授专业理论，又能指导专业实践的"双师型"教师才能担当此任。而这方面的教师太少。一方面师资不足，另一方面师资过剩的局面不仅影响了高校的教学质量，还造成人才资源的浪费。

应用型本科教育的根本任务是培养有较强实际动手能力和职业能力的技能型人才，而实践训练是培养这种能力的关键环节。但是，目前很多学校实践条件还不能满足人才培养目标的要求。一是实验室建设重视不够。实验室建设处于一种自发分散的初始状况，设备陈旧，无法满足学生掌握新技术的需要。二是对校外实践基地的建立和完善重视不够。一些高校没有建立相对稳定的校外实践教学基地，学生社会实践多是凭关系由学生自己去找，不利于教师及时指导和解决学生在实践中出现的问题。更严重的是由于督查难度较大，学生不参加实践活动的情况较为突出，不利于学生自主创新意识和良好工作作风的形成，实践教学效果较差。三是对实践创新环境的营造重视不够。很多高校教学管理办法（如出卷、阅卷、论文答辩等）都不够规范，对教学质量不能进行有效的控制；严谨求实的作风还未能完全形成，"剽窃"现象还较为严重；不同学科之间的融合还不够密切；自由、民主的学术氛围等，这些都阻碍了学生实践创新能力的培养。

三、应用型人才培养目标下实践教学体系的构建

实践教学作为高校人才培养活动的重要组成部分，相对理论教学更具直观性、实践性、综合性与创新性特点，对于提高学生的综合素质、培养学生的创新精神与实践能力有着重要且不可替代的作用。对于面向行业和区域经济服务的应用型本科院校，如何面对各种挑战，从而构建科学合理、适合自身发展特点的实践教学体系是非常必要的。

1. 实践教学体系构建的基本原则

(1)动态原则。随着科学技术的高速发展,技术岗位要求的专业技能和职业素质也在不断发展变化,因此,应用型本科实践教学体系的培养目标也应随技术的进步和市场的要求进行动态的调整,确保培养出的人才适应不断变化的市场的要求。

(2)特色性原则。特色是学校生存和发展的动力之源。确立以素质教育为核心,以技术应用能力培养为主线,以应变能力培养为关键,以产学研结合为途径,与时俱进的应用型人才教育培养模式,是实践教学体系构建必须遵循的重要原则。

(3)资源共享原则。资源共享体现在教师类型的混合、理论教学和实践教学的混合、教室与实验室的混合等方面,打破原来按学科设置实验室的传统布局,淡化理论教学与实践教学、专业教师与实践指导教师、教室与实验室的界限,对实践教学设施进行重新整合,形成多位一体的混合实践教学模式。

2. 实践教学体系的构建

实践教学体系是应用型本科高校实践教学工作的顶层设计,对指导各专业形成有特色的专业实践教学体系、强化实践教学工作的地位、提升实践教学的质量具有重要的现实意义。对于应用型本科高校来说,充分发挥实践教学体系的功能,需要从实践的角度去探索与之相匹配的策略,构建一个符合应用型人才培养目标和专业内涵的,以能力培养为目标的全过程、多层次、模块化的实践教学体系。

全过程是指实践教学应贯穿于实践教学、军事训练、社会实践活动等人才培养的全过程。

首先要强化实践教学环节。应用型本科高校要结合专业特点和人才培养要求,分类制订实践教学标准,增加实践教学比重,确保人文社会科学类本科专业不少于总学分(学时)的20%、理工农医类本科专业不少于25%;要全面落实本科专业类教学质量国家标准对实践教学的基本要求,加强实践教学管理,提高实验、实习、实践和毕业设计(论文)质量;既要鼓励学生参加企业技改、工艺创新等实践活动,又要组织教师编写一批优秀实验教材;还要加强思想政治理论课的实践环节。

其次要认真组织军事训练。应用型本科高校要把军事训练作为必修课,列入教学计划,积极争取解放军和武警部队对学生军事训练的大力支持,认真组织实施,让学生掌握基本军事技能和军事理论,增强国防观念、国家安全意识,弘扬爱国主义、集体主义和革命英雄主义精神,培养艰苦奋斗、吃苦耐劳的作风。

最后要系统开展社会实践活动。应用型本科高校要把组织开展社会实践活动与组织课堂教学摆在同等重要的位置,与专业学习、就业创业等结合起来,制订学生参加社会实践活动的年度计划;要倡导和支持学生参加生产劳动、志愿服务和公益活动,鼓励学生在完成学业的同时参加勤工助学;支持学生开展科技发明活动;要抓住重大活动、重大事件、重要节庆日等契机和暑假、寒假时期,紧密围绕一个主题、集中一个时段,广泛开展特色鲜明的主题实践活动。

多层次是指根据不同教学目标,实践教学内容可以分为基础实践层次、专业实践层次和综合实践层次等三个层次。

首先要扎实基础实践层次。通过基础课及专业课实验实训教学,进行专业基本技能训练,强化独立操作和分析解决问题的基础能力。通过实践教学形成对所学课程、专业内容的初步认知,加深对专业理论的理解,促进理论联系实际;使学生明确在企业进行生产、建设、管理、服务第一线实践的目的、意义,初步确立未来岗位应用和为第一线服务的意识。

其次要强化专业实践层次。通过课程设计、认识实习、生产(或毕业)实习、毕业设计(论文)等环节,进行专业技能的学习和训练,强化专业素质和职业能力的培养;通过实践教学使学生掌握相关专业知识和专业技能,有效解决实际问题;能够承受现代社会科学进步和技术竞争的压力,对专业技术发展具有较强的适应能力;养成严谨的工作作风,掌握科学的工作方法和探索新知识、新技术的方法。

最后要注重综合实践层次。通过创新实践活动、社会实践活动等,进一步培养学生的创新精神和研究能力,强化适应社会和独立工作的能力。实践教学的目标是培养学生具有勇于创业的思想,学习利用专业知识和技术进行创业、就业,以此获得真实工作环境中所需要的各种技能和本领;并培养学生掌握创造性思维方法,激发学生的创新意识和创新能力。

我们从整体上对实践教学内容进行了系统设计,将其分解为六个内容模块。

(1)基础训练模块。主要任务是培养支撑专业技术能力的相关技能和基本素养,通常开设计算机文化基础、大学语文、军训、德育、体育等公共课的实践教学与训练。结合实践教学目标的要求和课程特点,提出可行的实践教学要求,安排实践教学环节和实施方案。例如计算机课程,围绕计算机应用能力的培养,要加强课内课外上机训练,使学生熟练掌握基本的计算机操作技能。

(2)实验教学模块。主要任务是培养学生实事求是的科学精神和严谨的工作作风以及实际动手能力。主要包括:各类基础性实验、专业实验和应用性实验等。基础性实验是以理论课为基础开设的实验(如大学物理实验、电路基础实验等),主要培养学生基本的实验思想、方法和技能。专业实验是由专业类课程的课内实验和综合性实验构成,主要目的是加深学生对专业知识的理解,培养专业工作所需要的实践操作能力和技能。

(3)课程设计模块。主要任务是培养学生运用课程的知识与技能,解决具有一定综合性问题的能力。通常是结合专业课程进行,一般安排在相关专业课程的后段时间实施。

(4)实习(实训)模块。主要是学生在校内外教师和师傅的指导下,在实习(实训)场所进行模拟或实际的工作,以获得有关的知识和技能。主要包括认识实习、课程实习、生产实习和毕业实习等。

(5)社会实践模块。主要任务是使学生在社会实践活动中进一步熟悉专业、体验生活、磨炼意志,以增强学生对社会的认识能力、适应能力,提高学生的综合素质,主要包括假期实践、社会调查等。

(6)毕业设计(论文)模块。毕业设计是对学生大学期间综合能力的检验。学生在完成各门课程学习任务后,综合运用本专业知识、技能和技术,有一定创见地做出解决实际问题的毕业设计(论文),这既是对学生学习情况的综合检查,也是学生理论联系实际、培养实践能力和创新能力的一个重要机会。

四、余论

应用型本科院校的实践教学体系的成功构建关系高校整体教学质量和人才培养目标的实现,然而这是一个动态的发展过程,它理应顺应经济、社会以及学校的发展而不断改革完善。因此,应用型本科院校只有基于实际情况,加强实践教学规范和管理,积极构建并逐步完善实践教学体系,才能真正提高实践教学质量,更好地为培养高质量应用型人才增强教学保障。

【参考文献】

[1] www.moe.gov.cn/publicfiles/business/htmlfiles/moe/moe_633/201203/xxgk_132634.html.

[2]周敏.独立学院本科应用型人才培养模式研究.武汉理工大学,2006.

[3]《教育部等部门关于进一步加强高校实践育人工作的若干意见》教思政[2012]1号.

[4]彭勤革,薛克昌,吕敏.浅谈应用型本科高校实践教学体系管理建设.常州工学院学报,2009,22(1/2):88—90.

[5]李颖,刘智群.深化高校实验教学改革.培养现代化人才.华北煤炭医学院学报2011,7,13(4):561.

[6]《教育部等部门关于进一步加强高校实践育人工作的若干意见》(教思政[2012]1号).

[7]《教育部办公厅关于开展普通高等学校本科教学工作合格评估的通知》(教高厅[2011]2号).

(本文发表于《佳木斯教育学院学报》2013年9期)

新建本科高校实验室开放有效途径探析
——以安徽新华学院为例

安徽新华学院 汪 青[①] 吴 永

我校自升本以来,牢固树立应用型人才培养目标定位,主动探索办学道路和发展方向,努力创建特色鲜明的教学模式,教学改革持续深化,培养质量不断提升。实践教学在应用型民办高校人才培养中起着重要作用,因此探索更加合理、有效地开放式教学模式成为必然趋势。

一、SWOT分析实验室开放现状

我校实验室开放工作从2008年逐步开展,各教学单位根据开展情况进行多次商讨和改革,从零星的几个项目到有计划、有要求、有安排的实施开放。现运用SWOT分析法对实验室开放现状的优势与劣势、机会与威胁进行分析。

表1 SWOT分析实验室开放现状

内部优势	实验室软硬件设施齐全、各教学单位重视程度高
内部劣势	开放实验室管理模式落后、学生自主学习意识弱
外部机会	加大实验室开放力度是必然趋势
外部威胁	安全问题难以保障、落后的开放观念

从以上几点来对实验室开放所面临的问题进行全面、系统的研究,从劣势和威胁所涉及的因素着手,制定相应的发展战略、计划和对策。

二、改善实验室开放措施

理想状态下,学校的实验室可全天候开放为学生提供学习实践场所,并安排有实践经验、责任心强的教师为学生精心指导,使学生能充分地利用学校教学资源。但眼前的问题是如何安排开放,开放过程中的问题如何解决。

[①] 汪青(1986—),女,安徽合肥人,安徽新华学院教务处实践教学主管,讲师,硕士研究生。研究方向:实践教学。

1. 建立实验室开放管理模式

建立合理的实验室开放管理模式,提高高校实验室开放管理水平。以应用型人才培养为目标,从制度拟定、安全保障、人员到位和经费落实四个方面来构建高校实验室开放管理模型(如"图1"所示)。安全保障、人员到位、经费落实是实现实验室开放的基本条件,制度则是经费、设备安全和人员正常运转的重要保证。完善的制度需要明确规定所涉及的各职能部门及各类人员的权责、经费使用情况、激励条件和惩罚措施,并形成完整体系。

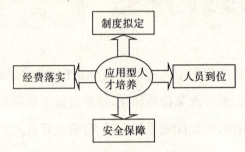

图1　高校实验室开放管理模式

2. 规范实验室开放流程

(1)各教学单位在学期初列出可供开放实验室的相关信息(实验项目、时间、地点、指导教师),及时向学生公布并接受学生报名,避免开放实验教学与正常教学秩序产生矛盾。(2)安排指导教师或实验管理人员值班,并根据报名参加实验的人数、实验内容等情况提供实验条件,同时在开放期间负责指导学生,做好实验室管理工作,认真做好实验开放情况记录。(3)学生进入开放实验室后,听从指导教师的安排,严格遵守实验室的各项规章制度。(4)开放实验室应做好教学文件的存档工作,如实验报告、科技创新作品以及具有特色的实验设计方案等。(5)每学期期末,各教学单位将本学期实验室开放情况以书面形式做好总结。

2. 重视参与开放主体

(1)学生。因为信息闭塞,加上没有强制要求,使主动参与实验室开放项目的学生往往很少。需采取相应措施能够让学生主动参与,积极参与实验室开放活动。从软的方面来引导:①通过海报、教学楼门口的LED、学院网站等发布信息,以便学生及时得到开放信息。②学校在规划建设各教学单位实验室时除了要满足日常教学的实验项目要求外,还应加强适合综合性、设计性项目的设备及实验室的建设,以满足开放的需要。从硬的方面来制约:在制定人才培养方案时就要考虑课程体系与学分、学时的分配,要求学生在大学四年里完成一定学时、一定学分的实验室开放选修课程。以学分制的方式作为激励政策,学生根据兴趣爱好参与各类开放项目,修满一定学分成为完成学业的途径。

(2)教师。因为没有将实验室开放工作作为教学考核的内容,再加上实验室开放多在休息时间进行,因而指导教师和管理人员的积极性不高,只是把它当作一项上级下达的命令一样去执行。需采取相应措施提高教师积极性,避免出现敷衍了事的现象。①可在教师评职称、年终评优上得以体现。②鼓励和支持教师外出进修和培训。③资助教师参加学术交流会。④对于不负责任的教师和管理人员,取消其开设开放实验的资格。

三、完善实验室开放类型

我校在多学期实验室开放后,根据参与的师生和相关教学管理人员的意见,经多次讨论后,对管理办法进行了修订。加强实验室开放的指导作用。根据各教学单位的特色来进行分类和定位,使实验室开放能够起到最好的效果。

1. 针对教学安排内的实验项目

教师在课余时间安排开放教学,可方便学生预习、重做实验,以弥补实验教学课堂未能完成的实验任务,加深学生对实验知识的理解和掌握。同时可结合课程内容,拟定综合性、设计型实验课题,让学生独立完成实验方案的设计。

2. 针对学科与科技竞赛实验项目

为鼓励学生自主创新,将实验室开放和参加科技创新竞赛结合起来进行。形式主要可分成两种:(1)面向全校学生,可由不同年级的学生参与学习并组成兴趣小组,结合实验室的条件和指导教师提出的一些学科与科技竞赛活动内容,开展实验性、探索性研究。也可由高年级的优秀学生引导低年级的学生学习,参与实验室的管理。(2)由有经验的教师带队,有针对性地进行学习研究,参与各类校级、省市、国家级大学生学科与科技竞赛活动。项目完成后,让学生携带自己的作品参加各类学科创新竞赛,与其他学校学生进行展示与交流。

3. 针对毕业设计实验项目

学生利用实验室资源根据题目来选取自己实验所要用的物品,如电子信息工程学院学生进行软件仿真和硬件焊接等;动漫学院在录音与制作工作室对先期制作的语音进行后期处理、在产品造型实验实训室进行作品设计等。通过实践完成的毕业设计,能使学生所学的各种理论知识和技能得到充分应用。

4. 针对科研课题项目

一方面学生配合教师完成文献资料检索,再进行实验方案设计、数据处理、统计分析、课题项目书撰写。通过参与研究课题的全过程,会有一个较为全面、清楚的认识和体验,增强了科研能力,提高了综合素质;另一方面课题的研究可推动学校产学研合作教育的开展。

5. 其他项目

面向全校学生，不分文理，不分专业。利用实验室先进的设备和技术，有目的有侧重地开放，为教学和社会服务。科普类教育，如自然界的一些奇特现象，通过物理实验来验证解释；语言中心类，可提供英文及其他语言的口译、笔译训练机会。通过观摩与讨论可以激发学生参与实验室开放的热情，拓展学生的知识面。

四、结语

实验室开放工作是一项系统工程，新建本科院校应结合实验室建设和管理的实际情况，进一步完善实验室开放机制，统筹规划制定实验室开放的具体措施，坚持以提高学生的实践动手能力和培养学生的创新精神为出发点，本着"形式多样、因材施教、追求实效"的原则，在广度、深度、烈度三个层面上不断提高实验室开放程度，促进实验室开放工作朝着更全面、更深的方向发展。

【参考文献】

[1]刘杨.新办本科院校构建开放实验室平台的思考.运城学院学报,2009(1).

[2]上官廷华.高校实验室开放的管理探讨.中国成人教育,2011(2):60—61.

[3]詹福建,许可,张东方等.整合资源,优化资源共享,促进实验室全面开放.实验技术与管理,2011,28(11):343—345.

[4]何优选.地方院校实验室应实行分层次开放.实验技术与管理 2011,28(11):188—189.

[5]姜晶,赵阿勐.实验室开放与大学生创新能力相结合.实验室研究与探索,2010,29(7):201—203.

[6]向乾坤,赵秀琴.民办高校实验室管理初探.实验室研究与探索,2012,31(9):147—150.

[7]郑春龙.实验室开放激励机制研引.实验室研究与探索,2010(8).

[8]伍杨.高校实验室开放管理机制的研究.实验技术与管理,2012(8):178—181.

基于行动导向法的食品企业标准化模拟实训教学思考

滁州学院 董艺凝[①] 孙艳辉

一、我国食品企业安全生产现状以及由此引发的教学思考

食品是人类生存和发展的根本,也是一个国家、一个社会生活质量的重要标志。食品企业标准作为食品安全生产、储藏的依据,其发展水平直接关系广大人民群众的身体健康。近几年,随着我国食品标准化体系建设的投入加大,作为食品标准化体系中的重要组成部分,食品企业标准化也在不断发展进步。但是,由于我国食品企业标准化程度总体偏低,尤其是中小型企业的产品生产严重缺乏科学合理的标准作为指导和依据。在食品的原料生产、加工和销售环节仍存在有害物质残留、食品添加剂超量等安全及质量问题。这些问题不仅严重影响着消费者的身体健康,也阻碍了企业自身的发展。因此,建设和完善食品企业标准化不仅是企业规范化生产的要求,也是食品质量和安全的重要保障。

我国食品标准化建设的过程中,虽然培养了许多标准化领域的专业人才,但相对于标准化发展的形势和速度来看,还远远不能满足需求。国家、行业、地方以及食品企业标准的制订者多为科研人员、专家学者。从知识构成角度,这些专业人员虽然具有较丰富的标准化理论知识背景,但普遍缺乏企业实践、操作及管理经验,以至于标准的适应性、实践性与食品企业的实际需求之间存在一定差距;同时,食品企业的管理阶层中标准化专业人员较少,标准化管理人才数量不足也成为阻碍企业标准化工作开展的主要因素,也在一定程度上影响了我国食品企业标准化建设的发展进程。

针对我国食品企业标准化建设人才数量不足、应用型人才缺乏的现状,加强食品领域标准化人才培养、建立职业标准化队伍是目前高校食品专业发展的一项重要任务。如何科学设计食品企业标准化教学内容、方法和构建合理、有效的专业教学体系,是食品标准化专业课程教

[①]董艺凝(1980—),女,吉林省汪清县,博士,讲师。主要从事食品标准化理论及教学研究。

学中必须思考和重视的问题。食品企业标准的制定是为了保障企业对产品质量进行有效监管，并最终使食品质量得到工商监管部门和消费者的认可。为了有效发挥标准在企业运营中的作用，企业标准的制定往往要比国家标准、行业标准更加详细、严格和全面。因此，专业课程教学目标的设定也应该以食品企业标准化工作的实际目的和要求为依据。在教学中除了培养学生食品标准化意识、普及国内外食品行业标准化信息和传授国家标准、行业标准等基础知识外，更应着重为学生创造贴近食品企业工作环境和要求的学习机会，培养学生生标准化工作意识和标准化理论知识的运用能力。

二、食品企业标准化模拟实训的主要教学内容

食品企业标准化是一项系统且复杂的工作，培养食品专业学生对于食品企业标准化建设的工作能力，不仅要掌握基础理论知识，还要具备食品企业环境下标准化工作的组织、协调及标准的制定、备案等面向行业主管部门的行政及专业作能力。如何在模拟实训中组织协调各环节，建立一个完整系统的模拟实训体系是保证教学效果和质量的前提，也是教学工作中难点。基于行动导向教学模式的食品企业标准化模拟实训教学体系正是围绕食品企业标准化相关工作环节展开设计的，以培养学生在食品企业模式中对标准化知识的运用能力为教学目标，将理论知识与实践相结合，使学生"在学习中模拟，在模拟中学习"。

1. 食品企业标准化模拟实训体系设计

实训体系根据食品企业标准化工作主体的不同分为两个部分（如"图1"），一部分是以企业内部工作为主，包括标准的编写、组织实施及监督环节；另一部分以企业面向主管部门的工作为主，包括标准申报、专家评审、复审等环节。实训体系的实施要在一定的企业环境下进行，既模拟实训需设定主题。主题来源主要有两个方面：一方面由教师指定实训模拟的题目。可以是基于真实食品企业环境设定的标准化工作业务，也可以是以虚拟的食品企业为对象，根据教学目标假设的标准化工作要求和任务。另一方面，实训主题可以由学生自行选择。学生可根据自身工作意向或专业兴趣设定实训模拟的企业背景和工作环境。相对于教师指定主题，后者可以更好地引导学生主动了解食品企业实际工作环境、要求及企业的组织运营和管理。

2. 食品企业标准化工作模拟实训的实施

模拟实训的第一部分环节以企业内部工作为主体，包括食品企业标准的制定、实施和监督。学生分组建立模拟食品企业标准化工作团队。在分工完成文献搜集、整理及汇总工作后，进入食品企业标准的编制。学生在这一实训环节中主要训练两方面技能：一是进行标准文本的编写，以熟悉并掌握标准文本的编写规范，以及标准中各项技术指标、试验方法、检验规则；

另一方面,学生在这一环节中还要熟练掌握编制说明的制订。这是企业标准备案中必须提交的重要材料,也是企业标准制订的概述性文件。其内容要包括工作简况、标准编制原则、标准主要内容、主要试验分析、综述报告,以及与有关的现行法律、法规与强制性国家标准的关系等。标准制定后,各小组以虚拟的食品企业生产规模和生产环境为前提,设置企业标准化管理机构,建立标准化工作管理程序,并进行角色分配和职责划分,以开展食品企业标准实施环节的模拟。在此工作基础上,进入标准实施的模拟环节。主要模拟进行内部的动员宣讲及食品企业标准化管理、监督工作的程序的建立。并以完成一项具体标准化日常工作为例,并检验其设定的各项标准执行的可行性和效果。

模拟实训第二部分环节以食品企业标准备案工作为主。不同食品企业不同标准备案程序有所不同,其中以食品安全标准的审查和备案工作要求最为严格。学生在这一环节实训中首先要根据其起草标准的类型选择申报流程,并准备相应文件材料。老师作为各级主管单位标准化处负责人,受理备案申请,并负责形式审核。审核通过的标准文本,进入审查阶段。评审人员由教师组织协调各小组学生担当扮演。标准评审模拟环节主要完成两方面工作,一是评审程序的建立,二是对食品企业标准内容进行审查。审查程序包括:(1)资料查阅和信息收集。标准会审人员,首先要根据其食品种类、质量特征,查阅相关论著及最新的类似国家标准、行业标准及地方标准,以及当前最新的该类食品加工的国际、国内科技成果资料。(2)开展调查工作,要求标准制定者提供支持调查的资料和自行开展调查。(3)审稿,给出会审意见。

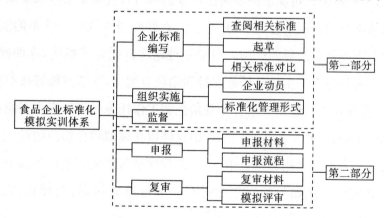

3. 食品企业标准化模拟实训总结

实训模拟结束后,由教师指导学生开展标准的制定、实施、监督及备案等环节的分析与总结。总结经验教训是实训模拟的最后一个环节,也是非常重要的工作。每位同学要对实训过程的内容,如实训程序的安排、情境的设置、目的的选择和工作内容的完成情况,以及模拟机制的运行效果和存在的不足进行分析。通过对实训模拟过程的分析总结,一方面可以使学生消化、反思食品企业标准建立过程相关知识的运用,强化教学效果;另一方面,教师可以通过学生的总结报告,获得教学指导效果的反馈信息,以帮助后续实训模拟教学的改进。

三、当前教学中的经验总结,存在的问题和拟解决的办法

将"行动导向教学模式"引入食品专业模拟实训教学过程中,是一种有针对性的教学尝试。经过一个阶段的教学实践和反思,笔者将食品企业模拟实训体系概括为一个主程序、两类角色和三个情境。一个主程序是依据标准的制定、实施及备案作为实训模拟体系的主要流程。其中涉及的模拟扮演角色可概括为两大类:企业方角色,包括标准编制人员,标准实施、监管人员等;审核方角色,包括标准备案、审核的行政人员和技术领域专家。整个模拟体系所依托的虚拟环境可设置为三个情境,包括标准编制工作情境、标准执行监管的企业内部运行情境及政府主管部门工作情境。这样的实训体系基本覆盖了食品企业标准化工作所涉及的主要工作环节,并兼顾到了企业内部工作的协调以及企业与外部行政主管部门间的互动。通过让学生扮演食品企业标准化工作中不同岗位角色,使学生了解了各工作环节的内容。同时,让学生做不同情境中职能角色的转换,能够使学生更好地理解不同岗位工作的心理和状态。比如,在企业标准制订模拟环节中,学生扮演了企业标准编制工作人员;而在标准申报环节中,学生又可以扮演标准审查人员。通过工作角色的转换,学生可以从标准制定角度掌握标准编制的主要工作要求,又可以从审查员工作角度掌握如何使标准的编写符合备案条件和要求。

行动导向的教学模式强调学生是学习的主体,教师作为实训模拟体系的组织者、管理者,在实训过程中起着协调者和监督的作用。与单一理论课讲授方式相比,这种教学关系和模式更能激发学生的学习热情。学生接受任务安排和角色分配后,通常都能够按照教师的指导,进行各项准备工作,并能在资料筹备中结合自身角色和工作任务分配发挥主观能动性。但是,由于学生知识基础的不同,一些学生在实训过程中仅停留在模拟角色扮演阶段,不能做到利用实训模拟机会将所学专业内容运用到角色中;还有部分同学虽然能够做好各项充分准备,但其所扮演的角色缺乏真实性。比如一些学生在进行企业标准宣讲时,有照稿宣读、生搬硬套的现象。

在今后的教学实践中还要针对学生的心理特征和知识基础进行课程改革,设定不同层次的行动导向目标,使各层次的学生都能在实训模拟中有所收获。同时,实训体系的内容还要在教学过程中不断进行职业情境的创新,设计更富有挑战性、贴近现实的工作任务,激发学生的学习、实践的主动性;对于实训体系的组织实施,时间安排上要更加科学合理。为学生预留充足的时间查阅文献资料、设计情境、准备道具和场地,不断完善模拟实训的逼真度。对一些不

适合采用角色扮演和情境模拟的教学内容,如标准及标准化概念、我国食品标准法规,以及国际标准和采用国际标准等理论性较强的教学内容,在课程教学互动中,还可以通过项目教学法或案例教学法使其逐步被纳入行动导向教学模式中,加强理论基础知识的实用性和可实践性,促进学生对食品企业标准制定、实施的相关专业知识的掌握和应用,最终达到培养学生对于食品企业标准化各项工作的实战应用能力。

【参考文献】

[1]刘录民.我国食品安全监管体系研究.陕西:西北农林科技大学,博士论文,2009:4—5.

[2]王一.我国食品安全标准化体系的现状与对策.辽宁医学院学报,2011,9(1):124—126.

[3]陈家从.食品企业标准制定会审中应审查的内容与程序.海峡预防医学杂志,2003,9(3):73—74.

[4]陈冰梅.基于行动导向的教学设计研究.南宁:广西师范大学,硕士论文,2010,6—9.

[5]孙晓春.对行动导向教学模式的反思.中国管理信息化,2012,15(8):102—103.

[6]葛媛媛.授之以鱼,不如授之以渔—行动导向教学法探究.学术研究,2012,10:177.

(本文发表于《高教论坛》2013年第3期)

应用型本科院校毕业论文(设计)方式存在的问题及原因探析

黄山学院 江 诚[①]

随着社会对人才需求的多元化,地方本科院校已经成为我国高等教育发展中的一支重要力量。地方本科院校定位于应用型,其主要任务是服务地方,为地方社会进步和经济建设培养大批应用型高级专门人才,这已经成为高教界的广泛共识。

毕业论文(设计)是高等院校实现人才培养目标的一个综合性实践教学环节,是本科毕业生就业前最后进行的考核科目。但目前高校进行的毕业论文(设计)教学沿用的是精英教育的本科毕业论文(设计)的模式。精英教育模式培养的是高层次的理论型的研究人才。在这样的培养模式中,本科毕业论文(设计)能很好地检验毕业生的理论学习状况,提高学生的学术研究能力。但作为地方应用型本科院校,教育模式已由精英式的教育走向了大众式的教育,这类院校培养的人才以应用型为目标,因此,高理论水平、高学术水平的毕业论文(设计)的要求对于此类院校的人才培养显然是不合适的,也无法达到社会对高校人才培养的要求。例如小学教育专业的毕业生走向社会后,用人单位普遍反映学生的理论水平与研究能力明显高于原有的小学师资队伍的整体水平,但实践操作能力却明显欠缺,难以承担一定的教育教学任务。这样的情况,同样也出现在很多其他专业中。

造成当前应用型本科院校毕业论文(设计)诸多问题的症结正在于这样一对矛盾之中,即人才培养目标的大众化与本科毕业论文(设计)要求的精英性之间的矛盾。正是这样一个矛盾,造成当前应用型本科院校毕业论文(设计)教学遇到了一系列的问题。

一、应用型本科院校毕业论文(设计)中存在的问题

1. 毕业论文(设计)的选题普遍存在应用性不够的问题

从目前应用型本科院校毕业论文(设计)的选题情况来看,一般多为教师提供毕业论文(设

[①]江诚(1973—),女,安徽歙县,黄山学院教务处,副教授,硕士。研究方向:课程与教学论。

计)的题目供学生选择。由于教师自身学习、工作与研究经历的影响,选题多偏向于基础理论的研究。以学前教育专业为例,2013首届毕业论文,结合教学和生产实践的选题不足50%,教学研究类论文仅占13.6%,这显然是与应用型本科院校的人才培养模式不相符的。

2. 毕业论文(设计)的时间安排存在不足与矛盾的问题

应用型本科院校毕业论文(设计)的时间一般安排第八学期,历时八至十二周。从实际状况来看,这存在着两个方面的问题,其一,从论文写作或设计的需要来看,8~12周的时间远不足以完成一篇高质量的论文;其二,第八学期学生不仅要完成毕业论文(设计),还要进行毕业实习工作,同时还面临着就业、考研等诸多压力,8~12周的时间都难以保证。这两个方面的原因直接导致了应用型本科毕业论文(设计)质量的下滑。学生在选题时考虑最多的因素是课题的相关研究是否丰富、参考资料是否充足,论文写作的难度是他们选题的决定性因素,那些比较耗时、耗力的研究学生一般很少选择。

3. 毕业论文(设计)的过程中存在着指导与管理不到位的问题

从目前情况来看,应用型本科院校在毕业论文(设计)的指导与管理上面临着以下几个方面的问题:其一,学校扩招后导致此类院校生师比存在着不合理的状况,教师指导论文数量过多,从而导致教师对每个学生指导不足。如2012届学前教育专业共有毕业生44人,而学前教育专业的教师仅有6人,这些教师不仅承担着学前教育专业的论文指导工作,同时也承担着小学教育专业学生的论文指导工作。因此,每个教师承担的指导任务至少是在8个以上,少数教师甚至超过10个。其二,此类院校的学生面临着较大的就业与继续升学的压力,致使学生难以集中精力完成毕业论文(设计)的相关工作,教师也因此难以对学生进行有效的指导。因此,就造成了过程管理上的问题,直接影响了毕业论文(设计)的质量。

二、影响应用型本科院校毕业论文(设计)质量的因素

通过几年来对我校本科毕业论文(设计)的质量分析,影响我校应用型本科毕业论文(设计)质量的因素是多方面的,主要表现在以下几点:

1. 学生自身的因素

(1)学生对毕业论文(设计)的重要性认识不足。

很多学生不能正确认识毕业论文(设计)的目的及作用,认为毕业论文(设计)只是课程设计的简单扩大,只要利用几周的时间就可以完成,所以出现学生在平时不下工夫,只在答辩前加班加点、东拼西凑,敷衍过关,认为毕业论文(设计)只是随便对付一下就可以毕业,忽视综合能力的训练,甚至出现抄袭现象。

(2)学生的研究能力不足以完成毕业论文(设计)的任务。

随着高校逐年扩招,高校学生,特别是地方应用型本科院校的学生质量不尽如人意已成为不争的事实。加上日常的教学多偏重于理论学习,忽视对学生科研能力的训练,导致学生在面对毕业论文(设计)的时,在文献查阅、调查研究、论文撰写或设计的时候缺乏相应的能力。这反映在论文撰写的各个环节:

①开题报告的撰写。在撰写开题报告的过程中,学生普遍存在查阅资料能力低,查阅效率低,资料陈旧等现象;学生对文献的综合分析能力明显不够,无法在综合分析的基础上确定自己的研究课题。

②调查研究的过程。作为学前教育专业学生,仅在"学前教育研究方法"一门课程中接受过一般的科研训练,对如何进行一个有效的调查研究概念不清,知识不足,能力不够。这使得学生在选取样本、编制问卷、分析数据等环节上都表现出很多问题。

③论文内容的撰写。毕业论文(设计)是对学生四年本科学习的全面检验,因此,一篇好的毕业论文或一个好的毕业论文(设计)有赖于学生扎实的理论学习。但因为各种各样的原因,很多学生在四年的学习中把大量的时间放在考证、考级等事情上,而忽视了专业理论的学习。这使得他们一时无法应对毕业论文(设计)的撰写工作。

④论文的格式。毕业论文(设计)是学术类的论文,因此,有着规范的格式要求。但学生往往在这方面的训练比较缺乏,日常学习中也较少阅读学术类文章,加上学生在撰写论文的过程中态度不够严谨,简单粘贴,造成大部分学生在完成毕业论文(设计)的过程中都会存在格式混乱的问题。

(3)就业压力的影响。

作为应用型本科院校,我们的毕业论文(设计)一般安排在第八学期,但这恰恰正是毕业生求职择业的高峰期,所以,二者重合给毕业论文(设计)带来了巨大的冲击。首先,受双向选择时限的影响,就业部门在毕业生找工作方面限定了确定工作单位的时间,因此学生为了在限定的时间内找到好的工作单位,就将毕业论文(设计)放到从属地位。其次,已确定工作单位的学生,认为毕业论文(设计)对将来就业影响不大,因而投入精力不足;再次,有些用人单位要求已确定工作单位的学生提前上岗,致使这些学生无暇顾及毕业论文(设计)的相关工作。

(4)研究生复试的时间的冲突。

应用型本科院校的相当一部分毕业生都参加了研究生的入学考试,达线的同学在第八学期都会忙于复试、调剂等事情,因而对所做的毕业论文(设计)缺乏积极性,采取消极应付的态度,这就难以保证毕业论文(设计)的质量。

2. 教师方面的原因

(1)师资数量的限制。

随着高校的扩招,许多本科院校招生规模不断扩大,而与此同时因受各方面条件的制约,教师数量却无法满足各个教学环节的需要,特别是在毕业论文(设计)的环节,存在教师任务过重,教师指导学生数远远超过相关规定和要求的现象。以教育科学学院为例,2013年有小学教育、学前教育及应用心理学三个专业的毕业生160人,具有毕业论文(设计)指导资格的教师只有20人,而其中有高级职称的教师仅有6人,大部分指导教师为助教,这就直接导致了学生毕业论文(设计)指导工作不足的问题。

(2)教师质量的限制。

一方面,应用型本科院校面临的最大问题是师资力量的缺乏,高职称、高水平的教师明显不足,而这些高职称、高水平的教师又因为承担的教学和其他相关工作任务过重,所以在毕业论文(设计)环节中难以保证高质量完成指导工作;另一方面部分年轻教师相对来说由于自身工作和研究的经历的限制,指导学生毕业论文(设计)的能力不足,责任心相对缺乏,对学生要求不严,这些都影响了毕业论文(设计)的质量。

毕业论文(设计)是本科人才培养方案中的最后一个重要的实践性教学环节,是对学生在大学整个学习阶段的知识和能力的一次综合检查。应用型本科院校在人才培养上强调其应用性,因此,我们必须结合自身实际及目标要求,在应用型人才培养体系的指导下,推进毕业论文(设计)的改革。

【参考文献】

[1]李晨曦.对于应用型本科毕业论文(设计)模式的探讨.现代企业教育,2011.(9)下:206—207.

[2]甘勇,甘杜芬,熊彬.影响应用型本科毕业论文(设计)质量的因素与对策研究.高教论坛,2011(1):52—54.

[3]周庆元.包文姝,应用型本科专业毕业实习、毕业论文(设计)和就业工作一体化模式的构建.湖南医科大学学报(社会科学版),2010.(3):229—230.

[4]李琼.应用型本科毕业论文(设计)院(论文)与学生应用能力培养的关系研究.文教资料,2009.(2).中旬刊:213—214.

[5]李永霞,魏彦红.应用型本科院校毕业论文环节实施的有效性反思.衡水学院学报,2011.(12):95—97.

[6]毛小庆,韩力.大学本科毕业论文(设计)质量研究.重庆大学学报(社会科学版),2006.(6):133—136.

[7]张志成,戴鼎震,蒋加进,杜改梅,陈钟鸣.应用型本科院校毕业论文(设计)(论文)质量现状及原因分析.中国电力教育,2011.(31):80—81.

[8]杨会成.提高应用型本科毕业论文(设计)质量的思考.中国电力教育,2010.(24):127—129.

[9]王茜,鲍莉.关于应用型本科毕业论文教学质量的探讨.徐州教育学院学报,2008.(6):108—110.

(本文发表于《安徽工业大学学报》2014年第1期)

大学生校外生产实习模式的探索与实践
——以铜陵学院为例

铜陵学院 吴卫兵 刘 晨 张 昊[①]

大学生生产实习是高校教学的一个重要环节,也是全面提高大学生综合素质的有效措施。随着应用型高校建设的不断发展,让大学生走出校门,参加校外生产实习活动,培养学生实践动手能力和社会适应能力,已成为当前高等教育工作者积极倡导的做法。2012年1月10日,中宣部、教育部等七部委联合下发的《关于进一步加强高校实践育人工作的若干意见》(教思政〔2012〕1号)指出:坚持理论学习、创新思维与社会实践相统一,坚持向实践学习、向人民群众学习,是大学生成长成才的必由之路。但是,随着高校的扩招和市场经济的不断发展,大学生校外生产实习活动出现了很多问题和困难,如实习人数多、单位难联系、实习时间短、过程形式化等等。这些问题的出现,直接影响了生产实习的质量,挫伤了大学生融入社会、开展实践活动的积极性。因此,探求大学生校外生产实习的新模式,不断提高生产实习质量,对应用型人才培养和高校专业建设都起到至关重要的作用。

一、生产实习现状及原因分析

1. 实习学生规模不断扩大

随着高校的招生规模不断扩大,学生数量日益增多,导致大多数实习单位很难一次性接收大量学生实习,使生产实习常常流于形式。学生很难有动手实践的机会,渐渐对实习丧失了热情,最终互相抄袭实习报告,交差了事。这就使实习质量难以保证,达不到生产实习的教学目的。

2. 实习单位的热情不高

在市场经济条件下,实习单位由于存在岗位安排和安全风险等种种顾虑,一般不太愿意接收大学生实习。相比较生产实习,多数企业更愿意接待参观实习,这会导致生产实习达不到预

[①] 吴卫兵(1972—),男,安徽广德人,铜陵学院教务处副处长,副教授,硕士。研究方向:电力系统及其自动化,高等教育管理。刘晨(1964—),男,安徽安庆人,铜陵学院工商管理学院院长,副教授。研究方向:财务会计,审计学,高校教学管理。张昊(1982—),男,江苏南京人,铜陵学院数学与计算机学院讲师,硕士。研究方向:计算机科学与技术。

期的效果。即使那些条件相对较好的企业,由于其生产任务忙,同时担心降低生产效率和产品质量,影响经济效益,因此,也不愿意接纳学生实习。

3. 校外生产实习时间不足

校外生产实习意味着学生必须深入企事业单位一线,集中一段时间从事具体的生产劳动或管理实践,达到熟悉和掌握一定的生产工艺或管理经验的目的。但是,在当前形势下,种种因素很难保证大学生有足够的实习时间,如学校实习经费投入不足、实习单位只接待参观实习等,导致学生参加生产实习的时间不断被压缩,这样很难达到生产实习的目的。在这种情况下,学生们对实习内容印象不深、了解不透,无法将理论知识与生产实践很好地结合起来。

4. 指导生产实习的教师水平有待提高

在学生的生产实习过程中,指导教师的专业水平和实践能力具有重要的作用,学生在生产实习中能否有所收获以及收获大小,在很大程度上取决于指导教师主导作用的发挥。由于各种原因,不少年轻教师刚参加工作,缺乏实践经验,就被安排指导学生生产实习,因此显得有些力不从心,导致实习效果不佳。

二、解决校外生产实习问题的几种途径

1. 建设稳定、优质、关系密切的校外实习基地

实习基地是重要的教学场所,校外实习实训基地的建设,是高等教育实践教学的根本保障,直接影响着生产实习的质量。因此,建设一批稳定、优质、深度合作的实习基地,是高校解决各种实习问题的有效途径。

当前形势下,虽然寻找合适的实习单位存在一定的难度,但是作为高等学校,应该站在实习单位的立场上寻求学校和企业利益的切合点。找准相互合作、互惠互赢的机会,构建一种企业和高校合作办学的新模式和新关系。不难理解,有时企业也希望通过接纳学生实习的方式与高校建立一种良好的关系,其原因分析如下:一是企业希望借助高等学校在学科专业领域的优势来提高其社会影响力;二是企业可以通过高等学校在科研技术方面的能力来解决自身的技术问题;三是企业希望通过让大量学生来单位实习,能够有机会挑选满意的实习生来实现人才储备。

2. 大力开展双休日校外"拜师学艺"活动

双休日校外"拜师学艺"活动,是指学校组织学生利用双休日时间,深入周边企事业单位,以专业对口为原则,在校外专业人员的指导下开展的一项实习实训活动,目的是充分利用校外的优质资源,让更多的学生参与生产实习与社会实践,丰富实践经验,提高实践能力和创新能力。

双休日校外"拜师学艺"活动仍然以校外实习实训基地为依托,聘请基地经验丰富的指导教师,利用一个或多个周末时间,在具体的生产经营岗位上有针对性地为大学生提供实习实训条件。铜陵学院在2011年4月颁布实施了《双休日开展校外"拜师学艺"活动实施方案》(院发〔2011〕21号),对活动申请、组织实施、经费保障、安全管理等都作了详细的阐述和规定。自该方案分布之日起,铜陵学院相关系部门组织学生利用双休日时间,多次深入铜陵有色铜冠投资有限公司、铜峰电子公司、中国人保人寿铜陵分公司、铜陵华城会计师事务所等17家单位,师从这些单位多名专业技术人员,系统开展了相关专业的生产实习活动。从2011年4月至今,已有14个专业2000多名学生参加了这项活动,成效较为显著。

实践证明,双休日校外"拜师学艺"活动的系列开展,已成为铜陵学院大学生正常生产实习的有效补充,在专业建设和人才培养中发挥了巨大的作用,已使学校越来越多的学生从中受益。

3. 加强校企合作,促进联合办学

近年来,加强校地、校企合作已成为应用型高等教育发展的必由之路,越来越多的高校开始重视与企业增进互信,优势互补。高校看重的是企业良好的生产经营环境和设备资源;而企业看重的是高校在学科与技术上的优势,以及充足的人才资源。所以,应用型高校应该利用各种渠道,积极开展与企事业单位的深度合作。其中一种很好的解决大学生生产实习问题的方式,就是合作办学。

合作办学是指学校顺应企业的需要,在课程设置与教学环节上按照企业对行业的要求改变原有的人才培养模式的培养方式。依据自愿原则,学校选择将来有意到该企业工作的学生单独开设一个班级,让学生选择性地学习公共基础课、专业基础课和选修课。在此基础上,在生产实习环节,学校就将这个班的学生送入该企业,企业根据自身需要分步骤、有计划地对这些学生进行系统的业务和技能培训。

近几年,铜陵学院在校企合作办学方面进行了深入的探索和实践,学院以"冠名班"的方式与多家企业合作,很好地解决了学生生产实习的问题,在为企业输送合适人才的同时,也在很大程度上缓解了我院毕业生的就业压力。这几年合作办学的班级有"淮钢班"(淮阴钢铁公司)、"华为班"(浙江华为集团)、"蓝盾班"(铜陵市蓝盾光电子公司)等等。学生在这些企业进行生产实习过程中,都有着很强的主人翁意识和主观能动性,这种实习效果和实习质量是任何其他实习模式无法比拟的。

4. 采取集中实习、分散实习与轮转实习相结合的模式

"集中式"实习教学模式往往比较适合岗位人数相对较多的理工科专业。而对于财经、文

法类专业,由于实习岗位对人数需求相对较少,故可以采取"分散式"实习教学模式或集中与分散相结合的生产实习模式。最近几年,铜陵学院各系部根据各自专业特点,充分利用丰富的实习基地资源,开展了形式多样的校外实习实训活动。2011年度,2009级金融学(1)班在开展生产实习活动中,将这个班77名学生分别安排在工商银行铜陵分行、铜陵邮政储蓄银行和中国人寿铜陵分公司等多家单位实习,实习效果良好。

另外,轮转式实习模式也是解决实习人数多而实习单位少这一矛盾的有效途径。所谓轮转实习模式,就是先将同一个班级的学生分组,然后按照不同的时间段将各组学生在多个实习基地循环轮换实习。这样,每组学生在某个基地实习一段时间后再转到另一个实习基地,实行轮转实习模式,能够使学生尽可能多地接触不同的生产企业,熟悉不同的生产工艺或经营模式,学习到更多的专业知识,使学生的掌握的实践知识更加全面。近年来,铜陵学院很多专业,如计算机、电气、机械、建筑类相关专业大多采用这种方式。

三、提高校外生产实习质量的几点思考

要切实提高校外生产实习质量,不断适应新形势下高等专业人才培养的需要,还需做好以下几方面工作。

1. 加强生产实习指导教师队伍建设

可以聘请实践能力丰富的教师或行业企业的专家,对刚刚参加工作不久的年轻老师进行专门的实践技能培训,以提高青年教师的专业技能水平。要求那些刚刚走上工作岗位的青年教师,在指导学生校外生产实习活动之前,应该提前进入企业,搞清楚企业生产的实际情况,熟悉每次生产实习的任务,对实习内容、实习进程做到心中有数。此外,应尽量保持实习指导教师队伍的相对稳定。这样不仅有利于指导学生的生产实习,而且有利于实习指导教师队伍向专业化规模化发展。

2. 建立校外生产实习质量标准,强化生产实习过程监控

为规范校外生产实习过程,防止出现走过场和内容空洞等现象,各高校教学管理部门应建立生产实习质量标准体系,加强生产实习过程控制。同时,在生产实习之前,教研室应安排指导教师相关的辅助工作。比如:为每个专业各个阶段的实习任务编写详尽的指导书;聘请企业同行参与指导,根据不同专业确定学生不同的实习任务,针对不同的实习任务拟定具体的实习进度和安排。在学生实习过程中,指导教师一定要全程跟踪,检查落实好各个实习点的工作。完整记录实习过程中出现的各种问题,并及时解决,确保生产实习的顺利进行。

3. 制定科学合理的生产实习考核方式

生产实习的考核应结合实习单位、实习任务、实习内容、过程管理、安全保障、实习总结等

多方面综合考虑。首先在实习期间,要求学生每天写出实习日志,最后撰写实习报告,在实习期间必须与学校指导老师保持经常性的联系。另外,实习结束后,学生所在院系要组织实习答辩会,由学生答辩。最后由指导教师根据实习报告、实习日志及答辩情况综合评定实习成绩。为确保顺利完成实习任务,安全返校,要求学生办理必要的相关手续,如实习单位的实习接收函、加盖实习单位公章的返回派遣函和学生本人签字等。

四、结束语

总之,校外生产实习是高等学校实现应用型人才培养目标的一个重要环节。在高等教育蓬勃发展的新形势下,当校外生产实习面临重重困难的时候,迫切需要我们教育工作者开拓进取,大胆实践,积极探索校外生产实习的新模式和新方法,强化过程管理,提高实习效果,不断推进高等教育向着内涵建设和质量提高的方向发展。

【参考文献】

[1]聂春燕.高校工科生产实习面临的困境及解决的途径.长春大学报,2008,18(2):79—80.

[2]林雪彬,邹峥.高校理工科本科生产实习若干问题的探讨.中国现代教育装备,2010,17:131—133.

[3]安徽省教育厅.铜陵学院人才培养改革出奇招,"双休日"拜师学艺活动结硕果[EB/OL].http://www.ahedu.gov,2011—12—01.

[4]郎禄平.浅析集中与分散相结合的生产实习教学模式.高等建筑教育,2001,17(3):60—61.

[5]郐世鸿,梁军.高校生产实习工作的探索与思考.实验技术与管理,2010,27(6):158—159.

[6]白丽平,刘建强,伍乃骐等.大学工科专业生产实习方式的探索和思考.广东工业大学学报:社会科学版,2003(1):44—46.

[7]王松,李克华,罗跃等.大学生校外实习模式的探索.石油教育,2008(3):40—42.

[8]景丽洁.改革生产实习教学加强学生创新精神与实践能力的培养.化工高等教育,2004(2):46—48.

(本文发表于《铜陵学院学报》2012年第5期)

探索构建以培养学生应用能力为主线的小学期实践教学体系

淮南师范学院　鲁先文[①]

实践教学是高校教学过程的一个重要环节,是培养大学生实践能力、创新能力的主要措施和保障。近年来,随着经济的快速发展和社会的不断进步,市场不仅对大学毕业生的知识结构、思维模式、创新意识等提出了更高的要求,而且对毕业生的工作适应能力和动手实践能力也提出了进一步的要求。如何改进现有的教学模式,给学生创造更多的实践机会,提高职业技能,培养学生的动手能力和自主创新能力,使之成为能够尽快适应社会环境的合格毕业生,是高等教育教学改革的一个重要方向和主要内容。为此,高等院校实践教学的改革正在逐步深入,通过各种平台形式,把实践教学改革的参与程度和交流深度进一步扩大和提升。我校作为省属新建的地方院校,根据普通高校实践教学中普遍存在的问题及学校目前的实践教学现状,结合我院应用型人才培养目标,深化实践教学改革,基本构建了以小学期综合实践训练为平台的较为科学合理的实践教学体系,增强了学生的实践、创新能力,提升了学生的就业竞争力。

一、挖掘潜力,整合资源,开设满足学生需求的实践教学课程

根据我省应用型本科高校第三届联盟会议要求,结合我校实际,及时启动了2011年暑期实践教学小学期制工作,并印发了《淮南师范学院2011年暑期"实践教学小学期"实施方案》(院教学〔2011〕14号)。三年来,我校积极挖掘潜力,整合资源,一方面鼓励各院(系)开设培养学生实际动手能力实践实训课程;另一方面,依托实践教学基地,通过"课程请进来、学生送出去"的方式,开展形式多样的实践教学活动。

1. 深度挖掘潜力,整合校内课程资源

积极鼓励各院系开设培养学生实际动手能力的实习、实践课程,在对各院系申报课程进行严格筛选的基础上,三年共开设"数控技术"、"陶瓷艺术设计"、"家居设计"、"多媒体课件制

[①] 鲁先文,男,淮南师范学院教务处处长助理,副教授。

作"、"计算机动画程序设计"、"体育舞蹈"、"户外拓展培训实战训练"、"模拟法庭"、"证券投资模拟"、"说课与评课"等实践实训类课程48门次。

2. 依托实践教学基地,盘活校外教学资源

我校相关院系紧密结合专业实际,依托校外实践教学基地,通过"课程请进来、学生送出去"的方式,丰富实践教学内容,共开设了"IBM软件工程开发实训"、"MAYA建模"、"嵌入式系统设计实训"、"商务软件开发实战"等9个项目的课程。

3. 利用教师科研实验室,开展学生科研训练

近年来随着我校教师获批省级、国家级的自然、社科基金项目的不断增多,在暑期小学期,教师公布自己的研究方向及研究课题,学生根据自己学科基础知识的积累,结合自己的兴趣爱好,与教师对接,充分利用教师的科研实验室,开展是科研训练,培养学生的动手能力和创新能力。三年来,我校共有16位教师带领进百名同学进行科研训练,并在挑战杯上取得优异成绩。

4. 充分利用同城及联盟高校资源,搭建实践教学平台

为培养学生实践能力,加强实践教学环节,充分使用同城高校安徽理工大学及联盟高校安徽科技学院的办学资源,三年共安排化学与化工系、生命科学系、物理与电子信息系、电气信息工程学院等4个院系7个专业的学生到这两所高校的工程实训中心进行为期9天金工实习。

5. 积极与国际化办学接轨,推出暑期学生交流项目

为了与国际化办学接轨,中国高等教育学会校际合作研究分会决定从2013年暑期开始,推出暑期学生交流项目。我校根据校际合作研究分会《关于组织学生暑期课程的通知》精神,派出政法系法学和公共事业管理专业5名学生,参加了为期25天的上海交通大学暑期学校交流项目的3门课程学习。

二、理顺课程体系,形成多元化、开放式实践教学环节

小学期实践教学环节既是培养方案中实践教学安排的重要补充,也是日常实践教学环节的综合与提升。经过几年的实践与探索,结合人才培养方案,我校逐步形成了以培养学生的实践技能为主线,从学生基本技能、专业技能、综合技能和职业技能4个方面设计小学期实践教学环节,使基本技能训练、专业技能训练、专业综合训练、职业技能训练贯穿学生整个大学的3个小学期,每个学期都有明确的专业实践实训目标和计划,提高学生的实践技能。

1. 校企合作,案例实践,提高实际动手能力

坚持采用"引进企业,送出学生"的合作运行模式。利用共建实习实训基地、实践就业基地、企业实训实验室、企业联合培训等方面合作,通过校企合作课程实践、项目实践、案例实践、

企业实践等教学过程,使学生在企业参与实际项目的开发设计过程中,提高创新意识。

2. 创新实验,科研训练,激发学生实践兴趣

充分利用实践教学小学期开设创新实践活动,让学生参与教师的科研训练;开展第二课堂学生实践活动,以锻炼学生的职业素质和职业技能。如开展电子大赛、数学建模、教学技能大赛等省级、全国性赛事的培训工作,提供实践环境,激发学生的实践兴趣,开阔学生的眼界。

三、探索构建四年联动、逐层推进、开放协作的实践教学体系

经过几年的实践与探索,我校逐步形成了以培养学生的实践技能为主线,从学生基本技能、专业技能、综合技能和职业技能4个方面实施小学期的4个层次4种能力训练、8个模块的实践教学内容,形成"1448"实践教学体系。

1. 开展基本技能训练,培养学生专业学习能力

根据不同专业对基本技能的要求,在小学期要求相关教学单位开设与本专业联系紧密的基本技能实训课程,开展基本技能训练,训练学生掌握本专业的基本技能,为今后的学习奠定基础。同时,依据专业特点,选择典型的企业、公司作为见习基地,带领学生参观见习,让学生了解专业概况。对应基础实训和专业见习两个模块。

2. 开展专业技能训练,培养学生初步的工程设计能力

通过两年的学习,学生基本学完了专业基础课程,在数字电路、模拟电路、C程序设计、VB程序设计等专业基础课程的支撑下,让学生课程设计,以训练学生对所学知识的初步应用能力。通过完整项目的设计实现过程,培养学生初步的工程设计能力。对应课程设计模块。

3. 开展专业综合设计训练,培养学生综合应用能力

三年级的学生基本学完了专业课程。用工业远程监控系统设计、单片机应用基础综合设计与实践、嵌入式系统设计、数字信号处理器应用设计、数字信号处理器应用设计、循迹小车综合设计等题目开展专业综合设计,训练学生对所学知识的综合应用能力,提高学生分析问题、解决问题的能力。在相关专业课程和学科基础课程的支撑下,结合各类学科与技能竞赛,学生根据兴趣爱好进行个人或小组组合,在教师指导下,将所学的学科专业知识与实际应用有机结合起来,在各类赛场上展示自己的知识与技能。对应专业综合设计、教师技能训练、学科与技能训练模块。

4. 开展职业技能训练,培养学生求职入职能力

这一层次是专门为学生步入社会设计的实践环节,主要通过校外实训和外请专家进行实战项目培训以及专题报告的形式完成。选择合适的生产企业进行实际接触,开放性地融入企

业工程项目,实现校内学习和企业学习有机结合。在模拟工作中学生可以将理论知识与实际应用相结合,全面了解本行业的特点和规律,使学生从一个仅有书本知识的外行变成一个了解行业要求的准内行。对应职业技能培训、专题报告模块。

总之,小学期综合实践教学环节的设计是为了提高教学资源利用效率,为学生提供更多学习、研究和交流的条件与机会,促进学生的多样性、个性化发展和创新精神、创新能力的培养。发挥小学期灵活、多样的特点,针对不同年级、不同层次的学生实行个性化教育,为学生提供更多的选择和自主学习空间,将学生个人爱好、特长与学校的特色结合起来。小学期实践教学不是孤立的教学环节,而是对课堂教学的补充和质量的提升过程,是对所学知识的深入理解的综合应用的过程,又是职业技能提升的基础,是知识转化成职业技能的桥梁。小学期教学环节是一个静态设计、动态调整的过程,各模块的内容随着培养方案的调整、实验室的建设而修改。

随着学生的自主参与性加大,实践教学组织管理难度也增大,要有效保证实践教学质量,需要建立新的管理模式,建立配套的评价机制、激励机制和质量保障长效机制,以促进实践教学的改革与创新、提高教学质量。

实践教学对培养学生创新意识、科学素质、实践精神、动手能力以及团队精神具有不可替代的作用。深化实践教学改革,要以人为本,充分调动教师的积极性,鼓励、支持他们不断地探索实践教学,构建科学合理的实践教学体系;以学生为中心,激发学生的好奇心和探索愿望,开发学生的创新思维和挖掘潜能,这样实践教学质量与水平一定会越来越高,学生的就业竞争力就会越来越强。

(本文发表于《应用型高教探索》2013年第4期)

坚持"多元化"实践教学改革，促进经管类实验教学
——基于经济管理实验中心建设的经验

淮南师范学院 白 林 杨 渊[①]

当前，在大力发展应用性高等教育，全面提高人才培养质量的背景下，地方型高等院校对自身的科学定位日益明确，而经管类专业具有应用性、操作性、技能性强，与市场结合紧密的特点，其实验实训也越来越得到更多高校的关注与重视。淮南师范学院作为一所主要服务地方经济社会发展的应用型本科院校，几年来尤其重视对学生动手能力的培养。如何深化改革，培养异质性经管类人才，增强核心竞争力，取得同行及社会的关注和认可，以跻身于我省高校同类专业之前列，就成为我们必须思考并着力解决的问题。

在探索改变"重知识传授和理论教学，轻实践能力培养和技能训练"教学模式的过程中，经济与管理学院于2006年组建了经济管理实验中心。中心旨在强化以实验室和实习基地为主要载体的实践教学，充分利用实验中心的条件开展各种实践训练，培养应用型、复合型、创新型、开放型的人才，以提高学生的实践动手能力和市场适应能力。

一、"多元化"实践教学改革的内容

2006年以来，实验中心在实验室设施建设、实验教学体系建设、教学手段完善、教学方法改进及教学管理规范等方面进行了一系列的改革。

1. 实验室设施建设系统化

经济管理实验中心共分九个子实验室，它们相对独立，能单独完成各自的教学、科研任务，又依托交换机而构成一个局域网，最大限度地实现了资源共享。符合经济管理类专业实验室建设网络化、数字化的发展趋势。

新形势下经管实验中心的建设，坚持多元化改革，既考虑到与国际接轨，又考虑到我国基本国情；既走数字化、网络化道路，又顾及传统教育问题的研究；不仅仅立足现实，与当前的教育实践相一致，更多地着眼于未来，关注对学生动手能力的培养。因此，实验中心建设既有前

[①] 白林，女，淮南师范学院经济与管理学院院长，教授。杨渊，男，淮南师范学院经济管理实验中心主任，实验师。

瞻性,又具实用性,符合我国应用性高等教育对经济管理类人才培养的要求。

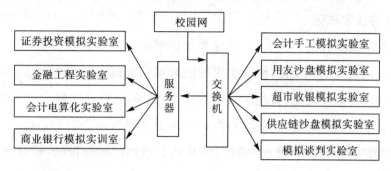

图 1 中心总体构建模式

2. 实验教学体系综合化

(1)在保证基础实验教学的前提下,优化设计综合实验项目,加大综合性实验教学比例。综合性实验由专业综合实验和跨专业综合实验组成,其目的主要是通过综合性实验教学,使经管类学生在获取必要的基本经管类技能和专业基本技能的基础上,充分调动学生学习的积极性和主动性,进一步提高他们对专业知识的综合应用能力。

(2)完善实践教学体系。形成了从低到高、从培养接受知识型到综合能力型的逐级提高的、涵盖了基本型实验、综合设计型实验、研究创新型实验不同类型,逻辑较为严谨、内容较为完善、结构较为合理的经管类应用型本科人才培养的实验教学体系。

(3)构建"三层、四模块"实验内容框架。"三层"即认知验证性实验层、综合模拟性实验层和创新实战性实验层;"四模块"即基础实验课程模块、基本技能实验模块、综合实验模块和创业实战实验模块。

(4)创设丰富的实验实训环境,培养创业创新意识和能力。综合实验教学平台以真实的股票市场环境,公司经营运作、金融投资与资本运营、会计审计与财务管理等仿真环境,企业、金融等市场主体的实务模拟环境,仿真企业产生的盈亏结果,为学生真实体验各类企业上市、运营、筹资、投资等经济活动,扮演各类真实的角色,使所学习的理论知识在实验环境中运用发挥,获得与真实社会经济活动相近的实践效果,培养了学生的创业创新意识和能力。

3. 实验教学手段集成化:

(1)现代教育技术手段,主要表现为:

多媒体课件、电子教案的应用,通过精心设计与制作的各课程多媒体课件讲稿,图文并茂,生动形象,使学生更好的理解实验内容和要求等,提高了教学效率。在使用多媒体课件的同时,也使用传统的板书,避免"讲解员式"的讲课效果,使课堂气氛活泼和富有启发性。

(2)综合实验教学手段,主要表现为会计手工模拟和会计电算化实验、企业供应链模拟和物理沙盘观摩、ERP 物理沙盘和电子沙盘模拟、商业谈判模拟和现代沟通能力训练、商业银行操作和证券投资模拟等,体现了模拟与实际操作并用,传统与现代手段完美结合的综合实验手段。

4. 实验教学方法多样化:

(1)讨论式互动教学方法。实验前,指导教师讲解有关实验要求和实验步骤,通过讨论式互动方式,充分调动学生的积极性,使学生更好的理解和掌握实验要求和实验原理;实验过程中,就实验的不同内容展开讨论,有利于学生对实验结果的分析和比较。

(2)示范式教学方法。对某些实验内容,一般可由指导教师进行示范操作,使学生更好的理解所进行操作的功能及要求,并在"模仿"的基础上达到创新的目的,符合认知过程和教学规律。

(3)开放式教学方法。实验中由学生根据自己制订的经营策略进行企业模拟沙盘对抗,实行全开放式创新教学机制,在教师指导下,充分发挥学生的自主创新能力,从而使学生的实践能力和综合素质得到很好的锻炼和提高。

(4)任务驱动式教学方法。对某些实验课题,在给定任务和要求的情况下,由学生自行完成相关实验任务,强调学生实验过程的"自主性",这种面向任务的教学方法能给予学生最大的发挥空间,培养学生分析问题与解决问题的能力。

(5)集中教学与个别指导相结合的方法。鉴于学生实验技能和动手能力的差异较大,为给优秀学生一个最大限度的能力发挥空间,教师给予特别指导,对学生提出更高的实验要求。

5. 实验教学管理规范化

在实验室建设方面,实验中心负责在各实验室分别制定的建设计划基础上,制订中心年度实施计划,报教务处核准后,配合国有资产管理处负责设备招标采购与建账管理。实验室建设发展规划等重大建设事项,须经系里研究,报学院领导批准。

在实验室管理方面,中心统一资源配置、统一技术支持,统筹管理。

在教学管理方面,统一制定管理政策,中心统筹调配教育教学资源;中心负责实验教学的改革创新和各专业实验的组织、规划与设计,各学院分别负责实验课程的确定、实验教学计划与内容的安排和实验教学的组织实施。

在教学考核方面学校制订了全过程、全质量考核的办法,鼓励依据课程性质制订多元化考核办法,逐步形成了平时成绩与实际操作结合、实验报告、论文与答辩相结合的多种多样的灵活考试考核方法,促进了学生的学习积极性,保证了实验教学质量和水平。

二、"多元化"实践教学改革的创新之处

1. 提出"多元化"实验教学体系的"四项原则"

为落实以学生为本,知识传授、能力培养、素质提高协调发展的教育理念和以能力培养为

核心的实验教学理念,建立起理论教学与实验教学有机结合,有利于学生自主学习,促进学生实践能力和创新精神发展,分层次、模块化的实验教学体系,中心坚持实验教学体系建设以"加强基础、重视应用、开拓思维、培养能力、提高素质、激励个性"为指导思想,制定了实验教学体系建设的四项原则:

(1)理论与实践相结合的原则。围绕培养目标,根据本科教学的课程总体系,将理论课与实验教学教学大纲及改革方案统筹规划,有机结合,在内容上相呼应,两类课程既互为依托相辅相成,又各有特点自成体系,实验课程体系相对独立设课。

(2)中心与专业相结合。经管类各专业有内在的、密切的相关性联系,有些专业是近亲关系,在开发实验项目时充分考虑各专业自身的特点及专业的相关性,打破以专业设置实验结构、层次的传统做法,以模块的方式构建内容体系,避免实验项目的重复性设置。另一方面,实验项目设置应考虑专业的特色,各院系可根据学科专业培养计划和课程的需要,有针对性地在实验中心开出的各实验教学模块中选择所需要的实验项目。

(3)教与学相结合。实验项目应能激发学生自觉学习的热情,培养科研兴趣和创新精神,寓教于乐;给学生有相当大的选择空间,结合专业需要设有必做的实验项目和选做的实验项目;在实验时间上,学生可以在其课余的任何时间,到开放实验室自主进行实验。

(4)稳定性与动态性相结合。要凝练实验项目,形成一批精品;同时要根据经济社会发展和科技进步的需要,及时将新知识、新理论和新技术充实到教学内容中,在认知验证性实验以后设计综合性实验,从而培养和提高学生的实践动手能力、分析问题和解决问题能力。

2. 构建"1234"实践教学模式。

作为地方性应用型普通本科院校,根据经管类本科教学特点和社会需求的变化,我们的建设思路是,坚持"一个目标",强调"两线并行",培养"三位一体",体现"四种能力"。

一个目标,即以培养服务社会的商务型、高技能的应用型人才为目标。两线并行,即教学模式要坚持理论教学与实践教学并行,在加强理论教学的同时保持实践教学的较高比例。三位一体,即培养过程要"融通与专为一体,融教学与科研为一体,融知识传授与能力培养为一体"。注重多学科知识的融合,实现通才与专才的适度结合,保证"基础实、口径宽、素质高"的落实和实现。四种能力,即着重培养学生的基本思维能力、现代通用能力、专业基础能力和就业能力,它是"能力强"的具体体现。

三、"多元化"实践教学改革的成效

1. 实验实践教学创新

为了符合当今社会对应用型人才创新能力培养的需求,以经管实验中心良好的实验、实训

条件为基础,经管学院在2013年人才培养方案的修订当中,加大实验课程所占总课程数的比重,增加了约30%实验课时和实验课门数,用以实现"四年不断线"实验教学的模式,并且提高实验成绩在学生考核体系中的比重,以此来提高学生对实验课程的重视。通过参加各种模拟仿真实训,学生利用理论知识解决实际问题的能力大大提高,同时鼓励学生参加各种学科竞赛,增强学生综合知识应用水平和实践动手能力,提高科研兴趣,使得学生对经济管理的内涵有更深层次的理解。通过系统的实验实践教学环节,缩短学生走向社会和适应社会的时间,更加容易被用人单位所接受,使之成为社会所需求的复合型经济管理人才。

2. 实验教学团队建设

中心始终坚持以高标准建设教师队伍,积极鼓励学术水平较高、教学经验丰富、具有团队精神的教师参与实验教学、实验课程改革和实验室建设。在此前提下,中心相继派遣相关教师参加各类培训,提高教师自身的动手能力和实验教学能力;鼓励教师参加各类研讨会和国内外交流学习的机会,以开阔教师的视野,升华教学理念,提升教学水平;注重"双师型"教师的培养,全力支持教师通过各种方式提高相关的专业技能,打造一支以"双师型"教师为核心的教学团队;通过参与精品课程建设,提高实验教学与理论契合度,使学生可以把理论知识和实践技能更好的融合;同时,在人才引进上,对新进教师加大实践应用能力的考核,充分提高实验教学队伍水平,促进实验中心教学工作的可持续发展。

3. 实验实践教学成果

(1)实验教学成果。实验中心注重利用科研成果和现代技术手段更新实验内容,综合性、设计性实验比例超过30%;采用启发式、讨论式开展实验教学。中心针对不同专业采取不同的教学内容和教学方式开展实验教学,学生实验兴趣浓厚,对实验教学评价总体优良。通过实验实践教学,毕业生就业竞争力显著提升,近三年,先后有8%的毕业生在银行、保险、证券等单位就业,受到各用人单位的认可和好评。

(2)学生实践创新能力成果。近三年学生参加了教育部的教学指导委员会和考试中心、团中央、团省委、市场营销协会、中国商业联合会等举办的各种赛事,并取得了优异的成绩。先后获得4个一等奖,5个二等奖,3个三等奖,2个优胜奖。并且学生在此期间完成了44项"支持百名优秀学生课外实践创新活动基金"项目,其中2010年11项,2011年12项,2012年21项。

通过"多元化"实践教学改革,使中心在应用型人才培养方面产生了明显的效益,学生的创新与创业技能不断提升,学生的职业技能规划更加明确和主动,从而能更好地满足当今社会对经管类应用型人才的需要。

(本文发表于《应用型高教探索》2013年第10期)

工业设计专业学生实践能力培养的途径与方法研究
——以安徽文达信息工程学院为例

安徽文达信息工程学院 张亚琴[①] 马 辉 汪士雄

一、工业设计教育存在的问题

目前我国多数院校(以安徽文达信息工程学院为例),在工业设计教育方面仍在采用"三段式"教学,即造型基础课、设计基础和专业设计三个部分,这种教学模式本质上是艺术课程与技术课程的叠加,具备一定的完整性和有序性,教学方便易行。但随着时代的进步,这种教学模式开始呈现出它的弊端,因为在"三段式"的教育下,学生所学的知识往往都是被割裂的、各成体系的,最后的结果往往是艺术是艺术,机械是机械。

二、加强学生实践能力的方法与途径

笔者在安徽文达信息工程学院任教两年,据观察,目前学校在工业设计教育方面虽已初具规模,并取得了一定成绩,但在学生实践能力培养方面还有些不足。根据学校实际情况,笔者认为可从以下几个方面出发来进行改善。

1. 建立合理知识结构

在课程设置中,可适当采用以课题设计为中心的综合化教学模式,即选取一个个由易到难的课题,将系统设计所需的知识通过课题的推进逐步让学生消化和吸收,这种方式更加直观与贴近现实。清华大学美术学院工业设计系就提出过"课程环"的授课模式,即"在二年级以后的每个学期形成若干基础课程围绕一个设计课题构成课程循环。每个'课程环'内形成相应支撑的小系统,重点解决一个层次的设计问题",这种体系可以把之前各自为政的课程有机融合在一起,可以很好解决"三段式"知识分割过细但缺乏联系的问题,进而建立起以设计实践为中心的大系统。

[①]张亚琴(1986—),女,江苏宜兴人,安徽文达信息工程学院教师,助教,硕士。研究方向:工业设计理论及研究。

2. 建立导师制度，完善实验室建设

导师制由来已久，但在我国一些工科院校中却显得较为少见。导师制的教学特点是教师工作室加工厂式教学，学生除理论课、公共课在多媒体教室外，其余时间多是在导师负责的工作室或车间内进行以设计实践为主的教学和训练。其优势在于对学生素质的全方位培养，可以有效提升学生学习的深度与广度，师生互动更频繁，教学效果也更显著。

目前，安徽文达信息工程学院已经建有产品设计、分析、制造、测控与工程管理五大实验室，这为导师制的完善提供了坚实的基础。

3. 加强校企合作

校企合作，顾名思义，是学校与企业建立的一种合作模式。首先学校方面可以通过校企合作与市场接轨，以市场为导向来改进自身的建设，这对传统"重理论、轻实践"的教育方式无疑会是很大的改善；其次企业通过校企合作可以从学校录用表现出色的学生，一方面可以降低招聘、用人方面的成本与风险，另一方面也可以有效扩充自身的竞争力；最后，对学生而言，加强校企合作可以使学生获得更多的实践机会，以培养良好的职业技能。

据笔者调查，目前文达学院已与中鼎控股、美的家电、昌河汽车等62家大中型企业建立了合作关系，学校应投入更多的精力来利用这些资源，为学生提供更多的实践机会。

4. 建立培养监督体系

在当今时代的大背景下，人才质量的优劣应当从综合化的视角进行考量，在学生毕业或课程结束时，如果仅靠学校单方进行评判合格与否，未免显得武断。反之，如果学校与市场、用人单位共同建立人才评价机制，不仅以学术性的，更要以实践性的、市场性的眼光对学生进行考核，那么对于学生的全方位发展无疑会是一个极大的鼓励与鞭策，而对于学校或者企业来讲，也是一个互利互惠的双赢局面。

综上所述，工业设计教育的发展不是一蹴而就的，它必须时刻保持与市场、科技的同步发展，使学生在掌握科学思维方式的前提下更多地参与到实践中去。因此，基于以上提出的各种方略，有目的地加强学生的实践活动与课程对学生的就业前景有着极大的帮助，此外，这与安徽文达信息工程学院应用型本科的办学宗旨也是相吻合的。

【参考文献】

[1] 何人可. 走向综合化的工业设计教育. 装饰，2002(4)：14—15.

[2] 殷科. 工业设计适合性人才培养. 武汉理工大学，2008.

(本文发表于《求知导刊》2014年第12期)

新建本科院校实验教学改革：
目标、思路与效益
——以池州学院为视角的解读

池州学院　陈建兵[①]　汪志国　余丙南　方曙东

实验教学是整个教学体系的重要组成部分，是实践教学的核心组成部分，担负着培养学生实践能力、应用综合能力的重任。传统实验教学在内容和形式上，以验证性、演示性为主，设计性、综合性实验不足，学科前沿的实验就更少；实验枯燥无味，难以引人入胜，培养的学生很难具有创新思维能力，很难具备独立解决问题的能力和实际应用的综合能力。在社会对应用型综合能力强的人才需求不断增加的今天，应用型本科院校要培养出合格的人才，就不仅需要设置科学的人才培养方案和实验教学模式，同样需有明确的实验教学目标和充足的实验教学经费。尤其是对于新建的地方性应用型本科院校，如何在实验师资、实验教学经费和实验设备经费有限的条件下，保障人才培养方案中所开设的实验教学课程能顺利实施，并能有所创新，这将是一个需要面对和解决的问题。

一、实验教学面临的问题

对于新建的本科院校，大多定位为地方性应用型本科院校。池州学院也不例外，其本科实验教学的模式是在专科基础上建立的，虽然为了适应本科专业的发展需要，已进行了一些改革和探索，有了较大程度的发展，但由于实验师资、经费的限制，仍难有大的创新。目前新建本科院校实验教学面临的问题主要有：（1）在实验教学内容上，多为常规性、验证性实验，"设计性"、"综合性"的实验比例不高，不利于学生创新应用能力的培养；（2）在实验设备上，虽大力投入购置新实验设备，但部分实验设备随着科技发展而落后、实验设备台套少，不利于培养学生进行独立思考和动手的能力；（3）实验教学方式上，虽然在构建本科实验教学体系上，已经进行了一些有益的探索，如编制适合学院定位、学生就业和发展目标的实验教学指导书等，但现阶段很大一部分实验教学仍在规定的时间内让学生根据实验指导书要求，在教师指导下，按规定方

[①]陈建兵，男，(1980.08—)，副教授。从事材料化学的实验教学工作。

法、规定仪器,完成规定的实验,致使实验教学环节对学生的实际分析问题的能力、解决问题的能力和创新能力的培养作用有限;(4)实验教学师资有限,各实验中心缺少指导实验教学的实验系列的专业技术人员,仪器设备维护上缺乏专业技术人员;(5)实验教学经费和实验设备购置及更新经费相对缺乏也制约了实验教学的创新。

上述问题的存在,导致实验本身缺乏吸引力,从而在一定程度上挫伤了学生进行实验的积极性和主动性,客观上影响了实验教学的效果和培养应用型人才的质量,更谈不上在实验教学上进行创新。

二、实验教学改革的目标

一般来说,"知识"是指记忆与理解层面上的事实性知识与概念性知识,"能力"是指应用、分析、评价和创造层面上的程序性知识与元认知知识,如"图1"所示。教学设计者要关注能力培养就必须在能力范畴内设计教学活动。相反如果一堂课始终在知识层面上"打转转",就是低层次的重复操练,学生的能力无法得到发展。

知识维度	认知过程维度					
	记忆	理解	应用	分析	评价	创造
事实性知识	知识					
概念性知识						
程序性知识			能力			
元认知知识						

图1 知识与能力的示意图

实验教学担负着培养学生实践能力、应用综合能力的重任,针对实验教学中存在的问题,结合教学中两个关联度高的"知识"与"能力"的辩证关系,通过更新实验课程中项目内容,改革实验教学方法和手段,拓展实验教学模式,从而构建有限条件下的应用型人才培养的实验教学体系。具体可以理解为在实验教学改革的目标上增设设计性、综合性实验项目,使学生在获得基本知识的同时,在实验综合设计能力和创新能力方面也有明显的提高。如"图2"所示,

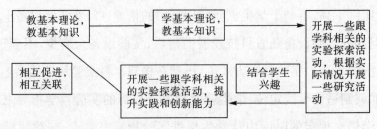

图2 实验教学中"知识"与"能力"的目标示意图

由"图2"所示:(1)知识目标:使学生掌握基本知识、基础实验方法、基本技能及基础实验

的基本理论,即通过"教"与"学"的来实现。(2)能力目标:培养学生的实验设计能力、初步的实践能力和一定的创新应用能力,即通过"研"来实施或促进。(3)教育目标:即培养学生的素质层面的东西,从而能"教"好、"学"好,并有创新的效果。

三、实验教学改革的思路

对于新建本科院校应用型人才培养的实验教学而言,如何实现实验教学改革的目标显得尤为重要。据调研发现,当前课堂教学有效性缺失的一个较为普遍的现象,即多为游离于知识、技能之外的教学过程、方法,为活动而活动,这种活动既不利于知识、技能的掌握,又无助于学生思维能力的发展,是没有价值的,因而是低效或无效的。所以,针对现有的办学定位,应该在一些"设计性"、"综合性"实验的设置上强调教学效果的有效性,在实验基本知识、基本技能的教学上一样要强调有效性。但现有的办学条件是有限的,如何在条件有限的情况下,使实验教学产生有效性的教学效果,而不是为实验教学而实验,这就给从事实验教学的教师、教务部门、管理者提出了一个需要解决的难题,因为只有解决了这个难题,才能在有限条件下开展应用型人才培养的实验教学。经对池州学院这样一个新建本科院校多方调研与分析实际情况后,我们认为解决该问题的关键就是如何处理有限的教学投入与良好的教学效果的关系,提出如下"三落实"的改革思路来构建应用性人才培养的实验教学体系,从而使有限教学投入,能在实验教学中发挥更大的教学效益,能更好地产生教学效果,使投入有效,教学有效,最终实现教学目标:

(1)实验项目和设备维护落实到实验教师。让从事指导实验教学的教师在自己管理需要进行实验教学的实验设备,并用自己管理的设备来开设相应的实验项目。假设化学分析实验课每学期开设基本项目12个,现有4位教师,每人均带有1个班级的化学分析实验,而实验室只有一间,每名教师均需要使用该实验室设备,每名教师均要指导12个项目,这就意味着实验室要为教师之间进行实验项目衔接,保证某个星期均开设同样项目。在目前实验员人手相对不足,以及设备维护、耗材相对缺乏的情况下,确实使实验员和实验教师工作繁重。同时教师需要备课12个项目,强度大,难以对学生进行"精"指导,更谈不上实验教学中学生进行创新了,即"研"的方面将会得不到培养。但如果实验项目具体到实验教师、设备管理具体到实验项目,则可以改变这种情况。我们可以让每个教师指导3个项目,4位教师就可以完成12个项目的教学,凡是涉及某位教师指导的项目,学生就到这位教师指导实验教学时去化学分析实验室完成实验项目,这样就大大降低了教师的备课强度,让教师能精心地准备好该课程的某一部分项目的教学。同时这些项目教学的仪器设备应让该教师负责,这样做有三大益处:一是设备能有专人负责维护,假如没有设备,实验教师所指导的项目就没办法实施,所以实验指导教师为了做好自己的实验项目,将会精心、安心维护好设备;二是教师长期从事自己专门负责的几个项目实验指导,其对所涉及的设备就非常熟悉,项目内容也非常精练,无论是在设备维护上还是在实验教学指导上都能得心应手,即"教"得好,并能有精力来指导学生自拟方案(如设计性、综合性实验)等实验;三是解决了现阶段实验专业技术人员相对不足的问题,否则就需要许多实验员来做实验衔接、准备工作。

(2)实验教学经费落实到实验项目。如化学分析实验课中酸碱滴定分析实验,每个学生在做这个实验项目需要实验经费约为1元,如果该项目有150名学生做,那么该实验项目实验教学经费为150元;如果指导酸碱滴定实验的指导教师还指导另外两个项目,每个项目的每人次实验教学经费为1元,则该名实验指导教师的所有实验项目实验教学经费为450元。若按传统实验教学模式开设该课程,这门课程是三个班级开设,3名教师各带1个班级,每名教师指导实验时均要指导12个项目,这样三个实验项目共需实验教学经费应在600元左右。这在一定程度上就降低了常规实验的教学经费,从而使有限的实验教学经费能恰到好处地保障实验教学的正常运行,并能进行一定的创新,且能最大限度地提高教师实验指导的质量,节省下来的教学经费可用于学生进行一些实验教学创新活动,从而大大提高实验教学对于培养学生应用和创新能力的作用,即"学"和"研"的实验创新教学。

(3)设备购置落实到实验课程,实验课程的设置依据人才培养方案而定。即依据制定的人才培养方案,决定开设的实验课程,对照开设课程中的实验项目,由各项目指导教师负责论证购置教学设备,避免购置的设备闲置和盲目采购,以实验课程中的实验项目定设备,强化设备使用率和专人维护。相比现阶段的设备购置情况,就可以在相当大程度上提高设备的使用率,节省一定的设备购置经费。

四、实验教学改革的效益

众所周知,改革的目的之一就是为了用相对较低的成本获得较高的收益,教学改革无非也是用有效的教学投入获得教学效果的最大化。本成果很好地诠释了几者之间的关系,因此,在此为了弄清实验教学改革的目标、思路、效益的关系,我们沿用经济学的观念来解析教学中的"效",它包含效果、效益、效率三重涵义,进而通过分析三者之间的内在关系,可知教学有效是在遵循教学规律的基础上进行的有效果、有效益、有效率的教学。从引用或借用的角度看,"三重涵义解析观"拥有更高的"使用率",因为从直观上看,它似乎比"主要涵义解析观"更为全面。其实并不尽然。评价哪一种概念解析方式更好,关键还要看教学过程中的效益与效率、效果的实际关系。如"图3"所示,效率、效果、效益分别对应不同层次的评价目标,彼此之间有着递进关系,其中效益是最高或最终目标。就实验教学而言,目前有关因素无非是设备、场所、师资、管理、人才培养方案(含教学目标),这些就需要教学投入,包含设备购置经费、设备维护经费、实验耗材经费、实验场所建设经费、教师工资等投入。教学产出要求教师借助教学投入来实施教学任务,即如何教好的问题;教学目标就是在参与实验教学活动后,能够获得的知识、能力,乃至学生个体素质培养的效果如何的问题,最终实现个人需求的目标和学院制定的各专业人才培养方案的设定实验教学目标。

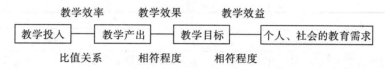

图3　教学过程中效益与效率、效果的实际关系

为此,我们在池州学院材料与化学工程实验实训中心进行过调研,并从实验教学改革的目标、思路、效益的三个角度进行了具体案例剖析。如下所述:

以某门课程实验教学为例,现该门课程需要开设10个实验项目,目前仅有5位教师可以提供,需要学习这门课程的班级为6个,共计300人。

(1)按照本成果所谈及的目标,则知识目标可以实现。但能力目标,在新建本科院校的条件下,6个班5名教师,本身就需要一名教师兼任两个班课程的教学,且在实验设备紧张的情况下,不可能或者很难实现。但如果按照本文谈及的"三落实"改革思路,就可以实现,5个教师,平均每人带2个项目,涉及某两个项目,300名学生均到该两个项目的实验设备上完成实验。这样的好处就是:其一,师资问题解决了,知识目标同样也可以实现;其二,能力培养的目标也可以实现,即当学生感兴趣,有"研"的培养需求时,该教师在开设完这两个项目后,可以腾出实验设备继续支持那些有"研"的培养需求的学生,从而实现培养能力的目标。

表1　实验教学改革中实验项目安排示例表

教师	项目编号	第一阶段	第一阶段	第一阶段	第一阶段
A	1	√			
A	2	√			
B	3	√	√		
B	4		√		
C	5		√		
C	6			√	
D	7			√	
D	8			√	
E	9				√
E	10				√

"表1"是本成果谈及的新建本科院校教学改革思路中如何实现目标的具体实验项目安排示例表,可以清楚地发现,某个教师所负责的项目在某个时间段是有教学任务的(如 A 教师在某学期第一阶段承担1、2两个实验项目,而其他三阶段就可以自由安排),而有"研"需求的学生可在该教师的两个项目中没有教学任务的情况下来从事"研"的学习,从而实现能力目标的培养;从另外的角度看,也就是获得了好的教学效果。

表 2 实验教学改革中的效益分析表

项目	改革前	改革后
课时量	按每次实验15~20人一组,每个项目3节课计,一班50人需3组,每班9节/周,每学期18周,合计课时为:1×9×18=162 节	每名教师带2个项目,每个项目3节计,每次15人,总人时数为:2×3×300=1 800人时数,合计课时为:1800/15=120 节
实验考核	3个课时	所有参加实验学生,期末抽选1个项目进行考核,5个教师,人均课时为:1×3×300/15×5=12课时
实验前的理论教学	涵盖在实验教学课时之中,合计为0课时	理论课每名教师每周两次,每次3节,共2周,每人2个班级,合计24节课时
实验准备课时补助	10个项目,需10个准备课时	每人2个项目,需2准备课时
合计课时	(162+3+0+10)×0.8=140课时,实验课程课时按8折进行计算	(120+12++2)×0.8+24=131.2课时
费用	如每节课时费a元,则有 140×a=140a。改革前,6个班级,每个班级均需要一个教师的教学,则合计课时费为:140a×6=840a 元	如每节课时费a元,则有131.2×a=131.2a;改革后,5位教师,则合计课时费为131.2a×5=656a
上课时间及备课情况	整个学期都有课程,每名教师都需要准备10个项目,工作量相对繁重	整个学期可以是某个阶段,或者是一个星期的某一两天开展常规教学,其他时间可以从事培养学生创新能力的实验教学,或从事自己的科学研究工作等,同时,每学期仅仅只需要准备2个项目,精力上能够很好地保证教学效果。

(2)好的教学效果、效率如何保证教学过程中的效益呢?沿用经济学的观念,我们仍依此为例列表分析见"表2"。

"表2"是以池州学院为例进行的实验教学改革中的效益分析表。从表中可很清楚地发现从事实验教师人数可以在改革后为5人,改革前一般需6人,而且每个教师需要准备10个项目,指导10个项目,其工作量相对繁重。另外,在学校办学成本上,改革后比改革前所需教学投入有了大幅度的下降,而教学效率、效果不会下降,反而有所提高。

五、结论

根据经济建设和社会发展对高素质应用型人才培养的需求,以及学校培养应用型人才的目标,在有限的条件下(教学投入)对原有的实验教学课程体系进行改革,构建应用型人才培养模式的实验课程教学体系将是必由之路。但如何具体实施仍需要多方面的调查研究,如实验教学质量评估、排课、学生成绩的认定等等。本研究解决了如何在有限教学条件下通过"教、学、研"实验教学模式进行有效的实验教学,更有效地实现实验教学目标,并以池州学院为例进行了教学效益、效率、效果的分析。目前,我校已经在化学分析实验中有了较好的实践,即将在大学物理公共实验中推广使用。本研究对于新建本科院校如何在有限的教学投入、有限的师资条件下,仍高质量地完成实验教学有一定的指导意义。

【参考文献】

[1]孙义彬.开放性创新实验教学改革与实践.实验室研究与探索,2006,5(2)148-151.

[2]曹宝龙.刍议影响教学有效性的三大关键点.中国教师,2011,(12):42-44.

[3]陈建兵,光晓元.高校理科实验"教、学、研"三位一体新模式.池州学院学报,2009,23(3):120.

[4]胡国军.构建应用型人才培养的实验教学新体系.民办高等教育研究,2009,4(3)37-38.

[5]刘德明.课堂教学的有效性及提高策略.雅安职业技术学院学报,2009,23(1):65-66.

[6]乔建中,陶丽萍,张丽敏等.我国有效教学研究的现状与问题.青年教师,2008,(9):20-24.

(本文发表于《池州学院学报》2013年第27卷第3期)

"地理信息系统概论"实验教学改革探索

滁州学院 王 春 李 鹏 李伟涛 顾留碗

地理信息系统(Geographic Information System,GIS)是近20年来随着遥感、计算机、GPS等现代科学技术的发展,而快速发展起来的新兴、边缘、高新技术学科。我国GIS高等教育80年代末开始起步,相对较晚一些,其基本发展历程为:1988年,一个专门培养GIS人才的本科专业在武汉招生;1989年,大陆第一本《地理信息系统概论》(黄杏编著)教材在高等教育出版社出版;1993年,第一个GIS硕士专业在武汉开始招生;1994年,中国"GIS协会"成立,同时成立"教育与科普专业委员会";1997年,我国正式在地理学和测绘两个一级学科下分别设立"地图学与地理信息系统"和"地图制图学与地理信息工程"两个二级学科,并开始博士点和硕士点的申报和招生工作;随后,中国的GIS教育迎来了大发展时期,至2008年,国已有500多所高等院校设立了与GIS相关的专业,其中有200多所高校建立了GIS实验室。

GIS是集计算机科学、信息科学、地理学、测绘学、遥感、环境科学、城市科学、空间信息科学等为一体的多科性学科。目前高校GIS教育水平良莠不齐、缺乏统筹规划,在知识结构、教学机制、课程设置、理论与实践结合等方面存在一些非常突出的问题,集中体现在:课程设置体系较为紊乱;专业教材大多集中在原理类,而技术方法及应用类教材相当缺乏,分布极不均衡;课程开设质量较差;专业教育环节矛盾众多,包括各门课程教学内容之间的矛盾、课程与教材的矛盾、理论教学与实践教学的矛盾、教学目标与教学方法的矛盾等,这些都在很大程度上制约了GIS专业本科教育质量的提高,亟待统筹解决,其中最为迫切问题的就是GIS概论实验的教学内容与教学方法。

一、GIS实验教学存在的主要问题

1. 重理论,轻实验,认识存在严重偏差

GIS概论作为GIS专业的核心主干课程,通常面向本科二年级学生开设,大多数教学都主要以理论讲授为主。然而该阶段的学生对GIS相关学科知识的积累还非常薄弱,由于GIS知识构成的多科性,知识点众多而且抽象,再加上实验教学的不配套,缺少了知识融合与贯通的环节,导致学生很难掌握 GIS 理论和技术的完整框架体系,没有在头脑中形成对 GIS 专业能干什么、能解决什么问题、怎么去解决问题等内容的清晰认识,从而也就难于很好地调动学生对 GIS 专业学习的热情与积极性;更为严重的是造成部分学生对 GIS 的畏惧心理,严重干扰了他们后续的学习。

2. 实验教学方式单一,缺乏层次性、针对性

国内绝大多数高校将 GIS 概论课程的教学重点放在讲授理论课,辅助开设少量的实验课程,实验教学缺少高质量的实验指导教材,实验内容单调乏味、实验设计没有针对学生的特点进行。由于学生的理解能力和掌握能力不一样,致使实验课上有部分学生总是提前完成,而一部分学生又很难按时完成,甚至有的同学根本不动手,借别人的实验报告抄一份交差,使 GIS 实验教学的总体效率普遍偏低。

3. 对学生解决实际问题的能力锻炼不够

对于 GIS 专业的学生,专业基础课程体系包括 GIS 基础、测绘技术基础、计算机技术基础课程。GIS 课程的学习也不是孤立的掌握 GIS 基本原理和方法,更为重要的是让学生切实掌握 GIS 与 GPS、RS 的综合应用,掌握 GIS 在农林、环境科学等具体领域的应用技能。由于 GIS 实验教学较少安排综合实验,因此,对学生解决实际问题的能力锻炼远远不够。

以上问题的普遍存在,要求 GIS 实验教学必须转变思路,紧密结合人才培养目标,从学生和 GIS 专业特点精密结合的角度进行思考,才能切实实现 GIS 理论教学和实验教学的有机结合,通过实验增强学生对 GIS 抽象理论的直观理解,提升学生的基本技能,增强学生的学习兴趣。

二、GIS 概论实验教学理念与教学规划

GIS 概论全面、系统阐述 GIS 基本概念、基础理论及应用技术、应用模型,涉及测绘、地理学、数据结构、算法设计等多学科内容,知识点丰富,跨度大,如何在学生掌握一些基本技能的同时,形成完整、系统的 GIS 概念框架,对培养学生认识 GIS 的新知识、应用 GIS 的创新实践能力,以及增强后期 GIS 课程学习的信心等,都具有非常重要的意义。因此,GIS 概论实验教学的基本理念应该是:以增强学生对 GIS 理论概念的感性认识,锻炼学生对 GIS 理论的应用能力为主要目的,以激发学生学习兴趣与积极性为出发点,围绕 GIS 概论理论体系,分层次、多模块、系统设置 GIS 概论实验课程的全部项目,引导学生从抽象到具体、从理论到实践、从分散知识点到综合应用,系统理解 GIS 概念内涵与基本内容,形成 GIS 理论与方法的完整框架,以辅助学生的后续专业课学习。

下表是笔者多年教学中所采用的 GIS 概论理论与实验教学的主要内容。使用教材为汤国

安等主编的《地理信息系统教程》(普通高等教育"十一五"国家级规划教程)。该教材有选择地吸收了地理信息科学与技术的最新成果,在科学性、系统性、实用性、简洁性与易读性等方面有所突破,比较适合用于 GIS 本科专业的教学。

GIS 概论理论与实验教学主要内容

序号	理论教学内容	实验教学内容
1	绪论,阐述地理信息的基本概念、功能、组成、类型、应用范畴、发展历程	熟悉 3—5 个不同类型 GIS 软件的安装、界面风格、基本功能与简单操作。
2	地理空间数学基础,阐述地球空间参考、空间数据投影及坐标转换、空间尺度及地理格网	了解不同空间数学基础中栅格地图、矢量地图的变化特征,熟悉 ArcGIS 数据格式转换、空间参考变换的基本操作流程。
3	空间数据模型,阐述地理空间的认知与抽象,重点研述空间数据概念模型、空间数据与空间关系、空间数据逻辑模型。	ArcGIS、Mapinfo 软件的空间数据结构与组织,空间与非空间数据的关联处理。
4	空间数据结构,阐述矢量数据结构、栅格数据结构、镶嵌数据结构的基本概念与原理,介绍三维数据结构等。	栅格数据与矢量数据的转换处理,基于栅格数据的 GIS 空间分析操作,基于矢量数据 GIS 分析操作、基于矢量—栅格混合数据的 GIS 空间分析操作。
5	空间数据组织与管理,阐述空间数据库在数据管理组织方式、空间索引、空间查询语言等方面的技术和特点。	ArcGIS 的 Geodatabase 空间数据库建库方法、空间索引的建立。
6	空间数据采集与处理,介绍数据源基本特征、空间数据采集与处理的基本流程,讲解数据质量控制与精度评价的评价与控制相关理论,简述数据入库的主要流程。	掌握地图数字化及数字摄影测量数据采集的基本流程,了解数据粗差探测与精度分析的基本方法。
7	空间数据查询与空间度量,阐述空间数据查询类型和方式,空间度量的主要参数和基本原理。	借助 ArcGIS 空间查询与量算工具,掌握 GIS 空间查询与量算的基本原理与方法。
8	GIS 基本空间分析,重点阐述叠置分析、缓冲区分析、窗口分析和网络分析基本原理与方法,培养学生利用 GIS 基本空间分析解决复杂问题的基本技能。	采用 ArcGIS 完成栅格数据叠置分析、矢量数据叠置分析、窗口分析,完成 GIS 网络建立与分析。
9	DEM 与数字地形分析,介绍数字高程模型的基本概念和建立步骤,从基本坡面因子、特征地形因子、水文因子和可视域等方面简述数字地形分析的内容和方法。	采用 ArcGIS 完成 DEM 建立、地形信息提取、三维模拟与漫游。
10	空间统计分析,主要介绍常用统计量、探索性数据分析、级统计分析、空间插值和空间回归分析等内容。	了解 ArcGIS 空间统计分析工具。
11	地理信息可视化,重点阐述空间信息可视化的基本形式和技术。	借助 ArcGIS,基于 DEM 数据实现地形信息可视化增强处理。
12	GIS 系统开发与应用,介绍 GIS 系统开发的基本方法、基本步骤,重点介绍零编程 GIS 软件开发与应用技术。	基于 ArcGIS 软件实现零编程 GIS 专题应用系统设计与搭建。

GIS 概论理论与实验教学的周学时主要依据学生能力按 3∶1 或 2∶2 比例安排,即每周为 3 课时理论课和 1 课时实验课,或者 2 课时理论课和 2 课时实验课。理论课主要是对关键概念、原理及思想的剖析,适当淡化了通过实验可以了解或熟悉的概念及流程。实验课主要是引导学生对理论概念、原理与思想建立直观认知,通常需要事先做好包括实验目的、实验背景、实验数据、实验流程及最终实验结果的具体规划。实验课的基本要求是:学生能够顺利操作完

成实验过程,感性认识GIS基本概念;对能力较好的同学鼓励其进行创新实验,多数学生只要求依据实验流程顺利完成实验内容,并对比参考实验结果检查自己实验是否正确。

由于淡化了一些原理、公式等内容,在实际教学中,多数学生能够较好地完成实验内容,直观理解理论课教学内容,这为后续的GIS算法基础、空间分析原理、GIS系统设计与开发、GIS专题数据处理等专业课的教学奠定了坚实基础。为有效保障上述教学效果,同时也提升学生GIS专业实践技能,滁州学院在新生刚入学就开始GIS软件操作课教学,到二年级后,大部分学生已经具有基本的GIS软件操作技能,使得上述实验教学得以顺利进行。实践表明,采用这种前期铺垫,专题示范,重点引导的实验教学模式,学生能够较好理解GIS概念内涵,有助于形成系统完整的GIS概念框架,适合用于一些地方性院校或文理兼收的GIS专业学生的专业素质培养。

三、结论与讨论

作为GIS专业人才的培养者,我们应该清晰的认识到,地理信息技术的迅速发展使得地理信息采集、处理、表达、工程应用技术的更新、实验方法与技术手段的进步日新月异;尤其是一些零编程搭建GIS技术的出现,要成为能够适应社会发展的合格GIS技术人员,必须具备完整系统的GIS理论基础,对GIS有很深的理解和领悟能力。GIS概论作为地理信息技术的入门基础课程,是一门理论性、实践性、综合性很强的学科,知识点多,具有学科与技术的统一性、内容更新的快速性、多学科集成与渗透性、空间抽象性,以及研究对象的空间尺度变化大、应用范围广等特点。因此,在GIS本科人才培养过程中,GIS概论实验教学就非常重要,是培养学生对GIS的形象感知,增强学习兴趣与学习信心的重要教学环节。解放思想,规范和完善GIS概论实验教学内容与教法,以此为切入点,引导学生建立GIS理论与技术的完整框架体系,是当前GIS概论教学必须高度重视的问题。

【参考文献】

[1]汤国安,闾国年,刘学军等.地理信息系统教程.北京:高等教育出版社,2007.

[2]秦其明.高校GIS专业课程设置研讨组.中国高校GIS专业核心课程设置问题的探讨.地理信息世界,2003.8:1—8.

[4]王坤,程雄,张王菲等."GIS原理课程设计"教学改革探索.高等理科教育,2006.6:52—55.

[5]朱庆伟.高校GIS专业课程设置的探索.测绘科学,2008.33(4):231—233.

(本文发表于《滁州学院学报》2009年第11卷第2期)

基于地域文学的大学语文实践教学体系的构建

黄山学院 张小明[①]

语文教学应该注重人文性和工具性的统一,大学语文教学目前存在着两种教学倾向:一是为突出课程的"人文性",在教学内容上精心选择古今中外的文学经典,试图通过选文的经典性来培养学生的阅读能力,进而提高学生的鉴赏能力,实现人文教育的目的。这种模式由于注重对篇章的分析,容易使大学语文教学成为中学语文教学的延续,成为学生眼里的"高四语文"。另一是为突出对学生写作能力的培养,尤其是实用写作能力的培养。大学语文课程大量引入应用文写作的教学内容,使得大学语文课程成为一门实用的工具课程,这在一定程度上不利于学生文化素质的培养,也不利于学生写作能力的持续提升。大学语文作为一门具有悠久历史的传统课程,如何在学生应用型能力和素养的培养中发挥作用,如何加强实践教学环节,这确实需要在教学改革中予以认真的思考和踏实的行动。

一、构建基于地域文学的大学语文实践教学体系的意义

从本质上说,地域是一个空间的、文化的概念,具有相对明确而稳定的空间形态和文化形态;地域又是一个立体的概念,自然地理或自然经济地理之类处于其最表层,深层的则是风俗习惯、礼仪制度等,而处于最核心的则是心理、价值观念。文学与地域有着密切的关系,文学的发展在很大程度上有赖于地域文化的丰富多样性。地域文学是把文学的地域性作为一种新的观照视角,从空间的维度来观照和研究文学,重视对文学的地域环境因素的探讨。构建基于地域文学的大学语文实践教学体系的主要意义有:

首先,基于地域文学的大学语文实践教学体系可以拓宽教学空间,地域文学生成和承传的生态环境为大学语文实践教学提供坚实的基础,教学由此能够由单一平面的知识讲授转向知识讲授、情感体验、动手实践一体化的立体模式。我们可以考虑把富有质量的地域文学作品引

[①] 张小明(1974—),男,安徽歙县人,黄山学院文学院副教授,硕士。主要从事中国古代文学教学与研究。

入到教学中,引导学生通过地域文学资料收集、地域文学鉴赏、地域文学评论写作等方式培养学生的阅读和写作能力。这不仅使地域文学通过大学语文课程获得展示的平台,凸显其独特的魅力,而且还能促使学生关注和学习身边的文化和生活中的语文,为语文学习提供源动力。这既可以调动学生学习兴趣、提高学习效果,又能很好丰富大学语文的教学内容并凸显教学特色。

第二,基于地域文学的大学语文实践教学体系可以使学生的语文能力训练突破单一的读写模式,学生可以在地方文学的田野调查中完成采、编、写一体化的实践训练。文学客体呈现出来的美学风格、创作主体的美学追求无不受着地理环境、社会历史等地缘文化因素的影响。地方文学的生成承传对于大学语文实践教学有着特殊的意义,我们可以重在引导学生了解地域文学中的文献资料,重在让学生感知地方文化遗存及地域文学的特殊性和独特魅力。教学实践可以适当安排文化田野调查,这是激发学生兴趣和突出学生学习主体性的有效途径。学生在文化田野调查中所获取和提供的照片、实物、民间书籍等,将不断地充实我们的地域文学资料库,同时也增强了大学语文学习与地域文学相互融合的效果,真正体现出大学语文虽姓"语",但当以"大"行,有别于"中"、"小"学语文的品质。

第三,基于地域文学的大学语文实践教学体系可以引导学生从文化生成的角度真正了解文化的生态环境,从而进一步了解文化的生成机制和流传方式。生态环境是指生物保持自己正常生理特性、生活习性的最佳环境。文化也有其生态环境,就像生物的生理特性和生活习性和它的生态环境相适应一样,文化的形态特性也要适应它的生态环境。地方文化植根于一定区域的地域环境之中,历史地形成了地域文学的主要面貌和基本特征。地域文学可以说是地域文化传统最重要而又最形象的载体之一。实践教学可以让学生深入生活,了解区域内诸如民间故事、民间歌谣的流变,这不仅可以锻炼学生的社会调查能力,还可以使其了解文学创作的诸多层面,促进其对文学和文化更深入的认识。

基于地域文学的大学语文实践教学体系构建不仅仅是要求学生的语文学习紧扣地域文学调查,更为重要的是促进学生去感知文学的创作过程和生态环境,从在了解文学的生成机制中促进学生对文学以及文化实质的认识,促进学生提升文学语言的思维和运用能力,掌握文学阅读和研究的基本方法,从而逐步提高大学语文的教学效果。

二、基于地域文学的大学语文实践教学体系的具体构建

大学语文的实践教学需要教师更新教学观念,教师要改变教学只能在课堂中完成的认识,要改革教学以单篇课文讲授为主的模式。实践教学对于大学语文课程的现实意义,主要体现

在满足学生对课程的实际需求上。作为地方院校的学生，他应该是地方经济和社会发展未来的建设者。这需要学校为地方培养"留得住、用得好"的毕业生，在专业和课程设置方面要"接地气"，满足地方的发展需求。大学语文教学在培养学生从文化层面对地方的情感认同有着重要的影响。基于地域文学的大学语文实践教学需要从多方面予以构建：

第一，有一本适当融入地方文学的大学语文教材。以中外文学经典组成大学语文的主要内容，这是一直以来通行的做法，在实际的操作过程中也取得了很好的成效。作为地方院校来说，我们选用其他成熟的教材当然可以在短期内从面上实施教学。但有些问题却值得我们思索：大学语文教材"地方性"凸显不够，一定程度上影响教学特色的培育。另外，现行的教材基本上都是选取一些名篇按时代顺序编排，注重文学史的知识；或者按文体编排，便于自学，强调各类文体理论的学习，注重写作能力的培养，尤其是实用写作；或者凝练若干主题，按主题编排内容，重视人文思想的培育。总之，大学语文现有教材内容都具有全面而系统的优点，但部分教材的个性特色和整体核心思想需要加强。大学语文教材适当融入地方文学主要是通过地方文学培养学生阅读兴趣，通过面向地方文学的阅读实践和写作实践培养学生的语文实践能力。

第二，有一部操作性较强的实践教学大纲。大学语文的实践教学大纲是教学实践活动的指南，是教学实践活动安排的依据。作为一门课程的实践教学大纲，它不同于一个专业的实践教学大纲。专业的实践教学大纲可以分学期完成不同的目标，而大学语文教学只有一定量的学时，制定实践大纲应充分考虑教学时数的限制。因此，大学语文实践教学大纲应该突出重点，主要从地方文学阅读、地方文学资料收集、地方文学田野调查、地方文化采风等方面予以安排。通过实践教学活动，学生的人文素质培养会突破仅仅停留在感性认识的层面，而达到逐步内化为培育自身文化素养的自觉追求，这也是语文教学的最终追求。

第三，有一批代表性强且关系稳固的语文实践教学基地。校外实践教学基地是大学语文实践教学的重要平台。稳固的实践教学基地，不仅能充分满足学生实践教学需要，而且还能在实践教学基地与高校的长期互动中，实现双方多领域的合作。作为一门课程的实践教学基地，它的创建应该紧密结合课程的需求与特色，同时应该考虑实践活动开展的便利性。教研室应当制定完善的实践教学基地规范管理要求，明确实践教学将要达到的目标、指导教师的职责和管理措施等。

第四，有一些影响较大且成果丰富的语文实践教学重点团队。在具体的组织方式上，大学语文实践教学活动可以采取合作学习的模式，以若干个学生为一个基本单位组成学习团队，团队的划分应根据学生的兴趣、语文能力等因素，团队成员既有分工又有合作。每个团队实践活动的开展可以围绕一个主题进行，实践环节强调每个成员都要参与。在合作式的实践教学中，学生的合作精神、交往能力、创新理念和竞争意识都能得到加强。但大学语文教学由于学生来源比较广,授课教师数量也比较多,大学语文的实践教学活动因此很难做到均衡开展。这就需要根据实际情况组建一些重点团队,对重点团队予以重点支持。通过总结和宣传重点团队的实践成果,我们可以在学校和地方产生良好的影响,以此促进大学语文实践教学活动能得到良性的持续开展。

第五,有一套具体灵活的实施内容和方法。大学语文的实践教学活动应该采取灵活多样的方式:可以组织民间文学采风、地方文学资料的田野调查、以地方自然或人文景观为主题的征文比赛、凸显地方主题的演讲朗诵活动、地方街区规范用字调查、城市市民阅读习惯调查、公务文风的学习调研,以及有关地方文学作品的改编和表演等。大学语文的实践教学在内容的设计上要避免空洞,要有实实在在的内容;在方法的选择上,要有操作性强的切实措施。

第六,有一个合理的对学生语文能力的评价办法和教学反馈机制。现有的大学语文期末考核方式一般是考试或考查,最终成绩结合期末成绩和平时成绩进行评定。这样的评价方法在操作上简便易行,但确实不能够很好地反映学生学习的真实状况及语文的应用能力,尤其是对学生自主性学习和探究性学习行为和效果评价不够。在对学生评价方法上,我们可以融入对学生实践能力的考核,如对学生的调研报告、参与语文实践活动情况进行考核,将其成绩纳入学期总评成绩。在考核目标上,我们对学生除了进行必要的文学知识考查以外,还应该结合地方文学设计更加开放的问题,进行考查使得学生的语文能力和学习素养能得到充分自由的展现。大学语文的实践教学要在取得良性发展的同时,还需要建立师生能够平等交流的教学反馈机制,及时了解学生对教学的意见,从而不断改进实践教学的内容和方式。

大学语文实践教学体系应具有开放性,这种开放性体现为内容的多元化和评价方法的多样化,这实际上对学校和教师都提出更高的要求。大学语文实践教学需要学校给予政策支持,在课时及经费方面予以必要的扶持;大学语文实践教学体系的构建还需要教师在观念上有所更新,我们强调人文教育不是说固守传统的课程教学模式,传统的教学方法在文学知识的传承方面确实有其优势,但随着对学生实践能力要求的不断提高,大学语文课程也需要与时俱进,在理论知识传授的同时更加重视实践教学。

三、构建基于地域文学的大学语文实践教学体系应当注意的问题

实践教学可以为学生语文实践能力的培养搭建良好的平台,地方文学可以为大学语文实施实践教学创造便利的载体。基于地方文学的实践教学体系不仅创新了大学语文的教学内容,而且还有力推动了教学方式、学生评价体系等方面的变革。当然,实施过程中还需要注意

以下问题：

　　首先,要处理好"功用"、"实践"、"人文教育"三者之间的有机统一。我们应当看到一方面学生就业中实用技能得到越来越重视的趋势;另一方面学生在选课时也越来越重视功用性,"学习这门课对我有什么用"是学生选课首先会考虑的问题。教师如果仅仅只是批评学生功利主义的选课观,这是不够的,学生也难以接受。因此,课程教学还是要审视自身,从加强课程的实践性来增强课程的"功用性","功用"是靠实践来积累和实现的。但强调"功用",并不是排斥"人文教育"。教育的目的不是培养能力超强却毫无感情的"机器人",而是要培养具有应变能力、创造能力和时代精神的高素质人才。基于地方文学的大学语文的实践教学应该紧扣实践,在实践中感知文学、探究文学,从而使学生在心灵上受到真正的感染,实现大学语文"人文教育"的目的。

　　第二,要处理好地方文学与中国文学之间局部和整体的关系。我们应该看到与中国文学相比,基于地方文学的大学语文教学在知识系统性方面存在的缺陷。为避免知识系统性的缺陷,我们可以采取的办法有:一是教材编写首先应有核心思想,然后概括出若干个单元主题,单元的主题既要精练典雅,最好要切合地方文化的精髓,每个单元主题能涵盖选文的思想内容。每个单元既有地方文学的经典代表,又选入中国文学史上反映类似主题的经典作品作为单元的拓展。二是有必要通过单篇课文的相关知识链接和研读思考,使课程内容避免封闭而呈现出开放的特点。根据每单元课文的具体内容,联系实际有针对性地设计好实践教学的主题,引导学生开展实践活动。三是教材中以附录的形式简要标明中国文学史和地域文学史上比较重要的文学思潮、文学流派及作家作品的主要特征,让学生对文学发展的基本脉络有大致的了解,这既方便学生查阅,也可用于指导学生进行课外的阅读实践。

　　第三,基于地域文学的大学语文实践教学并不是对现行的教学体系和方法的全盘否定,更不是对课堂教学的漠视和放任自流,实际上良好的课堂教学是实践教学能够得到顺利开展的前提。只有良好的课堂教学效果才能激发学生参与语文实践教学的兴趣,同时学生在实践教学中获得的知识又可以丰富课堂教学的内容,从而实现课堂教学和实践教学的良性互动。

四、结语

　　总之,基于地域文学的大学语文实践教学应注意符合大学语文课程的教学目标和功能。地方文学进入大学语文课程教学,其是否符合课程的教学目标和功能决定了课程的发展基础和生命力。从教学改革的层面来说,结合地域文学来实施大学语文的实践教学,可以改变现有大学语文教学内容面面俱到、实践教学载体缺失和核心指向不明的不足。当然,把地域文学应用于大学语文课程教学中,并不是要把我们的教学拘囿于地域文学相对局部的空间里,而是透过一个独特的视角开放地引导学生感知全民族文化的丰富多元性。通过大学语文实践教学逐步培养学生了解地方文化及其价值,形成关注和热爱地域文学的意识,从而通过实践的层面更好地实现人文教育的目标。

【参考文献】

[1]王祥.试论地域、地域文化与文学.社会科学辑刊,2004(4):123—128.

[2]李仲凡.地域文学作为二级学科的可能性.社会科学战线,2009(11):247—249.

[3]王光英.基于"艺术场域":地域文学在审美教育中的差异性研究.文艺评论,2012(5):40—42.

[4]张如安.在古代文学教学中充实地域文学内容初探.宁波大学学报:社会科学版,2007(1):96—99.

[5]周衡.论大学语文课程的实践教学.中国电力教育,2012(23):88—89.

[6]裘汉康.大学语文教学中实施素质教育的思考与实践.中山大学学报论丛,1998(2):64—66.

(本文发表于《淮北师范大学学报》2013年第6期)

课程改革

建立模块化课程市场
满足应用型人才培养需求

合肥学院 伍德勤[①]

一、应用型大学建立模块化课程市场的意义

1. 大学人才培养质量令人不满的原因分析

近年来,社会对高等教育提出了越来越多的批评,似乎现在的高等教育质量远不如10年前、20年前。为什么越来越好的办学条件、要求越来越高的师资队伍,反而培养出来的学生素质比不上以前?笔者认为,对今天的高等教育质量评价不能简单化,关键是评价标准和看问题的视角。就个体而言,绝不能说今天的大学生素质比不上以前,最起码外语水平普遍比以前高,有的学生的动手能力也绝对不比以前的大学生差。但事实上的确出现了部分用人单位和学生家长对目前的高等教育产生了不满情绪。以前,大学生少,包分配,用人单位不存在"挑人",学生也不存在找不到工作,故不存在社会不满意、学生家长不满意的问题。可以说,今天人们对大学教育质量的怀疑主要来于上述两个方面的不满意。

(1)用人单位不满意主要是对人才的规格(素质)不满意。

众所周知,今天的社会,一方面存在用人单位急需大量的高素质实用人才,另一方面又出现大学毕业生难找到合适岗位的现象。据麦克斯公司调查,目前本科大学毕业生的非专业就业现象比较严重。如2007届本科毕业生半年后的工作岗位与专业对口率为70%,而三年后的专业对口率为68%,下降了2个百分点。2009和2010届本科毕业生半年后的工作岗位与专业对口率分别为67%和69%,而历史学、法学、农学、理学等本科各专业大类的毕业生工作与专业对口率平均不到60%,有的不到50%。就个体而言,非专业就业与毕业生个人的专业素质和志向有关,但就整体而言,造成这一现象的主要原因还是人才供需双方质与量的矛盾或

[①]伍德勤,男,汉族,安徽枞阳人,1962年生,教授,现为合肥学院发展规划处处长、应用型高教研究所所长。研究方向:教育基本理论、高等教育、教育史。

错位。要解决量的矛盾，就必须依靠精准的人才需求预测。但这很难做到，一方面是因为人才培养有几年的周期，另一方面，现代社会的专业和岗位发展变化大。所以，对量的需求测算只能是按大类行业大概的进行预测，不过就本科层次的人才来说，还可以通过"低位就业"（本科生选择专科生的岗位）来缓解"人才过剩"问题。随着高等教育的大众化，量的问题已是"不是问题的问题"。目前，最大的问题是人才供需双方在"质"的方面的错位问题。导致这种错位的最主要原因是社会的工作岗位与学校的培养专业不匹配。也就是，社会是按岗位建立人才的规格体系，而学校往往是按专业构建人才的规格体系，社会的工作岗位非常多，而学校的专业又特别的少。这在我国尤为明显。

我国 2004 年颁布的《普通高等学校高职高专教育指导性专业目录》规定了高职高专分设 19 大类，共 532 种专业。虽然规定每两年滚动更新一次专业目录，但每次增加的专业也非常有限。而最新修订的《本科专业目录》则将原来的 621 种专业调整为 443 种，专业数还有所减少。这显然不能满足现实社会中越来越多的岗位需求。再看看德国是如何使大学培养的人才让用人单位满意的。德国在应用型人才培养方面基本上是采取"大订单式"与"小订单式"相结合的培养模式。所谓"大订单式"培养就是国家根据用人单位（企业和行业）对人才规格的具体要求来设计针对性越来越强的专业和培养方案。从网上查到，十年前（2002 年）德国大学可选专业数量就达到了近 9 500 个。不久前我到德国考察时，听有关专家介绍，目前德国各类大学共设专业约 15 000 个。这与我国有很大的不同。尽管我国减少专业门数能体现人才培养的"宽口径"特色，但学生毕业后到具体的用人单位往往还需接受上岗前的真正的"专业培训"，有的企业干脆自己培养专业人才。这是用人单位对现在的大学生不太满意的重要原因。德国的"双元制"实际上就是"小订单式"培养模式。学生在企业学习，既是学生，也是员工，在企业接受企业需要的专业培训，针对性更强。"双元制"不仅提高了学校培养人才的质量，也为用人单位招聘自己满意的员工提供了便利。这样，用人单位当然满意。当然，我国的国情与德国有很大的不同，不仅我国大学生数量比德国多得多，而且大学的管理体制及大学与社会行业（企业）的关系也存在巨大差异。在我国，应用型大学要普遍实行"双元制"培养，目前难度很大。而要向德国那样设置那么多的专业更是难上加难。因为我们对专业的理解与德国人不同。按照我们的思维，专业太多会导致专业之间的差异缩小，而专业之间的差异越小又让人觉得是"专业性不强"；但专业设置太多又增加了专业建设的难度，并给管理带来困难。所以，近年来我国高等教育界一直存在"强化专业"与"弱化专业"两种声音并存的局面。高校培养的专业人才如何让用人单位满意是目前我国高等院校，尤其是应用型大学亟待解决的问题。

(2)学生(家长)不满意主要是对专业不满意。

在今天的大学里,由于种种原因造成很多学生想学的专业选不上,不想学的专业偏偏"被"学习。更严重的问题是,不想学的专业偏偏"被"学习后又找不到相应的工作岗位。大学生就业的市场化与大学生入学选择专业的计划性和被动性的矛盾日益凸显,大学生的专业困境也越来越突出。尽管各个学校都想了很多办法尽可能地缓解这一矛盾,但收效甚微,尤其是地方性高校。这种现象已严重影响学生学习的热情和动力,甚至影响到学生的思想和心理健康,从而最终影响人才的培养质量。不管是从民主的原则出发,还是从人道主义思想出发,强迫学生在美好的大学时代学习自己不喜欢的专业确实是非常痛苦的事。再者,我国大学普遍采取以专业划分的班级上课制。这种以同专业的班级为基本的教学单位,使得全班同学的教学内容和步调基本一致,从而难以做到因材施教,更难使某些具有特殊潜质的学生得到充分的发展。为了让学生满意,在这方面,有的学校做了积极的探索。如北京邮电大学,早在1999年就开始实施转专业制度,允许一定比例的学生重新选择专业。同时,从2000年开始试行"个性化专业"人才培养模式。所谓"个性化专业"人才培养模式,是指学生根据自己的志趣和个性,在教师的指导下,自主设计专业和制订培养计划。在修满培养计划所要求的全部学分后,经审核合格,即可毕业。学生毕业时获得的国家正式毕业证书和学位证书上的专业名称将使用与北邮比较接近的本科专业的名称,可由学生选择,同时学校再颁发反映个性化专业培养的证书。个性化专业人才培养模式,确实能充分发展学生的个性、培养学生的创新能力,也有利于培养跨专业、跨学科的复合型人才,实施因材施教。如参加首批个性化专业学习的程源同学原是经济管理学院的学生,参加个性化专业培养后则开始学习自己设计的"计算机技术与语言学"专业,并有由计算机技术、智能化和语言学领域的3位专家组成她的导师组,具体指导她的学习。但是,不难看出这种个性化专业学习模式的教学成本相对较高,目前对绝大多数高校来说,还只能是让极少数人满意,不可能做到让广大学生受益。

2. 建立模块化课程市场是提高应用型人才培养质量的关键

(1)模块化课程与模块化课程市场的基本特征。

模块化课程是相对于传统的学科课程而言的,学科课程是根据学科自身的内在逻辑体系和学习时间量来构建课程的内容,而模块化课程是根据人才规格(专业规格或岗位规格)中的某一素质要素来构建所需的教学内容板块和教学方式。模块化课程内容可能既有知识的教学内容,又有实践的教学内容,也可能包括不同学科的知识内容。它不追求知识体系的完整性,而强调所选内容的使用价值。不能认为模块化课程都是为了培养某一能力,有的模块可能就是为了形成学生的某一知识体系或某一思想信念。在模块化教学体系中,一项专业能力(知识、素养)的培养可由一个或若干个模块来支撑。诸多的模块化课程的组合构成一个完整的素质结构图,学生所选的模块组合不同,其素质结构也不同。就是同一专业的学生,由于所选学的模块不同,其素质结构也不同。

市场一般是指买卖双方进行商品交换的场所,它具有开放、竞争、有序等特点。模块化课程市场是指学校以模块化课程作为基本单元的"商品",以学分作为交换的"货币",让教学双方自由地进行"买卖"的场所。教师作为卖方开发出能满足学生需要的"商品"——模块化课程,学生作为买方根据自己的需要进行购买。学校要以开放的胸怀引入竞争机制,促进模块化课程市场的发展,课程市场越发达,学生选择的余地越大,越能激发学生学习的动力和创造力。

(2)模块化课程市场对提高应用型人才培养质量的意义。

目前,在我国,要提高应用型大学的教育质量,要想做到让用人单位满意、让学生(家长)满意,靠大力扩展专业数量或像北京邮电大学那样采取个性化专业培养都不太现实。可行的方法就是各校要打破现有的专业壁垒,根据社会岗位对人才素质的需求和学生的需求构建模块化课程市场,让学生根据自己的志趣和对未来工作岗位的规划,从模块化课程市场中选修称心如意的学习内容。学生的素质能否满足社会不同岗位的需要,关键是学校能否开出足够多的能培养相应素质的模块化课程供学生选修。

首先,模块化课程市场能满足社会不同岗位对专业人才的需求。以环境工程专业为例,从该专业的人才培养方案分析可知,该专业一般分水污染控制与净水技术及工程、大气污染控制与废气净化技术与工程、固体废物处理及资源化技术、地质灾害与防治等不同的方向,而每个方向又对应不同的工作岗位,如固体废物处理与资源化方向就可对应城市生活垃圾处理及资源化、农业废物处理及资源化、工业废物处理及资源化、特殊废物处理及资源化,以及环境质量评价与管理等多个岗位。如果要想使学生毕业时与社会相关的工作岗位实现"零距离对接",就必须根据每个岗位的素质要求构建相应的模块化课程体系,即按照素质结构和能力梯阶设置不同层面、不同层次的模块化课程,通过多个模块化课程的教学来养成该岗位所需的素质。如果学校通过建设大量的模块化课程并形成模块化课程市场,那么,课程市场内的不同模块化课程的组合就可衍生出千千万万个"专业"或直接对应社会千千万万个具体的岗位。这样的人才类型不仅能满足社会千千万万种岗位的需要,也容易造就复合型、创新型人才。相对来说,建设一个模块化课程比建设一个专业要容易得多。另外,建立模块化课程市场还可为订单式培养搭建平台。学校可与企业合作共同建设符合企业需要的模块课程,通过学校、企业和学生三方签署合同让学生选修企业要求的若干课程模块,经考核合格,学生毕业即可进入签协议的企业工作。此乃一举两得。

对学生而言,只有建立模块化课程市场(有足够多的可供选择的模块化课程)才能够为其个性化的塑造提供可能。较小的、灵活的、彼此相互联系的模块比起内容庞大的专业课程来说可以产生更多的组合。学生"专业个性化"的程度则取决于在人才培养方案中模块选择的自由度。如果学生能选到自己喜欢的课程,他就会积极投入学习的精力和热情,教学质量自然会提高。

二、应用型本科大学模块化课程市场的构建模型

在构建模块化课程市场的模型之前,先要分析课程容量和课程结构。

课程容量一般用"学习内容量"和"学习时间量"来描述,最后用学分进行综合计量。"学习内容量"要与"学习时间量"匹配,学习内容多,学习时间安排少,则难以保证质量;学习内容少,学习时间安排多,则又造成学习浪费。根据我国大学每年40周左右的学习时间安排,四年制本科生的学习量一般在6 720学时左右,即每周42学时。如果每周的学习时间按6天算,则每天要完成7学时的学习任务;如果每周的学习时间按5天算,则每天要完成8.4学时的学习任务。学习负担不算太重。所以,我校规定四年大学本科要修完240学分(28学时计1学分)的课程总容量是有科学依据的。而最基本的教学单元——模块化课程的容量大小则要根据该模块的具体培养目标来确定,一般为5学分左右。

就课程结构而言,一般还是分公共必修课程、公共选修课程、专业必修课程和专业选修课程四类较好。公共课程一般占课程总量的25%～30%,应提高公共选修课程在公共课程中的比例。目前的问题是专业必修课程普遍比专业选修课程的比例大。建议提高专业选修课程的比例,使专业选修课程占到专业课程的60%以上。有人会说,这样肯定会降低学生的专业水平。其实不然。这样做的目的不仅给不喜欢本专业的学生放条"活路",而且有利于培养复合型人才。而喜欢本专业的学生完全可以100%的选修本专业的选修课,也使老师集中精力培养热爱本专业的学生。岂不皆大欢喜。学校应将所有的专业课程推向"市场",而各专业只需明确本专业的核心专业课程。因为"核心专业课程是本专业生存和发展的基础,反映的是本专业的关键能力,是区别于其他专业的标志,也是本专业评估的依据"。学生要想获得该专业的毕业证书和学位证书,就必须修完该专业核心课程,并拿到该专业60%的专业课程学分(需完成该专业的毕业论文与设计)。比如食品工程专业的某生,不喜欢本专业,想转到自动化专业,因受条件限制未能如愿,但他可以通过课程市场的自由选课去获得自动化专业的毕业证书和学位证书。如果学生能积极利用自己掌控的专业选修课的学分进入课程市场自由选课,就可以激活课程市场。模块化课程市场的模型如下图所示。

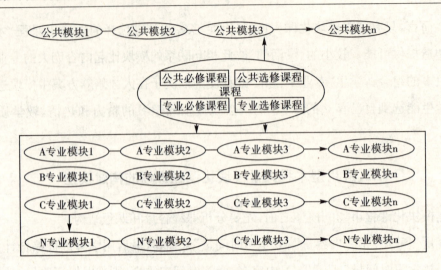

图1 模块化课程市场构建模型

三、模块化课程市场的有效管理与激励

首先,要建立适应模块化课程市场运行的教学管理机制。应用型本科大学模块化课程的管理应遵循"计划经济"模式与"市场经济"模式相结合的原则。必修课程应遵循"计划经济"管理模式,选修课程应遵循"市场经济"管理模式,而模块化课程市场应由教务处统一管理。学校应成立校、院(系)两级模块化课程建设指导委员会,负责对模块化课程开发和课程"入市"的审核。同时要制定明确的以"市场"为导向的学生所学课程结构与专业认定办法。即根据学生毕业时所学课程结构确定学生的专业和专业方向。如修完某一专业60%以上专业课程的学分,则认定为主修该专业;如修完某一专业40%的专业课程学分,则认定为辅修该专业等。另外,还要制定在模块化课程市场进行选课的规则。如模块选修的先后顺序、学习该模块的先决条件等。如果选学某一模块的学生过多,教学团队或教学条件满足不了所有人要求,就必须对选课学生进行排序。当然首先要满足本专业学生的需求,对非本专业的选课者建议按以下顺序排序:第一按上学期的学分积点高低排序;第二按专业相近度排序(每个专业需事先排出与本专业相近度的专业序列);第三按申请的时间先后排序。如果第一次未选中,第二次再申请时则优先考虑,总之,要给每个学生选修的机会。

其次,要加强市场化的模块化课程建设。在应用型大学里,模块化课程的建设远比专业建设重要。因为专业建设得再好只是这一个专业的,而高水平的模块化课程可以让多专业的学生共享。而且模块化课程建设比专业建设要容易,容易出成效。一方面要将模块选修人数与教师绩效工资直接挂钩,谁开发的模块化课程有"市场",谁就应该收入高。要鼓励各专业推出供全院选修的模块化课程,要支持"市场"前景好的模块化课程师资队伍建设,以最大限度的满足学生的不同需求。学校可以拨专项资金支持开发新的模块化课程,以丰富课程市场。同时,可通过建设模块化课程建设团队促进模块化课程建设。模块化课程建设团队不同于学科建设团队和单一的课程建设团队。模块化课程建设团队成员之间是平等的,每人相对独立的承担模块的一部分,成员之间可能来自不同的课程类别(理论课或实践课),也可能来自不同的学科或专业,所以同一模块的建设者之间可以互学、互补。而学科建设团队往往是由承担不同课程的老师组合而成,实际上多是各自为政,组织相对涣散;而单一的课程建设团队,"为首者"往往有绝对话语权,即某一门课程有几人同时承担教学任务,一般都是一位"年长者"("为首者")带几个年轻人,"年长者"说了算,精力一般多放在培养年轻人身上,实际上课程本身的建设成效并不明显。另外,要积极鼓励行业、企业参与模块化课程建设,充分利用校外资源建立学校模块化课程市场发展的长效机制。

【参考文献】

[1]麦可斯研究院.2011年中国大学生就业报告.北京:社会科学文献出版社,2011:106—107,215—216.

[2]智联留学网.德国大学专业数量接近九千五[DB/OL].2010—10—22.http://www.ywsz2008.cn/deguo/gk/2010/1022/29834.html

[3]教育部.教育部直属高校教学工作会议论文集.合肥:安徽人民出版社,2002:313—316.

[4]陈啸,储常连,吕静.关于高等教育分类研究若干问题思考.合肥学院学报(自然科学版):2010(4):41—48.

[5]姚玲玲,覃永晖,王晶.地方高校城市规划专业课程结构改革的市场化取向.高等建筑教育:2011(6):43—45.

(本文发表于《合肥学院学报》(自然科学版)2012年第2期)

构建《电子技术》分层次实验教学，培养学生实践创新能力

铜陵学院　高天星　贡照天[①]　谢　东

随着计算机应用技术、电子技术的迅猛发展和各种新材料、新技术的出现及应用，电子技术已成为其他学科领域实现自动化、智能化的关键技术之一。电子技术课程作为相关工程类专业的一门主干技术基础课，在培养学生工程能力和创新能力方面有着重要的作用。而电子技术实验是课程教学中重要的实践环节，是培养学生实际动手能力、分析和解决问题能力、创新能力的重要途径。实验教学内容和模式的改革近年来受到普遍的重视，2002年教育部颁布的《普通高等学校本科教学工作水平评估方案》就明确对实验教学中的综合性、设计性实验提出了一定的要求。为适应当前形势对实验教学的要求，我院对电子技术实验教学进行了改革，构建了三层次实验教学培养模式，使实验室真正成为学生实践创新能力培养的基地。

一、电子技术实验的现状与分析

电子技术作为实践性很强的基础学科，培养出来的学生不仅应具有广泛扎实的基础理论，而且更需要具备较强的实践动手能力和创新能力。目前电子技术实验所面临的问题是：

1. 传统的实验教学已不适应现代技术对专业人才培养的要求

其主要表现：一是实验教学模式过时，仍沿袭苏联上世纪50年代的教育模式。实验在理论课指导下进行，以验证理论为主，缺乏学生创新能力培养的机制；二是实验内容陈旧、实验设备落后，缺乏反映当前新技术的实验教材；三是管理封闭、资源利用率不高、课程之间缺乏整合、交叉重复内容较多；四是考核手段单一，不利于对学生创新能力的培养，不利于挖掘学生的潜力和积极性。

2. 传统的实验教学难以实现对学生实践创新能力的培养

自高等教育扩大招生后，高等学校在籍学生人数迅速增加，学生的知识结构和水平差异不

[①]高天星(1964—)，男，安徽阜阳人，铜陵学院教务处处长，教授。研究方向：高等教育管理。贡照天(1956—)，男，安徽宣城人，铜陵学院电气工程学院党总支书记，副教授。研究方向：电力电子技术，电机与控制。

断加大，专业的要求和层次也更趋于复杂化，那种规定时间统一实验项目的教学已不适应现代教学的要求。在夯实学生理论知识的同时，培养学生实践动手能力和创新能力的任务更加繁重，传统实验难以胜任。

针对以上现状，围绕学生创新能力培养，改革实验教学模式，势在必行。为此我们对《电子技术》实验进行了改革尝试，收到了良好效果。

二、电子技术实验教学模式改革的思路

分层次教学模式的改革就是将电子技术实验分为基础型实验、分析与综合型实验、设计与创新型实验三个层次。分级进行，循序渐进，从基础到综合，再到设计与创新，符合普遍认识规律和实验教学规律。在以学生为本，以知识传授、能力培养、素质提高协调发展的教学理念下，构建以学生能力培养为核心的电子技术实验新模式，旨在加强学生的实践能力和创新能力，促进学生知识能力素质的综合协调发展。通过新模式的构建，要达到以下几个目标：

使学生掌握基本的实验方法和实验技能，巩固实验基本原理和基本理论；

培养学生的实验设计能力、操作能力，提高学生综合分析问题和解决问题的能力；

培养学生的创新意识和创新能力，使学生得到良好的工程实践环节的训练；

培养学生科学的思维方法，团结协作、刻苦钻研、勇于探索的精神和实事求是的科学态度。

三、以创新能力培养为核心的实验教学新模式

1. 实验教学新模式

电子技术实验教学采用分三个层次分别进行：

第一层次——基础型实验。面向全院相关专业本专科学生。目的是促进学生掌握实验的基本原理，培养学生的基本实验技能。

第二层次——分析与综合型实验。面向全院有关专业学生。目的是提高学生的动手能力、综合分析和解决问题的能力。

第三层次——设计与创新型实验。面向全院电子类、计算机类、信息类。目的是进一步提高学生的综合能力，鼓励学生大胆创新，勇于探索。

这三层次的目标既相互联系，又相互独立，可作为电子技术实验教学的三个不同层次的教学目标，既保证基础训练和能力的培养，又满足不同学科不同层次的培养要求。

2. 基础型实验

基础型实验主要是指不同专业开设电子技术实验学生应知应会的原理性实验。基础型实

验是学生发展的基础,也是传统实验教学的主要任务。所有学生均应完成基础型实验项目。基础型实验要进行完善和改造,在保留经典的传统实验内容的基础上,要对实验内容进行创新,着重加强电子元器件的特性和选用、常用电子仪器的使用、各种波形的测定等内容,通过一些基础型实验教学,加深学生对基础理论知识的理解,同时也使学生得到基本的工程能力训练。

3. 分析与综合型实验

分析与综合型实验与基础型实验的区别在于实验的内容要具备综合性和应用性。重点培养学生对专业理论知识的分析与应用能力、解决实际问题的能力。分析综合型实验应具有知识内容的综合性,同时针对不同专业的需求,设置不同的分析与综合型实验项目。如机械类侧重于电动机有关运动控制方面、继电保护与PLC;建筑类侧重电气照明、弱电布线知识和楼宇自动控制方面。同时加入一些实用和学生感兴趣的实验,如交通灯控制实验、抢答器制作实验等等。提高学生做实验的兴趣,充分调动学生学习的积极性,为培养个性化的人才提供有利条件。

将分析与综合型实验项目设置为模块,不同专业、不同基础,不同能力的学生可以选做不同的实验项目。

4. 设计与创新型实验

设计与创新型实验的目的是进一步提高学生的综合能力,鼓励学生大胆创新,勇于探索,培养学生开展科学研究的能力。设计与创新实验以设计实验和课题实验为主。设计实验是给学生一定的任务和要求,学生自行查阅文献资料,自行拟定实验方案,自行准备所需器件,独立完成实验。一般可结合课程设计、电子设计大赛和大学生电子设计与制作等教学环节进行。课题实验是让一部分优秀学生参加教师的部分科研工作或在教师指导下自主选题,让学生尽早地进入科研环境。学生通过自行设计、分析、实践,引导学生发挥个性开拓思维,培养学生的创新能力。设计与创新型实验设置为开放性实验。

四、实践效果

自建立电子技术分层次实验的教学新模式以来,已在我院2004级、2005级、2006级学生中实践,并取得了较好的效果。主要体现在以下几个方面:

分层次实验满足了不同专业、不同基础、不同能力的学生的需要,加强了学生的动手能力,适应了学生个性化培养的需要。

分析与综合型实验,由于覆盖面大,并结合专业特点,调动了学生对知识探求的积极性,达到了理论与实践相结合的目的。学生的动手能力和综合实践能力得到充分锻炼,从而提高了实验教学质量。

设计与创新型实验促使学生由被动完成实验变为主动学习,激发了学生参加实验的兴趣。启发了学生创新思维,提高了学生的设计能力。在培养创新意识和工程能力方面,起到了较好的作用。

分层次实验推动了教师和实验人员的业务能力和业务水平的提高。教师和实验人员的创新意识和创新能力得到明显提高,教师和实验人员参与教学研究和教学改革积极性空前高涨,实验教学水平明显得到提升。

五、结语

实验教学是培养学生实践创新能力的重要途径。实验教学的改革涉及场地经费、师资队伍等各方面,这些都是取得成效的关键。我院通过对电子技术分层次教学培养模式的改革与实践,增强了学生实际动手能力,提高了学生的创新意识和实践能力。

【参考文献】

[1]汪木兰,徐开芸.电工电子教学体系和实验平台的构建.中国现代教育装备,2005(11).

[2]王书纯,杨艺华.电工电子实验教学提高学生动手能力初探.实验技术与管理,2005(11).

[3]杨艺.电工电子技术实验教学体系的改革与实践.实验技术与管理,2005(9).

[4]龙玲.基于网络多媒体教学的实验室开放研究.实验科学与技术,2004(3).

[5]谢东,高天星.《电子技术》实验教学改革的探讨.铜陵学院学报,2006(2):102—103.

[6]高天星.高职高专开放式实验教学的探讨.芜湖职业技术学报,2002(1):85—86.

[7]王振宁.实验电子技术.北京:电子工业出版社,2004.

(本文发表于《中国教育信息化》2009年第6期)

基于应用型人才培养视角的高等数学课程改革优化研究

蚌埠学院 董 毅[①] 周之虎

一、新建地方本科院校改革优化高等数学课程的必要性

高等数学是新建地方本科院校理工类和管理类专业一门重要的基础理论课,它在培养学生的抽象概括能力、逻辑思维能力、运算能力方面的独特作用,是其他课程无法替代的。新建地方本科院校优化"高等数学"课程改革势在必行。

(1)高等教育大众化的现实要求改革优化"高等数学"课程。我国的高等教育已进入了大众化阶段。进入新建地方本科院校学生的数学基础比精英教育阶段相对较差,学生入学平均水平下降。"高等数学"课程只有积极主动地适应高等教育大众化的新形势,改革教学手段和教学方法,才能从根本上提高教学质量和教学效果。

(2)基础教育新课程的实施要求改革优化"高等数学"课程。2008年以后进入高等学校的都是使用基础教育课程改革新教材的高中毕业生。高等教育是基础教育的继续,就数学课程来说,基础教育数学课程删减了内容、降低了课程的深度与难度,这必然要求"高等数学"课程的教学进行相应的改革,使高等教育与基础教育相衔接。

(3)以能力为重点的素质观要求改革优化"高等数学"课程。传统的以知识多寡、学问深浅作为教育质量评价标准的知识质量观必须改变,代之以与知识经济相适应的以能力为重点的素质质量观。就"高等数学"课程而言,不是学得越多越好,也不是学得越深越好,而是要以应用为目的,以够用为限度,重点要放在培养学生应用高等数学解决实际问题的能力与素养上,放在学生把握数学的思想、方法与精神上。

(4)应用型人才的培养定位要求改革优化"高等数学"课程。在应用型人才培养中,必须充

[①] 董毅,蚌埠学院教务处处长。周之虎,蚌埠学院院长。

分体现"以应用为目的,以够用为限度"的原则,突出思想性,强调应用性。以数学教育专业为例,可以进行如下改革,以实现应用型人才的培养目标:一是减少数学学科课程,降低内容难度;二是增加数学素质方面课程,突出数学思想文化;三是增加教育课程比重,加强教育理论与技能;四是增加素质方面选修课程,提高人文素养;五是增加实验课时,加强实践环节;六是增加课程的选择性,适应学生的个性发展需要。

(5)目前的教学现状要求改革优化"高等数学"课程。具体表现在:①在认识上,不少教师不熟悉高等数学与学生后续专业基础课和专业课的联系,不熟悉高等数学在后续专业基础课和专业课中的作用,只能就数学而讲数学,不能从专业的角度自然地引出数学问题并进行讲授,学生也就不能理解数学课对专业课的影响和作用。②在内容上,新建地方本科院校所使用的教材,在理论上篇幅过多,实际应用内容太少;加上教师偏重于知识传授,忽略了教学内容与专业学习和实际问题的结合,忽视了对学生数学能力和意识的培养,在很大程度上不适合新建地方本科院校应用型人才培养的办学定位。③在方法上,一直沿用注入式、满堂灌的教学方法,偏重于概念的讲解、定理的证明和公式的推导,造成了学生思维的惰性,抑制了学生思考问题的积极性,不利于培养学生独立思考问题和探究解决问题的能力。④在实践上,实践教学环节薄弱,学得多用得少。数学实验和数学建模是多数新建地方本科院校高等数学教学中最薄弱的环节。

二、新建地方本科院校改革优化高等数学课程的路径选择

为适应高等教育大众化的新形势和满足地方经济社会发展对应用型人才的现实需求,必须对"高等数学"课程的教学内容、教学要求和教学方法进行改革优化。

(1)按照应用型人才的培养定位,优化"高等数学"课程教学目标。新建地方本科院校要遵循"实基础、适口径、重应用、强素能"的应用型本科教学理念,优化课程教学目标、调整课程教学要求、制订课程教学大纲。①建立"高等数学"课程的多维目标。在保证应用型人才培养基本规格的前提下,确立"高等数学"课程知识与技能、过程与方法、情感态度与价值观三个维度的教学目标。②调整"高等数学"课程的教学要求。改变传统的以学科为本位、过分强调理论知识的系统与完整的学术化课程要求,依据"理论基础较扎实、专业知识面较宽、实践能力强、综合素质高"的应用型人才培养的要求,对高等数学的理论应不求过分系统完整,不作过高要求;降低证明与计算的难度,淡化运算技巧训练,重点是理解基本概念,掌握数学方法,突出数学思想,加强对学生数值计算和数据处理能力的培养,要求会用数学计算软件解决实际问题。③分类制订"高等数学"课程教学大纲。改变现行教学体制下的将学生分为工科、文科两个不

同的层次进行教学,专业特色和需求难以兼顾的尴尬局面,根据不同专业对高等数学教学内容和在应用型人才培养上的要求不同,分大类制订与不同专业培养目标相适应的"高等数学"课程教学大纲。

(2)按照应用型人才的培养需要,优化"高等数学"课程内容体系。为了实现既定的课程目标,在总课时一定的情况下,要根据应用型人才培养目标要求,突破传统课程体系的架构,按照"以应用为目的,实现两个转变,形成三个层面,把握四个关系"的课程教学思路,对"高等数学"课程内容进行梳理,构建以能力培养为本位的课程框架内容。"以应用为目的"就是根据应用型人才的培养需要,以问题为导入,以数学思想方法为主线,以数学知识及其产生过程为平台,以应用理论解决问题为目的,凸现整体框架,形成知识的整体结构。"实现两个转变"就是由重视体系完整的课程导向向重视专业需求的应用导向转变,由重视数学理论的应试导向向重视数学应用能力的应用导向转变。"形成三个层面"就是将整个课程的教学内容分成基本、应用和深化三个层面。基本层面内容包括基本概念、基本理论、基本思想方法;应用层面内容主要是数学在解决专业问题中的应用,包括利用数学建模、数学软件分析计算;深化层面包括计算技巧、理论拓展与深化。"把握四个关系"就是在整个课程体系中,按照培养应用型人才的规律,处理好具体与抽象、整体与局部、知识与方法、结果与过程的关系,进行整体设计。

(3)按照应用型人才的培养要求,优化"高等数学"课程教学方法。①教学过程互动化。构建"对话"的课堂文化,真正把课堂看作一种对话与互动的过程,实现从"独白"走向"对话"的教学新模式。②枯燥问题趣味化。枯燥的数学问题是影响学生学习数学的一大障碍,枯燥问题趣味化可以激发学生学习的兴趣。例如,罗索曾用一个趣味的"理发故事"说明很抽象的罗索悖论。③抽象问题直观化。M.克莱因认为数学理解是通过直观的方法来获得的,而逻辑的陈述充其量不过是学习的辅助工具。在教学中要根据教材内容组合教学媒体,以创设新颖的教学设计,将抽象问题直观化。④复杂问题简单化。教师应创设教学情境,恰当地把抽象的问题转化为学生熟悉的问题,用最简单的办法处理最复杂的问题,用最简单的语言说明最深奥的理论。如在讲解线性空间概念时让学生通过对比较熟悉的三维向量空间的认识,来理解线性空间的概念,便于学生理解和记忆。⑤零星问题结构化。数学知识是一个有机的整体,其各部分之间有着诸多的内在联系。在教学中要注意运用"归纳、类比、联想"等方法,让学生着眼整体、融会贯通。⑥生疏问题生活化。教师必须改变"绝对严密"的数学观念,想方设法营造氛围,借助形象比喻,联系生活实际,展现数学魅力,凸现数学思想方法,引导学生体验数学、欣赏数学。比如将极限的保号性比喻为"近朱者赤,近墨者黑",将数学上的等价关系比喻为生活中的亲戚关系等。⑦具体问题抽象化。通过个别的、特殊的或局部的具体的实例或经验对抽象内容作直观描述,并在此基础上,从具体概括出抽象结果,培养学生的抽象能力;同时将抽象的概念、结论和规律,通过综合上升为理性具体,形成各种思维的具体模式,培养学生运用理论解决具体问题的能力。⑧理论问题实践化。在高等数学教学过程中,培养学生"用数学"的意识是其主要任务之一。教师引入概念要尽量采用学生所学专业中的背景知识,并将理论应用于分析解决学生所学专业中的具体问题,引导学生应用数学理论与方法解决问题。⑨结论产生过程化。在高等数学教学过程中,教师要关注过程,把教学重点放在揭示知识形成的过程和规律上,包括从失败中找到成功的过程,帮助学生形成积极的学习态度、科学的探究精神,让学生在学习过程中获得情感体验、形成价值观,培养学生创造能力和创新精神,促进学生的全面发展。

(4)按照应用型人才的培养要求,优化"高等数学",调动学生学习的主动性和积极性,以实现应用型人才的培养目标。①激发学生兴趣。兴趣是最好的老师。但有调查表明,从中学到大学,学生对数学普遍缺乏兴趣。其兴趣淡薄的主要原因是教师忽视学生学习兴趣的培养或不能有效激发学生的学习兴趣。因此,教师要研究并提高自己的教学艺术,恰当包装数学知识,采取合适的呈现方式,引导学生欣赏数学之美、品味数学之趣、感受数学之妙、领略数学之奇,展现数学的魅力,激发学生对知识产生好奇、期盼与等待,让学生在数学学习中体验数学思考的乐趣和数学文化的魅力。②走出"严密"数学。数学教师不能有效激发学生兴趣的主要原因是一味追求数学"严密性"造成的,没有处理好数学的"严密性"与数学教学的"生动性"的矛盾。数学的严密性是相对的,数学教育是一个循序渐进的过程,不能也不可能一步到位。因此,教师要善于把抽象的概念具体化、深奥的思想形象化、枯燥的理论趣味化、陌生的内容生活化。这样的处理可以有效激发学生学习数学的兴趣。③情境问题驱动。任务驱动法是建立在建构主义教学理论基础上的教学方法,它强调学生的学习活动必须与实际的任务和问题相结合,以探索问题来引导和维持学习者的学习兴趣和动机。在高等数学课程的教学过程中,教师可以通过问题驱动法逐步展开教学内容,充分调动学生的积极性,让学生带着真实的任务去学习,让学生通过完成这些任务来掌握教学内容,培养解决问题的能力。④走出"保姆"教学。新建地方本科院校大多由专科学校升格而来,不少教师习惯多讲、讲全讲细、讲深讲透,充当学生学习的"保姆"。长此以往,学生不仅"消化不良",而且还会产生依赖思想。因此,教师在教学内容的处理上要有艺术,凡是学生能够看懂的和能解答的问题,可以不讲;凡是学生能将学过的知识纵横联系、互相沟通、适度引申、形成结构的,教师不要替代。

(5)按照应用型人才的培养要求,优化"高等数学"课程考核评价。教学考核评价既是课堂教学的一个重课程教学策略,也是一种有效的强化和鞭策手段。通过考核评价,教师可以检验高等数学的教学效果,以便调整下一阶段的教学计划;学生也可以了解到掌握所学知识和技能的情况,并改进自己的学习方法。对高等数学成绩的考评要采取平时成绩、随堂测验和期末考试相结合的多元化方法,以此引导学生应用数学,促进学生主动学习。平时成绩包括:课堂练习、平时作业、课堂出勤、课堂提问、查阅资料、分析资料、应用举例等;随堂测验包括:教材中的练习、数学实验、单元测验等;期末考试可由教学指导委员会组织研制试题库,各自所占比例可根据学生的具体情况来定。另外,对应用数学解决实际问题有成效的学生,特别是对数学中某一部分内容有研究、有创新的学生,可以由教研室研究给予免考,鼓励学生应用与创新。通过这种多元化的考核评价方法改革,可从根本上改变现行的以笔试作为唯一的考核评价手段的弊端,让学生明白学习贵在平时积累,而不是靠考前"临阵磨枪",引导"学贵在用"。

【参考文献】

[1]董毅.数学教育专业课程改革与实践.黄山学院学报,2006(3).

[2]刘丽,刘爱国.在高等数学教学中培养学生"用数学"意识的思考与探索.大学数学,2004,21(6).

[3]刘兴华等.关于数学家谈数学学习的问卷分析.数学教育学报,2003(1).

(本文发表于《中国大学教学》2010年第8期)

应用型本科工程专业核心课程"教学做创"一体化教学改革与实践

安徽科技学院 郭 亮 陈 丰 张 华 张海涛

应用型本科院校是近年来适应我国市场需求和满足高等教育大众化需求的产物,是对我国传统的"大一统"的以"理论性、学术型"人才培养为追求的本科教育的反思与突破。由于起步较晚,对其研究更多的是停留在政策层面和理念层面,从高校专业设置、人才培养方案构建、教学环节、课程体系、教学内容、教学模式、队伍建设等内容层面和实施层面进行的系统研究还非常欠缺。本文对应用型本科工科专业的核心课程教学方法改革进行探讨,提出适应于应用型本科的"教学做创"一体化教学模式。

一、应用型本科"教学做创"一体化教学模式的内涵

(1)内涵。陶行知先生曾说过,"教学做是一件事,不是三件事。我们要在做上教,在做上学"。由此可以理解,任何教育活动都是教学做合一的统一过程,其实质是理论联系实际,教育联系生活实践,学以致用。应用型本科的"教学做创"一体化教学模式改革灵感来源于工程产品/系统的生命周期,注重培养学生掌握扎实的工程基础理论和专业知识,并在此基础上将教育过程放到工程领域的具体情境中,通过贯穿整个人才培养过程的团队设计和创新实践训练,培养专业基础扎实、职业道德高尚的新一代高水平工程师。应用型本科教育的"教学做创"一体化不同于高职院校的工学结合方式,应用型本科"教学做创"一体化教学模式突出工程性和团队合作,融学科理论与工程实践于一体,以一个典型项目为依托,组织学生进行从设计构思到产品制造全过程的科研和生产仿真;而高职院校的"教学做"一体化教学仅仅是把理论课教室搬入实训室,教师边教学生边做,模拟车间的真实场景,完成简单的操作并达到熟练的目的,不具有工程性和创新性,理论上达到了解的目的即可。

(2)运行条件。为了保证应用型本科工程专业核心课程"教学做创"一体化教学模式的顺利实施,必须具备四个方面的运行条件。一是"教学做创"一体化平台构建。根据学科专业需要,课程内容安排,充分利用现有设备进行资源共享,集约化利用,建立一个能模拟企业真实场

景的实验实训平台。二是"双能型"师资队伍建设。教师是"教学做创"一体化教学模式的组织者和引导者,教师不仅应该具有相当的学术理论水平,而且应该同时具有很强的实践背景和丰富的实践经验。三是优化教学内容、精选案例和项目。要根据本专业人才需要和培养目标,优化核心课程教学内容,从企业引进典型案例和项目,要求案例与课程教学内容贴合度高;项目不能太过庞大复杂,团队成员通过努力能够基本完成,而且要求具有系统性,实现理论与实践的融合。四是建立科学合理的考核评价机制。考核评价是"教学做创"一体化教学模式的推动力,要改革传统的考核方式,建立形成性考核和终结性考核相结合的考核方式,以形成性考核为主,突出实践技能的考核。

二、应用型本科实施"教学做创"一体化教学模式改革的意义

应用型本科培养的是各行各业中应用科学理论从事高技术专业工作的应用型专门人才,属于"理论应用型"人才。应用型本科以面向行业培养学生综合运用理论知识和方法解决实际问题的综合能力和实践能力为主,同时培养学生要有较强的技术创新能力。应用型本科人才应具备更强的社会能力,如语言表达能力、自我表现力、团队精神、协调能力、交际能力等。应用型本科"教学做创"一体化教学模式,以产业需求为导向,教学内容和方法与产业发展同步,理论与实践相结合,以培养适应产业发展的合格的工程人才为目标。其标准直接参照产业的需求,其4个环节近似于企业在真实社会环境中的一个研发流程。以项目为导向,使学生把学科知识与真实的研发实践结合起来。这种教学模式对于培养应用本科人才的综合素质、工程意识和提高学习兴趣具有非常重要的作用。

三、核心课程"教学做创"一体化教学改革与实施

1. 合理优选专业核心课程

人才培养的应用型特色首先要通过构建凸显应用性的课程体系来实现。要突破以学科为核心设置课程体系的传统本科教育课程结构,以优化学生的知识结构,促进知识、能力和素质的全面提高为目标,建设以能力为核心,以个性化专长为特色,能充分体现应用型人才培养要求的课程体系。经过大量的企业调研,根据毕业生反馈的信息及企业对工程技术人才的需求,根据机械电子工程专业的行业需求和岗位设置,我们确定了四门专业核心课程,涵盖了机械设计、机械制造、机电控制以及机电设备故障诊断等领域。这四门核心课程为"现代设计技术"、"现代制造技术"、"机电系统控制工程与应用"和"机电设备故障诊断与维修"。四门核心课程像四根支柱,有力支撑着机械电子工程专业。它以基础课程和专业基础课程为基础,同时对方

向模块课程起着支撑作用。

应用型人才培养不仅与课程体系密切相关,而且必须通过具体的课程内容来实现。因此,改革课程体系要与改革课程内容紧密结合。课程内容改革要优化结构,更新知识,突出应用,强化实践,体现创新,精炼理论教学内容,增加应用性、创新性教学内容,着力解决好课程内容的系统性与职业需求的实用性之间的关系、理论知识与实践应用的关系。我们对机械电子工程专业四门核心课程的内容进行了精心整合与优化,达到了理论适度、强化实践、突出工程应用的目的。"现代设计技术"课程传承了传统设计方法,并重点突出了现代设计方法的应用,如机械优化设计、有限元法、可靠性设计等。如以一个典型机电产品为研究对象,从产品构思、结构设计、运动分析到构件的机构设计、装配工程图的绘制及结构仿真优化、改进创新结构等全过程,学生以3～5人组成小组,分工协作,每人分1～2个部件设计,最后完成典型产品的设计。这样一个系统的设计过程,真正把学生纳入到一个企业似的团队中,实现了真实企业环境的模拟,理论与实践有机融合,"教学做创"一体化。"现代制造技术"课程充分利用校内工程训练中心的设备,开展了基本机加工、数控切削加工、线切割加工等综合训练,完成了典型零部件的机械加工。该课程涵盖了机械制造工艺、机床及工装夹具、刀具及现代加工技术等多个领域,学生以小组的形式领取生产任务,从材料选择、工艺方案制定、工装夹具选择到机床加工全部过程,人人参与,个个通过,真正实现了生产与理论的一体化,同时锻炼了学生的团结协作精神和分析问题解决问题的能力,极大地提高了学生的实际能力。目前,"机电系统控制工程与应用"和"机电设备故障诊断与维修"按照"教学做创"一体化的模式正在进行中。

2. 构建"教学做创"一体化平台

核心课程的"教学做创"一体化教学模式必须要有良好的实训平台作为支撑,能够根据课程内容要求实现企业环境的生产要求。为此,机械电子工程专业充分利用示范校建设资金购置设备,并整合了其他实验实训设备,构建了现代设计技术平台和现代制造技术平台;利用奥地利贷款项目建立了机电设备故障诊断与维修实训平台,很好地满足了"机电设备故障诊断与维护"这门专业核心课程实习的需要。总之,整合资源,集约化利用,构建综合性实训平台是开展"教学做创"一体化教学改革的前提条件。

3. 构建"双能型"教学团队

做好"教学做创"一体化教学改革的另一个关键条件是拥有"双能型"教学团队。建设一支具有"双能型"素质的教师队伍是应用型本科院校的当务之急,是培养应用型人才的关键。教师不仅应该具有相当高的学术理论水平,而且还应该具有很强的实践背景和丰富的实践经验。这一要求对于传统的理论课教师是一个挑战,更是一个机遇,能够极大地提高教师的实践水平,推动科研能力的提高。为了开展核心课程"教学做创"一体化教学改革,机械电子工程专业,成立了核心课程教学团队,通过内培外引的方式,不断加强教师的实践技能,所有核心课程教师都达到了"双能型"教师资格。

4. 合理优化教学过程

专业核心课程是应用型本科专业教学改革的核心,是构建人才培养方案的基本单元,也是实现高水平应用型人才培养目标的关键。机械电子工程专业根据专业人才培养目标和应用型人才培养的内涵,设立了"现代设计技术"、"现代制造技术"、"机电系统控制工程与应用"和"机电设备故障诊断与维修"等四门涵盖机械、机电一体化系统和机电设备故障诊断等多个方面的核心课程,四门核心课承上启下,既是专业基础课程的传承,又是专业方向课程的基础,是培养应用型创新创业人才的核心。四门核心课程采用"教学做创"一体化模式进行教学,教学过程中运用项目驱动教学法,以某一个或多个机电产品或设备为开发研究对象,以工程项目的形式开展教学,围绕项目全过程组织教学内容,锻炼学生的创新能力和工程实践能力。我们根据这一教学构想,设计编制了四门核心课程的教学大纲,大纲对教学内容、教学手段和方法、教学团队及考核办法等进行了详细的规定,为开展教学打下了良好的基础。

"现代设计技术"作为专业核心课程,主要教学手段为多媒体教学,将教师演示与学生操作结合,自主学习部分采用科研小组进行集体学习。根据专业人才培养目标和应用型人才培养的具体要求,以一个典型机电产品为案例,采取"教学做创"一体化的教学模式。具体教学过程中采用案例教学和项目驱动的方法,明确教师教授的内容、学生学的要求、学生做的内容,在此基础上综合运用知识进行创新设计,完成一个或多个典型机电产品的设计。作为专业核心课程之一,"现代制造技术"进行了多方面的教学方法和教学手段改革,采用了"教学做创"一体化、项目驱动模式,以工程实践中的真实环境和真实零件加工为对象,在工程训练中心完成理论教学、课程设计、零件工艺设计与加工,进行真题真做,锻炼了学生的协作精神、动手能力、分析问题和解决问题的能力,真正做到了学以致用,提高了应用型人才培养的质量。

5. 构建合理的课程考核制度

为了有效开展"教学做创"一体化教学改革,机械电子工程专业四门核心课程采取了形成性考核与终结性考核相结合的方式进行考核。为了能体现课程特色和能力要求,形成性考核的关键是要充分发挥任课教师或课程组的作用。为此,我们在对考试提出总体要求,并建立严格的管理和监督机制的基础上,把考试具体方法和手段的决定权交给专业任课教师。对本专业的专业核心课程,就进行形成性评价与终结性评价相结合的方式进行考核,如专业核心课程"现代设计技术"的考核评价方式如下:(1)形成性评价与终结性评价相结合,形成性评价成绩占总成绩的70%,终结性评价成绩占总成绩的30%;形成性评价突出操作技能、分析问题和解决问题能力考核;终结性评价突出理论考核,分阶段进行考核,根据知识段的分量和重要程度,团队教师讨论决定权重。(2)形成性评价内容包括:项目完成情况、平时作业、课堂操作情况等。(3)实践操作考核与书面理论考核相结合。(4)学生参与评价,学生可以对其他学生的作业、作品及项目情况进行评价,给出参考成绩,作为老师评价的参考。

"教学做创"一体化教学法是一套重自主、重交流、重实践、重创新的教学模式,每一模块的教学,都打破了传统的教学模式,有利于教师教学水平和教学质量的提高。从教学效果上看,学生的学习兴趣浓厚,积极性高,能充分挖掘出学生的创新能力和自我学习能力,是培养高水平应用型本科人才的重要途径,值得大力推广和应用。

【参考文献】

[1] 刘志鹏,杨祥,陈小虎.应用型本科院校发展模式的创新与实践.中国高等教育,2010(9):34—36.

[2] 徐理勤,顾建民.应用型本科人才培养模式及其运行条件探讨.高教探索,2007(2):57—60.

[3] 刘淑英.工学结合模式下的理论与实践一体化教学法.职业技术教育,2007(14):45—47.

[4] 蔡敬民,余国江.关于应用型本科院校师资队伍建设的思考.合肥工业大学学报(社会科学版),2008,22(5):32—34.

[5] 苏萍,陶剑文."教、学、做"三位一体教学模式的探索与实践.辽宁高职学报,2009(10):71—73.

"外贸单证"课证融合
——"外贸单证"课程教学改革浅析

安徽外国语学院 袁敏华[①]

"外贸单证"课具有实用性和操作性强的特点,大部分中职、高职高专院校以及部分本科院校的国际贸易专业、报关与国际货运专业、国际商务专业、商务英语专业等都开设此课。该课程是国际经济与贸易专业的必修课,是国际贸易实务、国际结算等专业课程的延伸和实际操作。

外贸单证工作贯穿于外贸业务的全程,决定着外贸业务能否顺利的开展和完成。从贸易磋商、签订进出口合同,履行进出日合同,包括货物办理保险、报检、报关、装运、结汇、核销,几乎每一个外贸业务环节都涉及相应的单证工作。

一、《外贸单证》教学课证融合的必要性

2004年,教育部在《关于以就业为导向,深化高等职业教育改革的若干意见》(教高[2004]1号)中又强调要大力推行"双证书"制度,即学历证书或培训证书和职业资格证书两种证书制度,促进人才培养模式创新。

"课证融合",又称为"双证教学",是指课程的设置与职业考证相对应,课程教材、教学内容与考证内容相一致,通过课程学习,学生就能直接参加相关职业证书的考试。

随着我国对外开放程度的逐步深化,社会人才市场对高校毕业生综合素质的要求越来越高,要求毕业生专业知识扎实、上岗快、职业发展潜力大、为企业创造效益多。大学生在校期间就要完成上岗前的职业训练,具有独立从事某种职业岗位工作的职业能力。课证融合的课程教学改革,正是为了切实提高毕业生的综合素质而探索的教育模式,将职业标准融入课程标准之中。如果课程标准不能适应职业标准的要求,毕业证书就无法与职业资格证书实现融通。因此,双证融通的实质是两种标准的融通,而两种标准的融通又依赖于学生个人发展目标与社

[①]袁敏华,女,安徽外国语学院国际商务学院讲师。研究方向:国际贸易。

会发展目标的融通。应用型教育改革的核心在于课程改革,课程改革的基本思路就是学习过程与工作过程的融通,从而使学生在学校及时学习掌握与所学专业相关的技术,提前了解和掌握该专业在当前生产中的技术要求,使学生能结合所学专业,进行职业资格能力方面的学习,提前了解该专业的职业技能要求,提高职业素质、实践能力和就业竞争能力,使他们在校期间就能积累一定的工作经验,从而大大缩短就业上岗后的适应周期,切实增强毕业生就业竞争力,提高就业率。

二、我院《外贸单证》课证融合教学成果

1. 上课教材和考试用书两结合

整合教学内容,即根据国际商务单证员考试大纲和内容,把国际商务单证员的考证培训课程内容与外贸单证教学内容进行整合,融"证"入"课",以"课"为主,并把单证员考试真题当作案例讲解和训练,使学生明确学习目标,激发学习和考证的热情,也省去了学生课后报课外辅导班的费用。

2. 理论课和实训课双手抓

在课堂教学中,进行实际工作场景模拟,以一个进出口业务项目为主线,采取案例讨论、小组合作活动教学等多种方法,让学生分别扮演不同的角色进行训练,教师给以指导、答疑、评价、测试,将理论知识的运用置于一个真实的项目中展开,在训练中完成各项任务,并通过单证员考试真题来检验学习效果。在狠抓理论课的同时,还指导学生在实训室用外贸单证软件进行工作模拟。

3. 理论课和制单课齐奋进

我院的外贸单证教学没有仅仅局限于基础理论与知识,还重点强调操作与缮制的知识点。这样可以最大程度地体现"以教师为主导,以学生为主体"的教学理念,激发学生学习积极性。学生通过对单据的缮制,巩固了平常所学的理论知识,而且教师可以在学生制单的过程中,找出学生没有掌握的知识点并给以指导和纠正。

4. 内聘和外聘两齐全,狠抓双师素质教师队伍的建设

我院的内聘单证老师都有在企业多年的实际工作经验,并且都持有单证员证书,真正体现了"持证上岗"。同时,我院还引进了优秀的校外兼职教师,他们一直在企业工作,有丰富的实践经验,给校内单证教学带来不同的视野和内容。

通过上述课程教学改革,学生的单证整体水平有了一定的提高,在2012年的全国商务单证员考试中平均通过率为74%,并取得了《国际商务单证员》证书,其中11期商务英语班的刘

念同学取得了安徽省第一的好成绩,并荣获安徽省单证员考试"优秀学员"称号;2013年的通过率为76%,2014年的通过率为79%。

三、《外贸单证》课证融合课程改革存在的问题及解决办法

1. 机械制单和单证流转相分离,加强工作过程导向

课堂教学,最容易展示单证的制作和审核,而对单证的传递和流转则不容易让学生理解。因为通过课堂讲解和演示,学生可以很容易理解缮制和审核单据的要点,这在教学实施和课堂管理上较易落实;而全套单证的出具先后顺序、传递和流转等更多体现在过程中,且流转操作的经验性和灵活性较强,教学中模拟过程较为困难,学生不容易理解,形成了"知其然,不知其所以然"的现象。很多教师都有实际工作经验,但是想通过课本和实训这个平面,完全展示真实的立体工作环境中的单据情景,是有很大难度的,因而流转环节就弱化了。

在实际的工作中,单证的办理程序和对时间结点的把握对整个环节会产生至关重要的影响。同时,流转环节涉及本单位人与人之间或者本单位与外单位之间的交流和合作,在工作中考验了学生的沟通协调等社会能力。教师在授课中,要以真实企业工作任务为载体,要将自己在工作中的流程和感悟告诉学生,增强学生的感性认识,使学生不仅掌握静态的填单技能,更能从整体上培养学生分析问题的能力、灵活解决问题的能力、认真的工作态度和职业责任感。

2. 实训软件与实际工作有差距,加强实训灵活性

外贸单证实训软件也是教学资源的重要组成部分,使教学内容更加真实并具有立体感。学生通过实训操作,可以更加深刻地理解单证制作的要点和注意事项。但学校的外贸单证实训软件操作简单、呆板、使用不人性化,单据格式陈旧。比如学生制作的单据只能在软件里填写,不能导出来及打印;商业发票制作完毕后,后续的单据不能够自动生成等。实训软件与实际工作的使用还是有一些差距的,这就要求教师在授课过程中,系统地加强对学生基本功的指导。学无止境,学生掌握了正确的学习方法,具备了一定的自主学习的能力,在将来的工作中,就能够做到高效率的边做边学,尽快成为成熟的单证员。

3. 静态考证和动态工作有缝隙,加强"校企合作"

取得《国际商务单证员》证书,只能证明该学生具备了单证员的基本的从业专业知识,并不代表他一定能够灵活应对单证工作中出现的各种各样的复杂问题。

学生只有在真实的工作实践中,认真对待每一笔进出口业务项下的单证工作并积极思考、防范风险,在问题出现后,能够运用智慧去解决问题,顺利制单结汇,才能成为一名优秀的单证员。学校可以加强校外实践基地建设,进一步落实和发展"教企合作",使学生能够把在学校积

累的专业知识和实习中积累的实践经验自如地应用在工作中。同时,我校的内聘教师可以利用寒、暑假时间下企业锻炼,保持与企业的接轨,在短期也能收到较好的效果,而且企业对外贸单证岗位的社会实践还是支持的。

4. 相关技能和专业知识不匹配,加强基础教学

相关技能,一方面指英语水平。单证几乎是全英文的,学生在学习单证课程时涉及大量英语,比如信用证的开立、审核和修改,合同、商业发票、装箱单、原产地证等英文单据。有一些英语基础差的学生刚开始学习这门课程就称之为"天书",并失去了兴趣和信心;没有英语做基础知识的支撑,这类学生也很难听懂,连进出口合同都看不懂。这是单证课程教学中的难题。相关技能的另一个方面是指熟练的办公软件操作技能,如 WORD 文档和 EXCEL 表格和一些图片处理方法。在单证实训的过程中,很多学生没有掌握基本的电脑操作技能,比如有的学生不会画表格,有的学生在用 EXCEL 作商业发票后,因金额较长,变成了乱码,其实只要将这一栏拉宽就可以了。实训课所安排的单证操作指导在一定程度上沦为电脑操作指导。专业课掌握得较为扎实,而相关技能不够娴熟,因此,有必要在保证单证正常教学的同时,适度强化单证英语,以便切实提高部分学生的英语水平。也有必要安排办公自动化课程的选修课,使学生可以灵活地进行学习。

【参考文献】

[1]章安平,方华.基于职业导向的"课证融合"人才培养模式实践与思考——以浙江金融职业学院国际贸易实务专业为例.中国高教研究,2008(11).

[2]黄冬梅,汤天啊.基于"课证融合"模式高职外贸单证教学改革初探.现代企业教育,2011(5).

民办高校体育俱乐部教学模式探索
——以安徽新华学院为例

安徽新华学院 王士赵 朱亚玲 何亚梅

安徽新华学院是 2000 年经省教育部批准成立的民办普通高校。自 2000 年第一批学生入校以来,安徽新华学院非常重视教学质量问题。安徽新华学院的体育课程一直走在改革与创新的道路上,2007 年 9 月安徽新华学院构建了体育俱乐部教学模式,创建了四个"三"特色教学模式。新型的教学模式既能提高大学体育课程教育的质量,又能培养大学生自主参与体育的意识,从而有效完成大学体育课程教育培养的目标。

一、安徽新华学院体育课程观

体育课程是学校体育工作的载体,是学校贯彻党的教育方针的重要组成部分,也是学院培养全面发展人才和实施素质教育的重要途径。体育课程是以健身活动为主要手段,通过合理的体育教育和科学的体育锻炼,以增强体质、增进健康和提高体育文化素养为主要目标的公共必修课程。课程基本理念为:

1. 坚持"健康第一"的指导思想,促进学生健康成长

体育课程是以促进学生身体、心理和社会适应能力整体健康水平的提高为目标的,构建了技能、认知、情感、行为等领域并行推进的课程结构,融合体育、生理、心理、卫生保健环境、社会、安全、营养等诸多学科领域的有关知识,真正关注学生的健康意识、锻炼习惯和卫生习惯的养成,将增进学生健康贯穿于课程实施的全过程,确保"健康第一"的思想落到实处,使学生健康成长。

2. 激发运动兴趣,培养学生"终身体育"的意识

学校体育是终身体育的基础,运动兴趣和习惯是使学生自主学习和坚持终身锻炼的前提。无论是教学内容的选择还是教学方法的更新,都应十分关注学生的运动兴趣,只有激发和保持

---

①王士赵(1976—),男,安徽凤阳人,安徽新华学院公课部副主任,讲师。

学生的运动兴趣,才能使学生自觉、积极地进行体育锻炼。因此,在体育教学中,学生的运动兴趣是实现体育与健康课程目标和价值的有效保证。

3. 以学生发展为中心,重视学生的主体地位

体育课程关注的核心是满足学生的需要和重视学生的情感体验,促进全面发展的社会主义新人的成长。从课程设计到课程评价的各个环节,要始终把培养学生的主动性与全面发展放在中心地位。教学活动中在发挥教师主导作用的同时,应特别强调学生的学习主体地位,以充分发挥学生的学习积极性和学习潜能,提高学生的体育学习能力。

4. 关注个体差异与不同需求,确保每一个学生受益

体育课程充分注意学生在身体条件、兴趣爱好和运动技能等方面的个体差异,根据这种差异性确定学习目标和评价方法,并提出相应的教学建议,从而保证绝大多数学生能完成课程学习目标,使每个学生都能体验到学习和成功的乐趣,以满足自我发展的需要。

二、安徽新华学院体育课程目标

通过体育课程的学习,学生将掌握并能应用两项以上健身运动的方法和技能,能科学地进行体育锻炼,以达到强身健体的目的;

通过体育课程的学习,将培养学生运动的兴趣和爱好,养成坚持锻炼的习惯;

通过体育课程的学习,学生将具有良好的心理品质,具有较强的人际交往能力与合作能力;

通过体育课程的学习,学生将了解并掌握健康的基本知识,以提高对个人健康和群体健康的责任感,形成健康的生活方式;

发扬体育精神,形成积极进取、乐观开朗的生活态度。

三、安徽新华学院体育俱乐部课程模式

早在体育俱乐部教学模式未构建之前,安徽新华学院体育教学就已创建了专项选课的教学模式。为了进一步发展和完善体育教学改革,安徽新华学院体育部于2007年4月赴安徽合肥学院(其"体育教学俱乐部"模式在省内外已具影响力)进行参观和学习,返校后我们多次召开会议,全体教师共同探讨具有特色的体育教学模式。

为了又快又好地发展这种新型教学模式,我们在教学过程中不断摸索、总结和完善,如查阅大量的网上资讯、相关体育改革的文献资料,调研其中的经验和方法,将其用到我们的实际操作中。安徽新华学院体育课程改革模式如下图所示:

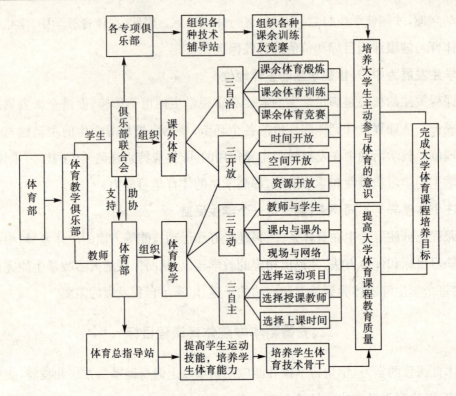

体育俱乐部教学模式结构图

四、安徽新华学院体育课程运动项目设置及俱乐部的构建

为了满足大学生不同的兴趣需要,安徽新华学院现已开设了体育舞蹈、拉丁健身操、健美操、形体训练、跆拳道、太极拳、传统武术套路、篮球、足球、排球、乒乓球、轮滑等12个项目,均建立了专项俱乐部。目前,安徽新华学院形体训练俱乐部、跆拳道俱乐部、健美操俱乐部、乒乓球俱乐部已基本完成了"体育教学俱乐部"模式的所有构建并已具特色。其他俱乐部正在积极地完善中。俱乐部组织管理机构图如下图所示:

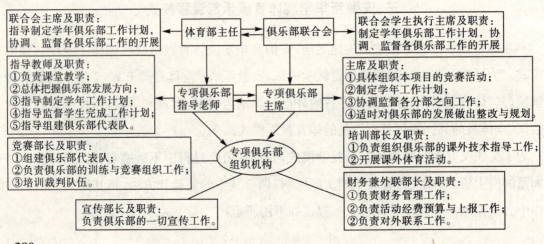

五、四个"三"特色体育教学模式

1. "三自主"特色模式

学生入学第一周通过网上选课系统,了解网上选课相关信息,根据自己的兴趣爱好选择自己中意的教师、课程项目及上课时间段。开学第二周,正式上课,学生如有对自己所选课程不满意或因其他原因需要调课的,可到体育部申请调换自己已选专业。第三周体育部将确定各专业班级学生名单并打印制册。

2. "三互动"特色模式

教师与学生互动,"体育俱乐部"教学模式中教师和学生间是一种平等合作的关系,以学生为主体,教师为主导;课内与课外互动,在各专项俱乐部我们培养大量的专业骨干,以担任学校课余时间体育活动的组织者、管理者及教学指导员,教师作为指导者协助其开展课外各种体育活动;现场与网络互动,大学体育,我们不仅要教会学生各种体育技能,更要培养学生自主学习的能力,为此我们动员学生在课余时间要积极利用网络资源进行业余自我学习,同时教师还留下自己的QQ和电子邮箱,以便与学生进行网上交流并加以辅导。

3. "三自治"特色模式

学生课余体育锻炼自治,学生的课余体育锻炼可通过网络资源或各专项俱乐部辅导站的辅导进行体育课的补充与延伸,同时还可以有针对性地解决课堂学习的重点和难点;学生课余体育训练自治,课外运动训练是大学生课余体育活动的重要组成部分,我院各个项目代表队现都由各专项俱乐部组建,其非"集训"期的训练工作均由各专项俱乐部组织者和技术骨干负责,专项教师进行督导;学生课余体育竞赛自治,校内每年举行的各类运动比赛,均由各专项俱乐部自行组织,技术骨干负责赛前的准备性训练,教师作为主导对其加以辅导。

4. "三开放"特色模式

时间开放,即体育教学及活动在时间安排上更灵活且全面,早晨、中午、下午、晚上、周末均可进行体育教学或课余体育锻炼、训练及竞赛。空间开放,即体育课程不仅可在校园内完成,我们还因地制宜、就地取材将课堂带出校外,进行公路越野、登山野练等,既丰富了体育课程,还能使体育与大自然得以完美地结合。资源开放,人力资源方面,体育教学与活动的开展不再拘泥于只能有体育教师来完成,而是通过教师和学生共同完成;物力资源方面,我们实行迎进来,走出去的方式合理科学地互用校外的体育场地及设施。

六、新体育课程模式的优势

"体育俱乐部"教学模式注重对大学生专项运动特长的培养;重视大学生对体育活动的主

动参与及独立性和自主性;注重对大学生体育文化素养及健康行为方式的培育;重视大学生的身心和谐发展,培养健全人格。其创新点主要体现在以下几个方面:

(1)新体育课程突破了传统的单纯的教学模式,如老师教什么,学生就学什么。新体育课程教学模式采用复合型教学方式,以学生为主体、教师为主导实行人性化教学,注重对学生兴趣、能力的培养。

(2)新体育课程凸显学生的主体性,学生参与俱乐部的教学与管理。以单项俱乐部为"管理单元",教师主要负责每个俱乐部的教学工作,同时协助俱乐部学生干部进行课外辅导、代表队训练和业余竞赛组织等工作,使教辅任务合一,课内外融为一体。

(3)新体育课程突破了传统体育项目的单一和陈旧,课程项目设置丰富时尚,以吻合新时代学生的选择需求。

(4)新体育课程学生通过网上选课,充分体现学生的自主性。各专项俱乐部设初、中、高多个等级,从而有效地解决学生学习的连续性问题。

七、体育俱乐部模式的成果、应用与推广

安徽新华学院"体育俱乐部"教学模式已实施两年,科研成果显著,新型教学模式得到安徽新华学院全体师生的喜爱与好评。通过问卷调查,学生对"体育俱乐部"教学模式的满意率达90％以上。该课题科研成果在安徽新华学院教学成果奖评比中荣获一等奖,并获省级教学成果奖三等奖。该课题科研成果已具推广力,目前已有几所同类院校到安徽新华学院进行交流与学习。

【参考文献】

[1]http://bmweb.njxzc.edu.cn/xzh/pgw/shownews.asp?id=90 2007-01-15.

[2]金钦昌.《学校体育学》.北京:高等教育出版社,1998.

[3]中共中央国务院《关于加强青少年体育增强青少年体质的意见》(中发[2007]7号),2007-05-07.

(本文发表于《安徽新华学院学报》2013年第7卷第1期)

应用型本科高校创新创业教育体系的构建

安徽新华学院 许苗苗[①] 方纯洁

创新创业教育是指通过相关课程与实践，培养学生创新意识、创新精神和创业能力的教育活动。创新创业教育是应用型本科高校深化教育教学改革的切入点，是提高学生创新精神和实践能力的重要途径，对于提高应用型本科高校办学质量、打造办学特色具有重要意义。应用型本科高校应自觉树立与时俱进的创新创业教育理念，积极构建"三位一体"的分类教育体系，努力优化创新创业教育环境与条件，开展切实有效的创新创业教育。

一、树立与时俱进的创新创业教育理念

1. 明确创新创业教育定位

应用型本科高校应以切实提高大学生创新创业素质为目标，将创新教育作为创业教育的核心；将创业教育作为素质教育的新境界、专业教育的新内涵、就业指导的新指向；将创新创业教育融入应用型人才培养的全过程，落实于人才培养的各个环节中。

2. 厘清创新创业教育目标

以转变教育思想、更新教育观念为先导，以提升学生的社会责任感、创新精神、创业意识和创业能力为核心，以改革人才培养模式和课程体系为重点，应用型本科高校创新创业教育应努力实现两项教育目标：第一，对所有在校生进行普及性的创新创业素质教育，提高学生创新意识、创业精神与实践能力；第二，对部分有创业倾向的在校大学生实施创业者甄别、创业者培训和创业指导的"创业精英教育"，提高学生创业实战技能。

二、构建"三位一体"的分类教育体系

1. 建设"分类培养"的创新创业课程教学体系

课程教学体系是创新创业教育体系的枢纽与核心。应用型本科高校应将创新创业教育纳

[①] 许苗苗(1982—)，女，安徽淮南人，安徽新华学院教务处副处长，讲师。

入人才培养计划,在各专业培养方案中设置"创业与生涯教育"课程模块和"应用创新"实践模块,开设"创新创业意识教育"、"创业模拟实训"、"创业实战指导"三个不同层级的课程计划,实现创新创业教育全覆盖、有自主创业意向学生和已创业学生的分类教学与指导。

(1)面向全体低年级学生开设"创新创业意识教育"。主要包括创业意识培训、创新思维与方法、专业与入职教育、职业生涯规划等必修课程,培养大学生的创新创业意识和职业素养。

(2)面向有创业意向的学生开设"创业模拟实训"。主要包括创业模拟实训、团队合作与训练、领导力训练等课程,以丰富大学生的创业知识、提升创业能力。

(3)面向已经实施创业活动的大学生及毕业生开设"创业实战指导"。主要包括企业管理能力提升实训、人力资源管理、市场营销、财务管理等模块课程。创业者通过对不同模块的选修,提高自己在经营与管理、人力资源管理、抵抗风险等方面的能力。

2. 构建"全方位"的创新创业实践教育体系

创新创业教育重视理论与实践的联系和互动,其实践性特点尤为突出。应用型本科高校要高度重视创新创业教育实践基地建设,打造各类创新创业平台,开展各级各类创新创业实践活动,构建创新能力训练实验、创业模拟实训、校园文化活动与社会实践相结合的立体的创新创业实践教育体系。

(1)创新能力训练实验主要是依托专业实验室和大学生创新实验室,积极开发综合性、设计性和创新性实验项目,鼓励学生参与教师的科研工作,举办与本专业相关的学科创新与技能竞赛,如电子设计大赛、智能车大赛、动漫设计大赛、广告艺术大赛、建筑设计大赛、网页设计大赛、市场营销大赛等,调动学生主动思考的积极性,提高大学生创新精神和应用能力。

(2)创业模拟实训主要依托实习实训基地、产学研合作基地,实现专业实训与创业实训接轨、专业实训和顶岗实习接轨。通过对创业过程的模拟,为学生掌握创业基本知识、熟悉创业过程、塑造创业精神、锻炼创业技能、提升创业素质提供有效途径。

(3)依托大学生创业俱乐部和大学生科技创新协会等社团组织,举办大学生职业生涯规划设计大赛和创业大赛、创业名家讲坛、宣传创业典型、组织创业文化周以及各类社会实践活动,营造浓郁的创新创业教育氛围,使创业教育思想深入人心。

3. 打造"一体化、全过程"的创业项目孵化体系

创业项目孵化是架起创业知识转化与理性创业实战的桥梁,是创新创业教育中不可缺少的重要环节。应用型本科高校可依托校内创业孵化基地,通过创业园、校企合作等方式,遴选一批创业意识强、有一定创业能力和潜力的学生团队注册校内模拟公司,进行创业实体经营,并从团队改组、运营管理及资源整合等方面给予有针对性的帮助扶持,降低大学生创业的成本及风险,提高创业企业的成活率。

三、完善创新创业教育的保障体系

创新创业教育是带有全局性、结构性的教育创新。因此,必须从师资队伍、科学研究、制度建设、经费投入和实施设备等方面加强建设和投入,构建完善的创新创业教育保障体系,促进创新创业教育的顺利开展。

1. 建设高素质的创新创业教育师资队伍

整合力量,在发挥现有教师队伍作用的基础上,充分利用社会资源,邀请企业家、创业成功人士、专家学者甚至成功创业的大学毕业生担任"创业导师",组建一直专兼结合的高素质创新创业教育教学与指导团队,成立"创新创业教育课程组"和"大学生创业顾问团"。同时,加大培养力度,提高创新创业师资队伍的专业化水平。一方面通过参加创业模拟实训师资培训班等集中培训的方式,使教师了解创业创新教育的基本知识;另一方面,通过开展"产、学、研一体化"活动,让教师深入企业,体验创业过程,积攒创业案例,丰富创业教学经验。

2. 健全领导体制与工作机制

为保证创新创业活动的顺利开展,应用型本科高校需要建立一个自上而下、立体化的组织体系和教学、学工、科研、后勤、财务等多部门联动,教职员工和学生全方位参与的工作机制。首先,成立"一把手"负责的"大学生创新创业教育工作领导组";其次,设立"大学生创业中心",由党委副书记、副院长担任中心主任,下设中心办公室、信息咨询部、培训交流部、运行管理部,分别负责创业政策咨询、创业经验交流与培训、创业项目论证评估、创业实体的管理等工作;第三,各院系相应成立创业工作站,负责本院系大学生创新创业教育工作。

3. 完善创新创业教育的制度建设

应用型本科高校应根据学校实际和工作需要,制定一些服务创业创新教育的制度,如《大学生课外科技创新活动实施办法》、《大学生创业教育实施办法》、《大学生校内创业项目管理办法》、《大学生创业培训管理办法》等规章制度,从而明确创新创业教育工作的指导思想、基本目标、政策措施、保障办法和奖惩制度,确保创业教育工作科学化、规范化、制度化运作,保障应用型本科高校创业教育可持续发展。

4. 加大创新创业教育的经费投入

创业创新教育需要高校投入资金用于教育过程,在学生创业实践阶段,还需要大量资金用于市场运作。应用型本科高校应逐步加大对创新创业教育的经费投入,重视创新创业教育的条件建设,为创新创业教育配足实训设备,确保创新创业教育的顺利开展。同时,应设立大学生创业专项投资基金,用于扶持重点创业项目,支持学生创业实践。

5. 加大宣传力度,浓厚创新创业氛围

应用型本科高校应注重营造浓郁的创新创业校园文化氛围,把创新创业教育渗透到各种校园文化活动之中。通过开展毕业生创业状况分析和跟踪调查,建立创业学生档案;编印《创业校友风采录》,挖掘、树立并广泛宣传大学生成功创业典型;建立"大学生科技创新协会"、"大学生创业俱乐部"等学生社团;开办大学生创业网;举办创业论坛、创业经验交流会等创业文化活动,以及组织职业生涯规划设计大赛和创业计划设计大赛、召开创新创业教育成果表彰大会等一系列举措,实现创新创业教育与校园文化氛围的有效对接,激发学生创业热情,培养学生勇于开拓、不断进取的创新创业精神。

6. 重视创新创业教育研究,促进研究成果转化

要切实提高创业创新教育水平,必须大力加强创新创业教育研究。应用型本科高校应整合校内外研究力量,积极开展大学生创新创业教育体系、教育途径与方法、教育效果评价等专题研究,探索创业活动规律,获得研究成果,有力地促进创新创业教育工作的开展。

【参考文献】

[1] 彭文博,尹新明. 农业高校创新创业教育体系建设研究与实践. 中国农业教育,2012(1):64—66.

[2] 王占仁. "广谱式"创新创业教育体系建设论析. 教育发展研究,2012(3):54—58.

[3] 刘伟. 高校创新创业教育人才培养体系构建的思考. 教育科学,2011(10):64—67.

(本文发表于《赤峰学院学报》(自然科学版)2012年第29卷第9期(下))

当前物联网导论在应用型本科教学中存在问题的思考与改革

合肥师范学院　卫　兵　郭玉堂[①]　刘乐群

物联网导论课程在物联网工程专业教学中通常属于专业入门基础课程。物联网导论可以引导大一新生建立起专业方向的基本概念，使学生能够在较高层次上了解物联网，并对物联网有一个全局认识，让学生掌握物联网技术的基本理念和相关的应用前景，并让学生了解物联网当前的发展动态，为物联网工程专业后续课程的学习打好基础。笔者结合自身教学经历和反思，对物联网导论的教学问题提出一些见解。

一、物联网导论课程教学现状

1. 物联网学科知识的复合型

物联网技术是继计算机、互联网之后的又一次信息技术革命。2010年温总理在十一届人大三次会议上所作政府工作报告中对物联网领域内容进行了定义，这些概念成为物联网导论课程的核心名词。2010年9月，物联网技术作为新一代信息技术的重要组成部分被列为国家重点培育的中国的战略性新兴产业。国家"十二五"规划明确提出，物联网将会在十大领域重点部署，相关高校和科研院所开始开设物联网专业，"物联网导论"作为基础课程也被纳入教育部课程与教材规划。物联网工程领域涉及的知识面很广，其体系基本覆盖了当前计算机、互联网、无线通信、微电子、传感器、自动化等学科。物联网专业的培养方案需要涵盖以上领域的内容。学科的交叉性对课程设置带来很大的困扰。尤其是物联网导论课程的教学，很多时候物联网导论课程会被当作一个多学科的大杂烩，对多个交叉学科的主要知识面做一个笼统的流水介绍。这样会导致学生无法理解学科主线而造成困惑，教学目的无法达到，物联网导论教学也就失去了本身的意义。必须高效地将复杂堆砌的知识面搭建起来，从整体上对教学内容进行优化，为学生展现一个清晰的知识框架。

[①] 卫兵(1984—)，男，助教，安徽省六安人，硕士研究生。主要研究方向：模式识别与智能数据处理。郭玉堂(1962—)，男，教授，安徽省安庆人，硕士生导师。主要研究方向：图像处理与模式识别、计算机网络。

2. 新生对于专业知识的困惑

大一新生初次涉及物联网专业,对该领域的认识基本上一片空白,公开的可查阅的资料也很很少,这使物联网导论的教学有了一个好的切入点。当前广泛使用的物联网导论教材基本上是将现有的多学科知识进行笼统的堆砌,例如,讲述RFID、操作系统、互联网、数据库等章节时,学生基本是一头雾水;新生中很多同学对计算机的基本结构还不了解,课程讲授时提到一些专业术语如二进制、微处理器、内存、TCP/IP协议等名词也没有具体概念,而这些知识是计算机技术的基础内容,计算机专业的导论课程会对此进行细致循序的讲解。这会对后续高级程序语言、嵌入式操作系统、数据库等许多后续课程的学习造成不良影响。目前大部分高校对于物联网专业的教学还都处于探索阶段,没有很好的经验可以借鉴。笔者在对物联网导论课程进行教学过程中,针对学生状况经常对教学内容进行穿插,补充计算机和通信等专业的相关知识讲解,尽最大可能地厘清学生的困惑。

二、课程大纲改进与教师能力提升

物联网导论的课程教学可以先介绍物联网的基本概念,从物联网的起源说起,结合当前的物联网产业的诸多与社会生活息息相关的应用给学生进行讲解演示,以生动活泼的形象展示出物联网的知识模型,建立起学科的概念。例如,我们的智能家居系统、常见的智能物流、远程环境监测等应用。大一新生对新知识、新专业具有很强的求知欲,教师的讲解可以激发起学生的浓厚兴趣。教师在课堂可以预留时间播放一些物联网新技术视频,如智能家居系统体验馆等,应多种教学手段结合使用。

从感知识别层开始,很多内容的学习需要先导性知识,如操作系统、互联网、移动通信、数据库等,教师可以尝试穿插计算机导论中的部分基础内容作为先导性课程。例,计算机导论方向的相关知识点如:计算机基本结构、计算机发展历程、计算机各组成部件等概念,以及无线通信专业的基础知识等,均可筛选做一些简要的概念介绍。学生在学习相关概念之后再学习传感器和RFID技术会有更清晰的认识,可以更好地理解RFID系统结构,如微处理器、无线芯片、电源、天线的概念。学习物联网数据库时,新生对于数据库可能会出现一头雾水的现象,此时再不厌其烦地讲授关系数据库等概念会导致很差的教学效果。通过计算机导论向学生介绍数据库的概念和数据库在整个计算机体系中位置,再学习物联网中数据库系统时就容易理解。同理,在了解互联网中路由器/交换机、传输协议、浏览器、邮箱、域名的概念,以及无线通信中常见的WIFI、蓝牙、GSM等基本概念后,再学习物联网的网络构建层,此时学生思路会更加清晰。同时,物联网导论课程本身就是先导性课程,很多地方可以删减专业知识性太强的介绍,避免学生陷入盲目枯燥理论知识的怪圈。无线网络中,常见无线传输协议的教学应该侧重于该技术的特点、发展情况、优缺点、在物联网系统中的应用,而不是详细向学生讲授无线传输协议的细节,如数据帧结构、访问控制原理等。很多知识理论细节属于后续课程的学习内容,并且需要若干先导课程的学习,循序渐进。

物联网导论的教学容易陷入大杂烩的误区,因为学科的交叉性使得导论本身涉及的内容非常多。教师在备课过程中就应该有意识地避免这一问题。物联网并不是诸多学科的大杂烩,教师教学首先要帮助学生厘清整个学科的思路和主线。实际教学环节更要把握好学生对于实际知识的接受程度。笔者在教学过程中把计算机导论的相关知识穿插进课程教学中,在学生对基础知识理解的基础上进一步介绍,同时删减过于细节的专业知识讲授,使得物联网导论的教学形成一条主线:物联网概念→物联网组成部分与相关技术→物联网实际应用。教师在物联网导论备课过程中需要不断查找各方面资料,以充实授课内容,提高教学效果,逐步探索出一条高效的培养方案。

三、教学资源改进

物联网导论课程当前可用的教学资料不多。一方面,新专业处于摸索阶段,没有很好的样本资料可循;另一方面,物联网涵盖的范围很广,所涉及的交叉学科领域的教材和资料都会被当成可参考资源,这就会造成物联网学科知识的臃肿。教学资源改进可从多方面入手:

首先,物联网学科是和当前信息产业革命浪潮息息相关,很多研究方向和技术领域需要紧跟最新的产业动态,从应用着手,将最新的技术信息引入到学科专业领域。物联网导论是专业的开篇课程,最新的技术研究成果往往是最贴近我们的生活的,尤其是电子信息领域,这方面的知识背景可以很好地激起新生的学习兴趣。高校可定期组织教师去企业见习,参与校企合作,将企业最新的技术动态带到课堂中,让学生体验到第一手资料。教师也可以参与业界的技术研讨会,及时与外界交流技术信息。笔者曾参加学校组织的教师企业暑期见习,在校企合作基地参与了应用领域的项目开发,收获很大,然后将很多企业的新知识新理念带入课堂教学活动中。

其次,高校对于物联网专业建设应该给予设备资金方面的支持。物联网导论本身就是一门与实际产业动态紧密相关的课程,教师在教学过程中可以给学生进行很多实践演示。例如,物联网的重要研究方向智能家居,教师可以带领学生去智能家居体验馆进行实地实际操作体验,让学生亲自感受物联网给生活带来的便利。学生可以在后续的专业知识学习中参与智能家居实训中心的项目测试研发等工作,在实践中提高专业技能。

教师在课程建设和备课工作中需要认真对各种资料进行分类归档,这是教学资源建设中最重要的环节。物联网涵盖的资料来自四面八方,如何选择适合学生使用的资源需要教师的仔细调研。物联网导论的教学需要教师将计算机导论和物联网导论中的主要部分提取出来,资源建设围绕主要内容进行,以清晰的思路展现给学生,以期在教学活动中使学生获得最大的知识收益。

四、结束语

物联网专业是当前热门的新兴专业。物联网导论是物联网入门的基础课,在教学中如何使得学生很好地建立起物联网学科体系概念是当前探索的难点。笔者结合自身教学经验对此进行了分析,主要问题在于物联网专业的复合型,容易被作为多学科综合对待,导致物联网导论的课程教学使新生存在适应慢的问题。教师可以考虑从改进课程大纲、提升教学能力、改进教学资源等多方面入手,探索出一条物联网导论的良好的教学途径,从而为学生的后续专业知识学习打好坚实的基础。

【参考文献】

[1]魏滢,沙锋,杨琬.物联网导论教学思考与探讨.中国现代教育装备,2013(01).

[2]胡永利,孙艳丰,尹宝才.物联网信息感知与交互技术述.计算机学报,2012(6):1147-1163.

[3]刘云浩.物联网导论.北京:科学出版社,2012.

[4]詹青龙,刘建卿.物联网工程导论.北京:清华大学出版社,2012.

[5]汪涛.无线网络技术导论.北京:清华大学出版社,2012.

[6]王汝传,孙力娟.物联网技术导论.北京:清华大学出版社,2011.

(本文发表于《应用型高教探索》2014年第5期)

商务英语人才培养应以实际能力为核心
——跨文化商务交际能力的培养视阈

安徽文达信息工程学院 孔 标[①]

一、引言

面对经济全球化进程日益加快和我国的跨国并购、海外招商等高层次商务活动方兴未艾，培养既具英语应用能力，同时具备良好的商务知识的复合型人才已然成为我国商务英语教学义不容辞的责任。近20多年来国际商务英语在我国高校已经从一两门课程发展成了一个自成体系的新学科。2007年，国家教育部正式批准部分高校增设商务英语本科专业，2011年底教育部把商务英语本科专业正式列入新颁布的《普通高等学校本科专业目录（修订一稿）》。至此，商务英语作为本科专业便名正言顺地迈入了一个全新的发展时期。至2012年，全国有62所高校开办了商务英语本科专业。同时也有越来越多的专家学者开始从不同的角度来关注商务英语的学科建设和教学研究，有力地推动了商务英语学科的研究和发展，使得商务英语作为新兴的学科日益显示出其强大的生命力。

2009年，对外经济贸易大学拟定的《高等学校商务英语专业本科教学要求》（以下简称《教学要求》）指出：高等学校商务英语专业的培养目标旨在"培养具有扎实的英语基本功、宽阔的国际视野、专门的国际商务知识与技能，掌握经济学、管理学和法学等相关学科的基本知识和理论，具备较强的跨文化交际能力与较高的人文素养，能在国际环境中熟练使用英语从事商务、经贸、管理、金融等工作的复合应用型商务英语专业人才"。若我们仔细研读此教学要求提出的培养目标，可以看出培养学生的跨文化商务沟通能力的确在商务英语人才培养中占据着重要位置。商务英语教学的最终目标就是培养学生在商务环境下的跨文化交际能力。因此，学生学习商务英语归根结底是把它运用到国际商务活动中去，也就是跨文化商务交际能力的最终体现。21世纪的中国，国际合作日益频繁也更加广泛，对参与国际商务交往人员的跨文

[①]孔标（1983—），男，安徽合肥人，讲师，硕士研究生。主要从事商务英语、翻译理论与实践研究。

化交际能力也提出了更高的要求,所以培养和提高跨文化交际能力自然成为英语教学的重要内容。本文欲探讨跨文化商务交际能力在商务英语人才培养中的重要性和必要性,并试图建立相应的课程群。

二、跨文化商务交际能力的重要作用

1. 跨文化商务交际能力在国际商务活动中的重要作用

国际贸易是一项非常复杂的商务活动。由于所处的环境和传统习俗不同,不同国家和地区的人在商业价值观、消费心理和经营方式等上面都有很大差别。因此,在国际商务活动中,商务人员会遇到诸多文化障碍。这就凸显了跨文化交际的重要性。哈佛商学院前院长Robert Kent 曾指出:"在商界,交际意味着一切。而在全球范畴内经商时,很少能有比跨文化交际能力更重要的技能。在当今越来越全球化的工作环境中,有效明了地进行跨文化沟通对确保成功可谓至关重要。"在国际商务活动中,一个企业的成功不仅取决于它的生产能力,更取决于它的跨文化商务交际能力。在交流中,能否与来自不同文化背景的合作伙伴进行周旋,并使得每一次的商务交易都能够在对己有利的情况下顺利地达成,关键还是看参与人员是否具备良好的跨文化商务交际能力。由此可见,掌握跨文化商务交际能力对商务活动中交易的达成起到至关重要的作用。而在经济一体化和全球化的浪潮中,我国企业跨国并购、招商引资以及海外上市等高层次国际商务活动日益频繁,急需大批的掌握跨文化商务交际能力的人才。对此,我国高校商务英语专业担负着不可推卸的责任和义务。

2. 跨文化商务交际能力在本科商务英语人才培养中的重要作用

《教学要求》明确提出:商务英语专业的知识与能力由 4 个模块构成,即语言知识与技能、商务知识与技能、跨文化交际能力、人文素养。此设计思路已经得到全国设有商务英语专业高校的普遍认可。然而正如张磊等所说:"商务英语的课程设置应该是有限的,动态的……动态指各院校应根据各自实际情况和市场需求变化选择和调整不同的课程侧重点。"所以,各高校在四大模块的课程配比和设置上也呈现出各自的特点。王关富强调:"语言知识和语言技能是第一位的,因为它是商务英语学科的立足之本,但并不意味着其他两个模块就不重要。在某些特殊的商务场合或在与某些特定的商务对象打交道时,商务模块和跨文化模块的重要性可能会突显出来。"《教学要求》明确规定:商务英语人才培养不仅要求学生掌握一定的专业知识,而且要具备跨文化商务交际技能力。所以,语言知识与技能、商务知识与技能和人文素养是商务英语学习者需要掌握的专业基础知识和应具有的基本素质,是学习者能够练就跨文化商务交际能力的基础,它们自然应该属于教学中的理论板块。然而,跨文化商务交际能力才是商务英语人才所要掌握的实际应用能力。而且,也只有实际的商务交际能力才能体现出商务英语的实践性和实用性。因此,在商务英语人才培养中把跨文化商务交际能力放在突出的位置是个必然的选择。可见,跨文化商务交际能力对于商务英语人才的培养起着至关重要的作用,应处于核心地位。

三、商务英语人才跨文化商务交际能力的培养

综上所述,培养学生跨文化商务交际能力是商务英语人才培养的核心部分,也是目的所在。然而,由于培养学生跨文化商务交际能力是一个相当综合而又复杂的任务,到目前为止,跨文化商务交际在我国高校相关专业的教学中还处于比较薄弱的初级阶段,尤其是如何把跨文化理论知识和实践结合起来,如何给学生构建一个逼真的国际商务环境,逐步提高他们的跨文化商务交际能力仍然处于摸索阶段。曹德春在其论文中曾经提出:"在外语学界,很多院系开设了跨文化交际课程,但是该课程侧重于跨文化人际交流,很少涉及跨文化组织沟通和跨文化传播。"其实,跨文化商务交际并不仅仅是文化、交际和商务的简单相加,而是三者整合以后的全新概念,不能单从表面去理解它的含义。因为,仅仅了解外国文化,具备一定的跨文化交际意识,还不足以解决国际商务环境中复杂的商务沟通问题,难以确保跨文化商务交际的成功。除了笼统的国家文化外,学习者还要了解不同国家的总体商务文化、不同行业的职业文化和具体的企业文化。所以,学习者如果单单依靠一本书、一门课程是远远不能够掌握足够的跨文化商务交际能力的。如果要培养合格的跨文化商务交际人才,我们很有必要建立起一个科学而系统的跨文化商务交际能力培养的课程群。而这个课程群应该是集跨文化、商务和交际各个层面的内容于一体的课程体系。并且教师在实际的教学中也应该把理论和实践相结合起来,积极引导学生认识到跨文化商务交际各个因素的交叉互动关系,并通过案例教学法、谈判模拟法和任务教学法等教学手段来逐步培养学生的跨文化商务交际能力。

根据《教学要求》所述,跨文化商务交际能力包括跨文化思维能力、跨文化适应能力和跨文化沟通能力。那么,跨文化商务交际课程群的设置也要围绕着这三个方面来展开。所以,合格的商务英语人才应该做到以下几个具体方面:了解中外文化差异;了解欧美文化、社会、政治、历史和文学知识;运用得体的言语和方式进行商务沟通;能用英语发表公开演讲、发言和做报告;通晓国际商务的一般礼仪和交际策略;了解国际商业中的伦理规则和问题等。因此,跨文化商务交际课程群(见下图)的设置理应考虑到以上各个具体因素。王立非等曾设置的跨文化交际课程群包括:国际商务谈判、英语演讲、商务沟通、国际商务礼仪、国际商务文化、企业文化和商业伦理。这些课程的建构相当合理,共同构成了这一模块的核心内容。但是,本文欲在此

基础上加以完善如下：

跨文化商务交际课程群	国际商务谈判	跨文化商务沟通
	国际商务环境	欧美文化概论
	国际商务文化	商务交际实践
	国际商务礼仪	企业文化
	跨文化交际导论	商业伦理

此外，在商务英语人才培养的过程中，要求学生在学习和了解跨文化商务基础知识的基础上，能够进一步了解外国文化的价值观，正确地评价中外文化的差异，从而能够运用所学的知识和技能来灵活处理和应对跨文化交际中出现的各种情况。由于跨文化商务交际是一个相当复杂的商务活动，想要在实际的跨文化商务环境中游刃有余地进行商务活动，单凭学习几门相关理论课程还是不够的。因为国际商务环境是复杂多变的，我们不能仅仅简单地套用所学的笼统的理论知识和商务交际技能，或以一种定式的思维去看待，而是应当采取一种动态多维的视角来看待它。由于各个组织之间及个人之间都存在着个体差异等，所以我们在实际的跨文化商务交际中要更多地去关注对方的企业文化、职业文化、个体差异以及他们具体的商业实践和惯用的交际策略等。只有如此，才能够在跨文化商务活动中永远立于不败之地。

四、结语

新形势下，高校培养合格的跨文化商务交际能力人才势在必行，是适应我国经济发展需求的。因此，探讨如何在我国高校商务英语环境中建构科学合理的跨文化商务交际能力的培养模式，具有一定的理论指导和现实意义。本文在阐述了跨文化商务交际能力对商务英语人才培养的重要作用的基础上，提出培养学生跨文化商务交际能力是商务英语人才培养目标的核心，并试图在前人的基础上重新设置了一个更加合理的培养学生跨文化商务交际能力的课程群，希望对商务英语人才培养建设起到一定的积极作用。然而，任何观点都有其自身的片面性和局限性，所以，也不能肯定此模式所培养出的人才能够完全适应复杂多变的国际商务环境。希望有越来越多的学者能够在此基础上加以完善，以便提出更加科学合理的培养模式。

【参考文献】

[1]林添湖.试论商务英语学科的逻辑起点.当代外语研究,2012(4):48.

[2]王立非.论商务外语学科及学术研究的再定位.中国外语,2012(3):4.

[3]翁凤翔.商务英语学科理论构架思考.中国外语,2009(4).

[4]叶兴国.中国商务英语研究:现状与趋势.中国外语,2011(2).

[5]曹德春.跨学科构建商务英语理论体系的共同核心—基于北美商务沟通和欧洲商务语篇的跨学科设想.中国外语,2011(2).

[6]彭川,朱文忠.商务英语专业课程体系建设CIPP评价模式研究.中国外语,2011(2).

[7]平洪.商务英语本科专业人才培养模式探索.中国外语,2009(4).

[8]禹秦.跨文化商务交际能力的培养与商务英语教学的融合.长沙铁道学院学报,2008(1).

[9]陈准民,王立非.解读《高等学校商务英语专业本科教学要求》(试行).中国外语,2009(4):4—11.

[10]熊亮.商务英语教学中的跨文化交际能力培养.湖南科技学院学报(4):136.

[11]史兴松,徐珺.跨文化商务交际学对商务英语教学研究的启示.中国外语,2012(4):65—70.

[12]张磊,郭瑞卿.商务英语专业课程体系构建研究.高等职业教育—天津职业大学学报,2008(2):54.

[13]王关富.商务英语学科的"交叉性"研究.当代外语研究,2012(4):56.

[14]曹德春.基于国际商务沟通的商务英语理论体系.中国外语,2012(3):10—15.

[15]王立非,李琳.商务外语的学科内涵及发展路径分析.外语界,2011(6):6—14.

(本文发表于《黑龙江教育学院学报》2014年第5期)

德国理念指导下的教学方法改革
——以 C 语言课程为例

合肥学院 项响琴[①]

自 1985 年以来,合肥学院已与汉诺威应用科学大学、奥斯纳布吕克应用科学大学等多所德国应用科学大学建立了合作关系,利用德国优质的教育资源并结合我国实际,培养符合社会经济发展需要的应用型人才,经过长期探索,积累了丰富的经验。

合肥学院的办学定位是"地方性、应用型、国际化"。多年来,凭借自身的实力和努力,合肥学院取得了辉煌成就,尤其在教学改革方面堪称国内应用型本科院校的先锋。结合合肥学院的办学定位,针对 C 语言课程模块自身的特点以及该模块授课对象的条件,我们以德国应用科学大学灵活性和多样性的教学方法为指导,对该模块进行全方位的教学改革,尤其是案例任务驱动教学法的引入,在教学实践中已取得阶段性成果。

一、案例任务驱动教学法

德国应用科学大学在教学过程中积极采用模块单元教学法、研讨教学法、现场教学法(课堂与实验室、实习基地相融合)等多样化的教学方法。在德国教学理念的指导下,教学改革着力于提高学生的知识应用能力,采用案例任务驱动教学法取代讲授教学法占主导的传统的单一教学法,并在教学中得到很好的应用。

1. 案例教学法

案例教学法起源于 1920 年,由美国哈佛商学院(Harvard Business School)倡导,通过来自于商业管理的真实情境或事件,引导学生主动参与课堂讨论,实施后颇具成效。直到 1980 年,这种案例教学法才受到教育界的广泛重视,而国内开始探究案例教学法则是在 1990 年以后。

案例教学法是教师本着理论与实际有机结合的宗旨,遵循教学目标的要求,以案例为基本

[①] 项响琴,女,讲师。研究方向:数据挖掘与智能软件。

素材，通过分析案例组织学生学习、研讨和探究理论知识，通过师生及同学之间的双向和多向互动与交流，积极参与、平等对话和研讨，从而重点培养学生的探索精神与团队合作能力，促使学生充分理解特定工作情景之复杂、多样、变化等属性的重要教学形式。这种教学方法以教师为主体，由师生共同参与。

2. 任务驱动教学法

任务驱动教学法是指教学全过程中，以学生为主体，以若干个具体任务为中心，以解决具体问题为目的，在教师的指导下，学生在完成任务的过程中，通过多种方式自主地学习、探索和实践的方法。这种教学方法以学生为主体，而教师主要担任指导的作用。

3. 案例任务驱动教学法

上述两种教学方法各有特点，前者侧重于教师，结合课程的知识内容，通过分析案例，研讨和探究理论知识、对典型事例进行分析，让学生学习理论知识及同类问题的解决思路和方法。后者侧重于学生，教师将教学内容设计成学生感兴趣的有意义的具体任务，以完成任务为主线，把知识点巧妙隐含在任务中，学生在教师的引导下学习所需知识点，同时完成实验任务。

合肥学院的教学改革强调"知识为基础、能力为重点、知识—能力—素质协调发展"，以能力为中心，培养应用型技术人才。为贯彻这一宗旨，我们对案例教学法和任务驱动教学法进行优化整合，针对C语言课程模块形成具有合肥学院特色的一种新颖的教学方法——案例任务驱动教学法。

案例任务驱动教学法是教师通过案例分析讲授知识点，这个过程重在教师的传授。与传统教学不同的是该教学法要求教师从实例分析中引出知识点，而不是一味地讲解理论知识；学生通过完成教师划分的小任务巩固已学知识，同时主动学习一些拓展性知识。在这一过程中，每一步都采用师生之间和同学之间一起交流探讨的方式，让学生在启发中思考，在思考中解决问题，从而掌握独立发现问题、分析问题并最终解决问题的方法，提高应用能力。

二、案例任务驱动教学法的必要性

"教学有法，但无定法，贵在得法"。目前程序设计语言课程教材繁多，网络教学视频随处可见，怎样才能上好每一堂课，抓住学生的"心"，引起学生的兴趣，发挥学生的主观学习能动性，都是很多授课教师需要思考的重要问题。案例任务驱动教学法对C语言课程模块而言，具有很好的针对性和适用性。

1. 课程模块的自身特征

C语言课程模块是一门实践性很强的课程，同时对计算机专业后续课程模块的学习影响很大。从"图1"所示的计算机专业知识结构框架中可以看出,该模块的前导课程模块少,而后继课程模块较多,很多后继课程都是在此基础上完成实验课的教学。

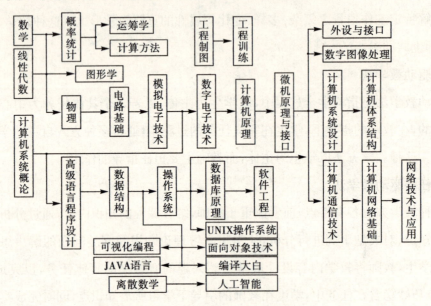

图1 计算机专业知识结构框架

该模块虽然是基础,但其在专业知识结构中所处的地位相当重要。学生对该模块知识掌握得好坏将会直接影响后期学习,甚至与其就业后的发展都有联系,因此,运用正确的、科学的、实用的教学方法就显得十分必要。

2. 课程模块的授课对象

C语言课程模块在第一学期开设,可以说对于大一学生是一个全新的开始。一是大学生活刚刚开始,新的学习环境和新的教学方式要求必须有新的教学方法;二是程序设计语言不同于数学、英语等,大多数学生是第一次接触程序设计,因此该课程教学必须得有一定的吸引力;三是学生的学习态度和状态,学生刚通过高考独木桥,本想先放松一段时间,这时就要求学生调整好学习状态,必须得有一个适应期。针对这一现象,我们从教学方法改革入手,思考如何让学生在短时期内适应大学生活,用一种好的教学方法吸引学生,培养其浓厚的学习兴趣。

三、案例任务驱动教学法的特点

传统的教学方法有"三宝":教材、板书和笔记。大力发展应用型本科教育,要求学生具有一定的应用能力和综合素质。在传统教学中,教师以教材为纲,学生以教材为根;教师在课上写板书,学生记笔记,考前背笔记,整个教学过程中的教与学方式过于"死板"。

1. 无教材教学

现今信息化时代获取知识的渠道可以说是多种多样,为了让学生解放思想,不局限于教材,我们通过多种形式从多方面吸取与C语言课程模块相关的更多知识,采用德国教学方法,进行无教材教学。

这种无教材教学不是没有教材,而是运用了多种形式的更多教材。每本教材和每种教学信息都有自身的特点,学生可以通过多种途径、多种形式、多种方式获取知识,充分享用校图书馆的丰富资料,通过网络得到最新的信息和学习方法,不再受限于一本教材。

2. 实战型教学

德国一些院校的教学以应用为主,适应社会对高素质应用型专门人才的需求,从而促进经济、科技和社会的发展。C语言课程模块实践性很强,为了适应社会对计算机应用型人才的需求,我们采用实战型教学方式,也就是在教学中现场编程。

实战型教学分为两种形式,一种是在案例教学中注重教师的实战,教师现场编写代码、调试程序、改错并分析。这种实战型教学方式对教师来说具有一定的挑战性,可以促进教师素质的提高,同时能吸引学生的注意力并激发好奇心,培养学生的学习兴趣;在任务驱动教学中注重学生的实战,教师通过现场布置中小型任务,让学生根据任务需求分成小组,现场分析需求和编写调试程序,发现问题并最终解决问题,着力营造接近实际的工作环境,提高学生适应工作要求的能力,增强学生学习动力。

四、案例任务驱动教学法的具体实施

1. 案例选择

在案例任务驱动教学中,案例的选择是首要任务。案例要来源于其他课程的知识、生活和学生感兴趣的话题,以生活中的情境和学生的需要为任务。选择的任务要有利于培养学生的编程素养。教师一般可以从以下几方面选择案例。

(1)来源于生活。在分析数据类型时,我们以学生(student)作为研究对象,让学生运用不同的数据类型记录自己的相关信息,如运用int类型描述年龄和入学年份;运用double类型描述身高和体重;运用char类型描述性别、籍贯和家庭住址等。

(2)来源于专业课的学习。由于大一学生专业知识学习得较少,我们主要运用程序设计解决数学问题,同时引出后继课程中一些基础题,如数学中二元一次方程组解题方法很多,但是多数情况下运用枚举法,一一列出所有可能性或是运用奥数的思路解决。我们可以运用计算机编程解决这类问题,只要运用双重循环,给出循环的初值和终值,形式简单,方法易懂,就能引起学生的学习兴趣。

(3)来源于一些大学生第二课堂的实践,如对于一些算法的分析,我们选择每年的省级和全国程序设计大赛、信息技术大赛和 ACM 比赛中有代表性和难度的试题。运用这些案例对于教师和学生都具有一定的挑战性。

(4)来源于课程组教师的科研课题。这些课题一般都有一定的前沿性和创新性,具有较高的探讨价值,容易引起学生的学习兴趣,促进学生学习专业知识。

2. 案例分析

案例分析可以分为两个步骤:案例的讨论和知识的讲授。教师对典型案例的讨论一般都会伴随着一连串问题,从而引发学生的思考,如案例中的主要问题是什么、如何分析用户需求、实现程序应该掌握哪些知识、如何进行整体规划、解决该案例的算法有哪些、应该选择哪个最优算法、分成几个模块较为合理、代码如何实现、程序将会面临哪些测试与考验等。当然,不同案例的解决方法和流程也不尽相同,我们在教学中因材施教,因案例和教学内容的不同而选择不同的分析方法。

我们通过分析案例的解决方法及思路引出课程的教学内容,让学生带着问题学习。学生为了解决案例进行有目的的学习,效果更好。同时,学生学习理论知识也是为解决后面的任务服务,有压力才有动力,学生的学习主动性不断提高。

3. 任务分解

在教学过程中,我们可以采取很多形式完成任务的分解,可以把整个案例分解成若干个大模块交给各小组,在小组中,由学生自己分析问题;教师将大模块再次细分并将细分后的小模块落实到每名学生身上。任务划分后,我们让每名学生明确各项任务模块的目的和要求、程序可能存在的风险以及测试和评价方法,了解完成任务所需的知识点及可能会涉及的一些拓展知识和资源,同时为学生提供一些学习参考书或网站等学习资源。

在学生完成任务过程中,教师有针对性地引导学生思考,尤其是在算法的选择和实现中,首先让学生大胆尝试。教师及时把握学生的学习情况和进展并予以点拨,充分发挥教师的指导作用。

4. 教学评价

教学评价这一环节尤为重要,可以说是保证教学能否持续的关键。教学评价可以分为两个环节:一是对教师进行理论教学和案例分析的总结,归纳教师讲授的重点及案例分析过程中的关键内容和不足之处,同时可以从案例讨论中引申出一些结论,为后续的课堂教学做好准备;二是对学生完成任务过程中的表现进行评价。这一环节可以多种形式进行,如学生先进行自我总结,小组再作总结,教师对每小组或每个人总结,对整个案例的实现情况进行总结,总结学生对知识点的应用情况,讨论学生对一些拓展知识的学习和应用以及实现过程中存在的优缺点。

教师在指出学生优点与不足时一定要注意方式方法,对于优秀的学生要给予表扬,更多的是要提出更高的要求;对于成绩一般的学生要多鼓励,争取共同进步,保证教学的有效性和持续性。在总结中,教师要揭示出案例中包含的理论知识,在强化知识点的同时引入一些新的内容,提示后续案例知识中的重点和难点。

五、案例任务驱动教学法的成效

对授课教师来说,案例任务驱动教学法是在理论教学基础上将传统的知识传授转变为能力的培养和知识的应用,将机械式模仿变为探究式应用,为每一名学生提供思考、探索、发现和创新的广阔空间。学生的积极性很高,整个课堂教学

过程变得具有民主个性和人性,做到以学生为主体,令课堂氛围真正活跃起来。

对于学生来说,这是一种全新的教学方法,比以往接触的"填鸭式"教学有了很大的改变,因此有一种好奇心和新鲜感。尤其对于程序设计语言课程,学生在解决实际问题过程中不断学习和探索,常会有一种去尝试、去挖掘和开拓的欲望,自主学习的能力得到很大提高,解决问题的方法和能力也有所进步。在认真完成模块任务时,学生能够产生满足感、成就感和自豪感,自然会激发出求知欲望,逐步形成一个感知心智活动的良性循环。培养起这种自主学习的良好能力,对于计算机专业的学生来说将会终生受用。

案例任务驱动教学法的实施在很多方面都取得了一定成效。学生的意志品质和专业素质正日益受到用人单位和社会的认可与好评。近年来,在国内各项计算机大奖赛中,代表合肥学院队出征的计算机科学与技术系学子也取得了不俗的战绩。2012年5月,他们参加安徽省"达内杯"大学生程序设计竞赛,获优胜奖;同年9月至12月,参加全国第七届信息技术大赛全国决赛,获二等奖,同时获安徽省赛区两个二等奖;2013年5月,参加安徽省"京胜杯"程序设计大赛团体赛,获优胜奖;参加中国"蓝桥杯"程序设计大赛获安徽省赛区一个一等奖,一个二等奖,位居省内高校前列。

六、结语

在案例任务驱动教学过程中,我们将教学内容巧妙地隐含在任务之中,让学生了解从对案例程序的理解与模仿到自主实现任务程序和扩充知识点,最后到集成系统的全过程,掌握软件

开发及简单测试的基本流程。学生在完成任务的同时还能够养成自主学习的习惯,学会发现问题、分析问题和最终解决问题的方法。

案例任务驱动教学法作为一种新型教学方法,对教师和学生都提出了更高要求:对于授课教师,不仅要求熟悉C语言课程的教学内容和计算机专业后继课程的相关内容,还要熟悉软件开发的过程,只有这样,才能做好案例的选择和分析、任务的分解以及结果的合理评价。

当然,教学中没有一种方法是完美的,每一种教学方法都有各自的特点和功能。针对不同的模块,我们只有根据多方面条件和实际情况灵活使用各种教学方法,才能真正了解教学方法的真谛,达到教学的艺术效果。

【参考文献】

[1] 陈啸,刘杨. 国际应用型本科教育教学法研究的启示. 中国大学教学,2012(4):112—118.

[2] 百度百科. 案例教学法[EB/OL]. (2013—09—11)[2013—09—21]. http://baike.baidu.com/view/703601.htm.

[3] 赵华干. 案例教学法在不动产评估课程教学中的应用. 高等教育研究,2010(3):42—44.

[4] 百度百科. 任务驱动教学法[EB/OL]. (2013—04—09)[2013—06—03]. http://baike.baidu.com/view/1170229.htm.

[5] 钟柏昌. 任务驱动教学中的误区及浅析. 课程与教材,2003(10):34—37。

[6] 蔡敬民. 地方本科院校应用型人才培养的理论与实践探索. 合肥:合肥工业大学出版社,2013:29—33.

[7] 刘群红,陈雅芬. 案例教学法在大学教学中的应用研究:以房地产市场营销课程为例. 江西电力职业技术学院学报,2005,18(2):56—58.

[8] 何克抗. 教学系统设计. 北京:北京师范大学出版社,2001:25—30.

(本文发表于《计算机教育》2013年第21期)

基于课程核心的大学办学特色培育研究

巢湖学院 朱 明 合肥学院 顾晨婴[①]

一、对办学特色内涵的再认识

如何培育大学的办学特色,首先需要弄清其内涵。据粗略统计,仅国内理解就达百余种之多,这一定程度说明目前学界的认识尚未达到高度统一。在词义上,特色是指"事物所表现的独特的色彩、风格等",依此,办学特色是指大学在办学过程中所体现的独特风格、风貌等。当然,理解并不能如此简单,因为办学特色的形成需要历经岁月的洗涤,属于"遗传与环境的产物",是"办学理念和办学实践双重探索的产物",也是在长期的发展历程中形成的比较持久稳定的专有性或显著性发展方式和被社会所公认的、独特的、优良的显著特征。本质上,办学特色是对大学质的规定性,是大学文化和精神的精髓,是一个由内生性向外生性、从无意识到有意识的历史发展演变过程,它一经形成将发挥内在具有的独特性、稳定性、杰出性和创新性等特性,给大学整体办学带来质的飞跃。由此,办学特色本身不是单一的概念,其理解不能简单化。再细分析,静态上,特色既有宏观的历史文化传统、大学精神、教育理念、地域行业特色等表征,也有微观的如办学思路、学科专业与课程、校园环境、基本建设、校园文化、教育管理、教学改革、人才培养等体现;动态上,特色需要精心培育,需要对既作为整体又作为个体的大学办学总体要素进行凝练、融合、积累、创新和深化,这个过程是持续的、稳定的和潜性的,而这也客观说明当下的大学为什么会在此问题上陷困。基于这样的认识,归纳看来,我们可将办学特色概括为:以根植性特性为基础,通过持续的发展协同而形成的,为内外高度认可且富有个性化的办学品格、风貌和特征。所谓的根植性特性主要包括两个方面,一是指大学内在所具有的历史传统、文化氛围、精神风貌等,这些随大学与生俱来,并伴随着长期的历史发展逐渐积淀,是独有的、不可模仿的、不可替代的,也是大学的精髓和魅力所在;二是指大学作为社会的独特组

[①] 朱明(1977—),男,安徽巢湖人,副教授,博士,巢湖学院教务处教研科科长。研究方向:高等教育管理与评估。顾晨婴(19 —),女,讲师,合肥学院发展规划处科长。研究方向:经济管理。

织机构所应承担的本体任务和必须实现的目标,具体体现在人才培养、科学研究、社会服务等方面。在此基础上,再通过持续的发展过程,发挥多因素协同效应形成自己独有特色,而且这种特色不是自封的,需要得到大学外部环境诸如各类社会机构、组织、群体的高度认可,也要在内部形成满意的公认意见。

二、办学特色培育圈层

性质上,办学特色体现大学的整体办学状况,是对办学特征的一种彰显,它是一个特色的集合,是由若干个特殊要素构成的复杂体系,这些特殊要素或者称"基本要素"彼此间不孤立且相互联系、相互作用、相互衍生。关于特殊要素的分析,许多研究者已从不同角度进行了探讨,如将其划分为思想、主体、模式、环境等,可体现在学科、科研、人才培养、校园文化等方面;整体还存在物化、行为特征、理念三个层次,每一层次又都包含一些具体内容。有些研究者还认为特色应包括人才培养、课程建设、学科、办学类型、大学精神、校园文化等。这些丰富的研究成果从不同侧面揭示了办学特色应有的特殊要素组成,也为我们提供了解决问题和培育方向。综合看来,与办学特色培育较为密切的特殊要素主要有:学校历史传统与文化精神、办学顶层设计、校园环境设施、学科专业与课程、教育教学管理、科学研究、师资队伍、学生素质、区域行业色彩、社会服务等。每一个特殊要素均涉及大学办学的一个重要方面,且都不是独立运行,彼此紧密相关。正因为构成的复杂性,造成许多大学在具体特色的培育中茫然,以致收效甚微,毕竟一所大学力量、精力、投入等相对有限,全面顾及往往顾此失彼。要找准建设与发展的思维逻辑起点与逻辑终点及其两者间的必然联系,从而选择正确的行为方式。因此,我们有必要对这些特殊要素进行深入分析,寻找内在规律性,找出各特殊要素间相关性,进而选择培育重点和行动方向。

周知,大学办学的落脚点在于人才培养,办学特色的培育实质上可理解为人才培养特色的塑造过程,两者具有很强的相关性。逻辑上,人才培养的起点是"少知"的学生,终点是符合社会需要的"有为之人",那么如何将"少知"变成"有为"并自成独特体系是每所大学办学可望并可求的目标,而向社会输送合格乃至优秀的专业人才,多方面满足社会发展需要,这也是大学不可推卸的职能所然。所以,办学特色培育的逻辑起点应落实在促进学生培养的根本因素中,而终点则在服务社会、满足社会需要上,对此,有的大学从学科专业建设入手,有的在树立科研特色上下工夫,有的着力打造精神文化,方法形式多样。由于作为主客体兼备的学生其培养过程是复杂的,主要依托学科专业,围绕课程教学进行,这些课程有显性的和隐性的,显性课程主要指以各种教材等为知识、技术传承媒介、通过教师运用一定教学组织形式直接呈现的课程;

而隐性课程则表现为类型多样的、具有教育和启发意义的实践性活动等，它们潜移默化的对学生身心施加影响。可见，课程是影响人才培养和特色培育的重要因素，课程内容、知识体系、组成结构等直接决定着学生接受和转化程度，并体现在后来的社会适应中。围绕着课程这一特殊要素，其他特殊要素可不同程度的发生交互作用，并以此构成一个圈层体系，我们可根据其内在关联性将它们划分为内外三层，即外显层、内涵层与核心层。

(1) 外显层。这是办学特色中最易感知的层圈，体现着大学的精神面貌和外在形象，主要反映意识层面和一些硬件特殊要素，包括历史传统与文化、大学精神、办学顶层设计、校园环境设施、社会服务以及区域行业色彩等，它们最能显示大学的特色状况和吸引魅力，而这也是社会及其公众认识一所大学最基本的视角。透过这一视角，公众形成对大学的普遍认识并呈现一定取向性，我们则可根据这种"选择向"来判定大学的办学是否具有特色以及特色的鲜明度。如果用数据加以衡量，通常有新生录取报到率、就业率、研究成果转化率及与教学条件相关的一些具体评价指标。因此，为使这种选择取向得以最大限度实现，大学的管理运营者必须重视这些外显特殊要素对学校办学的影响，关注学校良好形象的塑造并建立和谐的公共关系，以保证学校获得较高的知名度。对于圈层内所含各特殊要素的培育则应区别对待，比如办学历史、传统、文化精神等，它们是大学的根髓，须凝练、继承、发扬而不可弃；学校的顶层理念、定位关系到未来的发展前途和命运，则应结合具体办学目标、所属行业特性、服务面向等科学规划、精心设计；至于校园环境设施等早先的大师梅贻琦先生就已明确指出"大学之大，非谓有大楼也"，因为，缺乏大学固有特色的校园环境和设施并不能使身居其中的人们体验到其与众不同之处，也就失去了赖以吸引和氛围熏陶的基础，在这一点上，我们可纵观世界范围内的许多一流名校，多数院校的办学成就和特色并不在于建设新的校园、更新现代设施，而是在保持"古、朴、陈、香"之前发展建筑群，实现传统与现代的相融，赢得"后发展效应"。

(2) 内涵层。如果说外显层展现大学外在形象，那么内涵层则支撑并维系大学办学内涵，这需要多种因素如教学、科研、管理、保障机制等共同作用，这也是当前特色培育中关注较多和普遍实践的内容。在这一层圈中，教师是关键，教师的个性、水平、气质等决定了办学特色的内涵，他们是办学特色的标志，因为"办学特色实际上是一块由不同特色教师的兴趣、气质、学识和性格等凝聚而成的美妙坚固、光彩照人的宝石。"同时，教师在所处环境影响下，通过学校管理平台及其运行机制，将自己的聪明才智施加于人才培养、科学研究和组织管理等因素中，并在过程中求得传统的继承与创新，实现和创造着自身的价值，进而推进学校发展。相对于教师而言，学生是办学特色的集中体现，因为无论教学、科研、管理等如何运作，最终的成效都须通过学生反映出来，学生成为办学绩效最直接的体现者，而通常评价一所学校的优劣，学生也是最好的评价对象,学生的言行、风采、能力、素质等无不彰显着大学的各方面,正所谓窥一角而视全貌。至于教学、科研、管理、保障机制等各校各不相同,如教学中的人才培养模式改革、课程改革、实践教学体系建设等,科研中的研究项目、研究成果、产学研合作模式等,管理中的柔性、刚性或刚柔相济,保障机制中的后勤社会服务化体系、奖惩优惠政策等都可以成为大学追求办学特色的游刃之地,也正因为可培育之处众多,大学可以结合自身的优势找寻特色培育突破点,进而形成自己的办学特色。

(3)核心层。由于办学特色培育的最终目标需要达到"人无我有,人有我优,人优我精"的水平状态,虽然之前核心层与内涵层所包含的文化、传统、师资、学生、环境、管理等都可成为特色培育点,但因内在缺少一条联系彼此的主线,所以关注于这些不同的点往往容易顾此失彼。特色的培育应强调抓住核心,围绕核心集中优势力量攻关并由此产生辐射、示范和带动效应,进而引发相应元素的内在自发变化,这一核心便是大学的学科专业及其课程,之中的核心则是课程。由于在校园内,学生是在一定学科范围内以专业为方向围绕课程进行专业知识和技能的学习,包括开展基于一定课程的实践性活动,而从属于某一学科的教师则是围绕具体专业选择若干门课程对学生进行教学和研究;对于现代的大学,顺应形势发展需要深化教育教学改革势在必行,然而,教学改革改到深处在于课程,课程改革在教学改革中处于主导地位,是改革的核心,学校教学工作安排、人才培养目标实现等都需要建立一种重新编排课程的新理念、新思路,需要对课程有更深入的理解。由此,学科专业及其课程构成办学特色培育的核心层,而位于该层最核心的是课程,是否拥有一批与学校办学相适应的精优和特色课程并由教师将课程营养有效转移到学生上,进而在学生培养中产生独特效应,这将成为特色培育需要研究的重要课题。

由上,蕴含各自不同要素的核心、内涵和外显三层构成了完整的特色圈层体系,各要素之间既相互作用、相互联系也有层次上的递进性,从而使办学特色的培育呈现从小到大、由内而外、动静结合的衍生过程。之所以定位于衍生,在于从课程环节开始到成功的特色凝聚成,这是一个不断量变、质变、辐射和转换的复杂变化过程,即通过打造别有不同的课程并合理优化课程体系,以课程提升专业和学科实力,进而以自身独特的魅力吸引教师和学生定向于该学科专业,并以之为平台增进教学和科研水平,而这又会导致相应的管理和服务必然随之作出相应调整,久而久之,将影响外显层各因素产生相应变化,最终结果则是办学特色的形成。由此,课程成为了特色培育的核心,并围绕课程隐然架构了一条特色培育主线。

三、特色课程培育

结合上述分析,特色培育的核心在于课程,也即打造特色课程及其构建相应的课程体系。

那么,何谓特色课程、具体又该如何联系学校的实际加以科学培育等,这些问题都有待进一步理清。对此,需要从理念、技术和实施三个方面分别作分析。

1. 特色课程内涵理解

特色课程是相对于一般专业的常规课程而言。对任何一所大学来说,专业设置具有较大的趋同性,专业所属的课程有着一定的内在规定性,这些国家都给出了明确的框架性要求,但相对宽松的是国家并没有在专业所开设的课程类型及其课程内容构成等方面作出严格约束,而这恰恰是大学自主办学以及在特色培育上能书写文章的特殊领地。特色课程实质上要回答的有三个关键问题,即什么样的课程、课程内容如何编排、如何利用资源有效构建课程。围绕这几个问题的解决,特色课程在内涵上具有三个特点:

(1)特性。这是特色课程的根本属性,也是区别这类课程与常规课程的重要特征。特的理解无外乎特别、独特、特殊,即所拥有的有着与别人的不同之处,用于课程上则表示属于某一大学专有,这就要求大学认真考虑学生的发展需要,结合大学发展实际,从更好的实现人才培养目标出发,产生一批特有的高品质课程,这些课程是一所大学值得自豪和重要的精神财富。

(2)色性。色即颜色、色彩,体现的是课程与大学、社会之间的特定关系,要求课程具有一定的"适应性"。具体理解有三:一是课程要对应大学的办学定位,因为同属于高等教育结构中的不同类型大学有着天然分别,彼此拥有特定的服务面向和办学指向,如地方本科院校,其办学定位按现行话讲即应用性,讲求服务地方经济社会发展需要,对于这类院校,特色课程的培育就要围绕学校发展大局,充分体现这种前进导向;二是课程要适应社会发展需要,在大学办学定位的制约下,课程要从服务面向的"土壤"中积极获取资源,并反哺于对方,达到生于斯而养于斯,而且,在社会发展中会不断地产生诸多新事物,这也要求课程顺势而变;三是课程要适应学生的"口味",当今的大学生是新一代的佼佼者,时代的进步、技术的飞跃等赋予了他们前所未有的天然优势,这些群体内在具有的乐于接受新事物的思想、独特张扬的个性以及不受约束的自我选择性等特性都使他们对课程有着高度的自我认知,进而在有趣和无趣、有用和无用、主动和被动之间表现出具体的言行。由此三点,特色课程讲求的是丰富、多彩,满足多样的个性化需求。

(3)宽性。特色课程的培育是一个宽泛的行为,并不排斥现有的一般常规性专业课程,而仅独宠于不断新涌现的课程。因此,对其的理解应更为宽泛些,而通常的认识是指狭义方面的,也即一般意义上我们所言语的特色课程。所以,任何课程都可以作为特色课程来培育,唯有的区别在于如何科学设计课程的内容体系,因为内容才是课程的真正精髓。

(4)新性。新即创新、创造。特色课程的优势在于创新,包括课程本身、课程所有内容及其体系、课程教学方式等多方面的求新,要求体现社会发展的新领域、新动向、新变化,具有前瞻性和方向性。纵观国内外一流大学的课程,将其与将诸多地方本科高校的课程作比较,明显的差别在于:地方大学的课程具有较高的一致性或趋同性,包括其所谓的特色课程;而那些一流大学的课程单从名称上看,可谓千奇百怪,丰富多彩,甚至少有所闻。这些课程背后反映的是大学的实力、师资水平、资源优劣、教育理念等众多的差异性。

由上,特、色、宽、新四字体现了特色课程与一般课程较为明显的差异性,而这也表征了特色课程具体培育思路,即坚持借由新生、讲求宽泛、追求多样、突出独特。

2. 特色课程培育的实施

至于如何培育特色课程要考虑从以下四个方面入手:

(1)坚持校本与超市相结合的创新性理念。体现一所大学内在积淀的不仅仅是其依然存在的古老建筑环境和软文化氛围,更表现在大学能够为学子做什么,毕竟学子来校求学的根本目的在于成长为一个社会人,这就需要为他们提供尽可能多的优质课程以满足成长所需的养分供应。深层次看,这就要求大学要尽可能多的"量体裁衣",按照学生的"尺寸和胃口"来科学开发和建设课程资源,而不是纯粹的从市场中选择某种教材作为课程载体,因为课程并不是单纯以某本教材为载体,很多名牌大学的课程也不是局限在具体教材中的,强调的是课程蕴含的知识体系及其融会贯通。简言之,大学需要有自主开发的课程,即校本课程,这才是一所大学实力和教师教学能力的集中体现,进而通过对不同课程的优化组合形成特定的课程群(组),进而按照超市的经营思路去合理编排和对内、对外"销售"这些课程,通过这些课程来架构学生的能力结构,从而借由新生、借课生课,促进知识的衍生和融合,实现人才培养目标。

(2)坚持校内外资源整合与合作开发路径。当然,课程作为一种资源,其形成和发展不是一蹴而就的。相比于大学的有限空间,校园外则是课程资源的丰富载体或来源,无限的课程资源需要大学内有眼界的人去不断发现和探索,进而通过必要的转换机制进入校园,再通过进一步深度的加工"浓缩"为一门门独立的特优课程。这是一个高度进行知识管理的过程,也要求我们要有开阔的眼界、敏锐的探索感、高级的融合力和宽容的平常心去充分挖掘可用的课程资源,注重过程中的内外合作,加强资源整合,走联合开发之路。

(3)坚持项目驱动与引领的课程培育机制。周知,专业有各自的特殊性,课程也有课程的彼此不同,完全以某种统一的标准来监控课程的质量是不切实际的。正确的做法是保证适度范围内的合理自由度,即在追求大方向一致前提下的多样化发展,而要实现这一点,较为有效的途径是将具体的课程分别作为独立的个体加以培育,实行项目驱动、目标管理和成效引领、分块、分步和有序的推进,过程中还要建立健全联动机制,注意系统全面性,避免由此导致的资源重复或低效建设等不良问题。

(4)坚持传统与现代信息技术的融合提升。时代的进步与技术革新造就了高等教育领域新的生长点,不断涌现的慕课、微课及其在线课程学习平台冲击着传统校园教学模式,移动终端、云技术、微博等现代信息技术的发展正极大丰富着师生的课程教学情境,营造出更为自由、轻松、高效和精彩的课程学习氛围,在这种情况下,课程已经成为极具价值的宝贵资源,课程开发成为一种具有高端技术含量和集成综合的复杂过程。虽然传统的课程有其固有"气质",但技术支持下的新课程更具时代性,且更能彰显课程的综合价值,因此,基于传统,依托现代技术,架构课程资源互动平台,这既是对课程教学的内在需求,也是课程发展的必然趋势。

当然,在实现以上四点的过程中还有一些需要注意的问题,如教师教学能力与特色培育的适应度、课程超市的有效运作、项目牵引课程资源衍生的运行机制等都需要找到切实可行的解决办法。

综上所述,现代大学的办学特色是一个多层面、多维度的复合性概念,有着极其丰富的内涵,也正因此,特色培育成为大学各展所长的"试炼地",然而,实际中,诸多的大学仍难有特色而言。再从特色本身来看,其是一个由多元素构成的圈层体系,可分为外显、内涵和核心三层,其中,处于核心的是课程,尤其是特色课程。因此,围绕课程核心,着力培育大学自身的特色课程进而构建与之相适应的特色课程体系具有重要意义。基于课程、重构特色是现代大学培育办学特色的可取之径。

【参考文献】

[1]潘懋元.中国高等教育的定位、特色和质量.中国大学教学,2005,(12).

[2]大学遗传环境论——读E.阿什比《科技发展时代的大学教育》.科学学与科学技术管理,2002,(10).

[3]肖海涛.论文大学特色的内涵与特征.中国大学教学,2007,(2).

[4]刘尧.大学特色的形成与发展.清华大学教育研究,2004,(6).

[5]沈国丰,刘爱生.论大学特色的本质.高等教育研究,2009,(7).

[6]董泽芳.现代高校办学模式的基本特征分析.高等教育研究,2002,(3).

[7]刘智运.高等学校办学特色研究.大学教育科学,2003,(1).

[8]徐斯亮.略论高校办学特色建设.高等教育研究,2001,(6).

[9]Dore, Ronald P. (1976). The diplomadisease: Education, qualification, and development. Berkeley: University of California Press. 1976.

[10]李硕豪.大学办学特色研究综述.西南交通大学学报:社会科学版,2005,(1).

(本文发表于《应用型高教探索》2014年第6期)

《动画运动规律》创新模块化教学模式的探讨

铜陵学院 张 昊 张 伟[①]

一、概述

随着动漫产业的蓬勃发展,国内对动漫人才的需求进一步扩大。对于高级动画人才需求也与日俱增。在这种社会大背景下全国各院校如雨后春笋般的相继开设了动漫及其相关专业。但是,大多数高校在动漫专业的发展上都存在同样的问题:多数动漫类专业开设在与计算机相关的院系,招生对象主要为普通高中应届毕业生和少部分艺术特长生,这种情况造成同一个班的学生绘画能力良莠不齐,课程的教学工作难以有效开展,学生学习兴趣不高,导致课程教学无法达到预期的效果。

综上所述,结合高等院校实际情况,如何充分发挥动漫设计与制作专业的特色和优势,较好地完成"学以致用"的培养目标,培养出适应岗位需求的动画人是值得我们探索和研究的课题。

二、《动画运动规律》模块化教学的划分

"动画运动规律"是动漫专业课程体系中一门重要的必修课。动画运动规律是科学性、艺术性、技术性的艺术表现,是应用在动画角色上的法则,是艺术表现性和技术操作性综合应用的一种艺术表现形式。通过研究时间、空间、速度和运动的基本规律,更深入了解动画角色动作的节奏,在基本动作共性规律的基础上,完成带入人物动作的表现,从而设计出更多符合人物个性的动作,使得静态的画面在屏幕中更加鲜活、更加生动。高校开设这门课程的目的更多的注重于应用,通过几轮教学经验总结,发现该课程教学存在以下问题:

(1)教学内容与社会需求的设计专业人才的要求相脱节,不能实现无缝对接;

[①] 张昊(1982—),男,江苏南京人,铜陵学院数学与计算机学院讲师,硕士。研究方向:计算机科学与技术。张伟(1992—),男,铜陵学院2012级计算机科学与技术专业学生,学生信息员。

(2)没有实现分层次教学,不能满足不同水平学生的需求;

(3)没有实现与动漫专业相关课程的有效衔接;

(4)相关软件的应用没有更好地体现在课程教学中。

本文主要针对以上问题进行研究、分析,总结出分模块教学方式,旨在提高教学效果,能够更好地加以应用。根据该课程的教学特点,该课程被划分为以下几个模块:课程衔接模块、动作实现模块、创新表演模块、设计应用模块。

1. 课程衔接模块

该模块主要为了实现动漫专业相关课程的无缝衔接,更好地进行综合应用。课程衔接是我们教学中容易出现问题的环节。每位教师负责的课程不同,往往只是把自己的课程上好,对怎么能够综合应用往往会忽略。

动画本身是一门综合性很强的艺术,需要学习的课程也很多,如剧本写作、视听语言、原画设计、分镜头脚本、动画运动规律等。这些课程是动漫专业必不可少的课程,也是动画制作流程不可或缺的环节。

首先,在进行教研活动的时间,安排相关课程的教师进行教学方法的讨论,交流教学案例,把相关的内容带到教学中去。这里主要采用"任务驱动"的教学方法:"以任务为主线,以教师为主导、学生为主体"。教学案例的选择就显得尤为重要,要想融会贯通,必须让课程间实现交流,从"任务"的设计"入手,结合其他课程设定想通的"任务"情境、适当设置"任务"难度,逐个进行"任务"评价,使同学们在完成"任务"的过程中掌握动作的基本规律并加以应用。例如,在运动规律的课程中,在掌握了基本的动作表现规律之后,我会选择原画设计教师在课程中使用的案例或布置的课后作业中的角色形象,先带入基本的动作,让角色先动起来;然后再进一步的根据具体的角色设计符合角色形象的动作,使之更生动。

学生是学习的主体,要从学生角度去思考,怎么样能够提高学习兴趣,把各门课程串联起来。例如人物走路运动规律练习,课本案例中比较注重动作的表达,角色形象相对比较简单,学生在绘制的时候比较粗糙,线条不够流畅。因此,在临摹掌握基本动作的基础上,我会选择角色设计课程中的具体的角色,让同学们去完成具体的走路的动作。为了使大家可以更加形象的看到具体的效果,我们摆脱传统的手绘,使用上机操作并结合 Flash 软件课程,实现角色动作,并且可以实时地观察动作的最终效果,及时调整。角色设计课程多数是静止的画面,结合了运动规律和软件的应用,能够看到具体的人物形象动起来,学生都会觉得很有趣,在提高学习兴趣的同时也增加了课程的联系。完成了基本的动作训练,就可以适当地增加难度,布置新的任务:让同学们用 Flash 软件制作一个较为完整的小片段,设计具体的角色和场景,依据角色设计一套走路的动作，需修型上色，动作设计符合角色形象的要求。需根据角色形象的年龄、性别、性格、气质、表情、心情状态等方面去考虑，设计出符合角色形象的动作，这样的角色形象才会有情感、有血有肉。在此过程中要强调同学们注意学以致用，画面构图、色彩搭配、角色形象、软件应用等重点知识强调结合应用。在同学们设计制作的过程中，逐一对同学们之前基本走路规律的作业进行检查，进行点评，提出错误的地方进行更改。逐一点评虽然耗费时间较长，但是效果也较为明显。很多同学自己也觉得动作有问题，但是就是不知道怎么改，通过逐个点评，可以找到问题所在，印象更为深刻。在点评之前布置了新的任务，教师在大家可以思考新的任务的同时逐一点评，针对性较强。

2. 动作实现模块

传统的二维动画都是以在纸上绘制为主，主要代表就是日本动画，大多是以传统手绘为主，这对于绘画能力有着较高的要求。但是现在高校的学生绘画水平参差不齐，有些甚至到大学才开始绘画训练，绘画能力有限，传统绘制没有办法实时地看到动作的效果，因此结合软件应用，结合手绘板的使用，能够实时地看到画面"动"起来，更加生动，提高学习的兴趣。通常使用Flash软件来实现具体的动作。基本上采用两种方式来实现：一种是把角色形象依据关节运动来划分为各个元件或是组合对象，依据动作的不同，在相应的帧进行调整，形成关键帧动画。这种方式比每一帧画面全手绘要更加精确，也相对省时省力。另外还可以使用Flash新版本中的骨骼工具，把身体的各部位转换为元件，并设置角色元件封套和注册点；然后为角色形象架设骨骼，在架设骨骼时可以架设一个完整的骨骼；也可以分成各个小部分的骨骼，完成骨骼的架设。骨骼架设好之后，设置骨骼的活动范围，依据设计的动作调整动作，注意属性中弹性的数值设置。

在设计动作时，要注意时间和速度。动画时间是动作表现中重要的因素之一，需要对每一个动作不同阶段张数进行精确确定。我们所看到的动态画面是由成百上千张静止的画面组成的，通常测算单位是24帧/秒，也就是每秒钟播放24帧画面。

大多数同学在表现动作的时候，往往喜欢在时间轴上平均分配，平均间隔几帧设置一个关键帧，这样的动作没有速度的变化，时间影响速度的变化，没有以位置变化和形态变化的方式呈现出来，而这些变化取决于时间的合理分配。加速与减速、延时与停格等，都是根据不同的动作来进行时间分配，也就是以帧的距离分布来实现的。一般来说动作的速度较快，所用的帧数就越少；动作的速度越慢，所用的帧数就越多，帧距离完全相等则是匀速运动。不同的动作要注意时间和速度的变化，合理分配时间和帧数，制作出更符合角色形象的动作，使得动作表现更加流畅、生动。

动画运动规律就是应用在角色动画上的法则,是艺术表现性和技术操作性并行存在的一种动画的艺术表现形式,是对动画运动的一种规律性的总结,是一种科学性、艺术性、技术性的艺术表现规律。然而在早期的迪士尼动画片中,并没有任何形式的原理式的理论,这些理论法则是动画制作的先辈们在实践的过程中逐渐总结出来的。这些理论法则是动画制作的精髓,任何一部好的动画,都离不开动画运动规律的指导。动画运动规律也因此广泛地用于动画制作人员的教育与培养中,对动画运动规律的研究也成为如今动画创作人员的必备修养。

3. 创新表演模块

"动画运动规律"中最难的就是人物的运动规律。这就像一部好的电影需要好的演员,电影中是靠演员的肢体语言去表演,动画片中的演员就是我们设计的各种角色,它们在动画片中就是我们的演员,好的动画片同样离不开这些"演员"的肢体语言和情感表达。因此,这些"演员"是否能表演成功就成为动画片成败的重要因素之一。在国外,表演已经成为很多动画公司和大学动画课程中非常重要的组成部分。但是这样的课程在国内众多高职类院校甚至本科院校中还是缺乏的。正是由于成功的表演,才能够使得角色形象深入人心。如何让这些没有生命的动画角色形象活起来,使得表演与动画之间融会贯通、角色更具有灵性并深入人心,这是值得我们思考的问题。

在教学的过程中经常会出现这样的问题,当老师要求学生创作一组完整的动作时,同学们常常会把角色套入基本的动作中,这样的动作表现符合基本规律但往往生硬而缺少灵气。设计动作时必须充分了解角色,才能设计出符合角色的动作。如下图所示,不同的人物、不同的心情所表现出来的动作状态是不一样的。图一表现为心情愉悦,抬头挺胸、头部有明显的曲线运动,步伐有弹性,速度相对较快。图二所示表现为垂头丧气的状态,步伐相对较慢、较拖拉,身体弯曲,始终低头,身体没有较多起伏。

图1 心情欢快的走路

图2 心情沮丧的走路

相同的人物不同的状态都可以使得表现的动作有较大差异,再加上不同年龄、不同体态等就会有更大的差异性。因此在课程环节中安排了表演的环节,让同学们可以去尝试表演不同的人物,不同的心情状态,通过表演观察揣摩不同性格特点的角色表现出的不一样的动作特点。比如让同学们分别来扮演行动迟缓的老爷爷、活泼可爱的孩子、鬼鬼祟祟的小偷,可以通过视频资料去观察这些不同形象的走路特征,然后用摄影机或者手机等拍摄这些同学的表演,通过表演分析动作的特征,进行动作分解,通过动作表现角色的性格、控制角色进行表演。这样一系列的教学过程取得不错的效果。

动画片中往往寄托了人类很多美好的东西,在电影中、生活中很多没法表达的,都可以在动画中实现。动画角色千变万化,要想使动画角色更生动有趣、更人性化,又回归到了表演上。我们前期通过临摹和带入角色的方式来理解基本的动作规律,但是在具体的角色动作设计时就不能机械地抄袭动作,而是要把自己的思想融入到动画创作中去,把自己当作动画当中的角色人物,去揣摩人物的性格,通过表演练习,加深对角色的理解,将自己的表演作为素材,应用到角色中去。

肢体语言和图形语言一样,是没有国界的,是动画的灵魂和根本。肢体表演为动画带来了更多的创作灵感,我们可以通过真人表演来计算某个动作需要的时间,通过观察计算每个分解动作需要多少帧来完成,让同学们在表演中去体会和领悟动画运动规律的共性和个性,同时进行课题互动式讨论,并根据学生出现的问题进行针对性的动画演示与解答。

4. 设计应用模块

"学以致用"是高校教师最终的教学目的,通常我们采取每学期最后几周的综合实训课程,以及参加相关设计比赛的方式来增强学生的综合应用能力。每学期最后的综合实训课程主要是为了增强学生的实践动手能力,以及对所学课程的综合应用的能力。另外根据学生学习的情况会安排相应的设计比赛,指导学生去参加,一般至少安排校级以上的设计比赛,依据时间的安排,也经常会参加省级或是全国大学生的设计比赛。因为动画是非常注重团队合作的职业,因此动画专业的比赛基本上都是让同学们以小组的形式来完成,旨在培养同学们的团队合作精神。通过以往取得的成绩来看,这样的形式还是较为适合我们的学生,取得了一些成绩。

三、结束语

将"动画运动规律"课程进行模块划分后,作者尝试在学院开设该门课程的班级进行新教学模式的实验性教学,通过一个学期的教学,学生普遍对该门课程产生浓厚兴趣,主动投入到课程的学习中,并结合自身学习特点,量体裁衣设计出多种适合个人学习的多元化学习模块。模块化教学的成功将推广到学校其他专业学科,以更好地将知识传授给学生,使学生能最大限度地"学以致用",为社会培养出更多的可用之才。

【参考文献】

[1]郑哲琼.高职高专动画运动规律课程教学研究.职教与成就.

[2]冯裕良,耿军,张华.动画运动规律探究.赤峰学院学报,2012(06):41—43.

[3]欧阳建军.动画运动规律的本科教学研究.武汉理工大学,2010.

[4]宋灿.谈《动画运动规律》中的表演教学.中国校外教育(下旬刊)学科教育,2010(12)121

[5][英]威廉姆斯.原动画基础教程:动画人的生存手册.北京:中国青年出版社,2006

[6]吴锐.Flash在动画运动规律中的应用.聊城大学学报,2011,9(3):24.

(本文发表于《铜陵学院学报》2013年第6期)